Lothar Machtan
Kaisersturz

Berliner Morgenpost: Extraausgabe vom 9. November 1918.

Lothar Machtan

KAISERSTURZ

Vom Scheitern im Herzen der Macht 1918

Die Deutsche Nationalbibliothek verzeichnet diese Publikation
in der Deutschen Nationalbibliografie;
detaillierte bibliografische Daten sind im Internet über
http://dnb.dnb.de abrufbar.

Das Werk ist in allen seinen Teilen urheberrechtlich geschützt.
Jede Verwertung ist ohne Zustimmung des Verlags unzulässig.
Das gilt insbesondere für Vervielfältigungen, Übersetzungen,
Mikroverfilmungen und die Einspeicherung in und Verarbeitung
durch elektronische Systeme.

wbg Theiss ist ein Imprint der wbg
© 2018 by wbg (Wissenschaftliche Buchgesellschaft), Darmstadt
Die Herausgabe des Werkes wurde durch die Vereinsmitglieder der wbg ermöglicht.
Lektorat: Melanie Heusel, Freiburg
Satz: Vollnhals Fotosatz, Neustadt a. d. Donau
Umschlagabbildung: Kaiser Wilhelm II. Gemälde von Ludwig Noster (1900).
Foto: bpk Berlin
Umschlaggestaltung: Harald Braun, Helmstedt
Gedruckt auf säurefreiem und alterungsbeständigem Papier
Printed in Germany

Besuchen Sie uns im Internet: www.wbg-wissenverbindet.de

ISBN 978-3-8062-3760-3

Elektronisch sind folgende Ausgaben erhältlich:
eBook (PDF): 978-3-8062-3761-0
eBook (epub): 978-3-8062-3762-7

Inhaltsverzeichnis

Einleitung 7

Letzter Akt, der Kaiser betritt die Bühne 12

1 Wer rettet das Kaiserreich? 28
    Wilhelm II. – Der Autokrat 30
    Prinz Max von Baden – Der letzte Kanzler des Kaisers 49
    Fritz Ebert – Vernunftsmonarchist und Sozialistenführer .. 58

2 Das Ende naht 72
    Die Hohenzollern klammern sich an die Macht 72
    Ein Prinz im Haifischbecken der Politik 106
    Eberts Beitrag zum Ende der Monarchie 134
    Totengräber wider Willen 157

3 Die Revolution bricht los 158
    Das Volk am Vorabend der Novemberrevolution 158
    Das Wilhelminische Berlin unter der roten Fahne 187

4 Auf den Hauptschauplätzen des Machtwechsels 216
    Im Großen Hauptquartier: Wilhelms letzte Tage in Spa 216
    In der Wilhelmstraße 77 237
    Werkstatt der Revolution? Im deutschen Reichstag 274

Epilog 296

Anhang 302
    Anmerkungen 302
    Chronik zum Kaisersturz 1918 338
    Abbildungsnachweis 345
    Personenregister 345

Einleitung

Deutschland im Spätsommer 1918: Das Kaiserreich erlebt seine bislang schwerste Krise. Der Weltkrieg ist nach dem Scheitern der letzten deutschen Offensiven an der Westfront politisch sinnlos, die militärische Niederlage unabwendbar geworden. Man konnte sie nur mehr hinauszögern und günstigstenfalls eine Kapitulation abwenden. Die Demokratie hingegen ist unaufhaltsam auf dem Vormarsch, die Politisierung der unzufriedenen Volksmassen in vollem Gang. Offen bleibt, wie radikal, wie revolutionär sich diese Bewegung artikulieren wird. Der kaiserliche Machtstaat verfügt zwar noch über eine funktionierende Bürokratie, aber er besitzt schon lange keine politische Führung mehr. Mit einem regierenden Monarchen, der zum Schattenkaiser geworden ist, verliert der monarchische Gedanke an sich seine Aura.

In dieser Lage sind die politischen Akteure mit der Notwendigkeit konfrontiert, weitreichende Entscheidungen zu treffen. Die überkommene Ordnung ist nur noch zu retten, wenn es gelingt, durch eine Art Volkskaisertum Vertrauen zurückzugewinnen. Dafür muss das Ansehen des Monarchen völlig erneuert oder der ›regierende Kaiser‹ durch einen geeigneteren Throninhaber ersetzt werden. Doch die Verantwortlichen scheitern daran, diese Krise besonnen zu bewältigen. Stattdessen geraten sie derart in Panik, dass sich bald Staatsführung und Herrscherdynastie wechselseitig bekämpfen und damit letztendlich ruinieren. Die unweigerliche Folge waren der gemeinsame Herrschaftsverlust, der Einsturz der überkommenen Staatsordnung und – die deutsche Republik.

Erst knapp fünfzig Jahre zuvor hatte das Bismarckreich militärisch kraftstrotzend und politisch forsch die Weltbühne betreten und sich dort viele Jahrzehnte als Erfolgsstory verkauft. Im Sommer 1914 wähnte seine nun wilhelminische Führung sogar, es mit einer ganzen »Welt von Feinden« kriegerisch aufnehmen zu können. Jetzt aber musste der Kaiserstaat es sich gefallen lassen, von der Szene gejagt zu werden. Adieu Monarchie! Tragisch war an dieser Zeitenwende, dass es der deutschen Sozialdemokratie nicht gelang, aus jenem Prozess der Selbstbeschädigung ihrer notorischen Feinde als strahlender Sieger hervorzugehen, da die Partei bis November 1918 weder den festen Willen zur radikalen Überwindung des Kaiserreichs besaß noch das strategische Ziel einer demokratischen Republik verfolgte. Auch deshalb geriet Deutschlands Aufbruch in die Demokratie zur Sturzgeburt – mit nachhaltigen Folgen.

Diese reichlich verworrene Gemengelage gilt es, noch einmal Revue passieren zu lassen und zwar – anders als gemeinhin üblich – konsequent aus der Perspektive der damals politisch Maßgeblichen. Unser Blickfeld ist auf die Subjektivität dieser Entscheidungsträger gerichtet: Was trieb die Protagonisten an bei ihrem Handeln und – mehr noch – was lähmte sie? Wie haben sie die aufziehende Katastrophe wahrgenommen, empfunden, ihr entgegenzusteuern versucht? Warum überwarfen sie sich, statt zu kooperieren und wurden am Ende gar zu Antagonisten? Weshalb haben sie diesen internen Machtkampf so kurzsichtig und irrational geführt, dass er zur politischen Selbstvernichtung einer Herrscherdynastie führte? Und wer waren sie überhaupt, dass sie über so viel Einfluss verfügten?

Unsere Geschichte beginnt im August 1918, dem fünften Weltkriegssommer, als nach Überzeugung aller politischen Entscheidungsträger das deutsche Kaiserreich noch keineswegs verloren war. Noch gab es jede Menge Rettungspläne, ›Spindoktoren‹ und hektische Geschäftigkeit. Doch enden wird dieses Politdrama mit der fast friedlichen Machtübernahme durch die sogenannten Volksbeauftragten mit Friedrich Ebert an der Spitze, der seine wichtigste Aufgabe am 9./10. November darin sah, der ausgebrochenen Revolution ein vernünftiges Ziel, will sagen: enge Grenzen zu setzen. Eine solche Entwicklung lag zu Beginn unserer Erzählung außerhalb des Vorstellungsvermögens aller Beteiligten, und sie war auch keineswegs zwangsläufig angelegt im damaligen Weltgeist. Umso unbefangener lässt sich das Geschehen ergebnisoffen entlang der begründeten Vermutung erzählen, das deutsche Kaiserreich habe nicht ›naturnotwendig‹ so katastrophal untergehen müssen. Die historischen Akteure hatten es vielmehr in der Hand, die Dinge auch andersartig zu gestalten. Der Auszehrung und dem Verfall der Monarchie wäre immer noch entgegenzuwirken gewesen: durch sinnvolle Auseinandersetzung mit dem demokratischen Zeitalter, in dem sie unwiderruflich angekommen waren. So ›plastisch‹ wie im Betrachtungszeitraum dürfte die große deutsche Politik weder davor noch danach gewesen sein, verfügten jene Akteure an den Schalthebeln der Macht damals doch über ein operatives Potenzial von ungeahntem Ausmaß. Es war mithin vor allem anderen menschliches wie politisches Versagen, welches das deutsche Fiasko erzwungen hat, und diese Feststellung macht den Blick frei für die existenziellen Dramen, die integraler Bestandteil der Schlusskatastrophe waren.

Ja, Dramen: Die zentrale Aufgabe, die im Spätsommer 1918 im politischen Raum stand, war prinzipiell lösbar. Einem verantwortungsbewussten Krisenmanagement jedoch entgegenstand, dass es an der Spitze des Reiches schon lange keine auch nur halbwegs handlungsfähige und machtbewusste politische Führung mehr gab, nur mehr ein Ensemble von schwachen Persönlichkeiten mit großen Machtbefugnissen; von Menschen, die eine mehr oder weniger glänzende Vergangenheit hatten, aber plötzlich eine ungewisse Zukunft vor sich sahen und sich nun provoziert, ja kopflos fühlten. Damit jedoch besiegelten sie ihr Schicksal, schrieben ihr Wesen und ihre Befindlichkeit Geschichte. Die Rede ist von Leichtsinn und Dummheit, von Angst und Trotz, von Blindheit und Arroganz, von Feigheit und Versagen. Auch eine gehörige Portion Selbstzerfleischung war mit im Spiel. Es ist nicht gerade häufig, dass sich reale Politik wie die Handlung eines mitreißenden Romans entfaltet. Doch was im Herbst 1918 mit dem deutschen Kaiserreich geschah, seine rasante Selbstauflösung innerhalb weniger Wochen, kommt daher wie das fulminante Finale eines Stücks großer Literatur.

Die menschliche Seite der deutschen Zäsur von 1918 freizulegen, diese Aspekte der Politikgeschichte mit situativer Genauigkeit einzufangen, ist erklärtes Ziel dieses Buches. Dafür muss es seine Leser mit den maßgeblichen Akteuren ›persönlich‹ bekannt machen, in deren

Porträts deutsche Politikgeschichte schärfer denn je hervortreten soll. Das Buch lädt ein zu einer Entdeckungsreise an die Schauplätze, wo sich vor hundert Jahren Dramatisches abgespielt hat. Es zeigt, wie und warum es zu diesem beispiellosen Untergang einer vermeintlich so unverwüstlichen Institution wie der Monarchie hat kommen können. Ohne eindringliche Blicke in die Hinterzimmer des Politikgeschehens und über die Schultern der Entscheidungsträger ist das nicht möglich. Wir müssen tief eindringen in die Welt derjenigen, die damals für sich in Anspruch nahmen, Staat und Volk zu führen oder doch führen zu können. Wir müssen ihre Mentalität kennenlernen, ihre Denk- und Sprechweise, ihre Anschauungen. Das Buch will die damalige Welt der Großen Politik, beziehungsweise die Lebenswelten ihrer führenden Repräsentanten noch einmal neu vermessen und zwar entlang von zuvor verschütteten Handlungsalternativen und Möglichkeiten – ohne blinde Flecke und tote Winkel auszusparen, die auf dem Weg in die Instinkt- und Besinnungslosigkeit entscheidend waren. Die historischen Akteure werden in das Spannungsfeld von Persönlichkeit und Politik zurückversetzt, um ihre inneren Konflikte in allen, oft hochemotionalen Dimensionen zu ermessen. Gleichwohl ist es die Pflicht eines redlichen Historikers, diese ebenso von außen zu interpretieren und in den weitreichenden Konsequenzen auszudeuten. Insofern sind die Protagonisten immer wieder auch aus kritischer Distanz zu betrachten.

Auf diese Weise ist es möglich, zum Kern einer deutschen Katastrophe vorzudringen, die sich noch auf weit mehr bezog als das politische Überleben der gekrönten Häupter. Es geht in diesem Buch um Deutschland, um einen epochalen Einschnitt in seine Geschichte, eine Weichenstellung für das ganze 20. Jahrhundert. Weil der unerwartete Einsturz des Kaiserreichs eine politisch-kulturelle Leerstelle hinterließ, die keine der diversen politischen Kräfte 1918/19 aufzufüllen vermochte, musste das Ende der monarchischen Welt erst einmal ein primär negatives Ereignis bleiben. Die Frage, warum es die Demokratie im 20. Jahrhundert gerade in Deutschland so schwer hatte beziehungsweise warum sie sich hier so schwertat, hängt ganz wesentlich damit zusammen.

> Ich verzichte hierdurch für alle Zukunft auf die Rechte an der Krone Preussen und die damit verbundenen Rechte an der deutschen Kaiserkrone.
>
> Zugleich entbinde ich alle Beamten des Deutschen Reiches und Preussens sowie alle Offiziere, Unteroffiziere und Mannschaften der Marine, des Preussischen Heeres und der Truppen der Bundeskontingente des Treueides, den sie Mir als ihrem Kaiser, König und Obersten Befehlshaber geleistet haben. Ich erwarte von ihnen, dass sie bis zur Neuordnung des Deutschen Reichs den Inhabern der tatsächlichen Gewalt in Deutschland helfen, das Deutsche Volk gegen die drohenden Gefahren der Anarchie, der Hungersnot und der Fremdherrschaft zu schützen.
>
> Urkundlich unter Unserer Höchsteigenhändigen Unterschrift und beigedrucktem Kaiserlichen Insiegel.
>
> Gegeben Amerongen, den 28. November 1918.

Am 28. November 1918 unterzeichnet Wilhelm II. nach dreißig Jahren als oberster Repräsentant des Deutschen Kaiserreichs seine Abdankungsurkunde. Sie beinhaltet nicht allein den Verzicht der preußischen Dynastie auf jedweden Herrschaftsanspruch. Sie ist zugleich die Todesbescheinigung für die Monarchie in Deutschland.

Letzter Akt –
der Kaiser betritt die Bühne

Zunächst die Äußerlichkeiten: Am Montag, dem 9. September 1918, war der Reichsmonarch und Oberste Kriegsherr mit großem militärischen Gefolge im Ruhrgebiet zu einer Werksbesichtigung beim deutschen Rüstungsgiganten Krupp eingetroffen.[1] Am selben und am folgenden Tage hatte er sich bei stundenlangen Wanderungen durch die Arbeitsstätten Einblicke in diverse Produktionsabläufe verschafft. Auch suchte er mit vielen Arbeitern das persönliche Gespräch, ohne aber – wie einer seiner treuen Begleiter enttäuscht beobachtete – »eine wirkliche Resonanz zu finden«. Wie stets bei öffentlichen Auftritten hatte der Kaiser viel Sorgfalt auf sein Erscheinungsbild gelegt. In tadelloser Garderegiments-Uniform trat er in Essen mit den Rangzeichen eines Feldmarschalls auf, reich dekoriert mit diversen Verdienstorden, darunter das Großkreuz des Eisernen Kreuzes, die höchste preußische Tapferkeitsauszeichnung, und das blau leuchtende Ordenskreuz des Pour le Mérite – allesamt Kleinode von nicht allein ideellem Wert. Außer dem Geschmeide seiner Ehrenzeichen zierten seinen Waffenrock goldene Tressen und Fangschnüre. Ebenfalls vergoldet waren die Sporen an seinen gewienerten schwarzen Schaftstiefeln. Auch dank der roten Lampassen an der Hose und der roten Ärmelaufschläge mit silbernen Gardelitzen war er von einer ›feldgrauen‹ Erscheinung weit entfernt. Dass er demonstrativ eine Parabellum-Pistole im Lederfutteral mit sich trug, verlieh ihm einen Anschein permanenter Kampfbereitschaft. Ob sie wohl geladen war? Am markantesten wirkte freilich das eiserne Beil am Holzstiel, das er als eine Art Spazierstock mit sich führte, ein Requisit aus Ungarn – dort *Czakany* genannt. Welche Wirkung sich der Monarch nur von diesem »Hackerl«, wie die Österreicher sagten, versprochen haben mag? Wir wissen es nicht genau. Doch aufschlussreich wäre es allemal, solche sonderbaren Details seines Erscheinungsbildes zweifelsfrei deuten zu können, denn auch Staffagen wie diese dienten dazu, Wilhelm II. in ein ganz bestimmtes Licht zu stellen.

Immerhin erahnen wir, dass er sich für die Krupp-Arbeiter in ihrer schmutziggrauen Fabrikwelt wie ein bunter Vogel ausgenommen haben muss. Bleiben auch Wilhelms Rollenphantasien hinter dieser kaiserlichen Inszenierung etwas unscharf, so ist doch erkennbar, dass der begabte Selbstdarsteller seinem Volk hier einmal mehr etwas ›vorspielte‹, wovon er sich staunende Bewunderung und Hochachtung versprach. Sich in Szene zu setzen, das beherrschte er wahrlich, allerdings ging es ihm dieses Mal um mehr: Er wollte an Popularität gewinnen, an Zuneigung, ja womöglich an Liebe. So wanderte er mit energischem Schritt ostentativ interessiert durch die riesige Werksanlage an Hunderten von Arbeitern vorüber, einzelne immer wieder ansprechend, wobei er seine Hand auf die Schulter der Auserwählten legte. Er gab sich freundlich, zugewandt oder besser gesagt: jovial.

Doch schon der scharfe Kontrast zwischen den von harter Arbeit gezeichneten Krupp-Werktätigen in abgenutzter Berufskleidung und dem geschniegelten und frisch wirkenden Kriegsherrn, der sie nur mit Handschuhen anfassen mochte, muss jede menschliche Annäherung erschwert haben. Auch wenn sich Kaiser Wilhelm alle Mühe gab: Das gekrönte Staatsoberhaupt und sein einfaches Volk blieben auf Distanz. Bis er in die Krupp'schen Fabrikhallen hineinschneite, mochte dieser Monarch von Gottes Gnaden für die dort Arbeitenden noch eine mystische Figur, eine Phantasiegestalt gewesen sein. Doch in dem Augenblick, wo sie ihm leibhaftig begegneten, war es um die auratische Erscheinung geschehen – da half auch keine exklusive Parade-Uniform mehr. Der Zauberbann war gebrochen, nicht aber das Eis. Man kam nicht wirklich ins Gespräch, fand keine Fühlung – mochte sich der Monarch auch noch so leutselig an die Fabrikmenschen wenden. Ob der hohe Besucher diesen Graben, diese Distanz, diese Teilnahmslosigkeit verspürt hat? Oder haben ihn die zahlreichen Claqueure aus leitenden Angestellten und vertrauenswürdigen Vorarbeitern, die ihm bei seiner Werksbesichtigung zur Seite standen, vor solch schmerzlicher Erkenntnis bewahren können?

Letzter Akt – der Kaiser betritt die Bühne

Kaiser Wilhelms letzter öffentlicher Auftritt vor großem Publikum in der Friedrichshalle der Krupp'schen Werke in Essen am 10. September 1918.

Nun, die eigentliche Nagelprobe stand ihm noch bevor: Wilhelms persönlicher Auftritt beim Krupp'schen Arbeitervolk sollte in einer zündenden Ansprache gipfeln. Die politische Notwendigkeit einer solchen kaiserlichen Kundgebung vor breitem Publikum hatten ihm seine Berater seit Wochen eindringlich ins Bewusstsein geschrieben – jetzt, wo die Lage seines Reiches augenscheinlich auf eine nicht allein militärische, sondern auch politische Krise zusteuerte. Sie sollte ein Signal sein, von dem sich alle eine deutschlandweit spürbare Resonanz, einen Ruck versprachen. Der Monarch erklärte sich bereit, diese heikle Aufgabe zu übernehmen. Er wollte sein Bestes geben, um solch ein Zeichen zu setzen, mit wohlplatzierten Worten einen starken Eindruck machen. Fatal war nur, dass ihn offenbar niemand über die Erwartungen und die Stimmung seines Publikums aufgeklärt hatte. Und

Wie die Krupp-Arbeiter den Kaiserbesuch in ihrer Fabrik erlebten.

besser Informierte selbst danach zu fragen, das wäre diesem Herrscher nicht im Traum eingefallen. Er ahnte wohl nicht einmal, wie sehr der monarchische Gedanke bereits durch das Ausbleiben eines wenigstens scheinbaren Erfolgs an der Front gelitten hatte. Derart unvorbereitet, trat er reichlich ungeschützt auf den Plan. Dass er immerhin den Text seiner Rede beherrschte, vermochte die prekäre Ausgangslage nicht wettzumachen.

Als Versammlungsort für sein Publikum hatte das Direktorium die Friedrichshalle ausgewählt, ein erst vor Kurzem errichtetes Gebäude in der Krupp'schen Werkssiedlung Friedrichshof. In dem festlich dekorierten Saal sollen sich an jenem Dienstag gegen Mittag an die 2000 Menschen versammelt haben,[2] die Krupp-Beamten und Honoratioren aus Essen in den vorderen bestuhlten Reihen, dahinter und seitlich davon Teile der Belegschaft – ob zuvor sorgfältig ausgesuchte, das wissen wir nicht. Dem breiten Publikum gegenüber hatte die Werksleitung Aufstellung bezogen sowie das uniformierte kaiserliche Gefolge, das sich wie eine Schutzwehr in unmittelbarer Nähe des Rednerpults formierte. Hinter dieser etwa sechzigköpfigen Gruppe grüßten zwei mächtige Büsten die Versammelten: die eine, auf der rechten Seite, vom legendären Firmengründer Alfred Krupp und die andere vom Besuchskaiser allerhöchstselbst, dem als *Imperator Rex* in Bronze gegossenen Wilhelm II.³ Direkt unter diesem Kunstwerk war das Rednerpult platziert worden, wo Firmenchef Gustav Krupp von Bohlen und Halbach mit seiner Begrüßungsansprache schon einmal Ton und Takt für das Kommende vorgab. Es erfülle alle mit Stolz, dem Kaiser gezeigt zu haben, »dass die deutsche Industrie in ihrer Gesamtheit – Werksleiter, Beamte und Arbeiter – keine Arbeit und Mühe gescheut« habe, »um den Anforderungen [dieses gewaltigen Krieges] zu genügen.« Und dann legte er noch »im Namen der deutschen Industrie das Gelöbnis« ab, »nicht zu erlahmen, bis Eure Majestät das Schwert in die Scheide befehlen, ein Jeder an seiner Stelle mit Herz, Sinn und Hand gemäß den Aufgaben, die ihm des Vaterlandes Dienst auferlegt.«⁵

Mit diesem vorauseilenden Treuegelübde im Ohr betrat nun der Stargast das Rednerpodest – vor ihm das Konzept seiner Rede, wie sie der Chef seines Geheimen Zivilkabinetts Friedrich von Berg aufgesetzt hatte. Barhäuptig stand er da, der nun bald sechzigjährige Kaiser, mit wohlgeformten Locken, die ihm sein Frisör noch am Morgen in sein ergrautes, aber fülliges Haar gebrannt hatte – ein nicht ganz unwichtiges Detail der Eitelkeit. Mit dem gesunden rechten Arm umfasste er das Pult, während der verkrüppelte linke auf seinem Schleppsäbel ruhte. Totenstille.

Gemäß seiner Vorlage hob Wilhelm II. mit einer Art von Hommage an seine »lieben Freunde von den Kruppschen Werken« an.⁵ Denen gelte es heute, seinen »kaiserlichen Dank auszusprechen« dafür, wie sie »dem deutschen Heere und seinem Obersten Kriegsherrn zur Verfügung gestanden« – sprich: das dringend erforderliche Kriegsmaterial geliefert hätten. »Unter steigenden Schwierigkeiten« sei das geleistet worden, »Schwierigkeiten [in] der Ernährung, Schwierigkeiten [in] der Bekleidung, [unter] Verlusten, Trauer und Sorgen aller Art, von denen kein Haus verschont geblieben« sei, »weder das Fürstenhaus noch das schlichte Arbeiterhaus.« Dass auch die Kruppianer »so opferwillig ihre Pflicht getan haben trotz der drückenden Sorgen«, das verdiene seinen »Dank als Landesvater«. Kenne der doch ganz genau die »drückenden

Sorgen von Not und Jammer und Elend«, die alle getroffen hätten. Es solle sich keiner im Volk einbilden, dass er darüber nicht Bescheid wisse. Aber: Er habe auch erfahren, »dass diese Sorgen doch immer überstrahlt wurden von dem Gedanken, erst die Pflicht, das andere kommt später«. Das »was an landesväterlicher Anregung hat geschehen können, um die Last nach Möglichkeit zu mildern und die Sorgen unseres Volkes zu verteilen«, sei erfolgt. Im Übrigen solle man seine »irdischen Sorgen« vertrauensvoll dem lieben Gott überantworten und dessen Herz durch Pflichterfüllung erweichen.

Schon diese rund vier Redeminuten von insgesamt etwa vierzig verraten viel zum Thema Empathie. Weitere herzgewinnende Schritte auf die Menschen zu, welche in der Friedrichshalle an diesem Septembertag vor ihm standen, mochte und wollte dieser Monarch sich nicht abringen. Wärmere Töne waren von ihm nun überhaupt nicht mehr zu vernehmen. Zweifel sind daher angebracht, ob man Wilhelms Dankeserweis bei der verräterischen Wahl seiner gestelzten Worte überhaupt einen empathischen nennen kann. Hier blutete kein Monarchenherz, und so konnte er auch die Herzen seiner Zuhörer nicht öffnen. Von einer inneren Bereitschaft, wirksame Abhilfe für die entsetzlichen Leiden seines Volkes zu schaffen, ist schon gar nichts zu spüren. So wohlwollend Wilhelms Dankesworte auch daherkommen, der Redner kann nicht überzeugend vermitteln, dass er die empfangene Hilfe seines Volkes tatsächlich zu schätzen weiß und sie zu vergelten gedenkt. Vollends um jede Wirkung brachte er sich durch die Relativierung dieser Opferleistung zu einer »Pflicht«, einer moralischen Bringschuld nicht zuletzt ihm, dem »Obersten Kriegsherrn«, gegenüber. Diese Selbstbezogenheit wurde im Fortgang seiner Rede noch aufdringlicher, aber bereits an dieser Stelle hatte sein Annäherungsversuch an das Publikum wenig Aussicht auf Erfolg. Vollends missglückte er dann wohl durch den Satz über seine eigene »Sorge und die Not, jeden Tag die Verantwortung für ein Volk von 70 Millionen zu tragen und dazu noch für die Verbündeten zu sorgen und alle die Schwierigkeiten und die zunehmende Not des Volkes zu sehen«. Es sei wahrlich nicht leicht gewesen, diese Last seit »5 Jahre[n] zu tragen«. Und nun komme zu dieser »schweren Verantwortung« auch noch die Erkrankung seiner »vielgeliebten Gattin« hinzu, an deren Krankenbett er soeben »drei schwere Wochen« verbracht habe – eine Heuchelei, wie noch darzulegen bleibt.

Bei alledem ging es ihm letztlich nur um sich, den bewundernswürdigen Kaiser. Die Arbeiter aber sah er nicht – weder im übertragenen Sinn noch ganz konkret, waren sie doch von seiner Entourage beinahe gänzlich verdeckt.[6] Und was er mit seinen Worten anrichtete, ging ihm schon gar nicht auf: Er zog zwischen sich und seinen »lieben Freunden« eine Mauer des Unverständnisses und der Ignoranz.

Zum ideologischen Kern seiner Ansprache leitete der Redner mit der rhetorischen Frage über, wem die Deutschen ihre drückenden Sorgen denn eigentlich zu verdanken hätten. Seine Antwort lautete: den »Angelsachsen« mit ihrem »absoluten Vernichtungswillen uns gegenüber«. Und woher rühre dieser »Hass der Vernichtung«? Weil sie den Deutschen ihre Leistungen und ihre Kultur „neiden". Damit war Wilhelm beim Lieblingsthema seiner Weltkriegsrhetorik, dem »angelsächsischen Charakter«.[7] Jetzt gerieten seine Ausführungen zu einer klassischen Tirade, in die er sich nach einhelliger Beobachtung aller Zeitzeugen immer mehr hineinsteigerte. Er fing wild an zu gestikulieren und erregte sich dermaßen, dass ihm große Schweißperlen auf die Stirn traten. In seinem Furor soll sich der kaiserliche Agitator immer weiter vom Redekonzept gelöst und frei gesprochen haben – leidenschaftlich und fantastisch. Das konnte nicht ohne Entgleisungen abgehen. So bezeichnete er den ungebrochenen Kriegswillen der Engländer kurzerhand als »Ausdruck der absoluten *Unterlegenheit*«. Und setzte fort: »der Kampf zwischen den Angelsachsen und uns ist ein Kampf von zwei Weltanschauungen. Die unsere beruht auf dem guten Willen, Glauben, Ehrfurcht vor Religion und Sitte, Treue und Glauben, den schönsten Eigenschaften; des Gegners drüben auf Geld und Ländergier und Verdienst auf Kosten anderer.« Er habe über die tieferen Ursachen dieses Krieges »lange nachgedacht«, um zu erkennen: »Auf der Welt ficht das Gute mit dem Bösen, das ist mal von oben so eingerichtet«. Eine gute Viertelstunde lang mussten seine Zuhörer diese Mischung aus ideologischen Versatzstücken der deutschen Kriegspropaganda, Plattitüden und aufdringlicher Belehrung stillschweigend über sich ergehen lassen. »Seine laute Sprache vergrößerte die Stille, die ihr Echo war« (Erik Reger). Doch das alles merkte er gar nicht. Er hatte sich offenbar vergessen, realisierte nicht die Ungunst, in der er immer weiter versank und die er nicht zuletzt durch eingestreute gönnerhafte Redewendungen wie »Lasst Euch mal was sagen« oder »Wir wollen uns doch mal darüber klar sein« und »Ich frage Euch mal ganz einfach und ehrlich« noch vergrößerte. Das war kein geeigneter Tonfall, um die Leute anzusprechen oder gar zu packen und mitzunehmen – das war ungehörig, selbst für einen Monarchen.

Ganz ungeniert gab der Redner am Schluss den wahren Zweck seines Besuches zu erkennen. Dazu nahm er zunächst wieder die verhassten Angelsachsen aufs Korn. Die wüssten natürlich, dass es an der Front jetzt »ums Ganze« gehe. Vor Deutschlands Streitmacht hätten sie aber »den größten Respekt«, und genau deshalb versuchten sie es heute mehr denn je »mit der Zersetzung, um uns mürbe zu machen durch Gerüchte und Flaumacherei«. Die landesweit verbreiteten Tendenzen, Deutschlands Lage schwarz zu malen, kämen mithin gar nicht »aus den Kreisen des deutschen Volkes, das sind künstliche Machwerke«. Wilhelm drohte, wobei er mit dem Säbel donnernd auf den Holzboden stieß: »Jeder, der auf ein solches Gerücht hin hereinfällt, ganz einerlei, ein jeder, der ein solches Gerücht, sei es im besten Sinne, weitergibt, der ist ein Verräter und gehört an den Galgen.« Abermals berief er sich lautstark auf den Herrgott im Himmel: »Wir sind von da oben abkommandiert, ein jeder an seinen Platz, Du an Deinem Hammer, Du an Deiner Drehbank, Ich auf meinem Thron. Und wir können nur auf Gottes Hilfe bauen. Und der Zweifel, das ist der größte Undank gegen den Herrn.«

Jetzt hatte der Kaiser sein Kernanliegen erreicht: »Euch, Männer, Frauen und Mädchen aufzufordern, nicht locker zu lassen, nicht anders als auf die Stimme des Gewissens und der Pflicht zu hören und Eure Pflicht zu tun, bis der Friede da ist.« Ein jeder Deutsche müsse »das erfasst und begriffen haben, das Äußerste heranzuschaffen, um uns zu wehren.« Das wollte er nun gleich auch an Ort und Stelle besiegeln, indem er auf einen Theater-Coup[8] zurückgriff, mit dem er bei Kriegsausbruch tatsächlich einmal Eindruck hatte schinden können. Damals Anfang August 1914, als die Wogen der deutschen Kriegsbegeisterung noch hochschlugen, hatte er im Anschluss an seine Thronrede zur Reichstagseröffnung im Berliner Stadtschloss die dort versammelten Parteivorstände spontan aufgefordert, ihm in die Hand zu geloben, mit ihm »durch dick und dünn, durch Not und Tod« zusammenzuhalten.[9] Gut vier Jahre später in Essen versuchte er es noch einmal mit den Worten: »Wer das Herz auf dem rechten Fleck hat, wer die Treue hält, der stehe jetzt auf und verspreche mir, bis zum letzten Augenblick im Namen aller, der gesamten deutschen Arbeiterschaft: Wir wollen durchhalten bis zum Letzten und nicht die Waffen niederlegen.« Doch diese melodramatische Aktion lief ins Leere. Zwar war die Versammlung so zusammengesetzt, dass Wilhelms Aufforderung (»Wer das will, der antworte mit Ja!«) nicht ganz ohne akustische Resonanz blieb. Doch alle Beobachter des Szenarios waren sich darin einig: Des Kaisers eindringliche Ermahnung, ja moralische Nötigung zu Opferbereitschaft sowie Siegeszuversicht fand bei den meisten Menschen in der Essener Friedrichshalle kein Gehör, geschweige denn Zustimmung. Vielmehr schlug ihm robuste Gleichgültigkeit entgegen. So kam er denn mit einem etwas linkischen »Ich danke schön« zum Ende und machte sich mit formelhaften Parolen wie »Jetzt heißt es: Germanen die Schwerter in die Höhe« hastig davon.

Auf der Stelle verabschiedete sich der Monarch von seinem Gastgeber, stieg in sein Auto und ließ sich unverzüglich zum Bahnhof bringen, wo sein fürstlicher Hofzug auf ihn wartete. Irritation stand auch ihm ins Gesicht geschrieben, und sichtlich nervös fragte er seinen Kabinettschef und alten Schulfreund: »Na, wie fandest du meine Rede?« Als ihm Bergs zögerliche Antwort die Bedenken seiner ganzen Entourage spiegelte, blaffte er unwirsch: »Ja, ich weiß ja, ich kann reden, was ich will, euch passt es ja doch nie.«[10] Diese kaiserliche Verstimmung zeigt, dass selbst er sich nicht ganz des allgemeinen Eindrucks erwehren konnte, das von ihm Erwartete wieder nicht geleistet zu haben. Er hatte sich selbst einmal mehr eine Falle gestellt und war beleidigt, als er sich dort wiederfand.

Die deutsche Pressezensur hat verhindert, dass wir über die tatsächlichen Reaktionen der Zuhörer damals in Essen umfassend im Bilde sind, doch völlig unwissend sind wir nicht. Zum Beispiel ist bekannt, was seine damalige Begleitung, also die eigenen kaisertreuen Leute, darüber auf die Nachwelt gebracht hat. »Manches wäre besser nicht gesagt worden«, war da noch die harmloseste Bewertung. Der Redenschreiber Berg hatte eigenen Angaben zufolge den Friedrichssaal mit hochrotem Kopf verlassen. Er sah seine Hauptaufgabe jetzt erst einmal darin, den stenografierten Redetext so umzuformulieren, dass man ihn überhaupt zur Veröffentlichung freigeben konnte. Das allerdings wäre vielleicht besser unterblieben, denn trotz Streichung und Umformulierung anstößiger Passagen stellte diese kaiserliche Ansprache der deutschen Monarchie ein politisches Armutszeugnis aus. Der Chef des kaiserlichen Marinekabinetts Admiral von Müller nannte sie privat »kläglich«, »sehr taktlos und unehrlich«. Die Reaktionen seitens der Arbeiter bezeichnete er als »äußerst kühl«; sie seien »gar nicht darauf eingeschnappt«. Er hielt Bergs »Frisieren« des Textes für lange »nicht einschneidend genug«, um vielleicht doch noch eine halbwegs positive Wirkung zu zeitigen.[11] Auch Alfred Niemann, ein stramm konservativer Adjutant des Kaisers, beklagte die »offenkundigen Fehlgriffe in der Ausdrucksweise« seines Herrn, die bei den Arbeitern »inneren Widerspruch erzeugten«. Er habe während der Ansprache in die Gesichter dieser Zuhörer geblickt: »Die Mienen erstarrten, und je mehr der Kaiser sich steigerte, umso offenkundiger wurde die Ablehnung.« So beschlich »alle das Gefühl, dass der Wurf misslungen war«, und die »Entfremdung zwischen Kaiser und Volk nicht behoben werden konnte« – ein vernichtendes Gesamturteil, bedenkt man, wie loyal diese Militärs waren.

Bleibt nur die Frage, warum diese Getreuen ihren Obersten Kriegsherrn nicht vor der Blamage bewahrt haben. Der Verdacht liegt nahe, dass hier nicht nur vorauseilender Gehorsam eine Rolle spielte, zumindest bei Friedrich Berg, dem Inspirator und geistigen Urheber der ganzen Inszenierung. In seiner altpreußisch-konservativen Sturheit hatte dieser einflussreiche Ratgeber offensichtlich gar nicht vorausgeahnt, auf welch verlorenen Posten er seinen kaiserlichen Freund mit der Essener Mission stellen würde. Zwar kennen wir den Berg'schen Rede-Entwurf nicht im Original, doch ist zu bezweifeln, dass dieser Text wirklich bewegendes oder gar zündendes Potenzial besaß. Denn auch dieser Mann besaß kein Sensorium für die Stimmung im Volk und für den gefährlichen Ernst der Lage. Vom Gefühlsleben der Arbeiter wusste er nichts, und es interessierte ihn wohl auch nicht. Deshalb hielt Berg grundsätzlich mehr als zwei Drittel aller gehaltenen

Reden für publikationswürdig. Dass es ihm fernlag, dem Monarchen ernsthafte Vorhaltungen zu machen über den missratenen Auftritt und ihm die Gründe dafür im Einzelnen auseinanderzusetzen, passt ebenfalls in dieses Bild botmäßiger Politikberatung. Nicht weniger bezeichnend ist, dass der amtierende deutsche Reichskanzler, Graf Hertling, in die Essener Aktion gar nicht einbezogen wurde. Schließlich war *er* als verantwortlicher Leiter der Reichspolitik der erste politische Berater des deutschen Kaisers, nicht der Chef eines kaiserlichen Geheim-Kabinetts, und eigentlich hätte er den Redetext autorisieren müssen. Gleichviel, hauptverantwortlich für den Fehlschlag war allemal der Kaiser selbst in seiner voluntaristischen Eigenmächtigkeit. Sein Selbstverständnis, niemandem für sein Agieren rechenschaftspflichtig zu sein, hat ihn auch in Essen geleitet. Seine tatsächlich immer noch unangreifbare Machtstellung, seine politische Unverantwortlichkeit, aber auch seine Geltungssucht haben einen derart anstößigen Bühnenauftritt überhaupt ermöglicht und anschließend verhindert, daraus wenigstens Lehren zu ziehen.

Um den damals angerichteten politisch-moralischen Flurschaden richtig zu ermessen, sind weitere Meinungen von Augenzeugen heranzuziehen. Etwa die Aussage des Krupp-Direktors Ernst Haux, der in seinen Erinnerungen schreibt, seine Frau sei »sehr bekümmert« über die Kaiserrede gewesen.[12] Sogar der bürgerliche Teil der Essener Großveranstaltung scheint mithin Wilhelms Worten nur aus Höflichkeit ohne Murren gelauscht und am Ende eher widerwillig beklatscht zu haben. Offenbar hatte der Monarch selbst diesen Menschen nichts mehr zu sagen, was auch aus dem eisigen Schweigen der führenden linksliberalen Blätter in Deutschland über diesen vorgeblich doch so wichtigen kaiserlichen Auftritt erhellt. Was mögen da erst die Arbeiter empfunden haben?

Der amerikanische Historiker William Manchester hat in den 1960er-Jahren in Essen bei Recherchen zu einer Familienbiografie der Krupps[13] noch damalige Versammlungsteilnehmer interviewen können. Demzufolge sei kein einziger Arbeiter der Aufforderung des Kaisers nachgekommen, ihm völlige Hingabe im Existenzkampf seines Reiches zu versprechen. Es gibt keine Quellen, die zu diesem Befund im Widerspruch stehen. Insofern darf davon ausgegangen werden, dass sich die überwiegende Mehrheit der Krupp-Arbeiter – gemäß damaliger Usancen – dem hohen Besuch gegenüber ausgesprochen respektlos verhalten hat, unempfänglich für das patriotische Theater, das sich vor ihren Augen abspielte, apathisch fast.[14] Nur wenige fühlten sich allerdings derart provoziert, dass sie ihren Unmut auch spontan artikulierten. »Wann ist endlich Frieden?«, soll ein Mann gerufen haben, und ein anderer: »Hunger«.[15] Richtig bedrohlich scheint die trotzige Haltung dieser Menschen für den Herrscher zwar nicht gewesen zu sein, von offener Empörung noch weit entfernt, aber schon die Geringschätzigkeit, mit der das Arbeiterpublikum seinen Kaiser konfrontierte, kam einem Tabubruch gleich. Noch nie zuvor hatte man Wilhelm II. in seinem öffentlichen Leben derart auflaufen lassen wie an diesem Septembertag in Essen.

Diese niederschmetternde Erfahrung, vom Volk nicht mehr geliebt, ja nicht einmal gebührend respektiert zu werden, war das eine. Das andere war der weitere Umgang damit. Von der problematischen Publikation der geschönten Kaiserrede nur zwei Tage später war bereits die Rede. Die 2.000 Zuhörer von Essen sahen sich, die Ansprache noch im Ohr, mit der weithin verbreiteten Falschmeldung konfrontiert, die Massenversammlung in der Friedrichshalle hätte dem Kaiser »mit lautem Ja« versprochen, bis zum Endsieg durchzuhalten und zu kämpfen. Da dürfte es heftigen Widerspruch gegeben haben, mit politischer Resonanz weit über die Grenzen der Ruhrmetropole hinaus. Der Glaubwürdigkeit der staatlichen Öffentlichkeitsarbeit, um die es ohnedies damals schon schlecht bestellt war, hat das einen weiteren, in seiner Wirkung nicht zu unterschätzenden Schlag versetzt. Ohne sich dessen im Geringsten bewusst zu sein, ließ man die kaiserliche Predigt von Essen auch noch millionenfach als Plakat drucken – auf knallrotem Untergrund – und zwar auf ausdrücklichen Wunsch des Monarchen hin, der sogar angeregt hatte, man möge seinen Redetext von den Kanzeln der evangelischen Kirchen des Königsreichs verkünden.[16]

War das nur Verblendung, politischer Irrglaube? Nein, die Imageberater – wie wir sie heute nennen würden – scheinen sich von dieser Propagandaarbeit tatsächlich eine öffentliche Aufwertung des deutschen Kaisers versprochen zu haben. Und bei der unfreien, oft staatlich gelenkten Presse von damals war diese Spekulation auch nicht

Letzter Akt – der Kaiser betritt die Bühne

Plakat mit der Krupp-Rede des deutschen Kaisers, wie sie für die Öffentlichkeit nachträglich frisiert worden war.

ganz verfehlt, denn viele bürgerliche Blätter gaben sich damals deutschlandweit sichtlich Mühe, dem Reichsmonarchen mit geradezu verklärtem Blick anlässlich seines Auftritts in Essen zu huldigen. Man geht aber wohl nicht fehl in der Annahme, dass solche Ausdeutungen bei der großen Masse der Zeitungsleser nicht durchweg Begeisterung entfachten. Die Adressaten dieser kaiserlichen Kundgebung »müssten schon völlige politische Analphabeten« sein, um solchen Expektorationen Glauben zu schenken, unkte die sozialdemokratische *Münchener Post*. Und sie legte noch eins drauf: Dass der Gang des Kaisers zu den Arbeitern so »grauslich verunglückt« sei, nehme doch kein Wunder, wenn man weiß, »in wie bizarren romantischen Farben er die Welt sieht. Soll das zum Verhängnis des deutschen Volkes werden?«[17] Solche freimütigen Urteile konnten freilich nur in Bayern publiziert werden, wo die öffentliche Meinung damals weit weniger geknebelt war als in Preußen. Oder aber in Sachsen, wo die *Leipziger Volkszeitung* die Kaiserrede als eine einzige politische Provokation interpretierte, weil sie die Entmündigung des Volkes fort- und festschreibe: Man werde »Deutschlands innere Verhältnisse beurteilen nach dem Ton dieser Rede und hier das gerade Gegenteil von Demokratie und Freiheit sehen«.[18] Der deutsche Kaiser wird beide Artikel wohl niemals zu Gesicht bekommen haben.

Die manipulative Pressekampagne des preußischen Zivilkabinetts scheint denn auch – vielleicht sogar mehr noch – einen anderen Adressaten im Blick gehabt zu haben als die deutsche Öffentlichkeit, nämlich den deutschen Kaiser selbst. Dem hoffte man mit schmeichlerischen Zeitungsartikeln auf Bestellung über seine Abfuhr in Essen hinwegzuhelfen. Denn der Stachel dieser Beleidigung scheint doch tiefer gesessen zu haben, als er jemals zugeben mochte. Wahrscheinlich hatten Berg auch Gewissensbisse über die ›unmögliche Mission‹ dazu motiviert, so etwas wie Schadensausgleich zu leisten – in Form von Zeitungsausschnitten, die dem Gekränkten einreden sollten, seine Essener Aktion sei allem Argwohn zum Trotz schlussendlich doch ein großer Erfolg mit Prestige-Gewinn gewesen. Jedenfalls ist überliefert, wie beglückt Wilhelm über solche bestellten Lobreden war und sich schon bald in den beruhigenden Gedanken einlebte, er habe tatsächlich mit seiner Rede »in Essen die Arbeiter [auf den Monarchen] verpflichtet«.[19] An dieser irrigen Überzeugung hielt der Kaiser dann fortan hartnäckig fest, und es gab niemanden in seiner Umgebung, der diesen Märchenglauben erschüttern mochte.

Mit seinem Fabrikbesuch bei Krupp hatte sich dem Kaiser die seltene Möglichkeit geboten, massenwirksam und glaubwürdig den Beweis anzutreten, dass er die Zeichen der Zeit, den Anbruch einer neuen Ära erkannt hatte. Angesichts der desolaten militärischen Lage wäre es die Aufgabe eines politisch klugen Monarchen gewesen, das deutsche Volk vorsichtig auf die sich abzeichnende Kriegsniederlage einzustimmen – und zugleich seine Bereitschaft zu (demokratischen) Neuerungen im politischen System zu signalisieren. Das hätte den Menschen Orientierung und Hoffnung gegeben. Aber nichts dergleichen geschah, sondern im Gegenteil: Er verlangte gebieterisch Gehorsam und Opferbereitschaft, plädierte für die Fortsetzung eines verlorenen Krieges um jeden Preis und blieb krampfhaft bemüht, diesem angeblich alternativlosen Vorgehen einen höheren Sinn zuzuschreiben.

Offenbar glaubte er tatsächlich, die Uhr wieder auf August 1914 zurückstellen zu können, und zwar durch die vermeintlich unbeschadete Aura seines gottbegnadeten Kaisertums. Wilhelms Auftritt war der untaugliche Versuch, dem Zeitgeist nachzulaufen, ohne ihn wirklich aufzunehmen. Der Kaiser blieb authentisch, und genau das war sein Fehler, denn für seine kaiserliche Selbstinterpretation war die Zeit abgelaufen. Er vermeinte immer noch, sagen zu dürfen, was er wirklich dachte, ohne auch nur zu ahnen, wie sehr er sich damit schadete. Was die Öffentlichkeit jetzt sehen wollte, war ein glaubwürdig besorgter Landesvater, der immerhin zu begreifen versuchte, dass die Menschen mehr als genug hatten von Krieg, Entbehrungen und hohler Propaganda. Sie wollten nichts mehr wissen von einem bramarbasierenden Autokraten in martialischer Aufmachung. Das hohe Pathos seiner altväterlichen Rhetorik und die anhaltende Verklärung der tatsächlichen Lage mussten die Leute ja geradezu wütend machen. Seine Sinne schienen in der Tat »blind und taub zu sein – selbst für die gärenden, krisenhaften deutschen Zustände um ihn herum«.[20]

Der Kaiser hat in Essen weit größeren politischen Schaden angerichtet, als sich bloß selbst zu blamieren. Er riss die ganze Institution Monarchie noch tiefer in die Vertrauenskrise, in der sie schon seit Monaten steckte, ja er machte diese Vertrauenskrise zu einer fundamentalen: indem er den Glauben an die Entwicklungsfähigkeit dieser Einrichtung untergrub und damit an ihre Heilsamkeit überhaupt. Dazu muss man wissen, wie sehr die politische, aber auch die unpolitische Öffentlichkeit in Deutschland darauf programmiert war, in diesem ihrem Kaiser die Verkörperung des monarchischen Gedankens schlechthin zu sehen. Doch die Monarchie stand jetzt im Begriff, zu einem hoffnungslosen Fall zu werden, weil sie die Menschen nicht mehr erreichte – weder politisch noch emotional. Mit der Gottähnlichkeit der Hohenzollern war es im September 1918 endgültig vorbei – jetzt hätten sie nur noch durch positive Leistungen, genauer: durch Dienst am Volk ihre Daseinsberechtigung garantieren können und die Voraussetzung dafür wäre die Bereitschaft zum ehrlichen Dialog mit eben diesem Volk gewesen. Doch Wilhelm von Preußen blieb unverändert in der Illusion seiner Unantastbarkeit befangen. Sein maßgeschneidertes Konzept der selbstberauschenden Autosuggestion war in Essen nur objektiv gescheitert. Subjektiv glaubte er unverändert an die Richtigkeit seiner ›eigenen‹ Politik – losgelöst von dem, was die Menschen in Deutschland damals wirklich umtrieb.

1
Wer rettet das Kaiserreich?

Viel zu spät realisierte die politische Führungsriege im Kaiserreich den Autoritätszerfall der gekrönten Häupter, die in Deutschland selbst 1918 noch nahezu eigenmächtig herrschen durften. Immerhin waren sie sich aber darüber im Klaren, dass das politische Schicksal der monarchischen Ordnung in erster Linie abhing von Stehvermögen und Erscheinungsbild ihrer Leitfigur: des Reichsmonarchen Wilhelm II., zugleich König von Preußen und Oberhaupt der Hohenzollern. Ihn ganz persönlich politisch zu bearbeiten, lag in der Logik des deutschen Herrschaftssystems. An dessen Spitze existierte mit dem sakrosankten Kaiser nämlich eine im weitesten Sinn des Wortes unverantwortliche »allerhöchste« Machtinstanz, der die letzte Entscheidung in allen Fragen des politischen Willens oblag. Formell bestimmte Seine Majestät, was im Interesse des deutschen Reiches lag und was nicht, und die Geschäftsführer des Politikbetriebs hatten ihn stets in dem Glauben gelassen, dass er tatsächlich Deutschlands Alleinherrscher wäre. Das erwies sich nun, im Herbst des fünften Kriegsjahres, als schwere Hypothek – wo die Aussichten auf einen militärischen Sieg der Mittelmächte so rasant schwanden, das Volk sich enttäuscht von den hohlen Versprechungen der Kriegspropaganda abwandte und soziale Unruhe und politische Opposition sich regten. Ein außergewöhnlich hoher Handlungsdruck hatte sich aufgebaut, mit dem die Berliner Staatsspitze umgehen musste, möglichst nutzbringend, aber eben auch gezwungenermaßen im direkten Einvernehmen mit dem ›regierenden‹ Kaiser.

Als die Krise akut wurde, litt der Reichsmonarch jedoch schon länger an jenem Bedeutungsverlust, mit dem er schließlich das ganze System anstecken sollte; eine politische Ordnung, die ohnedies schon schwächelte. Auch bei den maßgeblichen Männern der Reichsregierung waren politisch virulente Krankheitssymptome auszumachen: Passivität, Obedienz, billigende Inkaufnahme von als falsch Erkanntem, Fatalismus, ganz zu schweigen von heftigen Aversionen gegen die Demokratie. In ihrem praktischen Handeln blieben sie auf die monarchische Staatsautorität fixiert und entsprechend befangen. So befand sich da, wo eigentlich die Entscheidungsmitte der deutschen Politik sein sollte, eine nur im bürokratischen Sinn funktionstüchtige Zentrale.

Die Wahrnehmungsverzerrung und die ganz persönliche Bewertung der Dinge durch den Reichsmonarchen korrespondierten mit der Horizontverengung und der Kleinmütigkeit der ihm unmittelbar nachgeordneten Funktionsträger in der zivilen Reichsleitung. Die Hauptwurzel dieses Übels blieb aber die Konzentration der staatlichen Machtfülle in der Hand einer gesalbten Person von Gottes Gnaden.

Um das ganze Ausmaß dieser deutschen Misere im Herbst 1918 zu erfassen, fällt unser Blick jetzt auf die politischen Spielfelder, in denen dieser oberste Entscheidungsträger sich damals bewegte: auf den konkreten Erfahrungshorizont seines damaligen Selbstverständnisses, auf seine außerpolitischen Abhängigkeiten und Beschränkungen und natürlich auf sein eigenes Wollen in jenen dramatischen Wochen, als das Schicksal seines Reiches vielleicht nicht an einem seidenen Faden, aber doch bereits an ganz wenigen Fäden hing. In diesem Blickfeld zeichnen sich die Verwerfungen des Herrschaftssystems am schärfsten ab. Wollte sie diese Unstimmigkeiten wirksam bekämpfen, so musste die Politik vor allem anderen dieses leisten: das eigensinnige, eigenwillige und nicht zuletzt eigenmächtige Staatsoberhaupt von Gottes Gnaden politisch wirksam einzubinden in halbwegs aussichtsreiche Strategien zur Überwindung der akuten Kalamitäten. Und ihn in Mithaftung für das zu nehmen, was der nicht mehr zu gewinnende Krieg der ganzen deutschen Staatsführung an politisch-moralischem Tribut auferlegte. War das überhaupt möglich?

Um diese Frage beantworten zu können, müssen wir unseren Betrachtungswinkel hin zu zwei anderen wichtigen Teilnehmern im Kampf um die Erhaltung der deutschen Monarchie erweitern. Denn das politische Schicksal des Reichs hielten damals neben dem preußischen Kaiser noch diese beiden Protagonisten in Händen: der süddeutsche Ausnahmepolitiker Prinz Max von Baden sowie sein badischer Landsmann Friedrich Ebert, sozialdemokratischer Parteiführer und wohl stärkster Volksvertreter des deutschen Reichstags. Es geht also nicht allein um die Figur des gekrönten Herrschers, sondern vielmehr um ein Triumvirat, das allerdings realhistorisch weniger ein Bündnis als vielmehr eine politische Schicksalsgemeinschaft war. Nimmt man jeden dieser drei ›Partner‹ genau in den Blick, so tritt auch die politisch-kulturelle Konstellation jenes deutschen Herbstes deutlich hervor. Ihre Porträts zeigen parallel verlaufende Leben, wechselseitige Abhängigkeiten, aber auch Blockaden und natürlich Abgrenzungen, Abneigungen, ja Feindseligkeiten. Eine bloße Analyse der politischen Interessen käme nur der Figur Friedrich Eberts zu, Kaiser und Prinz hingegen leiteten primär persönliche Motive in ihren Handlungen und Entscheidungen.

Wilhelm II. – Der Autokrat

Nicht etwa eine Miniaturbiografie des letzten Monarchen in Deutschland gilt es hier zu erzählen,[1] es geht vielmehr um eine kaleidoskopische Darstellung seiner öffentlichen Person und ihrer Auffälligkeiten. Wir betrachten einen Mann im sechsten Lebensjahrzehnt, der auf eine lange Fürstenehe zurückblickt und sechs erwachsene Kinder hat; auf eine Herrscherfigur mit dreißigjähriger Erfahrung als Throninhaber von Preußen, als deutscher Kaiser, als mächtigster Mann in Deutschland und – auch das war wesentlich für sein Selbstverständnis – als wohl reichster Mensch im Staat.[2] Sein Vermögen bestand nicht allein aus dem immensen Familienbesitz der Hohenzollern mit zahlreichen Schlössern und sonstigen Liegenschaften, aus einem wertvollen Kunstbesitz und den sonstigen Schätzen inklusive der Wertpapiere und des vielen Bargelds. Es speiste sich auch aus der sogenannten Krondotation, die ihm der preußische Staat und das Reich als jährliche Zahlungen zur Verfügung stellten. Bei Ausbruch des Weltkriegs waren dies nach heutigem Geldwert insgesamt mehr als 100 Millionen Euro. Einen Großteil dieser Summe verschlang die Bezahlung des Personals, das sich um die royale Hofhaltung, die Verwaltung der Schlösser und

Gärten, die Belange des Herrscherhauses sowie die persönlichen und öffentlichen Angelegenheiten des Kaisers zu kümmern hatte, mehrere Tausend Personen waren das. Anders wäre seine ebenso aufwändige wie glanzvolle Lebensweise gar nicht möglich gewesen. Auch wenn das Kriegsgeschehen dieser Prachtentfaltung deutliche Schranken setzte, führte Kaiser Wilhelm II. bis zuletzt ein opulentes Fürstenleben, in dem es an nichts mangelte. Die preußisch-deutsche Herrscherfamilie hatte 1918 also weitaus mehr zu verlieren als einen Titel, nämlich den Spitzenrang in der Gesellschaft und Entscheidungsbefugnisse. Es ging um ihre Daseinsform schlechthin.

Mit einer majestätischen Statur war Wilhelm II. zwar nicht gesegnet, wohl konnte er sich aber auf einen durch Drill und Selbstdisziplin trainierten Schauspielerkörper verlassen. Dennoch verlangte es ihm einige Mühen ab, auf all seinen Wegen den Anschein von kaiserlicher Würde und Unantastbarkeit zu wahren. Aus denselben Gründen war er bei seinen Auftritten auch derart bemüht, seine körperliche Behinderung, den schlaffen verkürzten linken Arm, zu kaschieren. Berüchtigt und gefürchtet war etwa der schmerzhafte Händedruck seiner Rechten, mit der er seine Besucher spüren ließ, über welch körperliche Kraft er dennoch verfügte. Außerdem war er ausgesprochen eitel: Jeden Tag ließ er sich frisieren und sorgfältig an- und umkleiden. In der deutschen Kostümgeschichte gebührt ihm ohne Zweifel ein Ehrenplatz. Auch ausgesuchte Requisiten waren ihm dabei wichtig. So trug er am Ringfinger der rechten Hand einen Brillanten mit einem in winzigen Rubinen eingelegten Christusmonogramm »X« und »P«. Die Würde seines hohen irdischen Amtes reichte ihm offensichtlich nicht. Er bestand auf der bewundernden Anerkennung seiner gottgewollten Einzigartigkeit.

Meist war der Kaiser mit seiner Entourage unterwegs – einer ausgesuchten Schar dienstbarer Geister, darauf eingeschworen, auf jeden Wink hin herbeizuspringen. Beflissen sorgten sie auch unaufgefordert für das untadelige Erscheinungsbild des Monarchen. Keine leichte Aufgabe angesichts der Sprung- und Launenhaftigkeit, für die dieser

Kaiser berüchtigt war. Doch kam dem innersten Kreis dieser ständigen Begleiter noch eine weitaus wichtigere Bedeutung zu, als bloß die äußerliche Wahrung des kaiserlichen Nimbus. Diese hochrangigen Adjutanten, Kabinettschefs und Hofstaatsmänner sicherten die vermeintlich souveräne Machtstellung ihres Herrn nicht allein nach außen ab, sie boten ihm selbst einen psychologisch wichtigen Halt. Vor jenem Kollektiv konnte er sich jederzeit rückhaltlos Luft machen, was seinem Selbstwertgefühl sehr entgegenkam.

Wilhelms Mitteilungsdrang war stark ausgeprägt, wobei er sich bei Schilderungen oft in theatralischen Eifer hineinsteigerte. Dabei flatterte dann seine Rechte wild umher, um die meist bildhaften Sätze in beredten Gesten zu unterstreichen. In dieser Weise hielt der Kaiser seine Monologe, denn ein eigentliches Gespräch mit ihm zu führen, gelang nur selten. Er verfügte über eine große phantasievolle Auffassungsgabe, konnte vielschichtige Informationen zu einem eindringlichen Bild zusammenfassen und sich in sein fast untrügliches Gedächtnis einprägen. Doch unverkennbar war zugleich die Tendenz, sich an seinen eigenen Worten stark zu machen, ja zu berauschen. Diese Selbstagitation diente angesichts der vielen Herausforderungen zur Beruhigung seiner überspannten Nerven, hatte jedoch auch unliebsame Folgen. So war Wilhelm für unachtsame Äußerungen berüchtigt und hat damit viel Porzellan zerschlagen. Doch längst nicht alles, was er im Affekt an Respektlosigkeiten von sich gab, war wörtlich zu nehmen. Vieles war seiner Takt- und Geschmacklosigkeit geschuldet, gleichwohl er durchaus die Gabe besaß, mit einem einnehmenden Konversationsstil zu gefallen. Überhaupt lässt sich sagen, dass sein Charakter eine ganze Reihe solcher Widersprüche aufwies.

Dieser Monarch war kein Genießer oder Bonvivant, kein großer Esser, alles andere als ein Gourmet und auch nicht besonders trinkfreudig. Und doch gehörte es zum unverzichtbaren Ritual seines kaiserlichen Alltagslebens, sich häufig zu Tisch zu begeben. Zumeist blieb es freilich bei hastig eingenommenen Mahlzeiten im stets gleichen Kreis seiner »Herren«. Diese Zusammenkünfte nahmen jedoch, zumal wenn keine Gäste anwesend waren, gelegentlich durchaus kameradschaftliche Formen an – etwa bei gemeinschaftlich genossenen Zigarren oder Zigaretten. Überhaupt war viel Tabakqualm um ihn herum,

Der Oberste Kriegsherr, leutselig – und stilisiert förmlich.

wenn er nicht gerade Frischluft auf einem der ausgiebigen Spaziergänge genoss; eine Leidenschaft, der er ebenso frönte, wie er Ausflüge in seinem 60-PS-Mercedes zelebrierte.

Für Thomas Mann war Kaiser Wilhelm mit seinem »dekorativen Talent« eine Figur der »imperiale[n] Gala-Oper«.[3] Und in der Tat sieht man ihn nicht allein bei öffentlichen Auftritten als einen künstlerischen Darsteller agieren, der seiner Umgebung unentwegt einreden will, in seiner Person seien Reich, Macht und Gottesgnade verkörpert. Wir haben es hier mit einer speziellen Form von »Theatrokratie« (Friedrich Nietzsche) im Dienste der Monarchie zu tun, die von ihrem Hauptdarsteller ungemein ernst genommen wurde. Er war überzeugt, sein Volk wolle ihn so und nicht anders sehen, ihn als grandiosen Hauptdarsteller auf der großen Weltbühne bewundern. Deshalb entwickelte er nachgerade eine Passion für die theatralische Selbstdarstellung, erschien sie ihm doch nicht nur als ein legitimes, sondern als das einzige Mittel, um seine kaiserliche Macht dauerhaft zu festigen.

Sich selbst so glänzend zu inszenieren, bereitete ihm aber auch sichtlich Spaß und Wohlempfinden. Scharfsichtige Beobachter haben schon vor hundert Jahren erkannt, dass sein unablässiges Rollenspiel einem eher tragisch zu nennenden Umstand geschuldet war: Wilhelm war seiner allzu menschlichen Natur nach außerordentlich hilfsbedürftig, weich und kindisch, was er auf keinen Fall zeigen durfte. So blieb er »auf den Eindruck bedacht, dauernd mit sich selbst kämpfend, seine Natur bezwingend, um ihr Haltung, Kraft, Beherrschung abzugewinnen«.[4] Wilhelms imperiale Attitüde war mithin weit mehr als vorlaut oder unsensibel, sie war eine existenzielle Schauspielerei. Mit etwas mehr innerer Selbstachtung wäre sein Streben nach äußerlich strammer Haltung weniger aufgesetzt gewesen, doch zeitlebens trieb ihn die Angst um, seinen anspruchsvollen Aufgaben nicht gewachsen zu sein oder für ungeeignet befunden zu werden. Deshalb wollte er sich permanent als wirksam erleben und musste sich dafür die ganze Welt zur Bühne machen.

Immer gelang es ihm selbstverständlich nicht, sein Naturell gänzlich zu maskieren. Auf solche Momente, in denen er sich ungeschminkt zeigte, wird an anderer Stelle noch ausführlich zurückzukommen sein, zeigen sie doch, wie die Selbstzweifel am Ende immer größer wurden. Seine Umwelt befriedigte zum Schluss sein Bedürfnis nach Verehrung immer weniger, doch selbst dann noch zeigte er wenig Geschick und Gespür in eigener Sache. »Schließlich versagte sogar sein Theatertalent: statt auf das Stichwort zu einem effektvollen Abgang zu hören, wartete er, bis er von der Szene gejagt werden musste.«[5] Zu sehr war er selbst seiner eigenen Maskerade erlegen.

Doch kehren wir noch einmal zu den Anfängen zurück: Seit seiner Krönung zum deutschen Reichsmonarchen im Jahr 1888 hatte Kaiser

Wilhelm enorm viel Macht inne. Er entschied über Krieg und Frieden, konnte den Reichskanzler berufen und entlassen, ohne auf Reichstag und Bundesrat Rücksicht zu nehmen. Und er war Oberbefehlshaber von Armee und Marine. Darüber hinaus verfügte der Kaiser über einen eigenen Behördenapparat: das Geheime Zivilkabinett, das Militärkabinett und das Marinekabinett. Mittels der drei Kabinettschefs entschied er alle wesentlichen Personalangelegenheiten im Staatsapparat und bei den Streitkräften – oft nach Gutdünken. Die Möglichkeiten Wilhelms II., Macht auszuüben, gingen aber noch weit über die verfassungsmäßigen Befugnisse hinaus. Vom Reichsgründer Bismarck war insbesondere die höhere Beamtenschaft darauf eingeschworen, ihm strikt zu gehorchen. Wer sollte Wilhelm nach dem Sturz des Titanen Bismarck da noch widersprechen? Es war in der Tat eine souveräne, besser autokratische Herrschaft, die dieser Kaiser mehr als drei Jahrzehnte hatte ausüben und – auch das – auskosten dürfen. Denn er gefiel sich sehr in der Rolle des eigenmächtigen, selbstherrlichen Reichsmonarchen. Ein Kaisertum ohne autoritäre Gestaltungsmacht und ohne Weisungsbefugnis gegenüber *seiner* Regierung war für ihn undenkbar.

Natürlich hatten berufene und unberufene Ratgeber immer wieder versucht, auf Entscheidungen des Kaisers Einfluss zu nehmen. Mehr oder weniger erfolgreich, im Guten wie im Schlechten. In eine echte Krise war seine Herrschaft vor Ausbruch des Weltkriegs durch solche Einflüsterungen aber nur einmal geraten, als zwei Affären in den Jahren 1907 und 1908 die politische Öffentlichkeit ernsthaft gegen ihn aufgebracht hatten. Doch die immer noch loyale Volksvertretung hatte Kaiser Wilhelm damals noch einmal ohne wirksame Beschneidung seiner Machtbefugnisse davonkommen lassen.[6] In den folgenden Jahren stieg das Ansehen des Kaisers dann allmählich wieder, bis ihn schließlich die Feierlichkeiten zu seinem 25. Regierungsjubiläum im Juni 1913 auf dem bisherigen Höhepunkt seines Ansehens zeigten.

Die Rolle Wilhelms bei Kriegsausbruch 1914 war ambivalent. Seine berüchtigten Randbemerkungen vom 2. Juli – »Mit den Serben muss aufgeräumt werden, und zwar bald!«[7] – und sein sogenannter Blankoscheck für die Regierenden Österreich-Ungarns vom 5. Juli bildeten zwar die Basis für die riskante Politik des Reichskanzlers Theodor von

Wer rettet das Kaiserreich?

Apotheose des deutschen Burgfriedens, wie er in den ersten Kriegsjahren zur Staatsraison erklärt und in zahllosen Publikationen und Manifestationen öffentlich zelebriert wurde.

Bethmann Hollweg in der Julikrise. Am Ende drängten jedoch Bethmann Hollweg und Generalstabschef Moltke den zwischenzeitlich zögerlich gewordenen Kaiser in den Krieg hinein. Wilhelms Ansprache vom Balkon des Berliner Stadtschlosses am Abend des 1. August und seine emotionale Rede vor den Fraktionen des Reichstags drei Tage später – »Ich kenne keine Parteien mehr, ich kenne nur Deutsche« – verschafften ihm noch einmal größere Popularität.

Doch von da an ging es bergab mit seinem Prestige. Die bemerkenswerte Loyalität, die ihm sein patriotisches Verhalten bei Kriegsausbruch eingebracht hatte, verspielte er rasend schnell. Dessen ungeachtet blieb sein Glaube an die anhaltende mythische Wirkkraft jenes August-Erlebnisses durch nichts zu erschüttern. Auf ewig sei das deutsche Volk jetzt mit seinem Kaiser auf Gedeih und Verderb verbunden, lautete sein Credo. Dem entsprach auch seine Einbildung, von ihm gehe immer noch ein Zauber aus, dem niemand widerstehen könne.

Am 16. August 1914 reiste der Kaiser in das sogenannte Große Hauptquartier nach Luxemburg ab. Es sollte im Verlauf des Krieges mehrfach den Ort wechseln und befand sich zuletzt im belgischen Kurort Spa. Dem Großen Hauptquartier gehörten neben der Obersten Heeresleitung (OHL), also dem Generalstab der Armee und dem Kaiser, Vertreter der Reichsregierung, der Marine und der Bundesstaaten an. Wilhelm II. hielt sich fast die gesamte Kriegszeit über im Großen Hauptquartier auf. Er blieb damit zwar fast immer im sicheren Hinterland, fühlte sich aber als tapferer »Frontsoldat«. Ohne das Eiserne Kreuz an seiner Brust sollte man ihn fortan in der Öffentlichkeit nicht mehr erblicken. Nun war der Kaiser als Staatsoberhaupt mit unverändert weitreichenden Vollmachten zugleich Deutschlands »Oberster Kriegsherr«. Um diese großen Möglichkeiten staatsklug zu nutzen, hätte er nun einen festen politischen Führungswillen zeigen, klare Ziele haben und – tatsächlich – arbeiten müssen. An alledem aber haperte es bei ihm. So versagte er von Anfang an auch bei seiner wohl wichtigsten Aufgabe, nämlich die politische und militärische Führung des Reiches zu koordinieren.

Der zweite Chef der Obersten Heeresleitung, General Erich von Falkenhayn, wusste den Monarchen zu nehmen und schloss ihn geschickt von jeglicher Mitwirkung an den militärischen Operationen aus. Wilhelm entging das natürlich nicht, doch er befahl lediglich: »Falkenhayn muss doch [wenigstens] nach außen die Fiktion erhalten, dass ich alles persönlich anordne.«[8] Im geschützten Raum bekannte er ebenso freimütig wie zutreffend: »Wenn man sich in Deutschland einbildet, dass ich das Heer führe, so irrt man sich sehr. Ich trinke Tee und säge Holz und gehe spazieren, und dann erfahre ich von Zeit zu Zeit, das und das ist gemacht, ganz wie es den Herren beliebt.«[9] Diesen Umstand bestätigte ein halbes Jahr später der wohlinformierte bayerische Gesandte in Berlin, als er seinen Ministerpräsidenten wissen ließ: »Nach allem, was ich höre, setzt der Kaiser seine sehr aktive Untätigkeit fort und damit hat er sich gewissermaßen selbst ausgeschaltet.«[10] Mit anderen Worten führte Wilhelm also im Großen Hauptquartier sein altes Leben weiter: Auch dort erledigte er die Regierungsgeschäfte zumeist im Umhergehen, machte am Nachmittag gern einen Ausflug und hielt abends Monologe oder spielte Karten mit seinen »Herren«. Im Übrigen wurde in der Tat viel Holz gehackt[11] – offenbar war reichlich Ablenkung nötig, um die politische und militärische Passivität zu ertragen. Für Zerstreuung sorgte ebenfalls die kleine schwarze Teckelhündin namens »Strolch«, die nicht nur im Großen Hauptquartier seine ständige Begleiterin war. Die schlaue Dackeldame kannte wohl die vermeintlich allmächtige Stellung ihres kaiserlichen Schutzherrn und führte sich entsprechend auf – sehr zum Leidwesen des von ihr angeknurrten oder gebissenen Leibpersonals.

Nach außen gab sich Kaiser Wilhelm als unerschütterlicher Verfechter eines deutschen Siegfriedens, der seinem Reich Sicherheit und Weltgröße garantieren müsse. Gegen die Ratschläge, sich doch öfters in Berlin zu exponieren, sträubte er sich, hätte es für ihn doch bedeutet, wenigstens symbolisch die entsetzlichen Leiden seines Volkes mitzutragen. Da fühlte er sich unter den Militärs im Großen Hauptquartier erklärtermaßen wohler, was seine Herren dort nicht uneingeschränkt goutierten, hatten sie doch ihre liebe Mühe, den stets hohen Erwartungen ihres unberechenbaren Befehlsgebers zu entsprechen. Als der Chef seines Militärkabinetts Lyncker ihm dennoch einmal »in aller Form über seine Pflichten gegenüber dem hungernden und leidenden Volk Bescheid« zu sagen wagte, »gab es einen Mordskrach [...], der damit endete, dass [der Kaiser] laut schimpfend im

Zorn herausrannte und die Tür mit Gewalt und Krach zuschmiss«. Lyncker hielt es für verhängnisvoll, »an maßgebender Stelle so gar kein Verständnis für die allgemeine Not zu finden«, und glaubte schon Anfang 1917, dies werde sich noch einmal rächen. »Schon jetzt wird in weiten Kreisen nicht gut vom Kaiser gesprochen; es bleibt doch nicht geheim, wie er in dieser Zeit sein Leben hinbringt.«[12]

Falkenhayn rechnete schon seit Ende 1914 nicht mehr mit einem militärischen Sieg der deutschen Seite. Er befürwortete deshalb einen Kompromissfrieden, vorzugsweise mit Russland. Wilhelm II. stimmte diesen Überlegungen zu, doch Reichskanzler Bethmann Hollweg sabotierte ihre Umsetzung. Er war fälschlicherweise davon überzeugt, Falkenhayn wolle ihn nur verdrängen und selbst Kanzler werden. Deshalb griff er die Kritik einiger Militärs an Falkenhayn auf und schlug dem Kaiser vor, den Generalstabschef zu entlassen und an seiner Stelle Ludendorff zu ernennen. Wilhelm reagierte empört. Er war zwar verärgert, weil Falkenhayn ihn von den militärischen Entscheidungen fernhielt, schätzte den General aber gleichwohl persönlich sehr. Entschieden weigerte er sich, Ludendorff zu berufen, der ein »zweifelhafter, von persönlichem Ehrgeiz zerfressener Charakter« sei.[13] Als auch Hindenburg am 12. Januar die Entlassung Falkenhayns forderte, bescheinigte der Kaiser ihm entrüstet die »Allüren eines Wallenstein«.[14] Gegen alle Anfeindungen hielt Wilhelm seinen Generalstabschef fast zwei Jahre lang im Amt. Erst als Rumänien Ende August 1916 an der Seite der Entente in den Krieg eingriff, wurde der Druck auf den Kaiser so stark, dass er Falkenhayn fallen lassen musste. Hindenburg wurde nun Generalstabschef, Ludendorff »Erster Generalquartiermeister«. Alle Eingeweihten merkten rasch, dass Ludendorff in diesem Duo als entschlussfreudiger Stratege das Sagen hatte und dass Hindenburg de facto an des Kaisers Stelle als Oberster Kriegsherr getreten war. Umso mehr bestand der so in den Schatten gestellte Monarch darauf, dass wenigstens weiterhin so getan werde, als habe er das letzte Wort in Staat und Armee.

Längst war an Wilhelm auch die Forderung ergangen, den politisch nur mehr herumlavierenden Reichskanzler Bethmann Hollweg zu entlassen. Doch an ihm hielt der Oberste Kriegsherr ebenfalls zunächst hartnäckig fest, bis das Duo Hindenburg-Ludendorff im Juli

1917 durch freche Rücktrittsdrohung dessen Verabschiedung erzwang. In seiner Ratlosigkeit ernannte der Kaiser Georg Michaelis zum Nachfolger, einen farblosen Verwaltungsbeamten, der mit dem neuen Amt völlig überfordert war. Nur kurz darauf traf sich der Monarch in zwanglosem Rahmen mit Vertretern der Reichstagsfraktionen in Berlin, um eben diesen Eindruck demonstrativ zu zerstreuen. Während die Reichstagsmehrheit sich schon auf einen »Frieden der Verständigung und der dauernden Versöhnung der Völker« orientiert hatte, schwadronierte der Monarch bei dieser Gelegenheit unbekümmert davon, den bald besiegten Feinden Land, Rohstoffe und Geld wegzunehmen. Und dann verkündete er noch, wo Seine Garde auftrete, da gebe es keine Demokratie.[15] Ein verheerenderes Zeugnis seiner Politikunfähigkeit hätte er kaum ablegen können. Ein Teilnehmer meinte später, die Zusammenkunft sei »der tiefste Spatenstich zum Sturz des bisherigen Regimes« gewesen.

Nach der Berufung von Hindenburg und Ludendorff an die Spitze der Obersten Heeresleitung stand Wilhelm II. militärisch im Abseits. Bald wusste alle Welt: Wilhelm »konnte weder Krieg noch Frieden führen«.[16] Politisch hatte er schon seit 1917 nur mehr von der Würde des Kaisertums gezehrt, doch die hatte er mit der Ernennung dieser militärischen »Halbgötter« nun auch noch verspielt. Sich geschickt als Volkskaiser zu gerieren, vermochte beziehungsweise wollte er nicht. Und eine andere Karte, die er noch hätte ausspielen können, um Popularität zu erlangen und die Existenzkrise seines Regimes abzuwenden, gab es nicht.

Je weniger der Kaiser im Laufe des Krieges politisch und militärisch zuwege brachte, je mehr sein tatsächlicher Einfluss schwand, umso stärker kaprizierte er sich auf die Repräsentation einer Macht, die ihm formell und habituell immer noch zu Gebote stand. Noch immer galt er offiziell als unverantwortlich und unantastbar, doch gerade diese außerordentliche Machtfülle verhinderte jede (selbst-)kritische Reflexion. Darüber hinaus war er überaus leicht und aus unterschiedlicher Richtung zu beeinflussen. Ein Übriges tat sein machtpolitisches Dogma, nur eine autokratische Militärmonarchie altpreußischer Provenienz könne dem Reich seine führende Stellung in Europa und der Welt sichern.

Wer den Kaiser beraten wollte, hatte – vor allem in inhaltlichen Dingen – den Schein zu wahren, Seine Majestät allein sei für die Reichspolitik verantwortlich. Doch wegen seiner kurzen Aufmerksamkeitsspanne hielt ohnedies kein Beratungsversuch lange vor. Als ein Genie der Selbsttäuschung ging Wilhelm – von lichten Momenten abgesehen – davon aus, dass überhaupt nur seine Interventionen weitreichende politische Folgen zeitigen könnten. Tatsächlich wurde er in der Welt der Großen Politik jedoch schon seit 1915 nur noch als Nebenfigur wahrgenommen. Umso mehr, als er von jeder Kundgebung eines eigenen politischen Willens absah und schlecht informiert blieb bis hin zur Ahnungslosigkeit. Große Distanz wahrte er zu gesichertem Wissen und zu kritischer Reflexion der Lage. Seine mangelnde Bereitschaft, eine ehrliche Bestandsaufnahme der nüchternen Fakten auch nur zuzulassen, geschweige denn zur Grundlage seiner eigenen Meinungsbildung zu machen, war notorisch. Sonderlich engen Kontakt zur politischen Wirklichkeit hätte er aus seinem höfischen Elfenbeinturm heraus zwar ohnehin schwer aufnehmen können, aber er suchte ihn nicht einmal. So blieb er dauerhaft unfähig, die Außenwirkung seines Auftretens auch nur annähernd zutreffend zu beurteilen.

Dennoch war dieser Kaiser in politischer Hinsicht nicht gänzlich blind oder taub. Für die Gefahren und Risiken seiner eigenen Machtstellung, für den Hintersinn der Meldungen, die an ihn gelangten, und für die menschlichen Schwächen seiner Weggefährten besaß er sogar einen bemerkenswerten politischen Instinkt. Seine rasche Auffassungsgabe und seine Geistesgegenwart bei politischen Beratungen waren freilich nur das eine, seine Ungeduld und seine Stimmungsschwankungen waren das andere. Er erfasste durchaus das Wesentliche in politischen Konfliktsituationen, aber alles musste immer temperamentvoll und »energisch« entschieden werden und war dann keineswegs noch einmal zu prüfen. Die Fähigkeit, sich im politischen Streit zu mäßigen, die Dinge aus nüchterner Distanz sachlich zu betrachten und zu beurteilen, ging ihm völlig ab. Was ihm aber am meisten fehlte, war leutselige Gelassenheit.

Er redete sich ein, aufgrund seiner langen Regierungserfahrung, politisch nicht mehr dazulernen zu müssen, und kannte in den meisten politischen Fragen doch nur Momentwahrheiten. Folglich fand er sich mit Veränderungen rasch ab und ließ sich notfalls sogar politisch verbiegen. Seine innere Haltung aber berührte das überhaupt nicht, nicht einmal seine moralische. Insofern war und blieb er der politischen Führungsaufgabe nicht gewachsen, ja nicht einmal an ihr zu wachsen vermochte er.

Dieses Defizit geht freilich nicht allein auf Wilhelms Charakterschwächen zurück. Hier blieb auch ein kräftiger Schuss Ideologie mit im Spiel. Denn auch im 20. Jahrhundert lebte dieser Monarch noch in tiefster Überzeugung davon, der Herrgott persönlich habe ihn zum Sendboten und Vollstrecker seines Willens gemacht. Dieser Glaube an die eigene Auserwähltheit blieb immer bestimmend für sein Selbstverständnis. Auch die Lenkung der großen Politik fasste er so auf. Namentlich während des Weltkrieges. Insofern führte er seinen Kampf gegen ein Zerrbild der Entente, das er selbst generiert hatte. Will sagen: Er kämpfte gegen eine Welt von Feinden, deren vermeintliche Wesenheit eine Fiktion war. Kein Wunder, dass sein Denken und Handeln bisweilen wahnpolitische Züge annahm oder eine politische Ahnungslosigkeit verriet, die ihn für das operative Geschäft gleichermaßen disqualifizierte. Fataler aber noch wirkte sich aus, dass es niemanden in seinem Umfeld gab, der ihn aus jener ideologisch verformten Welt irriger politischer Vorstellungen herausgeholt hätte. So konnte er sich fortgesetzt einreden, für Deutschland unverzichtbar zu sein.

Auch seiner Ehefrau gelang es nicht, Wilhelm die Augen für die Situation zu öffnen, obwohl das leidenschaftliche Engagement dieser hohen Frau im Existenzkampf der deutschen Monarchie beispiellos war. Auguste Viktoria zeigte äußerst eindrücklich, in welchem Maß der sogenannte menschliche Faktor zu politischen Weichenstellungen beitragen, wie er auf die großen historischen Veränderungen einwirken kann.

Zwar stand der Gemahlin des deutschen Kaisers nach der Verfassung keinerlei Teilhabe an der Machtausübung zu, doch informell vermochte sie durchaus, politisch Einfluss zu nehmen. Einerseits durch das familiale Netzwerk ihrer Dynastie und andererseits natürlich durch die intime Nähe zum Autokraten, der seit 1917 immer mehr auf ihre fürsorgliche Zuwendung angewiesen war. Deshalb ist es für den Betrachtungszeitraum ohne Weiteres legitim, von einem »regierenden Kaiserpaar« zu sprechen. Noch weit mehr allerdings als ihr Mann steht Auguste Viktoria[17] – in historisch-politischen Kategorien betrachtet – für das notorisch Unzeitgemäße und die Starrheit des deutschen Monarchie-Modells. So war die Substanz ihrer »Politik« eine starke Abneigung gegen jedwede Reform der monarchischen Ordnung. Bis zum Letzten war sie bereit, diese zu verteidigen, wobei durchaus egoistische Motive eine Rolle spielten.

Für ein tieferes Verständnis ihrer Wesensart ist entscheidend, dass Auguste Viktoria einem vergleichsweise kleinen und zweitrangigen Fürstenhaus entstammte – einem Adelsgeschlecht ohne Glanz oder Prestige.[18] Der große Bismarck hatte dem Geschlecht den Status einer regierenden Herrscherdynastie verwehrt, sodass Auguste Viktoria viele Jahre sogar in einer Art Exil von fast schon bürgerlicher Bescheidenheit verbrachte. Von der großen Welt hatte die junge »Dona«, wie sie in Hochadelskreisen hieß, kaum etwas zu sehen bekommen, was ihr ein einfaches, fast schlicht zu nennendes Gemüt bewahrte. Der aufsehenerregende Heiratsantrag des damaligen Anwärters auf den deutschen Kaiserthron hatte sie 1880 gleichsam aus einem Dornröschenschlaf erweckt. Ohne diese spektakuläre Heirat wäre sie ein »Prinzesslein« geblieben, und etwas von dieser mediokren Herkunft haftete ihr zeitlebens an.

Umso intensiver genoss sie die Errungenschaften durch ihre Ehe und sonnte sich im Glanz des kaiserlichen Daseins. Und weitaus deutlicher als die meisten ihres Standes hatte sie 1918 vor Augen, wie viel sie bei einer Schwächung oder gar einem Untergang der Monarchie zu verlieren hatte: Reichtum und Glanz, Ansehen und Geltung, Eigensinn und Unantastbarkeit.

Bilder, die von ihr aus dem Schicksalsjahr überliefert sind, zeigen eine fast Sechzigjährige mit schlohweißem Haar und zwar würdevol-

Wer rettet das Kaiserreich?

Eine Selbstinszenierung der deutschen Kaiserin Auguste Viktoria von 1914, gemalt von Alfred Schwarz.

Von Sorge und Krankheit gezeichnet: Kaiserin Auguste Viktoria, 1910 und im Krisenjahr 1918.

lem, aber blassem Matronengesicht ohne besondere Ausstrahlung. Man sieht ihr das fortgeschrittene Alter und die angeschlagene Gesundheit an. Bewahrt hatte sie sich ihr Faible für kostbaren Schmuck und für extravagante Hüte, doch war sie lange nicht so eitel wie ihr kaiserlicher Gemahl. Sie kleidete sich *à la mode,* worüber insbesondere ihre Frisur im »Gibson-Girl«-Stil beredt Auskunft gibt. Um Hals und Oberkörper trug sie lange, skulptural wirkende Perlenketten, und mit ebensolchen Perlen waren auch ihre Ohren stets geschmückt. So viel zum äußeren Eindruck, doch wie blickte die Frau an Wilhelms Seite auf die Welt und in welcher Beziehung stand sie zu ihr?

An erster Stelle ist in diesem Zusammenhang die religiöse, besser dogmatische Überformung ihrer Weltsicht zu nennen. Auguste Vikto-

Das deutsche Kaiserpaar *en famille*: Hier mit Enkelkindern und Hofpersonal im Park von Sanssouci. Ein Privatfoto aus der Zeit des Ersten Weltkriegs.

ria sah in Gott eine Art moralische Rückversicherung, die ihr garantierte, dass die bekannte monarchische Welt gut und dauerhaft war. Einen Änderungsbedarf vermochte sie nicht zu erkennen, denn was jenseits dieser monarchisch verfassten Welt vor sich ging, übersah sie geflissentlich. Naiv und von keinem Zweifel angefochten glaubte sie daran, Gott werde ihre Dynastie vor Absturz oder gar Auslöschung behüten, weil er selbst sie ja zum Herrschen auserkoren hatte, und das machte sie unerreichbar für jede Alternative und jeden Kompromissvorschlag. Neben diesem Grundverständnis von einer gottberufenen Herrschaft bildete ihr trotziger Wille zur persönlichen Selbstbehauptung eine Konstante in ihrer Biografie.

Ihre moralisch-sittlichen Wertmaßstäbe waren sehr streng mit einer Tendenz zur Bigotterie. Viele Beobachter stießen sich nachgerade an ihrer »stacheligen Sittsamkeit« (Maximilian Harden). Nach außen gab sie die Gütige, Sanftmütige, während sie etwas, das ihr *contre cœur* ging, äußerst schroff und in jähem Zorn zurückzuweisen pflegte. Dann konnte sie messerscharf sein, auch herrisch und herablassend. In solchen Aufwallungen offenbarte sich eine Kämpfernatur, die sich selbst dann noch widersetzte, wenn das Spiel bereits so gut wie verloren war.

Dabei war Auguste Viktoria von Haus aus und erklärtermaßen unpolitisch. Sie blieb dauerhaft unfähig, sich auch nur in ein einziges politisches Problem sachlich zu vertiefen. Eine analytische Perspektive auf die Zeitläufte war ihr überhaupt fremd, insofern war es ihr auch unmöglich zu antizipieren, was damals politisch tatsächlich auf sie zukam. Dennoch spürte sie instinktiv und überaus deutlich, dass es galt, jene Macht, die ihrem Fürstenhaus, ihrem Mann, dem Kaiser und König übereignet worden war, gegen alle Ansprüche auf Teilhabe mit Klauen und Zähnen zu verteidigen, wollte man nicht alles verlieren. Aus diesem untrüglichen Gespür heraus versuchte die Kaiserin schon im Sommer 1918, ihren engen Familienkreis um sich zu scharen. Hinter dem Schutz hoher Mauern sollten sich die Versprengten sammeln und gemeinsam Zuversicht gewinnen. Ihr selbst kam dabei die Aufgabe zu, immer und immer wieder Kaiser Wilhelm aufzurichten, der sich ihr gegenüber offenbarte und den sie von Grund auf verstand. Trotz häufiger Trennung standen die beiden Eheleute in engstem Austausch miteinander. Täglich sollen sie Briefe miteinander gewechselt haben oder doch zumindest Telegramme, auch telefonierten sie immer wieder.[19] So blieb die Kaiserin stets über alles auf dem Laufenden, was ihrem Wilhelm auf der Seele lag.

Dieser intensive Austausch war es, der sie immer weiter hinein in die Politik zog. Nach wie vor stand sie nicht auf der Bühne des politischen Geschehens, doch inzwischen bereits in den Kulissen. Auf zentral wichtige Entscheidungen hatte sie keinen direkten Einfluss, aber sie versuchte, zu hintertreiben und moralisch herabzusetzen, was sie für monarchiefeindlich hielt. Dabei instrumentalisierte sie die gesamte Herrscherfamilie, verband sich aber vor allem mit Friedrich von Berg, einem Duzfreund ihres Mannes, der seit Januar 1918 als dessen Kabinettschef großen politischen Einfluss auf den Kaiser ausübte. Ein kluger Beobachter nannte diese graue Eminenz sehr treffend einen »protestantischen Jesuiten von stark deutschnationaler Färbung«.[20] Er bekräftigte Auguste Viktorias unbedingten Willen, denjenigen zu trotzen, die den Machtbefugnissen ihres Gemahls zu nahetraten. Rigoroser denn je stellte sie sich allem entgegen, was den Optimismus und den Glauben ihres Gatten an seine göttliche Mission hätte trüben können. Sie selbst glaubte an diesen Kaiser, wie sie an Gott glaubte. Ebenso fest überzeugt war sie von ihren Rechten als – sagen wir einmal – Thronmitinhaberin. Auch die deutsche Kaiserin als solche reklamierte einen Anspruch auf den Thron und damit auf Macht, autokratische Macht sogar. Doch die politische Tragweite ihres Tuns, die hat sie nicht erfasst; wahrscheinlich auch nicht erfassen können.

Jedenfalls machte sie selbst gegen eine bloß vorübergehende Anpassung des monarchischen Systems an den Zeitgeist entschieden Front. Während ihr Mann, der Kaiser, sich mit solchen kosmetischen Veränderungen schnell abfand, hielt Auguste Viktoria mit großer Zähigkeit an allem fest, was sie für »gottgewollt« hielt – und dazu zählte im Kern die uneingeschränkte Souveränität und letztlich die politische Unantastbarkeit der gekrönten Häupter des Reiches mit den Hohenzollern an der Spitze. Sie war nicht davon abzubringen, dass die treue Anhänglichkeit der Deutschen an Kaiser und Kaiserreich unzerstörbar sei. Dass deren Herz für die Monarchen schlage und dass sie daher auch in diesem Krieg für ihren Kaiser und für ihr Vaterland ihr Bestes und Letztes geben würden. Auf den Gedanken, dass die autokratischen gottbegnadeten Herrschaftsansprüche ihrer Dynastie schon lange hinter den politischen Bedürfnissen des massendemokratischen Zeitalters zurückgeblieben waren und von einer monarchischen Herrschaft alten Stils überhaupt nichts mehr zu erhoffen war, wäre sie nicht im Traum gekommen. Demokratieforderungen hielt sie geradezu für abartig, ja für die Ausgeburt von Demagogen, notorischen Vaterlandsverrätern, von böswilligen Verschwörern. Daraus ergab sich ihr aversives Unverständnis gegenüber allen Reformideen und ihre rigorose Ablehnung aller Pläne, ihrem Gatten die Regierungsverantwortung auch nur punktuell abzunehmen. Derart heftig reagierte sie auf Einwände gegen ihren Ehemann und ihre Dynastie, dass sie Kritikern sogleich mit Rachegedanken begegnete. Auch die Anwendung von staatlicher Gewalt gegen solche Feinde hielt sie für legitim. Dass sie ihre negativen Gefühle nicht zurückhielt, verschaffte ihr in Auseinandersetzungen einen gewissen Vorteil gegenüber ihren Gegenspielern, die sich immer bedeckt halten mussten. Dieser Vorteil machte jedoch mangelnde Klugheit und Verbissenheit nicht wett.[21]

So kam der Hauptantrieb zu Kaiser Wilhelms Aufbäumen gegen den drohenden Machtverlust weniger von ihm selbst als von seiner Frau, wodurch die Ehe der beiden mehr und mehr zu einer politischen Überlebensgemeinschaft wurde. Wie Wilhelm darüber dachte und fühlte, ist kaum einzuschätzen. Denn waren schon die Gefühle, mit denen der Kaiser seine militärische und politische Zurücksetzung in der offiziellen Welt hingenommen hat, schwer zu beschreiben, so sind es seine Empfindungen über die privatpolitische Bemutterung durch seine eigene Frau allemal. Schließlich lag darin doch auch eine Form der Herabwürdigung jener kaiserlichen Omnipotenz, auf die er nach außen hin so unendlich viel gab. Aber am Ende waren die Überforderung und die Versagensängste einfach zu groß, als dass er sich noch allein hätte aufrecht halten können. Es stützte ihn eine Kaiserin, die im Herbst 1918 de facto die Rolle des machtbewussten Reichsmonarchen ausfüllte, die er nur noch nach außen hin spielte.

Prinz Max von Baden – der letzte Kanzler des Kaisers

Der letzte Reichskanzler, den Kaiser Wilhelm widerstrebend noch wenige Wochen vor seiner Abdankung nolens volens ernannte, war sein knapp zehn Jahre jüngerer Vetter: ein Prinz aus der Zähringer Dynastie, die mit dem preußischen Herrscherhaus verschwägert war. Seine großherzogliche Hoheit Max von Baden beanspruchte damals allen Ernstes die moralische Führung der deutschen Reichspolitik. Wie konnte sich ein in Berlin nahezu unbeschriebenes Blatt im Herbst 1918 zu einer solchen historischen Größe aufschwingen? Das wird nur ergründen, wer sich eingehend mit der Vita des Prinzen befasst[22] und in Rechnung stellt, auf welch bizarre Weise es ihn in das harte Politikgeschäft gleichsam verschlug. Noch wenige Jahre zuvor wäre es ihm kaum in den Sinn gekommen, sich ausgerechnet darin zu versuchen.

Durch eine tragische Fügung war Prinz Max über Nacht zum Anwärter auf den großherzoglichen Thron in Baden geworden. Ein Todesfall hatte ihn urplötzlich von der Neben- in die Hauptlinie der Zähringer Dynastie katapultiert, was für ihn alles grundlegend veränderte. Ein Leben als Ästhet, wie es ihm eigentlich vorschwebte, schied unwiderruflich aus, als Max die Schuldigkeit ereilte, für den Fortbestand der badischen Monarchie zu sorgen, und er diese Verantwortung innerlich widerstrebend übernahm. Rasch schliff er Denken, Fühlen und Habitus solchermaßen ab, dass er bei seinen Standesgenossen Anerkennung finden und sich beim Rest der Welt Respekt und Prestige sichern konnte. Aufgrund seines durchaus honetten Charakters entwickelte sich Max von Baden zu einem sympathischen, eloquenten und angenehmen Gesellschafter, dem es mühelos gelang, einflussreiche Gönner und Förderer zu finden. Ein politischer Kopf wurde er dabei jedoch nicht – auch nicht, als er später den Präsidentenstuhl der Ersten Badischen Kammer erklomm. Was er indes suchte und fand, war geistige Anlehnung, wobei er eine erstaunliche Offenheit gegenüber ganz unterschiedlichen kulturellen Strömungen erkennen ließ.

Privat blieb diese Prinzen-Vita in fatale, weil unauflösbare Widersprüche verstrickt. Max' Drang nach einem eigenen Leben, seine Sehnsüchte, kollidierten so stark mit den gerade entgegengesetzten Anforderungen seiner Umwelt, dass er sich immer wieder ungeheure Zwänge antun musste, um halbwegs zu bestehen. Erschwerend kam seine Homosexualität hinzu, durch die es zu einer Herkulesaufgabe wurde, ein konformes Leben zu führen, und die ihn angreifbar machte. Zwar standen ihm Mittel zu Gebote, um diesen gewaltigen Druck abzufedern und abzuleiten. Es gab gewisse Schutzmechanismen, wie Max sie beispielsweise immer wieder unter den Fittichen seiner russischen Mutter fand – einer Zarenenkelin übrigens; es gab versierte Lebensberater wie den schwedischen Modearzt Axel Munthe und die Herrin des Bayreuther Hügels, Cosima Wagner, oder Lebensreformer wie Johannes Müller (Elmau), die ihm über akute Krisen hinweghalfen. Auch verfügte er über Refugien wie sein prächtiges Schloss Salem am Bodensee und frönte allen möglichen Formen der Ablenkung: angefangen von Reisen in den sonnigen Süden oder auf die Gipfel der Hochalpen bis hin zu seinen Fluchten in die mys-

Die Selbstverklärung eines Frontdienstverweigerers: Prinz Max von Baden kurz vor Antritt seiner Kanzlerschaft in Berlin.

tischen Klänge des Götterdämmerungstheaters von Bayreuth. Insofern musste er sein Leben nicht vollständig dem Komment unterwerfen, aber den Anforderungen an seine öffentliche Person entkam er dennoch nie wieder. Eine innere Zerrissenheit, die ihm zeitlebens blieb, war die Folge.

Von einer im engeren Sinne politischen Biografie ist erst für die Zeit ab 1914 zu sprechen. Davor war von politischen Ambitionen oder auch nur von einem besonderen Interesse daran, politischen Grundsatzfragen nachzugehen, nichts zu sehen gewesen. Als Anwärter auf den badischen Thron blieb Prinz Max davon überzeugt, dass der fürstliche Herrscherstand etwaigen Souveränitätsansprüchen des Volkes durch eine verfeinerte Kultur des Monarchischen auf Dauer erfolgreich würde begegnen können. Das seiner Meinung nach gesellschaftlich tief verankerte monarchische Gefühl, einen überkommenen Autoritätsrespekt, wollte er pflegen. Seine eigene hoheitliche Person begriff er dabei als Repräsentant einer solchen, auf Akzeptanz gründenden Fürstenherrschaft. Doch mit dieser komfortablen Beschränkung auf repräsentative Aufgaben war es im August 1914 schlagartig vorbei. Die brutale militärische Konfrontation der europäischen Großmächte wurde auch ihm zur biografischen Bruchstelle, die Existenz des Prinzen Max gänzlich in einen Kriegszustand versetzt.

Grund für diese tiefe Krise war die peinliche Erfahrung seines Versagens an der Front,[23] die fortan sein Leben überschattete. Ein Gefühl der Scham, der Wertlosigkeit stellte sich ein, und dieser im Inneren fortgesetzten Demütigung erwuchs sein Verlangen nach Kompensation durch im Wortsinn »Große Politik«. Denn eine solche Schmach reichte tief bei einem hochdekorierten Aristokraten im Generalsrang, der im Sinn eines strengen Ehrenkodex' sozialisiert worden war. Wer sich als langjähriger Berufssoldat dem Frontdienst entzog, der handelte unehrenhaft und stellte sich bloß. Alle Bemühungen auf anderen Gebieten – in seinem Fall jenem der Gefangenenfürsorge – machten ein Versagen im Feld nicht wett. Insofern schmälerte seine Frontdienstverweigerung das Ansehen seines Fürstenhauses und beschädigte auch seine monarchische Identität, seine royale Selbstachtung. In einer Militärmonarchie wie dem preußisch-deutschen Kaiserreich war die Generalsuniform nachgerade zum Aushängeschild fürstlicher Performanz geworden. In ihr hatte sich auch Prinz Max von Baden nur zu gern gezeigt und dekorativ malen lassen, bis er 1914 zu dem wurde, was Spötter damals einen »Sanitätsgeneral« nannten.

———

Weil er sich militärisch nicht zu beweisen vermochte, versuchte er es ab 1917 in der Politik. Hier probierte er eine neue, eine große Rolle aus, die eines potenziellen Nationalhelden, vom Schicksal dazu bestimmt, das deutsche Kaiserreich vor drohenden Gefahren zu retten. Durch einen solchen biografischen Quantensprung wollte er sein Stigma verblassen lassen und versuchen, sein Prinzen-Dasein doch noch hin zum Ehr-, ja Bewunderungswürdigen wenden.

Einmal im Flechtwerk der Politik angekommen, legte er freilich allergrößten Wert darauf, sich von anderen auf die Bühne der großen Politik bitten zu lassen. Und tatsächlich fanden sich Unterstützer, die ihr Möglichstes gaben, den badischen Thronprätendenten zum Verfechter einer höheren politischen Wahrheit zu stilisieren. Sie inszenierten ihn als Wegbereiter eines großen weltgewinnenden Programms, des »ethischen Imperialismus«, mit dem die deutschen Weltmachtansprüche fortan vor allem kulturell und weniger wirtschafts- oder geopolitisch begründet werden sollten. Durch umfassende Bearbeitung der öffentlichen Meinung sollte ein auch psychologisch starker und politisch salonfähiger neuer deutscher Imperialismus entstehen und damit eine moralische Offensive ihren Anfang nehmen, die das deutsche Kaiserreich am Ende doch noch auf die Siegerspur der Geschichte bringen würde. Angesichts der ideologischen Unterlegenheit der deutschen Kriegspropaganda gegenüber alliierten Versprechungen von einer besseren freiheitlichen Welt war die Idee eines deutschen Vorstoßes im Meinungskrieg vielleicht so verkehrt nicht. Ob aber ausgerechnet ein Zivilist wie Max von Baden, der vom Wesen eines Kriegers gar keine Ahnung hatte, mit einer solchen Initiative dem Weltkrieg eine politische Wende würde geben können, das stand auf einem ganz anderen Blatt.

Außerdem war es bereits »fünf vor zwölf«, als er sich rufen ließ, wenn nicht sogar noch ein wenig später. Deutschlands militärische Niederlage im »Großen Krieg« zeichnete sich ab. Die normative Kraft des Faktischen hatte den bis dato starren Siegfriedenswillen der Obersten Heeresleitung gebrochen. Die politische Führung in Berlin war verunsichert, ja wie gelähmt, das Staatsschiff ohne Navigation. Manches deutete darauf hin, dass die Regierung nun über kurz oder lang einen politischen Offenbarungseid würde leisten müssen. Dennoch, oder gerade deshalb, gab es für Max von Baden im September 1918 kein Halten mehr. Unbedingt wollte er jetzt Reichskanzler werden, so endgültig hatte ihn die Mission durchdrungen, »retten zu müssen« und sich ganz dem Erhalt Deutschlands hinzugeben. Diese heroische Moral mag menschlich besehen imponieren, den Kandidaten sogar sympathisch machen. Wenn man nur nicht sogleich mit seinem unweigerlichen Absturz in die Katastrophe rechnen müsste, weil ihn so gar nichts auf die Führungsaufgaben vorbereitet hatte, die er mit dem Amt anstrebte: eine Regierung des nationalen Vertrauens zu leiten und dem Land einen erträglichen Frieden zu erringen in Anerkennung der Realität seiner Zeit.

Für eine Persönlichkeit wie Prinz Max war der Beruf des Politikers eigentlich eine unmögliche Existenzform. Bei Licht besehen und an gängigen Maßstäben gemessen, hatte dieser Mann bis dato nichts geleistet, was ihn für ein staatsführendes Amt empfahl. Er beherrschte nicht einmal die Grundfertigkeiten des politischen Handwerks, wie sollte er da Großes voranbringen? Nicht einmal darüber, dass Politik mit dem gründlichen Studium der Wirklichkeit beginnt, war sich der Kandidat im Klaren. Und es gab niemanden, der das trügerische Bild, das sich Prinz Max von Deutschlands politischer Lage gemalt hatte, durch ein paar mutige Striche korrigiert hätte.

Die militärische Kriegsführung sah er bei Ludendorff und Hindenburg bestens aufgehoben. Er verehrte diese vermeintlich genialen und unfehlbaren Kriegsherren, statt ihre Kunst kritisch unter die Lupe zu nehmen. Das Wesen des politischen Betriebs in der Berliner Wilhelmstraße kannte er so gut wie gar nicht, und entsprechend schutzlos war er der extremen Witterung, die dort herrschte, ausgesetzt. Auch für die hohen Erwartungen, die sich in dieser gefahrvollen Situation an einen neuen deutschen Reichskanzler richteten, hatte er kein Gespür. Im machiavellistischen Ränkespiel der Berliner Regierungszentrale vermochte er den erfahrenen Drahtziehern zudem kaum das Wasser zu reichen, und er besaß auch nicht, was man heute Risikokompetenz nennen würde. Damit, dass »sein« Rettungskonzept, das ihm souffliert worden war, vielleicht gar nicht aufging, rechnete er nicht, einen Plan B hatte er nicht parat. Für eine vorausschauende Beurteilung der politischen Gesamtlage in Europa fehlten ihm sowohl eingehende Sachkenntnis als auch analytische Fähigkeiten – von diplomatischer Erfahrung ganz zu schweigen. Das parlamentarische Wesen war ihm ebenfalls fremd, ja befremdlich. So konnte er Politik auch nicht im pragmatischen Zusammenhang auffassen. Zwischen seiner idealen und der realen Welt der Politik gab es mithin kaum Schnittflächen. Es war die Utopie einer politikfernen, ja überspitzt formuliert: einer politikfreien Staatsführung, die ihn antrieb. Prinz Max blieb durchdrungen von dem Glauben, ein öffentlichkeitswirksam inszenierter moralischer Appell an das Weltgewissen sei bereits eine politische Großtat, würde womöglich schon reichen, dem fast schon totalen Krieg endlich ein Ende zu setzen. Der Rest funktioniere dann gleichsam durch Handauflegen. Das grenzte in Anbetracht der Verhältnisse im Reich an Realitätsverweigerung, ja an Verblendung.

Hochsensibel wie er war, hatte Max sicher intuitiv manches erfasst, was in der stagnierenden Reichspolitik damals erforderlich war – aber damit allein war es noch nicht getan, wo so viele andere Voraussetzungen für ein ersprießliches Wirken fehlten. Das hatte er selbst gespürt und gelegentlich auch thematisiert, und dennoch redete er sich im Spätsommer 1918 ein – oder ließ er sich einreden –, er könnte als gänzlich Unerfahrener ein komplexes Staatswesen lenken, ja sicher um die gefährlichsten Klippen in seiner Geschichte steuern. Das hatte weniger mit maßloser Selbstüberschätzung zu tun als mit Naivität und Autosuggestion. Anders lässt sich die große Unvernunft dieses Unternehmens schlechterdings nicht erklären, diese Unbesonnenheit, sich aus dem vertrauten Milieu seines abgeschirmten fürstlichen Kosmos hinauszubegeben in ein Terrain, wo das raue Klima und die noch raueren Sitten eines permanenten Kampfes um Macht, Einfluss und Führung herrschten. Zumal in einem Land, das seit vier Jahren einen ausufernden Krieg gegen eine ›Welt von Feinden‹ führte und das auch innenpolitisch zu einem Minenfeld sondergleichen geworden war. Schon in Friedenszeiten wäre es eine kaum zu bewältigende Aufgabe gewesen, die angestammte Sphäre hochadeliger Immunität mit dem riskanten Operationsfeld eines öffentlich agierenden politischen Führers in Einklang zu bringen oder sie gar zu synchronisieren. Es war mithin eine Karriere entgegen jeder Wahrscheinlichkeit, die Max von Baden da anstrebte.

Ihren Ausgangspunkt hatte sie in seiner intimen Freundschaft zu Kurt Hahn, einem ungemein ambitionierten Geistesarbeiter im Berliner Politikbetrieb. Der junge Mann aus reichem Haus meinte schon 1917, in dem Prinzen endlich den Verwirklicher seiner politischen

Wer rettet das Kaiserreich?

Prinz Max von Baden als »Sanitätsgeneral« im Ersten Weltkrieg. – Rechts davon ein Portrait von Kurt Hahn, seinem wichtigsten politischen Zuarbeiter und Weggefährten 1917/18.

Ideale erblickt zu haben. Er war es auch, der den Fürsten überhaupt erst auf den Gedanken gebracht hatte, Politiker in Berlin zu werden, genauer: eine politische Führungsfigur. Der bestens vernetzte Hahn setzte alles daran, Max von Baden als politischen Heilsbringer zu handeln. Ihm schwebte vor, die sympathische und schillernde Persönlichkeit des Prinzen zum Fixstern einer deutschen Friedensbotschaft zu machen, welche die Welt beeindrucken sollte. Unglaublich fast, wie es diesem intellektuellen Feuerkopf gelang, seine schier unerschöpfliche Energie auf den badischen Thronanwärter zu übertragen, als verabreiche er ihm einen Zaubertrank. Max' Entschluss, die Reichsleitung zu übernehmen, verdankt sich jedenfalls ganz wesentlich der Herzensschläue von Kurt Hahn. Ohne dessen Zutun hätte der badische Prinz kaum jemals ein politisches Selbstbewusstsein ausgebildet.

Was freilich nicht heißen soll, Max von Baden sei nur mehr eine Kreatur Kurt Hahns gewesen. Hinter allem, was dieser Prinz im Herbst 1918 politisch unternahm, lässt sich immer auch ein kräftiger Schuss Eigenmotivation ausmachen und ein Wissen, mit welchen Pfunden er wuchern konnte. Denn er hatte damals ja durchaus etwas aufzuweisen: zum einen das, was wir heute als *Soft Power* bezeichnen würden. Außerdem konnte er mit einflussreichen Konnexionen bis in die höchsten Kreise hinein aufwarten. Schließlich stand ihm eine Truppe von Parlamentariern, Wissenschaftlern und Publizisten zu Gebote, die im politischen Berlin so manche Strippe zu ziehen verstand. Praktisch-politischen Gestaltungshunger im gesetzgeberischen Sinn verspürte der Kandidat hingegen weit weniger, hatte er sich doch vor allem einem heroischen Lebenszweck und weniger der Politik an sich verschrieben, einem neuen Lebensentwurf mehr als dem Beruf Politiker. Jenseits seiner Rettungsvision blieb die Distanz zum politischen »Betrieb« und »Geschäft« so groß wie eh und je. Es ging ihm gar nicht darum, ein hohes Regierungsamt effizient auszufüllen, sondern darum, die geistige Führung der Reichspolitik zu übernehmen. Davor gewarnt, dass in jener Sphäre, in die er da ein- und aufsteigen wollte, ganz andere Fähigkeiten gefragt, ja überlebensnotwendig waren, hat ihn augenscheinlich niemand.

———

Als künftiger Monarch in Baden blieb Prinz Max der tradierten Vorstellung verhaftet, es gebe einen legitimen Machtanspruch der fürstlichen Dynasten in Deutschland, den keiner aushebeln dürfe. Insofern sah er in dem Demokratiebedürfnis seiner Zeit auch immer eine Art Teufelswerk. Er blieb in der Illusion befangen, das sentimentale Bedürfnis des Volkes nach Verehrung und Loyalität gegenüber den Fürsten sei elementar und stärker. Deshalb ging es ihm auch nicht um die politische Entmachtung des deutschen Kaisertums, sondern darum, dem monarchischen Gedanken in Deutschland neuen Halt zu verleihen – und zwar zunächst mit dem amtierenden Kaiser. Dass ausgerechnet Wilhelm II. eben diesen Gedanken immer mehr beschädigte, war ihm im September 1918 noch nicht bewusst. Bestimmend dafür war, dass Max von Baden den deutschen Kaiser, seinen Vetter, tatsächlich liebte, und zwar unglücklich liebte. Das sollte seinen politisch notwendigen Kampf gegen ihn unsäglich erschweren. Letztlich hatte Max' Elend seine Wurzel im Elend dieses Hohenzollern.

Fritz Ebert – Vernunftsmonarchist und Sozialistenführer[24]

Der berühmte Maler Lovis Corinth hat dem Kopf unseres Protagonisten »interessante Hässlichkeit« bescheinigt. Eberts stark »gedrungene Figur« habe ihn nach außen eher »unbedeutend« erscheinen lassen.[25] Das war nicht abschätzig gemeint, denn der Maler hatte durchaus Respekt vor dem politischen Format seines Modells. Nicht anders als sein Malerkollege Max Liebermann: Auch der hielt Ebert für einen »fabelhaften Kerl« und doch für »unsagbar hässlich«, weshalb er ihn auch partout nicht portraitieren wollte.[26] Unverkennbar ironische Untertöne sind dagegen den Worten eingeschrieben, mit denen der zeitgenössische Romancier Alfred Döblin den Sozialistenführer charakterisiert hat, aber eine Verzeichnung ist auch das nicht: »Er hatte eine untersetzte rundliche Figur. Sein dicker Kopf wuchs nicht recht aus den Schultern heraus. Seine Augen, die hervorquollen und deren Blick nicht angenehm war, bedeckte er gerne mit den schweren Lidern. Aus dem Kinn stieß ein kurzer schwarzer Knebelbart hervor. Das Wichtigste, Deutlichste aber an ihm waren die Beine, kurze stämmige Träger, solide Instrumente, denen ihr Besitzer sein Gewicht anvertrauen konnte. Und mit solchen Beinen stand er auf dem Boden der Tatsachen.«[27]

Ja, dieser Ebert war ein kurzer, stämmiger, breitschultriger Mann mit einem schwarzen, dichten Lockenkopf und einem sogenannten Henriquatre-Bart. Und ja, der Habitus war durch seine kompakte Körperform gewissermaßen vorgegeben, aber nicht allein darin drückte sich sein Charakter aus, sondern auch in »seinen stets maßvollen Bewegungen, seiner Selbstbeherrschung, seinem großen Kopf mit der vorgewölbten Stirn und den eigentümlich von den Stirnmuskeln und Brauen überwölbten Augen«, wie ein Beobachter aus Eberts unmittel-

Der Vorsitzende der Sozialdemokratischen Partei Deutschlands (MSPD) Friedrich Ebert nach einer Fotografie, um 1918.

barem Umfeld ganz richtig ergänzt.[28] Ergänzt muss hier ebenfalls werden, dass seine massige Statur vielen, die mit Ebert in engere Berührung kamen, ein Sicherheitsgefühl vermittelte, weil er so eindrucksvoll in sich ruhte und dabei zugleich einen tatkräftigen Eindruck machte. Ebert, der seine Worte meist sorgsam erwog, bevor er sie äußerte, war weithin anerkannt, ohne sich dafür zu verstellen. Auch Thomas Mann lernte in ihm einen »grundangenehmen Mann« kennen, »gelassen und menschlich fest«.[29] Mochte er auf den ersten Blick auch nicht sonderlich attraktiv erscheinen, zeigte er auf den zweiten Blick indes ein markantes, vertrauenserweckendes und originelles Wesen. Ebert machte zwar einen bedächtigen und besonnenen Eindruck, konnte jedoch, wenn es erforderlich war, auch temperamentvoll, ja draufgängerisch handeln: »Aus seiner biegsamen, warmen, seltsam gewinnenden Stimme sprach ein gütiger Mensch. Aber dieselbe Stimme konnte anschwellen im Zorn und rebellierende Rotten bannen.«[30]

Auf ein strammes Auftreten oder eine achtungsgebietende Haltung legte Ebert keinen besonderen Wert. Er kultivierte eher eine lässige Behäbigkeit, war ein durch und durch »gutbürgerlicher« Typ, offensichtlich bieder, rechtschaffen und abgeklärt. Auch wenn er sich gern urban und modern bis in die Kleidung hinein gab, vermochte er weder seine philiströse Herkunft gänzlich zu verleugnen, noch wollte er es wohl. So band er sich – wie der Hamburger Bankier Warburg überliefert hat – selbst beim Festessen »die Serviette um den Hals, wie man sie eigentlich sonst nur beim Rasieren trägt«. Ebert machte nicht Konversation, er sprach im »Plakatton«. Seinem bildungsbürgerlichen SPD-Vorstandskollegen Eduard David war er »geistig zu eng«, und der Parteitheoretiker Karl Kautsky hielt ihn sogar für »etwas beschränkt«.[31] Tatsächlich bemühte sich Ebert niemals krampfhaft, geistreich zu sein, begegnete geistreichem Gehabe selbst reserviert. Auf Intellektualität wie auf Wortdrechslerei legte er keinen gesteigerten Wert. Er drückte sich unmittelbar und verständlich aus, verließ sich auf seinen gesunden Menschenverstand und machte aus seinem Herzen nur selten eine Mördergrube. So »verkörpert [er] die ehrliche Urkraft der organisierten Arbeiterbewegung wie kein anderer Abgeordneter«, schreibt ein Parteifreund 1918 über ihn. »Warmherzig und standfest« sei er.[32] Kein gewandter Gentleman, aber robust und real.

Seine ersten politischen Karriereschritte[33] hatte der Heidelberger Handwerkersohn um die Jahrhundertwende in Bremen gemacht, wo er auch seine kinderreiche Familie gründete.[34] Erst nachdem er 1905 zum Sekretär im SPD-Vorstand berufen worden war, zog Ebert dann nach Berlin. Das war eine feste Anstellung mit einem Jahreseinkommen von etwa 4000 Reichsmark – ungefähr das Doppelte dessen, was ein qualifizierter Facharbeiter damals verdiente. Als dieses Gehalt erst auf 5000 Reichsmark erhöht wurde und dann nach seiner Wahl in den Reichstag eine Diät von 2500 Mark hinzukam, war die Familie Ebert materiell gut abgesichert. Im Herbst 1911 bezog Ebert mit seiner Frau Louise und seinen fünf Kindern eine vergleichsweise stattliche Wohnung in der Nähe des Treptower Parks. Eine Bleibe in dieser Wohngegend war nur für mittelständische Einkommensgruppen erschwinglich: Ebert hatte es offensichtlich zu etwas gebracht. Die Anwohner dort hatten viel Grün vor Augen, und zugleich den Vorteil einer guten Verkehrsanbindung an das Berliner Zentrum, wo sich auch Eberts Arbeitsplatz, die Parteizentrale der SPD, befand. Die Ebert-Wohnung in der Defreggerstraße befand sich in der obersten von insgesamt vier Etagen. Ihre Nachbarn waren Kaufleute oder Handwerksmeister. Die vier Wohnräume erstreckten sich über mehr als hundert Quadratmeter, ohne Balkon und Loggia. Das war für eine siebenköpfige Familie nicht übertrieben, aber doch schon mehr als ordentlich, gemessen an den sozialen Standards der damaligen Zeit. So konnte sich das Familienoberhaupt schon vor Kriegsausbruch dort eine eigene Stube, das sogenannte Herrenzimmer einrichten. Und mit solch einem »Luxus« galt man damals in mittelständischen Kreisen als »etabliert«, was ein Telefonanschluss im Jahr 1918 noch unterstrich. Die Eberts lebten in unserer Betrachtungszeit mehr oder weniger frei von existenziellen Sorgen. Sie konnten sich ein Laubengrundstück leisten, ein kleines Segelboot sowie regelmäßige Urlaubsreisen in die Sommerfrische – sei es an die See oder ins Gebirge.

Mit Ehefrau Louise, die übrigens größer und schlanker war als ihr Gatte, hatte sich Fritz Ebert 1894 verheiratet. Sie soll eine sehr angenehme Frau gewesen sein, gewandt und sicher, dabei adrett und attraktiv, auch noch nach fünf Geburten. Sie kam aus bescheidenen Verhältnissen im Umland von Bremen, wo sie bis zur Jahrhundertwende als Dienstmädchen, Fabrikarbeiterin und Gastwirtin gearbeitet hatte, was sie nie verleugnete. In ihr fand der Ehepartner stets unbedingten Rückhalt. Louise Ebert ging ganz im Wirkungskreis ihres Mannes auf, verfolgte keinerlei eigene Ambitionen, war aber durchaus politisch und am Zeitgeschehen interessiert. In gewisser Weise hat sie sich immer als Mitkämpferin für die sozialdemokratische Sache begriffen, und ihr Fritz konnte sich ihr rückhaltlos anvertrauen. Über das Innenleben ihrer Ehe wissen wir fast nichts, das heißt auch nichts Schlechtes – keine Gerüchte oder Affären. Nur um die Gesundheit ihres Mannes soll Louise Ebert besorgt gewesen sein: Fritz laborierte an einem chronischen Gallenleiden, was ihn gleichwohl nicht daran gehindert hat, sich in fröhlicher Runde auch gelegentlich als geselliger Zecher niederzulassen. Als geborener Kurpfälzer trank er schon von Haus aus gern eine Flasche Wein, und gutes Essen hat er ebenso wenig verachtet.

Bei den Eberts zu Hause galten traditionelle Werte: Fleiß, Disziplin, Ordnung, Pflichttreue – mit einem bis zum Jähzorn strengen Familienoberhaupt, der auch privat seinen zielstrebigen Aufstiegswillen artikulierte. Parallel dazu entwickelte er sich zu einem modernen Berufspolitiker von echtem Schrot und Korn. Aufgrund seiner mannigfaltigen politischen Verpflichtungen und Ambitionen wird er nicht viel am häuslichen Leben seiner Familie teilgenommen haben. Doch er hatte wahrlich keinen Grund, mit seinem Schicksal zu hadern. Seine parteipolitische Karriere hatte ihn vom ganz kleinen Mann zu einer gesellschaftlich etablierten und geachteten Persönlichkeit aufsteigen lassen. Diese Karriere, auf die er stolz war, durfte er in vieler Hinsicht als einen Glücksfall betrachten. Aber als Spitzenbeamter einer Partei, die zwar gesellschaftlich mächtig, aber im Kaiserreich als regierungsunfähig galt, hatte Ebert im Fall des politischen Scheiterns oder auch nur des Abstiegs seiner Organisation keine Rückfallposition. Das heißt schon aus persönlichen Gründen der Besitzstandswahrung musste er alles tun, um Wachstum und Einfluss dieser Partei nicht zu gefährden. Insofern verkörperte er auch so etwas wie einen bürgerlichen Grundinstinkt innerhalb der Sozialdemokratie, die ihn gegen alle linksradikalen Versuchungen gleichsam von Haus aus feite.

Dann kam der Weltkrieg: 1916 wurde die Familie auseinandergerissen, die drei Ältesten zogen in den Krieg, und schon ein Jahr später

Die Familie Ebert 1916 privat in ihrem Schrebergarten in Berlin-Treptow; es fehlt (weil Fotograf) der vierte Sohn.

waren zwei von ihnen gefallen. Dieser Verlust hat den Eltern bestimmt tiefe seelische Wunden geschlagen, doch Genaueres wissen wir darüber nicht. Fühlte sich der Parteiführer mitschuldig am Tod seiner Kinder, weil er so vehement für die Bewilligung der Kriegskredite eingetreten war? Wir wissen es nicht, doch seiner politisch sichtbaren Vaterlandsliebe hat diese traumatische Erfahrung keinen Abbruch getan. Ebert war mehr denn je bestrebt, die Integration seiner Partei in den Wilhelminischen Staat zu fördern. Dieser Prozess war durch die Burgfriedenspolitik der kaiserlichen Regierung bei Kriegsausbruch einen elementaren Schritt vorangekommen. Das System brauchte die Loyalität der SPD für sein Weltkriegsabenteuer, und die Arbeiterpartei ließ die Regierung nicht im Stich. Fast vier lange Jahre hindurch gelang es dabei tatsächlich, den großen Teil der deutschen Arbeiterschaft in der sogenannten nationalen Front zu halten und der deutschen Sozialdemokratie das Prinzip der Landesverteidigung ins Gewissen zu schreiben – dank Eberts unermüdlichem Einsatz. Denn »immer wieder zwang er durch die Kraft seiner Überzeugung und seines Willens die Widerstrebenden – ihre Zahl wuchs beständig – zum Ausharren für die Sache Deutschlands.«[35] Doch woher nahm er das?

※

In äußerst zäher Kleinarbeit hatte sich Ebert an die Spitze der größten europäischen Arbeiterpartei hinaufgearbeitet, wo er schon vor dem Krieg über eine beachtliche Hausmacht verfügte. Allseits wertgeschätzt wurde, dass er sich trotz seiner herausgehobenen Stellung kaum jemals als Platzhirsch aufführte. Er wusste sich zurückzunehmen, konnte zuhören und hatte Taktgefühl. Fremden gegenüber gab er sich stets freundlich, ja entgegenkommend. Er war gefragt und geschätzt, schon weil kaum jemand in allen Einzelheiten der Organisationsarbeit so beschlagen war wie er. Im Parteivorstand vertraute man dem Sekretär Ebert nahezu rückhaltlos und zollte seiner besonnenen Tatkraft, seinem Fleiß und seinem Können viel Respekt. Auch die Gewerkschaften wusste er großenteils hinter sich, als er im Herbst 1913 für den Parteivorsitz kandidierte und neben Hugo Haase SPD-Parteiführer wurde. Bis zur Fraktionsspaltung im Frühjahr 1916 stand Ebert allerdings politisch im Schatten des ihm geistig überlegenen Juristen.[36] Erst 1916/17 änderte sich die Konstellation: Der Krieg driftete immer mehr ins Uferlose ab, und die Parteilinke reklamierte nun einen radikalen Kurswechsel hin zu einer entschiedenen Oppositionspolitik gegenüber den politischen Machthabern. Das aber war mit Ebert nicht zu machen, der nun den offenen Bruch mit seinen innerparteilichen Widersachern riskierte. Natürlich war diese Parteispaltung im Jahr 1917 auch für ihn ein Desaster – zum einen, weil sie die emotionale Gemeinschaft des sozialdemokratischen Milieus schwer beschädigte; und weil die neue Konkurrenz von links, die sich bald Unabhängige Sozialdemokratische Partei Deutschlands (USPD) nannte, den Einfluss der MSPD auf die Arbeiterschaft empfindlich zu beschneiden drohte. Mit großer Willenskraft und taktischem Geschick gelang es ihm jedoch 1918, sich aus der Krisensituation des Vorjahres heraus und an eine Position zu kämpfen, an der er auf beinahe unglaubliche Weise zu wirken vermochte. Aus dem getreuen

Diener und Spitzenbeamten der Partei wurde nun ein echter politischer Führer. Dass die Leitung der Mehrheitssozialdemokratie jetzt faktisch allein in seinen Händen lag, war dabei nur ein Faktor. Wichtiger war fast noch das beträchtliche politische Kapital, das ihm seine Führungsqualitäten für seine Arbeit einbrachten.

Überragend waren seine Nervenstärke, seine Kaltblütigkeit und die Beharrlichkeit, mit der er an Beschlüssen und Zielen festhielt. Zudem vermochte ihn nichts aus der Ruhe zu bringen; große Aufregung zeigte er trotz seines Temperaments so gut wie nie. So heftig der Gegenwind auch sein mochte, er hielt an seiner Position fest, ja schien an Widrigkeiten nur noch zu wachsen. Dass er selbst unter höchstem Druck rational und vernünftig agierte, Unvorhergesehenes kaltschnäuzig parierte, wurde 1918 zu seinem politischen Gütezeichen. Hinter seinem nüchternen Realismus und seiner unerschütterlichen Sachlichkeit stand allerdings nicht unbedingt das kluge Kalkül eines politisch besonders Weitsichtigen, sondern sogar eher ein gewisser Mangel an grandiosen prospektiven Ideen. Denn Ebert war alles andere als ein Visionär, was ihn vor der destruktiven Wirkung großartiger politischer Würfe bewahrte. Er dachte pragmatisch und in kleinen Schritten, ging gewissenhaft vor, ließ Herausforderungen an sich herankommen. Seine Politik war einfach, fair und gradlinig.

Seine Ruhe und Sachlichkeit machten ihn zum geborenen und weithin respektierten Verhandlungsführer, der zudem immer einen aufrichtigen Verständigungswillen zu erkennen gab und sich auch für kleine Erfolge und Kompromisse engagierte. »Niemals suchte er das nächste Ziel jenseits der Grenze der Erreichbarkeit.«[37] Mit seinem ausgeprägten gesunden Menschenverstand war er in der Lage, komplexe Stoffe auf einfache Formeln zu bringen, und weil er alles, was er sagte, mit einer ungemeinen Festigkeit und Bestimmtheit hinzustellen wusste, konnte er auch so überzeugend auftreten. Man hielt ihn seit 1918 im politischen Berlin auch parteiübergreifend für überaus vertrauenswürdig. Das rührte hauptsächlich daher, dass er sich in seiner Eigenschaft als Vorsitzender des sogenannten Hauptausschusses im deutschen Reichstag zu einem äußerst geschickten Anführer einer Art Koalition der Mehrheitsparteien entwickelt und sich in dieser »überparteilichen« Funktion ausgezeichnet bewährt hatte. Eberts kluges

Auftreten im bürgerlichen Lager, seine Trittfestigkeit, die er dort zeigte, wirkten sich weiter vorteilhaft für ihn aus. Man merkte, dass dieser Politiker kein sozialistischer Parteibonze und schon gar kein Utopist, sondern ein »Wirklichkeitsmensch« war und der entschiedenste Vertreter jener Politik des Verständigungswillens, den seine Partei seit Kriegsausbruch fortgesetzt zum Ausdruck gebracht hatte. Man sah, dass er seine Kraft aus einem echten Verantwortungsgefühl für das Schicksal des deutschen Nationalstaates schöpfte und dass es ihm ernst war, mit der Bereitschaft, politische Brücken zu anderen Parteilagern zu schlagen. Man erkannte ihn als einen Patrioten an, der dem Staat aufrichtig dienen wollte, auch wenn dies noch lange kein Volksstaat war.

Dieses außergewöhnliche vaterländische Verantwortungsbewusstsein, das bei Ebert durchaus unpathetisch daherkam, machte wachsenden Eindruck. Besonders im Herbst 1918, als Ebert sich als einer der ganz Wenigen im Berliner Politikbetrieb demonstrativ nicht von der um sich greifenden Nervosität anstecken ließ, sondern in seiner staatspolitischen Loyalität unbeirrbar blieb. Diese Überlegenheit mussten selbst die Männer des alten Regimes anerkennen. Man sah jetzt mehr und mehr in Ebert und nicht in seinem Mitparteivorsitzenden Philipp Scheidemann, der geistig viel beweglicher, rhetorisch brillanter und auch anpassungsfähiger in Erscheinung trat, den verlässlichen Führer einer Partei, die zum Erhalt des Staates unbedingt gebraucht wurde. Plötzlich galt die *Ebert*-SPD im Sommer 1918 als die entscheidende Stütze des wankenden Vaterlandes und nicht die sozialistische Arbeiterbewegung insgesamt. Ebert wusste natürlich, dass das alte Regime um die Gunst der Sozialdemokratie buhlte, doch er war inzwischen politisch zu klug geworden, um das jetzt skrupellos auszunutzen. »Seine große Kunst war zu warten, die Dinge sich ausreifen zu lassen und erst dann zu agieren.« Das schreibt der Bankier Max Warburg, der damals als einer der ersten Vertreter des Großbürgertums mit dem Parteiführer in intensiveren Austausch getreten war – mit dem Ergebnis, dass Warburg in Ebert »einen der wenigen staatsmännisch begabten Deutschen seiner Zeit« zu erblicken meinte.[38] Selbst sein ziemlich bester Parteifreund Scheidemann musste etwas missgünstig anerkennen, dass Ebert »ein glänzender Taktiker [war], der aus der schwierigsten Lage in Partei, Parlament oder Regierung, den Ausweg wusste«.[39]

———

Kein Zweifel, im Herbst 1918 war Ebert eine politische Instanz und strahlte diese Macht auch aus. Maßgeblich dafür waren allerdings vor allem seine Solidität, seine Sorgfalt und seine Zielstrebigkeit. Seine operativen politischen Fähigkeiten erwiesen sich hingegen als begrenzt. Zündende Ideen waren von ihm weniger zu erwarten, sodass von ihm auch keine richtungsweisenden Impulse für eine Veränderung des Bestehenden ausgingen. Eberts politischer Horizont war begrenzt, und sein Blick reichte nicht sehr weit, jedenfalls nicht über die Zielvorgabe einer mehr oder weniger demokratischen Monarchie hinaus. Er setzte auf minimale Terraingewinne und war nicht willens, ganz Neues zu erproben. Ebert war ein mutiger Mann, doch die visionäre Kraft für eine große politische Initiative suchte man bei ihm vergeblich. Daher stand auch das Zukunftsmodell, an dem er sich orientierte, nicht in radikalem Widerspruch zu den bestehenden Verhältnissen. Die Demokratie, die ihm vorschwebte, sollte den bestehenden Staat auf ein breiteres Fundament von Teilhabern stellen. Ebert wollte die bestehende autokratische Autorität durch eine parlamentarisch kontrollierte ersetzen und wäre mit einer politischen Modernisierung der monarchischen Ordnung zufrieden gewesen. Natürlich immer vorausgesetzt, dass die Volksvertreter angemessen an den Regierungsentscheidungen beteiligt und die elementaren Interessen der Arbeiter insofern gewahrt würden. Er blieb überzeugt, dass eine politisch gezähmte Monarchie die besten Aussichten böte, der Volksvertretung dauerhaft eine prodemokratische Mehrheit zu sichern, während eine Republik die politischen Lager nur noch stärker polarisieren und radikalisieren würde. Die Revolution hasste Ebert vor allem deshalb so leidenschaftlich, weil er wusste, wohin eine solche Entwicklung letztlich führen würde: in die Unkontrollierbarkeit des Geschehens. Deshalb war er fixiert auf allmähliches organisches Wachstum und hielt nichts von spektakulärer Konfrontationspolitik. Der Schriftsteller Kurt Hiller sprach bissig von einem »Ebertinismus, welcher nichts Besseres« sei »als Konservativismus mit gemäßigter Arbeiterfreundlichkeit«.[40] Das stimmt insofern, als Ebert eine radikale Überwindung des Bestehenden für utopischen Voluntarismus hielt. Selbst dass die Macht im Staat allein dem Volk zustand, widersprach seiner Überzeugung.

Für Ebert kam eine Burgfriedenspolitik, wie sie die Reichsregierung bei Kriegsausbruch feierlich verkündet hatte, daher wie gerufen. Es fiel ihm nicht schwer, sich mitsamt seiner lange geschmähten Arbeiterpartei in die nationale Einheitsfront einzureihen und die geforderten Loyalitätsbeweise zu erbringen. Und so kam unter seiner Führung die erhoffte Integration der Sozialdemokratie in den kaiserlichen Machtstaat derart rasch voran, dass die SPD im Lauf der Kriegsjahre zu einem festen Bestandteil des Berliner Politikbetriebs wurde und sich ab 1917 dem Establishment zugehörig fühlen durfte. Dieses Heraustreten aus der politischen Subkultur erfüllte die Parteiführung mit Stolz, ihr Machtbewusstsein aber stärkte es kaum. Im Gegenteil, sie entwickelte damals sogar deutliche Neigungen zu einer grundsätzlichen Akzeptanz des deutschen Kaiserstaats. Das ist etwa einem Leitartikel des SPD-Zentralorgans zu entnehmen, der im Frühjahr 1917 erschienen ist. Dreiviertel der deutschen Reichstagsabgeordneten seien – so hieß es da – »entschiedene Monarchisten«, sodass man »die Stärke der Monarchie in Deutschland nicht unterschätzen« solle; zumal auch »das deutsche Volk in seiner Mehrheit nicht antimonarchisch« sei. Es wolle nur »das, was in anderen Monarchien längst verwirklicht« sei, nämlich mehr demokratische Rechte. Findet die Monarchie, so der aufrichtige Rat der Sozialdemokraten an die Machthaber in Deutschland, entsprechend »kluge Ratgeber, dann kann sie sich für alle absehbare Zeit sichern und festigen«. Geradezu verheißungsvoll muss die Kernaussage des Artikels für die Herrschenden damals geklungen haben: »Sobald die Monarchie die Wünsche des Volkes erfüllt, ist aller republikanischen Agitation der Boden unter den Füßen weggezogen.« Die Frage, ob Republik oder Monarchie, hätte sich dann erledigt – »ohne eine Spur von gewaltsamem Umsturz«.[41] Dieses noch etwas schüchtern artikulierte Bekenntnis nicht allein zum Kaiserreich, sondern zu seiner königlich-preußisch dominierten Staatsform hatte sich – wie wir noch sehen werden – namentlich Friedrich Ebert zu eigen gemacht. Vermutlich war er sogar Autor oder doch geistiger Urheber des Artikels.

Allen Integrationsbemühungen zum Trotz blieb seine Partei aber von einer echten Teilhabe an der politischen Zentralgewalt auch nach vier Kriegsjahren so entfernt wie eh und je. Von einem maßgeblichen Einfluss auf die Kriegspolitik der Reichsleitung konnte ebenso wenig die Rede sein. Außerdem hatte Eberts politische Selbstbindung an das Herrschaftssystem einen hohen Preis. Erstens nahm sie die Partei in die Pflicht, die nationale Einheitsfront unverändert zu unterstützen und die Großmacht Deutschland zu verteidigen. Zweitens bestärkte sie die »unabhängigen« Sozialisten in ihrem Oppositionsbestreben, Politik auf eigene Rechnung und auf Kosten der Ebert-Partei zu machen.[42] Drittens schließlich beförderte sie die anhaltende Illusion, man könne den wilhelminischen Obrigkeitsstaat gleichsam von innen heraus modernisieren, ohne die Machtfrage zu stellen. Die Folgen waren: Überschätzung der Stabilität des monarchischen Herrschaftssystems bei gleichzeitiger Unterschätzung der eigenen Macht; Vertrauensseligkeit gegenüber der militärischen Kriegsführung und unerschütterliche Hoffnung auf einen für Deutschland günstigen Frieden; mangelnde politische Risikobereitschaft und verkümmerter Kampfgeist; Irritation der aktionsbereiten und veränderungswilligen Teile des Volkes; Fehlurteile bei der Einschätzung der Lage der Nation bis hin zu politischem Selbstbetrug. Auch für diese Folgen und Entwicklungen steht der Name Friedrich Ebert, für den der Burgfrieden alternativlos war und blieb – bis zum 9. November 1918.

Und warum? Weil er eine gegenkulturelle Politik einfach nicht zu denken vermochte, nicht offen war für einen Staat jenseits der Wilhelminischen Reichsmonarchie. Weil er – trotz des zunehmenden politischen Gewichts seiner Partei sowie seiner Führungspersönlichkeit – vor der SPD-Forderung nach einer parlamentarischen Republik auf volksdemokratischer Grundlage zurückschreckte. Und weil er ein entschiedener Gegner eines freiwilligen Verzichtsfriedens blieb. Deshalb stellte er auch im Oktober 1918 noch die Staatsraison über alles andere, selbst über die Programmatik der eigenen Organisation: »Wenn wir mit unserer Partei das Leck verstopfen können, an dem das deutsche Schiff zugrunde geht, dann hat die Partei ihren Zweck erfüllt, wenn sie sonst nichts erfüllt hat!«[43] Kein Wunder, dass die politische Gegenleistung, die Ebert für solch einen patriotischen Opfermut einforderte, mehr als bescheiden blieb. Die Rechnung: demokratische Volksrechte für Loyalität machte er jedenfalls nicht auf, als er seine Partei Ende September 1918 überredete, sich dem Kaiserstaat als gleichsam letztes politisches Kapital zur Verfügung zu stellen, mit allem Kredit, den sie noch bei den Massen des Volkes hatte.

Diese entschiedene Befürwortung einer sozialdemokratischen Regierungsbeteiligung war eben hauptsächlich von der Sorge getrieben, das Reich werde einen weiteren Verlust an Vertrauen in seine Staatsregierung nicht verkraften. Er spürte förmlich das Schwinden der Bindekräfte, welche die deutsche Kriegsgesellschaft nur noch notdürftig zusammenhielten. In dieser Notlage sah Ebert seine Partei in der moralischen Pflicht, einen tatsächlich selbstlosen Beitrag zur Festigung der politischen Ordnung zu leisten: durch eine Art Bürgschaft für den gedeihlichen Fortgang der Regierungsgeschäfte. Dafür bedurfte es einer vollstreckenden Gewalt, die man dem Volk als vertrauenswürdig hinstellen konnte. Die Aussicht darauf hat ihm im September 1918 Prinz Max von Baden eröffnet. Deshalb hat Ebert sich ihm an die Seite gestellt. Unbeschadet der Tatsache, dass die alten Gewalten in Deutschland immer noch die entscheidenden politischen Machtstellungen innehatten und ihre Autorität im Volk längst untergraben war. Obwohl die Systemkrise seiner Partei einen enormen politischen Machtzuwachs beschert hatte, verzichtete er darauf, die daraus resultierenden Handlungschancen auszureizen. Ebert blieb Gefangener seines unbedingten Willens zum Erhalt des bestehenden Staates und fixiert auf seine Annahmen über den politischen Reifegrad des eigenen Volkes. Dem fromme vorerst nur eine – sagen wir – spezifisch deutsche Demokratie, also eine parlamentarische Regierung mit monarchischer Spitze. Auf gesicherten Tatsachen beruhte diese Einschätzung freilich nicht. Die Errichtung einer politischen Ordnung, in der alle öffentliche Macht allein auf dem Willen des souveränen Volkes ruhte, lag nur eben gänzlich außerhalb seines Horizonts und jenseits des konkreten Strebens seiner Parteiführung.

Der Bewusstseinsstand der Bevölkerung über die krisenhafte Lage ihres Landes war da trotz des offiziellen Beschweigens der Probleme realistischer. Zumal die informelle Verständigung darüber, was nun politisch notwendig sei, seit Sommer 1918 erhebliche Fortschritte gemacht hatte. Vor allem stand dem überkommenen System beim Volk kein Vertrauenskredit mehr zu Gebote. Für alternativlos hielten den systemkonformen Weg der Krisenbewältigung in der deutschen Arbeiterbewegung nur die Vorstandsmitglieder der MSPD. Das war so, weil Eberts Kollegen ihren Vorsitzenden inzwischen wie einen Häuptling verehrten. Denn ein informiertes Entscheiden war das nicht. Sie folgten ihm, weil Ebert so ein starker Charakter war, der selbst seine eigenen Skrupel und Ressentiments souverän unter Kontrolle zu halten vermochte. ›Häuptling Ebert‹ besaß die seltene Gabe, sich auch auf Situationen einstellen zu können, die er nicht verstand. So war es ihm möglich, Herr der Lage zu bleiben oder jedenfalls so zu erscheinen. Wie kein zweiter vermochte er deshalb, sich in den Führungsgremien seiner Partei durchzusetzen. Dass seine Politik vielleicht auf eine gefährliche Unterforderung des deutschen Volkes hinauslaufen könnte, das hatte Ebert nicht im Blick. Und so verlor er auch ein Gespür dafür, wie politisch die unterschwelligen Bewegungen der reichsdeutschen Gesellschaft inzwischen geworden waren.[44]

2
Das Ende naht

Die Hohenzollern klammern sich an die Macht

Als der deutsche Kaiser am 15. Juni 1918 den dreißigsten Jahrestag seiner Thronbesteigung im Großen Hauptquartier an der Westfront feierte, fühlte er sich noch im Vollbesitz seiner Macht. Er lebte im Glauben, sein Wille im Reich sei der staatspolitisch maßgebliche und es gebe nichts an seinem verfassungsmäßigen Recht zu rütteln, ›seine‹ Regierung persönlich zu leiten. Mit Hindenburg und Ludendorff – so erklärte er damals – habe ihm »der Himmel« zudem die rechten Männer zur Seite gestellt, die jetzt berufen seien, im Entscheidungskampf dieses Krieges »den Sieg zu erzwingen« – den Sieg der »preußisch-deutsch-germanischen Weltanschauung«. Davon überzeugt, sandte er eine Grußbotschaft an die Berliner Reichsleitung, in der er verkündete: »wie unsere Waffen sich unter starker Führung als unbesiegbar bewiesen haben, so wird auch die Heimat unter Anspannung aller Kräfte Leid und Entbehrungen willensstark ertragen«. Schließlich wisse er, »dass der vom Feinde vielgeschmähte preußische Militarismus, den [S]eine Vorfahren und [Er] als den Geist des Pflichtbewusstseins, der Ordnung, der Treue und des Gehorsams großgezogen haben, dem deutschen Schwert und dem deutschen Volke die Kraft gegeben« habe, zu siegen.[1]

Schaut man auf die Huldigungsadressen, die ihn zu diesem Regierungsjubiläum erreichten, hat es tatsächlich den Anschein, als säße dieser Reichsmonarch fest und souverän im Sattel. Doch was ihm da seitens der Obersten Heeresleitung, des Reichskanzlers, des Präsidiums des deutschen Reichstags und vieler anderer staatstragender Einrichtungen so überaus ehrerbietig an treuester Loyalität zu Füßen gelegt wurde, spiegelte keineswegs die öffentliche Meinung in Deutschland wider. Und was der Kaiser nun seinerseits der politischen Öffentlichkeit einzureden versuchte, zielte erst recht an dem vorbei, was das Gros des deutschen Volkes von ihm hören wollte. Das konnte selbst Wilhelm II. nicht gänzlich verborgen bleiben, als er einen Leitartikel der bürgerlich-liberalen *Frankfurter Zeitung* zu lesen bekam.[2] Das Blatt hatte es trotz strenger Pressezensur gewagt, Kritik an des Kaisers Weltbild zu äußern, was den Monarchen derart in Rage brachte, dass er auf der Zeitung notierte: »Totaler Quatsch! Man sieht, das internationale Judengeschmeiß, was auch in Frankfurt seinen Fühler hat, ist tief getroffen!«[3]

Seine Entourage wie auch die Berliner Reichsleitung nahmen von solchen Auswürfen ihres allerhöchsten Herrn durchaus Kenntnis, erklärte Wilhelm doch Kommentare wie diese zur Pflichtlektüre für seine militärischen und politischen Mitarbeiter. Fatalerweise erntete er dafür jedoch bestenfalls Achselzucken oder Kopfschütteln: Unwidersprochen konnte er sagen und tun, was er wollte – nicht die Spur eines politischen Korrektivs war in seinem Umfeld auszumachen. Auch das musste ihm über kurz oder lang sowohl als Oberstem Kriegsherrn wie auch als politischer Leitfigur zum Verhängnis werden. Wilhelms Hauptirrtümer bestanden damals in drei Grundannahmen: Erstens, dass er, der Herrscher, den (welt-)politischen Durchblick habe, sein Volk und dessen parlamentarische Vertretung hingegen von Politik keine Ahnung hätten, ja der Reichstag eine Ansammlung von Wichtigtuern sei. Zweitens, dass sein Kaiserreich diesen Krieg gewinne, weil es seinen Feinden weltanschaulich überlegen sei, eine unbesiegbare Streitmacht mit genialen Feldherren besitze und den lieben Gott auf seiner Seite habe. Drittens, dass die Kritiker und Opponenten der für sein Reich maßgeblichen politischen Kultur eine verschworene und notorisch bösartige Rotte vornehmlich jüdischer oder bolschewistischer Herkunft darstellten, die es rigoros zu bekämpfen gelte.

Demnach wäre es ein Gebot der Stunde gewesen, den Hauptprotagonisten der Monarchie aus solchen wirklichkeitsfernen Vorstellungen vom aktuellen Kriegsgeschehen und von den Aufgaben der Politik herauszuholen und auf den harten Boden der Tatsachen zu stellen. Umso mehr, als sich dieser mächtige Mann immer wieder als ein schwacher

Führer und ahnungsloser Stratege erwiesen hatte und sich abzeichnete, dass Deutschland diesen Krieg keineswegs siegreich beenden würde. Aber es gab nichts und niemanden, der es gewagt hätte, hier wirksam Abhilfe zu schaffen, aus Furcht, dem Kaiser zu nahezutreten. Aufmerken lässt allerdings, dass unmittelbar nach dem Regierungsjubiläum die deutsche Kaiserin Auguste Viktoria – auf ausdrückliches Zureden von Generalfeldmarschall Hindenburg – zu einem längeren Aufenthalt bei ihrem Gatten in die soldatische Welt des Großen Hauptquartiers gerufen wurde. Sehr zum Leidwesen übrigens von einigen hohen Repräsentanten der kaiserlichen Entourage dort.[4] Was war der Grund für diese außergewöhnliche Initiative?

Wilhelms Generaladjutant Plessen erklärte es einer Freundin so: »Ich bin sehr einverstanden, dass S.M. die hohe Gemahlin kommen ließ. Er kann sich mal richtig aufknöpfen. Sonst hat Er ja leider Niemand, denn *ganz* schenkt er sein Vertrauen allein Ihr!«[5] Diese Einschätzung war richtig – aber nur die halbe Wahrheit. Denn in vertraulichem Austausch auch über intime Dinge standen die beiden Eheleute, wie wir gesehen haben, auch in Zeiten der Trennung – durch Briefwechsel, Telegramme und Telefonate. Insofern haben wir es bei dem hohen Damenbesuch hauptsächlich mit einer Präventionsmaßnahme zu tun, die den Kaiser unterhaltsam zerstreuen, bei Laune halten und ihn bei Bedarf seelisch auffangen sollte. Denn ernste Probleme von weitreichender Bedeutung standen ins Haus, die Ungewissheit und Sorge verbreiteten: Zum einen hatte sich Ludendorff für eine weitere Großoffensive des deutschen Heeres auf Reims entschieden, die angesichts des zweifelhaften Zustands der Truppen noch vermessener erschien als die vorangegangenen – letztlich erfolglosen – Manöver. Des Weiteren schwelte eine Regierungskrise, weil Hindenburg unbedingt den, seiner Meinung nach zu friedfertigen, deutschen Außenminister Kühlmann loswerden wollte, den der Kaiser erst wenige Wochen zuvor zu einem diplomatischen Glücksfall für Deutschland erklärt hatte. Und schließlich gab es beunruhigende Gerüchte über die Ermordung des russischen Zarenpaares, das seit der Oktoberrevolution in Händen der Bolschewiki war.

Kaiser Wilhelm mit seiner Gemahlin, dem wichtigsten Beistand in Zeiten innerer Anfechtung.

Angesichts dieser Herausforderungen wollte man den Kaiser nicht sich selbst überlassen, und so wurde im Großen Hauptquartier regelrecht Hof gehalten, mit entsprechendem Dienstpersonal und Equipment. Sogar die Reitpferde der Kaiserin wurden nach Belgien transportiert. Zum höfischen Leben nahe der Westfront zählten nun wieder königliche Tafelfreuden, Cercles in der Kaiservilla sowie Spazierfahrten und andere Ausflüge in die Umgebung. »Ich finde das Alles in höchstem Grade unpassend«, klagte der Chef des kaiserlichen Militärkabinetts Lyncker seiner Gattin, und andere Kollegen empfänden genauso. »Amüsement ist und bleibt die Hauptsache bei diesen Leuten.

Mögen sie es nicht zu beweinen haben.«[6] Streng moralisch betrachtet, könnte man diesen fast vierwöchigen Besuch der Kaisergattin beim Generalstab des deutschen Frontheeres vielleicht ein Unding nennen. Aber hier stellt sich eher die Frage, ob ein höherer Zweck diese Mittel heiligte. Angesichts der sehr ernsten militärischen Lage und der Ungewissheit über den Ausgang der geplanten Offensive zeigte der Kaiser wieder einmal Nerven, und »bei dieser Hochspannung in seinem Kopf«[7] dürfte sich die fürsorgliche Begleitung durch seine Gattin doch einigermaßen beruhigend ausgewirkt haben. Zumindest gab er sich in größerem Kreis aufgeräumt, ja »in sieghafter Stimmung«.[8]

Doch auch in einem weiteren, politischen Sinn scheint sich der Besuch der Kaiserin in Spa ausgewirkt zu haben, insofern sie ihren Mann in seinen autokratischen Neigungen bestärkt hat. Nicht allein, dass Wilhelm seinen versierten Außenamtschef Kühlmann auf hetzerisches Betreiben Hindenburgs gegen den ausdrücklichen Wunsch seines Reichskanzlers skrupellos fallen ließ und die Reichsleitung dadurch eines ihrer klügsten Diplomaten beraubte. Der Kaiser zog auch sogleich – ohne Absprache mit der politischen und militärischen Führung – einen neuen Kandidaten für dieses äußerst wichtige Amt aus dem Hut, indem er einen alten Günstling mit der Leitung des außenpolitischen Ressorts betraute: Paul von Hintze.[9] Mit diesem Alleingang wollte Wilhelm II. noch einmal sein Recht zur eigenmächtigen Besetzung hoher Staatsämter und damit die Herrschaft des Monarchen demonstrieren. Das war ganz im Sinne seiner Gemahlin, die seit Herbst 1917 die fortgesetzte Sorge umtrieb, der Kaiser werde sich am Ende noch eine Beschneidung seiner Hoheitsrechte abtrotzen lassen. Die Demonstration seiner politischen Unverantwortlichkeit steht dabei auf dem einen Blatt. Auf einem anderen steht jedoch, welchen Bärendienst er mit diesem voluntaristischen Kraftakt der Funktionstüchtigkeit seines Kaiserreichs erwies. Wie auch immer: Wenige Tage nach der offiziellen Ernennung von Hintze zum Leiter der deutschen Außenpolitik beendete Auguste Viktoria ihren Aufenthalt in Spa, um in die traditionelle Sommerresidenz der Kaiserfamilie, Schloss Wilhelmshöhe bei Kassel, überzusiedeln.

Die am 15. Juli 1918 begonnene letzte Großoffensive der deutschen Armee verkehrte sich schon nach wenigen Tagen: Die Franzosen gingen zur Gegenoffensive über und leiteten damit endgültig die Kriegswende ein.[10] Die deutsche Kriegsmoral brach völlig ein, denn die heillose Überlegenheit der feindlichen Truppen trat nun mit brutaler Offenheit zu Tage. Ludendorffs Vabanquespiel war zu Ende.[11]

Dieses Desaster fast unmittelbar miterleben zu müssen, setzte dem Kaiser, unvorbereitet wie er war, mächtig zu.[12] Er erfasste sogleich, dass es sich hier um weit mehr als um einen militärischen Rückschlag handelte, und realisierte den verheerenden Einfluss, den dieser Misserfolg auf die öffentliche Meinung im In- und Ausland haben würde, umso mehr, als diese letzte große Offensive propagandistisch zur »Kaiserschlacht« erklärt worden war. Entsprechend groß war seine Erregung, aber auch seine tiefe Verstimmung. Die bekamen zunächst und vor allem die beiden bis dato als militärische Halbgötter gehandelten Köpfe der Obersten Heeresleitung zu spüren. Durch deren Scheitern fühlte sich der Oberste Kriegsherr bloßgestellt, womit dieser Monarch einmal mehr zu erkennen gab, wie wenig er selbst in die Führung des Krieges involviert war und wie wenig er davon verstand. Gegenüber seinen engsten Vertrauten sprach der Kaiser von sich larmoyant »als dem geschlagenen Feldherrn, mit dem wir Nachsicht haben müssten«.[13]

Als die deutsche Armee schon Anfang August bei ihren Kämpfen um Reims und Soissons immer mehr ins Hintertreffen geriet, spitzte sich die Lage weiter zu. Mit dem Rückzug der deutschen Truppenteile, die noch an der Marne standen, war schließlich jedem Sehenden klar, dass Deutschland im Westen keinen entscheidenden Sieg mehr würde erringen können.[14] Jetzt ging es dort nur mehr um die Abwehr der feindlichen Gegenangriffe und darum, den Eindruck zu verwischen, die deutsche Armee sei bereits geschlagen. Deshalb wurde auch das Ausmaß der deutschen Verluste verharmlost und die vom Feind erzwungene Rückzugsoperation als die indirekte Einleitung von neuen deutschen Angriffen ausgegeben. »Ich finde diese Täuschung der öffentlichen Meinung unverantwortlich«, schrieb einer der an diesen Kämpfen unmittelbar beteiligten Heerführer, Kronprinz Rupprecht von Bayern damals an seinen Vater. Und illusionslos fügte er hinzu: »Wir müssen eine Beendigung des Krieges mit allem Nachdruck erstreben und uns darüber klar sein, dass ein Frieden nur unter Opfern zu erreichen ist.«[15] Zu einer ähnlich realistischen Einschätzung scheint wenig später – notgedrungen – selbst Wilhelm II. gekommen zu sein. Einen solchen Lichtblick haben jedenfalls zwei Zeugen seines Treffens mit Hindenburg und Ludendorff am 10. August in Avesne überliefert, bei dem der Kaiser gefordert habe, dass jetzt endlich »eine ungeschminkte Bilanz des Krieges gezogen werde müsse«. Er habe eingesehen: »Wir sind an der Grenze unserer Leistungsfähigkeit. Der Krieg muss beendet werden.«[16] Das war eines der bemerkenswerten Anzeichen politischer Einsicht, wie es dieser Kaiser punktuell immer wieder zu erkennen gab – was allerdings meist nur ein rasch vorübergehender Anflug von Weisheit war, so auch dieses Mal.

Kaum zurück in seinem bequemen Quartier in Spa, wo sich inzwischen auch die Spitzen der zivilen Reichsleitung eingefunden hatten, ließ er sich wieder von den Granden der Obersten Heeresleitung beeinflussen. Weil es Ludendorff und Hindenburg jetzt nicht zuletzt um ihr eigenes Ansehen ging, sollte selbst der Berliner Regierung gegenüber die katastrophale Lage weiterhin schöngefärbt werden. Deshalb gaben sie die zweckoptimistische Parole einer »strategischen Defensive mit gelegentlichen offensiven Vorstößen« aus, die »gute Aussicht auf endliche Lähmung des Kriegswillens des Feindes« habe.[17] Wider besseres Wissen erklärten sie den Weltkrieg für noch keineswegs verloren, wenn denn nur die Moral der Truppe gestärkt und ihr rascher Ersatz aus der Heimat zugeführt werde.

Kaiser Wilhelm stieß sofort in dasselbe Horn. Das Protokoll der sogenannten Kronratssitzung vom 14. August zitiert ihn mit den markigen Worten: »Die stellvertretenden kommandierenden Generale und der Kriegsminister müssen im Inneren bessere Ordnung halten. An die Generale wolle er diesbezügliche neue Order erlassen. Die Zivilbehörden hätten mitzuwirken an strikterer Durchführung der Staatsgewalt. In Bezug auf Ersatz müsse besser ausgekämmt werden. In Berlin liefen noch eine Menge junger Leute frei herum.« Natürlich »müsse auf einen geeigneten Zeitpunkt geachtet werden, wo wir uns mit dem Feind zu verständigen hätten«. Doch wichtiger sei jetzt die »Schwächung der Siegeszuversicht des Feindes«, und »zur Hebung der Zuversicht des deutschen Volkes« müssten jetzt in Deutschland von angesehenen Privatpersonen, aber auch von Staatsmännern »flammende Reden gehalten werden«.[18]

Kaiser Wilhelm war innerhalb von nur drei Tagen wieder anderen Sinnes und gänzlich taub dafür geworden, was die Stunde geschlagen hatte. Er weigerte sich, das Gebotene zu tun, nämlich den für Deutschland verlorenen Krieg so schnell wie möglich zu beenden, selbst um den Preis erheblicher Opfer. Diese klare Linie hätte er auch ziehen müssen, um das Heft der politischen Macht überhaupt noch einmal in die Hand zu bekommen, doch nichts dergleichen geschah. Vielmehr wurde er zum Resonanzverstärker einer Heeresleitung, die bar jeden Verantwortungsgefühls immer noch glaubte, ihre hasardierende Politik der Kriegsverlängerung weiter fortführen zu dürfen – koste es, was es wolle. War Wilhelm wirklich so dumm und naiv, dass er ernsthaft meinte, der Machtstaat könnte sein militärisches Scheitern mit Repressionspolitik und verschärfter Kriegspropaganda ungeschehen machen, gar kompensieren? Oder war er lediglich ein Meister der Verdrängung?

Offensichtlich waren ihm die Schwierigkeiten derart über den Kopf gewachsen, dass ihm vorerst nichts anderes einfiel, als mit den Leitwölfen der Obersten Heeresleitung zu heulen. Aber lang hielt er es in dieser ebenso gefährlichen wie unangenehmen Lage nicht aus. Schon am 18. August brach er mit großem Gefolge nach Kassel auf, wo seine Gattin in Schloss Wilhelmshöhe einige Tage zuvor einen leichten Schlaganfall erlitten hatte.[19] Es mag zynisch klingen, aber einen besseren Vorwand, um sich dem prekären Kriegsgeschehen an der Westfront möglichst schnell und unauffällig zu entziehen, hätte sich Wilhelm kaum bieten können. Kein Wunder, dass er sich erst nach mehreren Wochen wieder im Feld blicken ließ, hatte er doch mehr als genug von den herben Enttäuschungen, die ihm seine Heerführer dort fortgesetzt zumuteten. Zugespitzt formuliert, könnte man von einer Art Fahnenflucht aus menschlich durchaus nachvollziehbaren Gründen sprechen: Wilhelm nahm sich diese Auszeit, weil er militärisch wie politisch völlig überfordert war, wobei er indes nicht berechnete, dass dieser ›Urlaub‹ für die Sicherung seines Herrscherthrons einen nicht mehr aufzuholenden Zeitverlust bedeutete. Denn die Lösung der akuten Krise duldete keinen Aufschub. Das politische System, das Bismarck 1871 aus der Taufe gehoben hatte, funktionierte einfach nicht mehr. Sollte es nicht verschwinden, musste es sich der veränderten Realität schnellstmöglich anpassen. Zuwarten bedeutete nichts anderes, als die »schauderhafte Situation«,[20] wie sie Wilhelm selbst nannte, noch weiter zu verschärfen.

Die deutsche Monarchie beruhte letztlich auf einem Vertrauenskredit und auf dem Massenglauben an ihre übernatürliche Macht und Stärke. Bereits im Spätsommer sahen sich aber erhebliche Teile der Gesellschaft in eben diesem Glauben getäuscht, weshalb sie der Monarchie das Vertrauen entzogen. Für sie hatte namentlich der Reichsmonarch seinen politischen Befähigungsnachweis endgültig eingebüßt, und so wandten sie sich von ihm ab. Durch diesen Vertrauensentzug war der moralische Bankrott der vom Kaiser repräsentierten Einrichtung nur mehr eine Frage der Zeit geworden.

———※———

Dessen ungeachtet gerieten die ersten beiden Wochen, die der Kaiser in dem schön gelegenen und ebenso prachtvoll wie bequem ausgestatteten Lustschloss Wilhelmshöhe zubrachte, zu einem recht erholsamen Urlaubsidyll, das selbst die Krankheit seiner Gemahlin nicht trüben konnte. Dass er dort über schwere Wochen hinweg an deren Krankenbett geweilt habe – wie er später erklärte und öffentlich erklären ließ – klingt wie Hohn, wenn man die Tagebuchaufzeichnungen liest, die ein Mitglied seines Hofstaats über die kaiserliche Sommerfrische dort gemacht hat.[21] Darin erstrahlt das Schloss Wilhelmshöhe eher als ein privat genutztes Grandhotel in prächtiger Kulisse und erscheint nicht als das Sanatorium einer ernstlich Erkrankten. Auf dem Tagesplan des Herrschers standen ausgiebige Spaziergänge in der herrlichen Natur, Museumsbesuche und sonstige Ausflüge – meist im Kreis seiner Entourage, sodass der ganze Fuhrpark beansprucht wurde. Bei zunächst bestem Sommerwetter wurde die königliche Abendtafel auf der großen Schlossterrasse angerichtet, wo man das Panorama und den Blick auf das im Tal liegende Kassel genoss und sich erbaulich unterhielt. Kurz, es hätte an nichts gemangelt, um es sich in diesem prächtigen Refugium gut gehen zu lassen, wären da nicht die anhaltend beunruhigenden Nachrichten von außen gewesen.

Diese bekundeten zum einen den rapiden Ansehensverlust der gekrönten Häupter, die formell immer noch das deutsche Volk zu regieren vorgaben – insgesamt neunzehn leibhaftige Monarchen.[22] Deren Beliebtheit war seit Kriegsbeginn mehr und mehr geschwunden und hatte nun, im Sommer 1918, endgültig einer akuten Verstimmung Platz gemacht, die sich insbesondere gegen das Haupt dieses bundesfürstlichen Machtkartells, den Kaiser richtete. Namentlich ihm, dem Preußenkönig, wurde politische Taten-, ja Nutzlosigkeit vorgeworfen. Schon Mitte August hatten sich seine engsten Mitstreiter auf die unbedingte »Notwendigkeit« verständigt, den Reichsmonarchen »mehr dem Volke nahe zu bringen angesichts der üblen Stimmung weiter Kreise gegen die Regierung und den Kaiser«.[23] Ein Brief seines Vetters, des Prinzen Max von Baden, warnte Wilhelm II. sogar persönlich, dass seiner Popularität ernste Gefahren drohten, wenn er politisch weiterhin so passiv bleibe.[24] Das alles zeitigte aber lediglich insofern Folgen, als der Kaiser seinen damals wichtigsten Berater, Friedrich von Berg, zu politischen Sondierungen in die Reichshauptstadt nach Berlin schickte. Er wollte wissen, was die Regierung – insbesondere sein neuer Hoffnungsträger Hintze – von der Lage dachte.[25] Nach außen gab er sich forsch, wie schon bei seinem letzten Auftritt in Spa. Er sei, so telegerafierte er nach Berlin, »felsenfest überzeugt, dass kein Feind des Deutschen Reiches hehren Bau zu erschüttern vermag«. Denn er wisse ja »das gesamte tapfere, opferfreudige deutsche Volk mit [sich] einig in dem festen, unbezwinglichen Willen, mit Gottes Hilfe durchzukämpfen und zu überwinden bis zum ehrenvollen Frieden!«[26]

Was von solch markigen Worten unbeugsamer Zuversicht tatsächlich zu halten war, zeigte sich noch am Abend desselben Tages, an dem das besagte kaiserliche Telegramm publiziert wurde. Ludendorff presste sich im fernen Frankreich endlich seinen militärpolitischen Offenbarungseid von den Lippen ab – freilich nur Hindenburg gegenüber: »Wir haben keine Aussicht mehr, diesen Krieg noch zu gewinnen«.[27] Der Feldmarschall unterzeichnete daraufhin sofort den Befehl zum Rückzug der Armee in die sogenannte Siegfried-Stellung. Mit diesem Rückzugsbefehl, dem kurz darauf die Rückverlegung des Großen Hauptquartiers von Avesnes in Nordfrankreich nach Belgien folgte, war das Desaster der Ludendorff'schen Kriegsführung amtlich.

Die Front des für unbesiegbar ausgegebenen deutschen Heeres war nicht nur unerbittlich zurückgedrängt worden, sondern hatte inzwi-

Generalquartiermeister Erich Ludendorff, der mächtigste Mann der deutschen Militärmonarchie in den letzten beiden Kriegsjahren.

schen auch so tiefe Einbrüche durch alliierte Kampfverbände – bis in die Siegfried-Stellung hinein – hinnehmen müssen, dass eine militärische Katastrophe kaum noch aufzuhalten war. Als man in Kassel davon erfuhr, stellte der Kaiser völlig richtig fest: »Jetzt haben wir den Krieg verloren!«[28]

Diesmal war es seine eigene Entourage, die Wilhelm II. diese selten kluge Einschätzung sogleich wieder ausreden und ihn beruhigen wollte. Doch erst einmal vergeblich. Der Monarch folgte seiner inneren Stimme, nun vor der Geschichte verspielt zu haben, blieb gänzlich resigniert und zog sich auf unbestimmte Zeit – unansprechbar – in seine Schlafgemächer zurück. Es sollte sich als verhängnisvoller Fehler erweisen, dass seine konsternierte Umgebung nun Himmel und Hölle in Bewegung setzte, um den Kaiser aus dieser Apathie unverzüglich wieder herauszuholen. Denn Wilhelm hätte Deutschland, aber auch sich selbst viel Elend erspart, wenn er sich jetzt in die Rolle des Verlierers gefügt, seiner Resignation freien Lauf gelassen und seinem Herrscherthron beizeiten entsagt hätte. Aber diesen Mut zu einer eigenen politischen Meinung, diese Größe, der Stimme seines eigenen Herzens zu folgen, brachte dieser willensschwache Autokrat einfach nicht auf. Oder besser gesagt: Er ließ sich erfolgreich daran hindern, das einzig Richtige zu tun. Eine Schlüsselfunktion fiel dabei seiner kranken Gattin zu,[29] die ihre Unpässlichkeit überwand, um – zum bösen Geist Wilhelms II. zu werden: indem sie den deutschen Kaiser zum Weiterspielen einer politischen Rolle drängte, für die es zwar noch eine Bühne, aber weder ein dankbares Publikum noch ein Repertoirestück mehr gab. Innerhalb von nur zwei Tagen brachte sie es mit Unterstützung eifriger Gesundbeter aus dem engsten Kreis um Wilhelm tatsächlich fertig, die arg lädierte Seele des Monarchen wenigstens so weit ins Lot zu bringen, dass er wieder vorzeigbar war und in der Lage, seinen kaiserlichen Pflichten nachzugehen. Der eilends aus Berlin zurückgeholte Berg fand seinen Freund und Herrn bereits am 4. September »wieder leidlich teilnehmend« vor.[30] Bergs Bestreben ging nun vor allem dahin, diese Wiederauferstehung durch Zweckoptimismus zu bestärken und die fatalistischen Neigungen beschäftigungstherapeutisch niederzuringen.

Am folgenden Tag hatte sich Wilhelm tatsächlich wieder so weit gefangen, dass man ihm zutraute, einen Besucher zu empfangen. Gekommen war der Hamburger Großreeder Albert Ballin, ein alter Bekannter des Kaisers. Ludendorff selbst hatte den einflussreichen Unternehmer beauftragt, dem Monarchen die Notwendigkeit ans Herz zu legen, innerhalb von vierzehn Tagen Frieden zu schließen, und zwar über den amerikanischen Präsidenten Wilson.[31] Dieser Auftrag bringt bemerkenswerterweise ans Licht, dass sich die Oberste Heeresleitung zwar schon Anfang September über die Aussichtslosigkeit ihrer Kriegsfortführung im Klaren war, aber selbst nicht den Mut aufbrachte, ihrem Obersten Kriegsherrn unverzüglich selbst reinen

Wein einzuschenken.[32] Der Austausch von Halbwahrheiten blieb hier unverändert die vorherrschende Kommunikationsform. Entsprechend »missorientiert« fand denn Ballin am 5. September 1918 auch den Kaiser im Park von Schloss Wilhelmshöhe vor – »und in der gehobenen Stimmung, die er gern in Gegenwart eines Dritten zeigt. Man hatte die Dinge so verdreht, dass selbst der schwere [militärische] Misserfolg, der zuerst eine große Depression bei ihm hervorgerufen hatte, zu einem Erfolg wurde.«[33] Die Bemühungen des Unternehmers, diese Einschätzung zu korrigieren, liefen sämtlich ins Leere – dafür sorgte Berg, der die beiden Spaziergänger begleitete und jedes vertiefende Gespräch zu verhindern wusste. Diese ständige Intervention des kaiserlichen Begleiters – um nicht von einem Betreuer, ja Vormund zu reden – machten es dem Besucher auch unmöglich, ein weiteres politisches Ansinnen an den Monarchen zu bringen. Ballin nannte sein Anliegen selbst »die rasche und kluge innere Modernisierung des Reiches«. Diese – so Ballins feste Überzeugung – müsse vollzogen sein, noch ehe die Friedensverhandlungen beginnen, »sonst erscheint sie von den Gegnern erzwungen und gefährdet die Dynastie«.[34]

Es gab also bereits jetzt durchaus vielversprechende Bestrebungen, um den Monarchen endlich zu einer aktiv handelnden politischen Führung zu befähigen und ihm zu einer realistischen Wahrnehmung der militärischen und politischen Tatsachen zu verhelfen. Allein, sie hatten keine Chance auf bereitwillige Auf- beziehungsweise Übernahme, solange sich dieser Monarch derart gängeln ließ. Dass Wilhelm sich in solch eine Kuratelpolitik fügte, lässt einmal mehr erkennen, dass dieser Kaiser tiefinnerlich alles andere als souverän war, sondern eine bemitleidenswerte, von Skrupeln zermürbte, manipulierbare Persönlichkeit, die sich in der Selbstinszenierung verausgabte. Fatal nur, dass man dieser unzeitgemäßen Kunstfigur nach wie vor die militärische und politische Führung des deutschen Reiches zugestand und dass sich weit und breit kein Wille artikulierte, diesem kopflosen Treiben ein Ende zu machen. So zog auch Ballin nach zweistündigem fruchtlosen Gespräch frustriert wieder ab, ohne darüber nachzudenken, welche politischen Konsequenzen aus diesen beschämenden Eindrücken zu ziehen waren.

Dabei lag auf der Hand, dass mit diesem Kaiser kein Staat mehr zu machen war. Mit Friedensverhandlungen, resümierte der Reeder Wilhelms Standpunkt damals, wollte der Kaiser bis zum Herbst warten, wenn – wie er glaubte – die feindliche Offensive an der sogenannten Hindenburg-Stellung zum Stillstand gekommen sein würde. Die Frage nach politischen Reformen oder personellen Veränderungen in der Reichsleitung »wurde abgewinkt, das mache jetzt alles Hintze«, auf den der Kaiser seine ganze Hoffnung gesetzt habe. »Im Übrigen wartet man auf ein Wunder, und das bekannte, aber nicht garantierte Glück des Herrscherhauses.«[35] Lakonischer hätte man die politische Führungslosigkeit des deutschen Kaiserreichs im September 1918 wohl kaum beschreiben können.

Aus dem schwarzen Loch seiner Selbstzweifel hatten seine Getreuen den Monarchen wieder herausgeholt. Er dürfe nicht aufgeben, so viel hatte er wohl verstanden. Von einem neuen Politikansatz jedoch wollte er nichts wissen, von einem akuten Handlungsbedarf, genauer der Notwendigkeit politischer Führung, ebenso wenig. Als Max von Baden wenige Tage nach dem Ballin-Besuch erneut brieflich bei ihm vorstellig wurde, um mit ihm gemeinsam die Initiative für eine neue politische Leitung im Reich zu ergreifen, winkte Wilhelm erneut ab. »Zur Zeit kann anderes nicht in Aussicht genommen werden.«[36] Dabei hatte das militärische Dilemma inzwischen eine Systemkrise erzeugt, die bis unmittelbar an seinen Herrscherthron heranreichte. Immer mehr Menschen wandten sich ab von ihren Führern, von den kleinen, den unmittelbaren Vorgesetzten, wie von den großen, den Feldherrn, denen sie bis in das Frühjahr 1918 hinein noch Vertrauen geschenkt hatten. Nicht genug, dass die Opferbereitschaft rapide sank, sondern erste Stimmen wurden laut, die Rechenschaft verlangten für das, was dem Volk unverändert zugemutet wurde, obwohl es doch nur noch rückwärtsging an der Front. Diese eigene Gefährdung schwante dem Kaiser wohl, und sie machte ihm auch seelisch zu schaffen. Aber seine Umgebung hatte es tatsächlich geschafft, ihm diese Gefahr so klein- und schönzureden, dass ihn die Sorge vorerst nicht mehr übermannte.

Zu diesem »Wunder von Kassel« dürfte maßgeblich beigetragen haben, dass man ihn gleich nach seinem Nervenzusammenbruch zu einer neuen anspruchsvollen Aufgabe überredete: sein Volk noch einmal höchstpersönlich mit einer spektakulären Ansprache aufzurichten, es hinter Kaiser und Oberster Heeresleitung zu versammeln. Schließlich seien immer noch Millionen Deutsche bereit, ihr Leben für Kaiser und Reich hinzugeben. Dann – so die Argumentation – werde Gott diese tapfere deutsche Nation auch nicht im Stich lassen. Das wirkte: Wilhelm ließ sich auf die Anmutung ein, fühlte sich wieder wichtig, ja unentbehrlich, und tat sein Bestes, um den hohen Erwartungen zu entsprechen.

Die Beschäftigten der Firma Krupp in Essen sollten sein Publikum sein. Doch, wir wissen es bereits, der Kaiser scheiterte kläglich vor ihnen, weil er einmal mehr in die Falle seiner Selbstüberschätzung und seiner ideologischen Borniertheit lief. Und weil man ihn fahrlässig gewähren ließ in seinen Herrscherallüren, die doch allesamt kaum übertünchten, dass er den politischen Anforderungen an ein zeitgemäßes Kaisertum längst nicht mehr gewachsen war. Und dennoch, mit solchen Überlebensstrategien in gewollter Unkenntnis der wirklichen Lage hat sich Wilhelm II. noch eine ganze Weile über Wasser halten und äußerlich stärker machen können als er war.

Einen Gefallen hat er damit freilich niemandem getan. Schauen wir uns einige Auszüge aus dem Tagebuch von Admiral Müller, einem hohen Militär an, der unseren Monarchen damals täglich hautnah beobachten konnte, und dabei folgende Eindrücke gewann:[37]

Spa, den 16. September 1918: Der Kaiser mache sich »fortlaufend ein x für ein u. Tatsächlich ist [die] Lage so schlecht wie noch zu keinem Zeitpunkt des Krieges.« – »Die Unwahrhaftigkeit im Hauptquartier hat einen Grad erreicht, der nicht mehr zu überbieten ist. Wohin man sieht, Egoismus, Selbstbetrug und Betrug der Mitmenschen.«[38]

Spa, den 19. September 1918: Auf die Frage, wie er geschlafen habe, sagte der Kaiser: »›Gar nicht, seit ich von Wilhelmshöhe fort bin, schlafe ich keine Nacht. Ich gehe langsam zugrunde.‹ Und als noch ein anderer fragt, wie die Nachrichten von der Front sind, heißt es: ›Die Truppen weichen immer weiter zurück. Ich habe das Vertrauen in die Gesellschaft verloren.‹ Und das ist derselbe Mann, der vor 9 Tagen in Essen in seiner Rede an die Arbeiter erklärt hatte, dass die Flaumacher an den Galgen gehörten.«

Spa, den 20. September 1918: Beim Frühstück wurde über eventuelle Personalveränderungen in der Reichsregierung gesprochen. Der Kommentar Wilhelms II.: »als Nachfolger von [Reichskanzler] Hertling käme für ihn nur [ein Militärdiktator], der Generalgouverneur von Belgien, Generaloberst v. Falkenhausen in Frage, von dem ja auch Hintze ganz begeistert sei. Im Übrigen würde Se. Majestät wie Wilson regieren und tun, was ihm beliebt.«

Spa, den 22. September 1918: »Seine Majestät feiert wieder Orgien mit seinen Bleistiftbemerkungen zu Zeitungsausschnitten. Einmal will er den Reichstag mit einer Landsturm-Kompanie auseinanderjagen. Dann soll der Reichskanzler der Bewegung nach der Richtung einer parlamentarischen Regierung ›ein donnerndes Halt gebieten. Das ist reine Revolution! Noch dazu, nachdem ich mit meiner Rede in Essen die Arbeiter verpflichtet habe.‹ Ist das nun kindlich oder kindisch?«

Das Frappierende beim Studium solcher Quellen ist nicht allein zu erfahren, wie sich dieser immer noch mächtigste Mann Deutschlands selbst in halböffentlichen Räumen politisch aufführte. Kläglicher fast noch als dessen absurdes Zerrbild der politischen Wirklichkeit scheint, dass ihm seine Berater ein solches Benehmen zugestanden, ja ihn unwidersprochen gewähren ließen, obwohl sie solche Aufführungen eigentlich ganz und gar unmöglich und verhängnisvoll fanden. Man ließ ihn die Chimäre seiner vermeintlich unanfechtbaren Eigenmächtigkeit und seiner vorgeblich ungebrochenen Popularität endlos reiten, statt ihn höflich, aber mit Nachdruck zu veranlassen, der Krise ins Auge zu sehen und daraus endlich politische Konsequenzen zu ziehen. Man fiel ihm auch nicht ins Wort, als er sich mit seinen notorischen Aversionen gegen Demokratie und Parlamentarismus immer wieder lautstark gegen den Zeitgeist auflehnte. Auch dass ihm sein Beraterstab gestattete, in der äußerst bedrohlichen militärischen Lage an der Westfront das Großhauptquartier noch in der letzten Septemberwoche zu verlassen, um die Marine, aber auch seinen Bruder Heinrich und seine Schwester Charlotte, in Kiel und anschließend seine inzwischen wieder genesene Frau in Kassel-Wilhelmshöhe zu besuchen, ist nur schwer nachvollziehen.

Alles, was Wilhelm jetzt noch unternahm, lief schließlich nur mehr auf das eine hinaus: die Demontage seiner Selbst. Als ihn am 29. September neue Hiobsbotschaften von der Westfront nötigten, sich von Kassel wieder zum Großen Hauptquartier aufzumachen, hatte er gerade die nachfolgende Depesche in die Welt gesetzt: »Der Rückblick auf die wunderbaren Erfolge unserer heldenmütigen Söhne und ihrer genialen Führer bewahrt das deutsche Volk auch in den Wechselfällen des Krieges vor unwürdigem Kleinmut und unberechtigten Zweifeln. Unbeirrt ist es entschlossen, seine ganze Kraft einzusetzen, den ihm aufgezwungenen Verteidigungskampf bis zum siegreichen Ende durchzuführen«.[39] Über den letzten gemeinsamen Abend mit dem deutschen Kaiserpaar in Schloss Wilhelmshöhe notierte Müller in sein Tagebuch: »Das nichtssagende Gespräch ließ nichts von dem Ernst der Lage erkennen, auch nicht die Perlen und Diamanten der Kaiserin.«[40]

———◆———

Bevor Wilhelm II. in Spa eintraf, hatte die Oberste Heeresleitung schon Paul von Hintze, den Außenamtschef dorthin zitiert.[41] Durch weitere militärische Misserfolge der deutschen Armee bei der Abwehr von feindlichen Offensiv-Vorstößen sah sich Ludendorff nämlich in die Zwangslage versetzt, bei den Kriegsgegnern um sofortigen Waffenstillstand zu bitten, wollte er nicht die Katastrophe eines völligen Durchbruchs der alliierten Verbände riskieren.[42] Da Hintze damals als so etwas wie der politische Prophet des Kaisers galt, war es naheliegend, zunächst einmal diesen Mann – und nicht den amtierenden Reichskanzler – um politischen Rat zu fragen. Ludendorff selbst hatte überhaupt keinen Plan mehr, um dem von ihm selbst herbeigeführten Desaster operativ zu begegnen. Ihm ging es primär darum, seinen Kopf aus der Schlinge der bedingungslosen Kapitulation zu ziehen, also Hindenburgs und seinen eigenen Feldherrnruhm zu bewahren. Dazu musste der physischen wie psychischen Zermürbung der Fronttruppen Einhalt geboten, mussten aber auch die enttäuschten Gemüter an der Heimatfront beruhigt werden, und zwar unverzüglich. Wie genau, das sollten sich die Politiker jetzt einfallen lassen. Seit dem 26. September 1918 war Staatssekretär Hintze über diese Kalamität im Bild. Ohnedies wusste er nur zu gut von der schweren inneren Krise, welche die missliche Kriegslage, aber nicht minder die politische Apathie von Kaiser

Gespielte Siegeszuversicht bis zuletzt. Wilhelm II. mit seinem Bruder Heinrich beim Besuch der Marine in Kiel Ende September 1918.

und Kanzler erzeugt hatten. Angesichts der nun endlich auch von Ludendorff selbst eingestandenen militärischen Katastrophe musste er handeln, insbesondere – wie ihn die Köpfe der politischen Abteilung seines Amtes eindringlich beschworen – dem Kaiser gegenüber »die volle Wahrheit sagen und auf eine sofortige Lösung dringen«, denn »sonst gehe es ganz schlimm«.⁴³ Entsprechend unterwiesen, trat Hintze am 29. September 1918 in Spa auf – zunächst im Gespräch mit Ludendorff und Hindenburg und nur kurze Zeit später zusammen mit dem Feldherrn-Duo beim Kaiser. Was Hintze vorschlug, lief auf liberale Reformen des Herrschaftssystems, auf die sofortige Bildung einer neuen Reichsregierung unter Einbeziehung der Sozialdemokratie und auf ein Ersuchen an den amerikanischen Präsidenten Wilson hinaus, einen sofortigen Waffenstillstand der Kriegführenden herbeizuführen. Mit dem Reformprogramm – damals schon »Revolution von oben« geheißen – wollte Hintze dem Kaiser noch einmal die politische Initiative zu einer historischen Tat zuspielen. Dieser sollte auf diese Weise den Eindruck erwecken, als habe er erkannt, was sein Volk jetzt wünsche und brauche, und den Beweis dafür liefern, dass die Hohenzollern doch ihrer ganzen Tradition nach Volkskönige seien.⁴⁴ Den Militärs machte Hintze Hoffnungen, die Reformen würden für die gereizten Massen den Schock der drohenden Niederlage abmildern und damit revolutionären Gefahren vorbeugen.⁴⁵

So packte dieser Mann, den einige seiner Mitarbeiter als »Talmi-Diplomat« beschrieben, den Stier bei den Hörnern, schlicht und ergreifend, weil keine anderen Vorschläge zur Krisenbewältigung vorlagen. Von allen kaiserlichen Ministern war er der erste und einzige, der einen gewissen Mut zur Wahrheit aufbrachte und sich zu sagen traute, was andere vorsätzlich verschwiegen: dass nämlich sowohl der Systemwechsel als auch ein Friedensangebot unausweichlich waren. Auch war sein Plan keineswegs aus der Luft gegriffen, sondern ähnelt vielmehr jenen politischen Maßnahmen, die der kluge Albert Ballin schon vier Wochen zuvor im Schlosspark Wilhelmshöhe vorgeschlagen hatte, um das Kaiserreich zu stabilisieren. Gleichwohl wies Hintzes Lösungsmodell auch große Schwachstellen auf. So war es mehr als fraglich, ob die Öffentlichkeit dem amtierenden Kaiser – nach all seinen politischen Verlautbarungen im September 1918 – einen solch entschiedenen

Ruck nach links, wie ihn die freiwillige Einschränkung seiner Herrschergewalt darstellte, überhaupt abnehmen würde. Und eine ernsthaft zum Frieden bereite Oberste Heeresleitung unter der Ägide Hindenburg-Ludendorff war ebenso unglaubwürdig, wurde misstrauisch beäugt und vermochte den Eindruck nicht zu verwischen, dass sich hier doch in Wahrheit eine Kapitulation anbahnte. Was dem Reform- und Friedensprogramm zusätzlich die Glaubwürdigkeit entzog, war die Tatsache, dass Hintze gleich bei dessen Ankündigung seinen Abschied einreichte. Ohne seine persönliche Bereitschaft, das von ihm entwickelte Programm nun auch mitverantwortlich durchzuführen, stand diese außergewöhnliche Initiative von Beginn an auf wackeligen Beinen und hatte wenig Aussicht auf Erfolg. Ein naher Beobachter führte Hintzes politisch nicht ganz nachvollziehbares Verhalten später auf den »sphinxhaften« Charakter dieser »kleine[n] japanischen Exzellenz« zurück, die immer schon die Taktik verfolgt habe, »sich jeweils ohne äußere Schwierigkeiten und ungehemmt durch lästige Bindungen auf eine neue Lage einstellen und halten zu können«.[46] Das wirft ein eigentümliches Licht auf die Hingabebereitschaft jenes Spitzenpersonals, das der Kaiser im Glauben berufen hatte, mit ihm gemeinsam stürmischen Zeiten trotzen zu können.

Außerdem kam Hintzes Vorstoß viel zu spät, da hinter ihm kein Potenzial militärischer Stärke mehr stand. Und nicht zuletzt beruhte die Annahme, der amerikanische Präsident sei tatsächlich willens und in der Lage, einen für Deutschland erträglichen Verständigungsfrieden herbeizuführen, auf reiner Spekulation. Dennoch zeichneten damals in Spa alle Entscheidungsträger mit dem Mut der Verzweiflung jenen ungedeckten Wechsel auf Deutschlands politische Zukunft, sodass Hintze noch am Abend des 29. September nach Berlin Vollzug melden konnte.[47] Mit der Veröffentlichung eines kaiserlichen Erlasses zur Parlamentarisierung – nicht Demokratisierung! – der Monarchie und dem Befehl zur Ausarbeitung einer Friedensnote an US-Präsident Wilson war das Deutsche Reich in eine neue Phase seiner Geschichte eingetreten. Für die kaiserlichen Politiker war es freilich ein Sprung ins Dunkle.

Über die Haltung des Monarchen beim dreitägigen Krisengipfel in Spa sind einige interessante Details überliefert. Während der scheidende Reichskanzler Hertling versicherte, Wilhelm II. habe gleich

»volles Verständnis« für die neue Lage gezeigt und sei – ganz im Gegensatz zu ihm selbst – bereitwillig auf alle Reformvorschläge eingegangen,[48] war aus des Kaisers Entourage anderes zu vernehmen. Der deutsche Kronprinz erzählte zum Beispiel, sein Vater sei »aus allen Wolken gefallen«, als er in Spa erfuhr, dass mit einem siegreichen Ausgang des Krieges unter keinen Umständen mehr zu rechnen sei.[49] Und auch Freiherr von Grünau, der ihn auf der Reise von Kassel nach Spa begleitete, schrieb später, der Kaiser habe dort »jählings die Bankrotterklärung der OHL entgegennehmen« müssen.[50] Von der dringenden Notwendigkeit, den völlig niedergeschlagenen Monarchen zu trösten, ist bei anderen Beobachtern die Rede, von »tiefer Ergriffenheit« und »gedrückter Stimmung«, ja sogar von »Tränen«, die in einer »bewegenden Aussprache« mit seinem Berater Berg geflossen seien.[51] Generaladjutant Marschall gab daher die Parole aus: »Der Kaiser müsse jetzt durchaus geschont werden. Nehme man ihm den einzigen Freund, nämlich Berg, so bräche er zusammen.«[52] Starke Ischias-Schmerzen kamen hinzu, sodass Wilhelm buchstäblich am Stock ging. Große Sorge bereitete ihm auch, wie er wohl seiner Gattin diese tragische Wendung beibringen sollte. Offenbar hatte er sie im festen Glauben in Kassel zurückgelassen, dass er sich das Heft nicht wieder aus der Hand nehmen lassen, sondern diesmal Herr der Lage bleiben werde, komme was wolle. Nun, da er in Spa ein für alle Mal begriffen hatte, dass der Krieg unweigerlich verloren war und das politische Konsequenzen haben würde, beauftragte Wilhelm II. mit Hans von Gontard einen Vertrauten der kaiserlichen Familie, der Kaiserin diese schlechten Nachrichten persönlich zu überbringen. Auguste Viktoria soll den »Schlag« mit bewundernswerter Fassung getragen haben, »tieftraurig, aber ohne Jammern und Klagen«.[53] Einen weitaus weniger beherrschten Eindruck hinterließ ihr Gemahl im Großen Hauptquartier. Seinem engsten Berater Berg stieß besonders sauer auf, dass der Herrscher »der schwierigen Situation auch jetzt nicht gewachsen war« und nur immer weiter »geschoben wurde«.[54] Kein einziges Machtwort des Kaisers war in Spa zu vernehmen, nur Bemerkungen wie: »Unsere Politiker haben erbärmlich versagt.«[55] Doch was war auch schon von einem Herrscher zu erwarten, der sich von den faktischen Machthabern seines Reiches mehr denn je gegängelt und gedemütigt fühlte, und doch völlig außerstande war, einen eigenen politischen Willen zu entwickeln, geschweige denn geltend zu machen?

Bleibt die Frage, warum er sich so anstandslos in diese politische Kurswende vom 29. September 1918, in diese unverhohlene Fremdbestimmung seiner künftigen Rolle, ja in das Todesurteil für seine Autokratie fügte. Dafür wären mehrere Erklärungen denkbar. Zum einen mag der enorme und überraschende Umschwung ihn derart vor den Kopf gestoßen, so perplex, so ratlos, ja sprach- und willenlos gemacht habe, dass er ihn fatalistisch hinnahm. Zum anderen könnte Wilhelm II. Hintzes »Revolution von oben« auch als geniales Polittheater interpretiert haben, als neue Inszenierung auf der politischen Bühne in Berlin. In diesem Fall wäre hinter den Kulissen alles beim Alten geblieben und man hätte das gewagte Lehrstück zu gegebener Zeit auch wieder absetzen können. Zuletzt scheint auch die Annahme berechtigt, der Kaiser habe sich innerlich bereits darauf eingestellt, abzudanken und die Umsetzung der weiteren Reformpläne seinem Nachfolger zu überantworten. Eine eindeutige Beantwortung der Frage, warum der Kaiser sich nicht gegen diese spektakuläre Wende zur Wehr setzte, lassen die dürftigen Quellen jedoch nicht zu, und ohnehin ist eine krude Mischung verschiedener Motivationen am wahrscheinlichsten. Seiner politischen Grundüberzeugung nach hielt er die Parlamentarisierung seines Regimes jedenfalls für einen schweren Fehler.

Nur in einem Punkt blieb er damals ganz klar und sicher: Der mehrfach aufgetauchte Vorschlag, Prinz Max von Baden zum Nachfolger von Reichskanzler Hertling zu ernennen und ihn mit der Durchführung der politischen Wende zu beauftragen, dieser Vorschlag kam für ihn auf keinen Fall infrage, da war er sich ganz sicher, auch mit seinen wichtigsten Beratern.[56] Ebenso stand für ihn fest, dass sein Platz fortan die Regierungsmetropole Berlin beziehungsweise sein Familiensitz: das Neue Palais im benachbarten Potsdam sein würde. Dorthin war seine Frau bereits am 1. Oktober mit ihrem Gefolge vorausgeeilt, denn sie wusste, dass sie nun nicht mehr von seiner Seite würde weichen dürfen. Doch noch bevor das Kaiserpaar wieder zusammentraf, erfuhr Wilhelm II. eine weitere schwere Düpierung. Beim Zwischenhalt seines Hofzuges im Kölner Hauptbahnhof nötigte ihm Ludendorff telefonisch auf, den ungeliebten Vetter Max nun doch – gegen besseres Wissen – zum neuen Kanzler zu küren. Nur der könne jetzt das sofort abzusendende Friedensangebot an Wilson mit einer glaubwürdigen Unterschrift decken.[57] Die Verzögerung der Regierungsbildung in Berlin hatte Ludendorff so »hochgradig nervös« gemacht,[58] dass er dem sichtlich angeschlagenen Monarchen gleichsam die Pistole auf die Brust setzte und zur Selbstverleugnung zwang. Das war der bisherige Gipfel seiner politischen Entmündigung: Hatte ihn schon zwei Tage zuvor die Strategie einer »Revolution von oben« massiv als Herrscher entwertet, wurde nun auch noch seine Meinung in dieser entscheidenden Personalfrage missachtet, ja frech zurückgewiesen. Doch abermals knickte Wilhelm II. ein und beugte sich der Direktive aus Spa. So musste die deutsche Kaiserin am 2. Oktober 1918 an der Bahnstation Wildpark in Potsdam einen geschlagenen und tief bekümmerten Mann in Empfang nehmen.

Gut, dass sie ihn jetzt wieder unter ihre Fittiche bekam und noch am selben Tag für einen – vorläufig letzten – machtpolitischen Auftritt präparieren konnte: Er sollte den achtunggebietenden Dirigenten einer Sitzung des Kronrats im Reichskanzlerpalais geben, wohin der Kaiser die Spitzen von Militär und Politik einbestellt hatte, auch den designierten Kanzler Max von Baden. Als Vorsitzender dieser Konferenz bot Wilhelm II. tatsächlich noch einmal alles auf, um den Eindruck aufrechtzuerhalten, er hielte unverändert an seinem kaiserlichen Führungsanspruch in der Reichspolitik fest. Ja, auch die neue Regierung werde eine ›kaiserliche‹ sein, und dieser gebe ER jetzt lediglich neue verbindliche Direktiven. Bedenken seines Vetters aus Baden gegen die sofortige Absendung eines Waffenstillstandsangebots wischte er mit den brüsken Worten vom Tisch: »Du hast dich nicht angeboten, um der Obersten Heeresleitung Schwierigkeiten zu machen.«[59] Sogar Formulierungshilfen bei der Fixierung der deutschen Friedensnote soll er gegeben haben.[60] Kurz, er schien wieder ganz der Alte zu sein, wie man ihn nun seit Jahrzehnten im politischen Berlin kannte, und insbesondere ohne jeden Respekt vor demjenigen, den zum führenden Politiker seines Reiches zu ernennen, er im Begriff stand.

Auch wenn es ein paar Funken sprühte – was Wilhelm II. da vor dem Kronrat abbrannte, war nur ein Strohfeuer. Denn noch am selben Tag tauschte er seine Paradeuniform gegen ein Nachthemd ein und sollte für fünf volle Tage sein Bett im Neuen Palais nicht mehr verlassen. Vordergründig waren es rheumatische Beschwerden, die ihn aufs Krankenlager warfen, denen man aber getrost eine psychosomatische Komponente zuschreiben darf. Er wird in diesen Tagen auch seelisch schwer gelitten haben,[61] so lethargisch, wie er den dramatischen politischen Veränderungen der ersten Oktoberwoche begegnete. Ganz entmutigt schien er sich jetzt von den Ereignissen treiben zu lassen und verkündete müde, er »unterschreibe alles«.[62] So dunkel waren die Wolken, die sich da über seinem Königspalast zusammenballten, dass er offenbar kaum noch wagte, über den Tag hinaus zu denken. Und in der Tat war das Wilhelminische Zeitalter im Versinken begriffen. Selbst erzkonservative Monarchisten wie der frühere preußische Kriegsminister von Einem sprachen das offen aus: »Ich glaube nicht, dass Seine Majestät bleibt«, schrieb er am 7. Oktober an seine Frau, »wir wollen froh sein, wenn das Kaisertum als solches erhalten wird«.[63] Die Pressezensur ließ bereits Äußerungen wie diese unbeanstandet durchgehen: Wilhelm II. müsse sich doch inzwischen »selbst als deutscher Kaiser unmöglich erscheinen«, indem er »den Gegensatz seiner bisherigen Staatsauffassung und der Gestaltung des künftigen Deutschlands begreift«.[64] In angestammter Würde konnte er jedenfalls nicht mehr auf seinem Thron bleiben, und selbst sein eigener Sohn August Wilhelm schrieb damals stoßseufzend: »Gott gebe, dass der Kaiser durchhält!«[65]

Nach allem, was wir wissen, trieben Wilhelm II. in den ersten Oktobertagen 1918 auf seinem Krankenlager im Neuen Palais ernsthafte Abdankungsideen um, was darauf hindeutet, dass er die Angemessenheit eines solchen Schrittes durchaus erfasste; sein Gespür für den Ernst der politischen Situation war da. Womöglich wäre es seine größte politische Tat geworden, hätte er sich von dieser Intuition leiten lassen und – regierungsmüde und enttäuscht, wie er war – dem Thron tatsächlich entsagt. Viele Kreise rechneten damit. Und niemand war über diese Befindlichkeit der politischen Meinung in Deutschland besser im Bild als die neue Reichsregierung.[66] Daher beging Kanzler

Max von Baden einen schweren politischen Fehler, als er bei seinem halboffiziellen Antrittsbesuch im Neuen Palais dem Kaiser gegenüber diese prekäre Stimmungslage herunterspielte. Nein, der Monarch sei »keineswegs verlassen«, versicherte ihm der Prinz. Und ja, seine Regierung werde »ihn decken«, sollte er tatsächlich behelligt werden. Doch ohnehin werde Wilhelm bald »wieder festen Boden finden«.[67]

Das war nicht nur eine grob fahrlässige Missachtung der öffentlichen Meinung, das war auch eine Art Blankoscheck, den der haltsuchende Monarch von seinem Vetter natürlich gern entgegennahm. Gut möglich, dass er in dieser Situation tatsächlich für einen Moment glaubte, er könne mit der vorbehaltlosen Unterstützung des neuen Kabinetts seine Stellung im Volk noch einmal festigen; und die Konzessionen, die er an die Parlamentarisierung der Reichspolitik hatte machen müssen, würden seine angestammten Rechte als deutscher Kaiser am Ende doch nur wenig einschränken.

Dass Max von Baden den Monarchen in Potsdam darüber hinaus um die Entlassung seines Kabinettschefs Berg bat, war hingegen zunächst kein Fehler, denn der war inzwischen im Berliner Politikbetrieb weithin als reaktionärer und politisch anmaßender Ohrenbläser des Kaiserpaars verschrien. Selbst Männer aus der kaiserlichen Entourage nannten Berg »einen verhängnisvollen Mann, der seinem Herrn nichts als Bärendienste geleistet hat«.[68] Schweren Herzens stimmte Wilhelm II. zu, doch seine Frau war nachgerade »außer sich«, als sie von dieser Entfernung ihres treuesten Verbündeten im Kampf für den Erhalt der Hohenzollernmonarchie erfuhr.[69] »Das hätte ich nicht von Dir erwartet«, schrieb sie noch am selben Abend »aus blutendem Herzen« an den Prinz-Reichskanzler. Berg sei »also der Erste. Welcher Schritt wird nun noch folgen? Warum hattest Du mir das nicht gesagt? Sehr enttäuscht hast du mich!«[70] Als er diese Vorhaltungen las, wusste Max von Baden, dass aus der Abneigung, mit der die Kaiserin schon immer auf ihn geblickt hatte, eine offene Feindschaft geworden war.

Sein Besuch in Potsdam bewirkte mithin eher Kontraproduktives: Der Kaiser war weiterhin desinformiert und machte sich Illusionen über sein politisches Schicksal. Friedrich von Berg konnte, dank der Kaiserin, auch ohne Amt im Hintergrund wichtigster politischer Berater der Hohenzollern bleiben. Und Auguste Viktoria stand im Begriff, den amtierenden Reichskanzler zu perhorreszieren. Vergeblich versuchte der Prinz umgehend in einem Brief an seine Widersacherin, diese Animosität mit der Behauptung ins Leere laufen zu lassen, »dass nur noch [seine] Person zwischen dem Kaiser und der Revolution stehe, denn ginge [er], dann ginge auch das Kabinett«.[71] Was dann zwangsläufig zu Bürgerkrieg oder zur Abdankung führen müsse. Diese Behauptung nahm die Kaiserin ihm nicht ab.

―――≫•≪―――

Hatte der Kaiser Anfang Oktober noch ernsthaft erwogen, abzudanken, so schien er eine Woche später schon wieder wie ausgewechselt. Seine Umgebung im Neuen Palais hatte ihm einen freiwilligen Thronverzicht ausgeredet. Niemals dürfe sich der Reichsmonarch für eine solche Bankrotterklärung des monarchischen Prinzips hergeben. Umso weniger, als eine große Reaktion gegen die augenblickliche Konjunktur des Politischen doch unausbleiblich sei. Das berichtete Freiherr von Grünau, der damals im Stab des Monarchen Dienst tat und nach eigenen Angaben dazu »verurteilt« war, solche Ansichten »tagtäglich serviert zu bekommen«.[72] Auguste Viktoria hatte der Entourage zudem befohlen, »alles zu tun, um die Stimmung Seiner Majestät aufrecht zu halten, dass er nicht auf törichte Gedanken komme«.[73] Welche Wirkung das auf Wilhelm II. hatte, erfuhr Max von Baden, als er mit dem Kaiser am 12. Oktober im Garten des Berliner Reichskanzlerpalais über die Notwendigkeit weiterer demokratischer Reformen sprach. »Du darfst nicht vergessen«, so habe ihm sein preußischer Vetter damals wörtlich entgegnet, »dass Scheidemann und Erzberger [die beiden entschieden-demokratischen Staatssekretäre in der neuen Regierung] hier an den Bäumen hängen werden, wenn durch einen Umschwung der politischen Meinung eine andere Regierung kommen wird.«[74]

Ein politischer Meinungsumschwung in Deutschland, das war die Rettungsphantasie, an die sich Wilhelm jetzt klammerte. Ein Übriges scheint die intensive Seelsorge des Hofpredigers Ernst von Dryander erreicht zu haben, mit Gottesdiensten nur für das Kaiserpaar allein und trostreichen Gesprächen im Anschluss an die erhebende Andacht.[75] Arrangiert hatte das die Kaiserin, immer noch voller Hoffnung: »Die schwarzen Wolken werden sich auch einmal teilen und Gott seine Sonne wieder scheinen lassen.«[76] Dank dieser Fürsorge sah der kaiserliche Patient Mitte Oktober wieder »ganz wohl aus«[77] und blieb nun auch im Glauben an sich selbst fest. Denn der Geistliche bestärkte ihn noch einmal nachdrücklich in einem seiner Lieblingsgedanken: Der Herrgott persönlich habe Wilhelm mit dem Herrschen beauftragt und ihm deshalb auch die Fähigkeit verliehen, mit diesen schweren Zeiten fertig zu werden.

Ohne diese Seelenstärkung hätte sich der deutsche Kaiser womöglich durch die zweite Wilson-Note erneut verunsichern lassen, die er am 16. Oktober zu lesen bekam. Die forderte nämlich befriedigende Bürgerschaften dafür, dass es die Alliierten jetzt tatsächlich in Deutschland mit einer demokratisch legitimierten Regierung zu tun hatten und nicht länger mit einer autokratischen. »Das zielt geradewegs auf den Sturz meines Hauses, auf die Beseitigung der Monarchie überhaupt«, so lautete Wilhelms erste empörte Reaktion.[78] Dann ließ er sich aber doch erstaunlich schnell auf das Bestreben seines Kanzlers ein, Wilson jetzt keinesfalls zu brüskieren, sondern ihm sogar ausgesprochen moderat entgegenzukommen. Allein in der Abdankungsfrage blieb der Kaiser unnachgiebig, ja geradezu trotzig. Nie könne er »daran denken, fahnenflüchtig zu werden«. Und er sei auch gewiss, »dass wenn für Ihn als Kaiser und König von Preußen Gefahr drohe, sein Volk und seine Armee sich um ihn scharen würden. Er erhalte jetzt täglich unzählige Berichte, die ihn der Treue versicherten.«[79] Das war nichts anderes als das Pfeifen im Walde, sah doch die Mehrheit der Deutschen in ihm längst keine nationale Identifikationsfigur mehr, die es zu unterstützen galt. Die Erklärung seines Thronverzichts war die einzige Botschaft, die man jetzt noch von ihm hören wollte.[80]

Doch das Kaiserpaar ignorierte souverän, dass Wilhelms Thronverzicht nun von der Mehrheit der politischen Öffentlichkeit als alternativlos angesehen wurde. Es hielt viel mehr an der Überzeugung fest, um keinen Preis aufgeben zu dürfen. Politisch betrachtet, glichen ihre Anstrengungen freilich einer Art Totentanz, denn für Wilhelm von Preußen war der deutsche Kaiserthron schon Anfang Oktober 1918 verloren. Sein freiwilliger Verzicht darauf hätte die Krone wohl aber immer noch für seine Dynastie retten, ja die Monarchie als Staatsform bewahren können – als Herrschaftsform natürlich auch nicht mehr. Doch selbst in dieser vorgerückten Schicksalsstunde des deutschen Kaiserreichs fand kein Politiker den Mut, den eingefleischten Selbstanbeter mit sanfter Gewalt aus dem Verkehr zu ziehen. Das verschaffte ihm eine Gnadenfrist von zwei Wochen, und in dieser kurzen Zeitspanne zog der Kaiser noch einmal alle Register der Selbstbehauptung.

In einer Rede an die neuernannten Staatssekretäre der Regierung Max von Baden im Schloss Bellevue versuchte er es am 21. Oktober zunächst mit einer Mischung aus Opportunismus und Heuchelei. Die Ansprache hatte sein neuer Kabinettchef Clemens von Delbrück ausformuliert,[81] und sie atmete immerhin schon etwas mehr von jenem Zeitgeist, der die Welt der Politik aktuell in Deutschland umtrieb. Damit unterschied sie sich von jenem Elaborat, das Berg dem Kaiser für den Essener Auftritt bei Krupp aufgesetzt hatte, und dieses Mal las der Redner den Text auch wörtlich vom Blatt ab.[82] Seine eigene Meinung brachte diese kaiserliche Willenskundgebung allerdings keineswegs zum Ausdruck, war sie doch nicht mehr als ein Lippenbekenntnis zu mehr politischen Freiheitsrechten für das deutsche Volk und zu einer konstruktiven Zusammenarbeit mit den vor ihm versammelten »Vertrauensmännern des Volkes« sowie dem deutschen Reichstag.[83] Tatsächlich misstraute Wilhelm II. der Volksvertretung so fundamental wie eh und je. Wie wenig authentisch seine Äußerungen waren, enthüllt wohl am besten der Kommentar des politischen Dramaturgen jener Inszenierung, Reichskanzlers Max von Baden. Der lehnte nämlich eine Veröffentlichung dieser ausgesprochen fortschrittlichen Kaiserworte mit der bezeichnenden Begründung ab, das wäre wohl »gegen die Würde« des Monarchen.[84] Er wusste nur zu gut, dass die politische Öffentlichkeit eine solche Anbiederung an den Zeitgeist niemals für bare Münze nehmen, nicht einmal als späte Einsicht eines womöglich doch noch staatsklug gewordenen Herrschers gelten lassen würde. Von einem politischen Gesinnungswandel konnte ja auch tatsächlich keine Rede sein – bestenfalls von einem Zugeständnis an die bestehenden Verhältnisse, das sich sofort wieder in Luft auflöste, als der Kaiser anschließend in loser Runde wieder so merkwürdige Sentenzen prägte wie: »Nun haben wir sie aber im Westen, nun werden wir bald fertig sein.«[85] Oder:

»Er selbst sei eigentlich auch immer Demokrat gewesen.«[86] Ohne sich auf eine politische Diskussion über den tatsächlichen Ernst der Lage auch nur ansatzweise einzulassen, war er nach einer halben Stunde schon wieder Richtung Potsdam verschwunden. – Na, wie hab ich das wieder gedeichselt, mag er seinen Adjutanten zugerufen haben, als er im Eilschritt das Schloss im Berliner Tiergarten verließ.

Seine Frau hatte den kaiserlichen Auftritt damals mit ihrer Hofdame von einem Seitenflügel aus beobachtet. Das Zusammentreffen mit so berüchtigten Politikern wie Erzberger oder Scheidemann war dieser Hofdame zufolge für die Monarchin »ein schrecklich trauriger Augenblick, der Ihre Majestät tief ergriff und erschütterte«. Ohne sich dem Besuch zu zeigen, lief Auguste Viktoria »still im Park umher bis zum Abschluss dieses namenlos schweren Aktes«.[87] Was in Bellevue an jenem schönen Herbsttag über die Bühne ging und die Kaiserin so schmerzte, war ein Sich-Gemeinmachen des Monarchen mit der Demokratie – in Wilhelms Wahrnehmung dagegen war es eher ein Theater-Coup, ein »Fingerzeig, dass ich an der Spitze der neuen Regierung stehe, was vielem Geschwätz und Intrigieren auch gegen mich persönlich sofort die Spitze abbrechen und Böswillige oder Laue an uns heranziehen wird!«[88] Entsprechend »frisch und gut« sah der bei diesem Polittheater aus, »hatte einen fast heiteren Ausdruck, und auch das Auftreten war ganz un-resigniert«.[89] Was ihm dieses neuerliche Rollenspiel im inneren Zirkel der Regierung eintrug, wird noch zu erörtern sein. Nach außen verfehlte es die erhoffte Wirkung, da die Presse von dem Spektakel nur beiläufig Notiz nahm. Dafür hatte der Kanzler im Vorfeld gesorgt.

Nicht verhindern konnte Max von Baden allerdings, dass Wilhelm in den kommenden Tagen wieder in Windeseile von der Reformpolitik abwich, die er eben noch so vollmundig verkündet hatte. Dahinter standen einmal mehr jene bewährten Einflüsterer, die dem konniventen Auftreten des Schlossherrn von Bellevue ähnlich argwöhnisch gegenüberstanden wie die deutsche Kaiserin. Doch ihre Sorge vor Weiterungen erwies sich als unbegründet, wie die Randglossen zeigen, mit denen der Kaiser am 24. Oktober die dritte Antwortnote des US-Präsidenten Wilson versah.[90] Der hatte endlich Garantien für die Aufrichtigkeit der deutschen Friedensbemühungen verlangt, und zwar in Gestalt einer tatsächlich dem deutschen Volk verantwortlichen Staatsregierung.

Deutschland müsse die politische Nachhaltigkeit der eingeleiteten Reformen beweisen, am besten durch eine glaubhafte Entmachtung derjenigen, »die bis jetzt die Herrscher in Deutschland waren« und mit denen Friedensverhandlungen undenkbar seien. Wilhelm schäumte vor Wut: »Unverschämter Lümmel!«, schrieb er unter den Text, »der reinste Bolschewismus!« Was Wilson da diktiere, sei Deutschlands »Capitulation« und eine »Kriegserklärung gegen das monarchische Prinzip überhaupt«. Dieser unglaublichen Anmaßung wolle er die Stirn bieten, forderte »Kampf bis zum Äußersten«, einschließlich einer sofortigen Wiederaufnahme des »unbeschränkten Ubootskrieges«. Wilson habe nun »die Maske fallen lassen«, und da könne er »was erleben«. Tatsächlich war Kaiser Wilhelm durch die Forderungen der Amerikaner vor die Alternative gestellt: ›freiwilliger‹ Thronverzicht oder offener Kampf um seinen Thron. Damit war die US-Politik gleichsam zu einer normativen Kraft der deutschen Politik geworden.

Nach intensiven Beratungen im Neuen Palais, zu denen auch die nicht minder empörte Kaiserin hinzugezogen wurde, fuhr der Kaiser am nächsten Morgen nach Berlin in die Wilhelmstraße, wo er im königlich-preußischen Hausministerium seine ergebensten Mitstreiter um sich versammelte. Er gab sich ausgesprochen kämpferisch und soll wörtlich gesagt haben: »Wilson will uns vorschreiben, welche Verfassung Deutschland bekommen soll, will völlige Unterwerfung und Abdankung der Deutschen Bundesfürsten. Ich gehe nicht; tu ich es, dann zerfällt das Reich, also ist es meine Pflicht, zu bleiben, wo ich stehe, und, wenn es so sein muss, mit dem Volk unterzugehen. Diesmal können wir nicht nachgeben; falls die Regierung es trotzdem will, muss sie weg. Dann entweder neue Regierung mit anderer Mehrheit oder Militärdiktatur; gleichzeitig Aufruf ans Volk, Verstärkung der Armee, und dann wird geschlagen. Die Truppen haben sich in der letzten Zeit glänzend gehalten. Der Kanzler ist den Verhältnissen nicht gewachsen, das Auswärtige Amt hat die Hose bereits wieder gestrichen voll.«[91]

Nach eingehenden Erörterungen in vertrauter Runde wurde immerhin der Chef des so übel beleumundeten Außenministeriums,

Wilhelm Solf, hinzugezogen. Der ließ sich die kaiserlichen Diffamierungen keineswegs gefallen, sondern hielt tapfer dagegen und ging schließlich zum Gegenangriff auf die Oberste Heeresleitung und insbesondere auf Ludendorff über, der das ganze Elend dieser Waffenstillstandsverhandlungen ja überhaupt erst durch seine impertinenten Forderungen drei Wochen zuvor heraufbeschworen habe. Solfs Bemühungen, nun Ludendorff zum Sündenbock zu stempeln, sollten Erfolg zeitigen. Nachdem auch Kabinettschef Delbrück in dieselbe Kerbe schlug wie sein Kollege vom Auswärtigen Amt, ließ sich der Monarch erstaunlich schnell darauf ein, den ohnedies ungeliebten Generalquartiermeister schon am Folgetag zu entlassen – sicher in der stillen Hoffnung, damit seine eigene Position verbessern zu können.

»Der Mann bringt mich noch um meine Krone«, rief Wilhelm seiner ziemlich perplexen Entourage zu, als er zu dieser historischen Tat schritt.[92] Delbrück hatte ihm offenbar eingeredet, er könne als Kaiser nur bleiben, wenn er bereit sei, Ludendorff zu opfern, wozu sich Wilhelm unter diesen Umständen gern überreden ließ. Ausgesprochen kühl trat er dem General am 26. Oktober 1918 mit den Worten gegenüber: »Ihren falschen Manövern verdanke ich den Rückzug, der alles ins Wanken gebracht hat und mich nötigt, jetzt ein neues Reich mit Hilfe der Sozialdemokraten wiederaufzubauen. Adieu!«[93] Ludendorff schreibt: »Aufs tiefste über solche Irreführung bewegt, konnte ich nur einem Bekannten gegenüber aussprechen, dass wir in 14 Tagen keinen Kaiser mehr hätten.«

Damit sollte Ludendorff recht behalten. Noch aber war es nicht so weit.

An jenem Tag, als er Ludendorff in die Wüste schickte, gab Wilhelm II. sich zunächst wieder einmal »demokratisch«, indem er wohl oder übel auf seine militärische Kommandogewalt verzichtete und auf die sofortige Veröffentlichung seiner fünf Tage zuvor gehaltenen Reform-Rede drang.[94] Dabei blieb er ein überzeugter Anhänger des monarchischen Prinzips, der fortgesetzt auf eine antidemokratische Kehrtwende in der Innenpolitik spekulierte, nötigenfalls auch auf dem Weg eines militärischen Staatsstreichs. Mit diesen Hintergedanken unterschrieb er am 28. Oktober 1918 die Verfassungsänderung, die erstmals in der Geschichte Deutschlands grundlegende Rechte von der

Person des Kaisers auf das Volk beziehungsweise seine parlamentarische Vertretung übertrug. Noch am selben Tag trat der Kaiser Außenamtschef Solf mit den Worten gegenüber: »Sie müssen mir danken, denn ich habe getan, was man von mir verlangt hat. [...] Aber nun verlange ich von Euch, dass Ihr Euch hinter Euren Kaiser stellt.« Dass das Volk seine Abdankung verlange, das sei »alles Unsinn«. Das deutsche Volk stehe treu hinter ihm. Nur beim Reichskanzler und Prinzen Max von Baden sei das wohl nicht mehr der Fall.[95]

Und die Monarchin? »Sie fühlte den Thron wanken«, schrieb der frühere Reichskanzler Michaelis, der sie zur selben Zeit im Neuen Palais besuchte. Auguste Viktoria hatte ihn eingeladen, um »sich von [ihm] bestätigen zu lassen, dass es doch ganz unmöglich sei, dass der Kaiser abdanke; er sei doch von seinem Volk geliebt.« Michaelis kam zu dem Schluss, dass der Kaiserin »alles unfassbar war«, was um sie herum gerade passierte.[96] Aber das war nur die eine Seite, die er da kennenlernte. Über die andere wusste Fürst Bülow – ein anderer früherer Reichskanzler – Bescheid: Er höre aus dem Neuen Palais, der Kaiser werde von seiner Frau fortgesetzt in der Auffassung bestärkt: »alles besser als abdanken«. Es werde sich doch noch »alles zurechtziehen«. Nur aushalten und das Unangenehme »herunterschlucken«. Das gelte namentlich für die Veränderungen im Inneren, »stille Hoffnung auf spätere Remedur«.[97] Ja, Wilhelms Gemahlin tat nach wie vor alles, damit die Dynastie nicht ihren Thron verlor – keinen Gedanken daran verschwendend, dass sie ihn auf diese Weise ganz sicher verlieren musste.

Denn in den letzten Oktobertagen war die Frage eines möglichen Thronverzichts nicht mehr bloß Gegenstand von abstrakten politischen Erörterungen, und sie ließ sich auch nicht mehr als eine radikale Forderung böswilliger Massendemagogen abtun, sondern die Dringlichkeit ihrer Beantwortung war inzwischen selbst in das Bewusstsein der höchsten monarchischen Kreise vorgedrungen. Das Tagebuch des Kaiserbruders Heinrich legt davon ebenso Zeugnis ab wie die innerdynastische Privatkorrespondenz jener Tage.[98] Selbst in der unmittelbaren Umgebung des Kaisers schloss inzwischen niemand mehr das bis vor

Das Ende naht

Die starken Frauen der Hohenzollern. Die Kaiserin und Kronprinzessin Cecilie im Kreis der jüngsten Thronerben.

Kurzem noch Unerhörte aus. Anders ist nicht zu erklären, warum sich Wilhelms Generaladjutant Plessen damals vertraulich auf der spanischen Botschaft in Berlin erkundigte, ob sein allergnädigster Herr im Königreich Spanien eventuell Asyl finden könnte.[99] Oder warum sämtliche Kaisersöhne ihrem Vater damals schriftlich versichern mussten, im Fall einer Abdankung unter keinen Umständen für eine eventuelle Regentschaft zur Verfügung zu stehen.[100] Und auch nicht, warum sogar die eigenen Militärs von der allerengsten Umgebung des Kaisers belogen werden mussten, um die schon bald erfolgende Flucht des Monarchen aus seinem Potsdamer Palais zu rechtfertigen.[101]

Das Damoklesschwert hing jetzt spürbar tief über dem Haupt der Herrscherdynastie, sodass sich selbst der Reichskanzler am 28. Oktober dazu durchrang, um einen persönlichen Termin zu bitten mit dem Ziel, seinen kaiserlichen Vetter von der Notwendigkeit eines freiwilligen Thronverzichts zu überzeugen. Wilhelms übereilte Abreise ins Große Hauptquartier nach Spa am 29. Oktober 1918 war der letzte verzweifelte Versuch, sich diesem vernünftigen Ansinnen, das nun auch von einigen seiner eigenen Standesgenossen befürwortet wurde, zu entziehen. Dort allerdings vermochte er sich auch nur zehn Tage zu halten, bis ihn die Oberste Heeresleitung über die holländische Grenze abschob, wo er keinen politischen Schaden anrichten konnte.

Während dieser zehn Tage hielt der im Grunde bereits exilierte Kaiser die Berliner Regierungszentrale jedoch noch ein letztes Mal mit allerlei Allüren in Atem, ja brachte sie zur Verzweiflung. Zunächst drang nach Berlin das Gerücht vor, »der Kaiser würde, wenn irgendeiner mit dem Antrag an ihn herantreten würde, abzudanken, diesen sofort verhaften lassen«.[102] Einen Tag später wurde er in Berliner Regierungskreisen mit den Worten zitiert: »Der Prinz Max ist ein Verräter; er will zunächst Reichsverweser, dann selbst Kaiser werden« – »Ich marschiere nach Berlin und schieße nötigen Falls mein eigenes Schloss zusammen; alle Verräter einschließlich der Minister werden aufgehängt.«[103] – »Meine Maschinengewehre schreiben es in das Asphaltpflaster, dass ich keine Revolution dulde.«[104] – »Ich denke gar nicht daran, den Thron zu verlassen wegen der paar Hundert Juden oder 1000 Arbeiter.« – Parallel dazu liefen seine in Berlin verbliebenen Familienmitglieder beim Kanzler Sturm, »alle Angriffe auf den Träger der Kaiserkrone und seine Dynastie machtvoll und unerschütterlich abzuwehren. Es wäre eine Schmach, wenn wegen der Aufsässigkeit dieses Wasserkopfes Berlin, das sich einbildet, durch seine Judenpresse ›Deutschland‹ und ›das Volk‹ zu repräsentieren, das Vaterland sich einschüchtern ließe, geleitet durch die Regierung.«[105] Wilhelm II. redete sich damals tatsächlich ein, mit derart blindwütigen Schuldzuweisungen und Drohgebärden politisch noch etwas ausrichten zu können. »Wie gut, dass ich mal die Faust gezeigt habe, da fallen sie gleich um und sehen, dass sie alleinstehen, während ich die ganze Armee zur Verfügung habe.«[106] Die Armee – das war seine letzte Hoffnung, denn die gab ihm tatsächlich bis zum 7. November 1918 das Gefühl, er habe immer noch etwas zu sagen und bedeute etwas. In ihrer Nähe fühlte er sich sicher, glaubte er, für den Ernstfall gewappnet zu sein. Und überhaupt: »Er könne nicht verzichten auf ein Amt, das ihm von Gott geworden und das er sich nicht beilegt. Sollte er gestürzt werden, gebe es eben keine Hohenzollern mehr auf dem Throne, denn weder seine Söhne noch seine Enkel würden den Thron besteigen, und dann solle Deutschland nur sehen, was aus ihm werde.«[107]

Am Ende hatte Wilhelm jedoch vor allem ein Feindbild vor Augen und ein Hassobjekt im Herzen, den »famosen Max von Baden« mitsamt seiner »klugen Regierung«.[108] In ihm, seinem Vetter, erblickte er den »Gegner, der ihm persönlich Abbruch tun will«.[109] Unfähig zu einer realistischen Einschätzung oder gar politischen Lösung der existenziellen Krise, in der sein Kaiserreich nun schon seit Monaten steckte, blieb ihm wohl auch nicht viel anderes mehr übrig, als sich auf diesen letztmöglichen Sündenbock zu kaprizieren. Sein liebster Aufenthaltsort war eben bis zuletzt die Unwirklichkeit. Es geht auf Hindenburgs Konto, dass dieser Spuk erst am 9. November 1918 ein Ende hatte.

Ein Prinz im Haifischbecken der Politik

In der Sagenwelt der alten Römer gibt es eine Lichtgestalt namens Marcus Curtius, einen Soldaten aus noblem Haus. Der soll in der Frühzeit des Römischen Reiches mitsamt seinem stolzen Ross todesmutig in eine Erdspalte gesprungen sein, die ein Beben mitten in das

Forum Romanum gerissen hatte. Er verstand sich zu dieser Heldentat, weil geweissagt worden war, anders als durch immense Opfer werde sich dieser gefährliche Abgrund im Zentrum der damaligen Weltmacht nie mehr schließen lassen. Und siehe da, der Ritt in den Abgrund half, und die Macht Roms ward wieder gesichert. Seit der berühmte lateinische Dichter Titus Livius diese Legende im ersten nachchristlichen Jahrhundert auf die Nachwelt brachte, haben sich zahllose bildende Künstler dieses Tapferkeits-Motivs angenommen, sodass es im Bildgedächtnis der Hochkultur unserer Untersuchungszeit fest verankert war.[110] Daher ist es gewiss kein Zufall, dass sich der badische Prinz und Schöngeist Maximilian diesen Marcus Curtius zum Ideal nahm, als er im Sommer 1918 beschloss, deutscher Kanzler zu werden und in dieser politischen Führerrolle das Kaiserreich vor drohendem Untergang zu retten.

———

Davon, dass seine Bemühungen um politisch maßgeblichen Einfluss in Berlin 1917 zunächst erfolglos geblieben waren, hatten sich die zahlreichen Fürsprecher Max von Badens keineswegs entmutigen lassen.[111] Vielmehr warteten sie nur auf eine Gelegenheit, ihren Favoriten abermals ins Spiel zu bringen. Unter Führung von Kurt Hahn hatte sich bis Sommer 1918 ein äußerst agiler Förderkreis um den Prinzen gebildet, zu dem einflussreiche Personen zählten: Der Militär Hans von Haeften etwa, Ludendorffs Vertrauensmann in der Berliner Regierungszentrale; der weltgewandte Hamburger Bankier Max Warburg mit hervorragenden Verbindungen; der vielbeachtete politische Publizist und Historiker Hans Delbrück; der wortgewaltige Reichstagsabgeordnete Conrad Haußmann, ein Fortschrittsliberaler mit guten Beziehungen zur Presse sowie zu einigen Regierungsmitgliedern; und, nicht zu vergessen, der bayerische Thronfolger Kronprinz Ruprecht, der sowohl als Heerführer wie auch als politischer Kopf unabhängig geblieben war.

Trotz unterschiedlicher politischer Couleur meinte jeder einzelne dieser illustren Gesellschaft, in dem damals fünfzigjährigen Prinzen seinen Mann zu erblicken. Entsprechend engagiert unternahmen sie nun, im Sommer 1918, erneut einen Versuch, ihren Favoriten politisch zu platzieren, und zwar als Leiter der deutschen Außenpolitik. Doch sie scheiterten erneut am unüberwindlichen Widerstand des Kaisers. Von seinem politischen Engagement hatten sich Hahn & Co. diesmal besonders viel Prestige- und Stabilitätsgewinn für das Kaiserreich versprochen: Der Kandidat, in ihrer Geheimsprache »der Wunschlose, hätte erstens das Signal zu einer großen Weltheilung gegeben; zweitens das bessere England [gemeint war die Friedenspartei dort] mobilisiert; drittens den besseren ›Onkel‹ [Ludendorff] mobilisiert; viertens die Reichstagsmajorität glücklich gemacht und gleichzeitig entwaffnet und entgiftet; fünftens mächtige Gruppen aus der [extrem nationalistischen] Vaterlandspartei herausgelöst«.[112] Mit der Ernennung des Kaiser-Günstlings Hintze war diese Chance allerdings zunächst dahin.

Dennoch blieb der Vorstoß für das politische Projekt des »Wunschlosen« nicht völlig wirkungslos, war es doch gelungen, den OHL-Granden und namentlich Ludendorff den Prinzen schmackhaft zu machen. Freilich nur als eine eventuell zu setzende Figur auf dem machtstrategischen Schachbrett, wo der Feldherr im Juli 1918 immer noch zu dominieren meinte. Prinz Max glaubte hingegen an »ein Vertrauensverhältnis, man möchte fast sagen Freundschaftsverhältnis zu ihm«, was weitreichende Folgen haben sollte. Denn er zeigte sich nicht allein »geradezu gerührt« von der vermeintlichen Wertschätzung Ludendorffs,[113] sondern erzählte auch mit stolz geschwellter Brust überall herum, dieser setze sich für ihn ein.[114]

Nicht zuletzt aus diesem Missverstehen heraus bekam er den Eindruck, dass Deutschlands Machtinhaber nun wohl wirklich ein offenes Ohr und Auge für die ihm zugeschriebene politische Rolle hätten. Und diese Wahrnehmung wiederum – oder vielleicht sollten wir besser von Selbstagitation sprechen – hat ihm Anfang August 1918 die fixe Vorstellung eingegeben, so etwas wie eine Mission zu haben. In seinen eigenen Worten: »Der Moment« der Notwendigkeit, retten zu müssen«, er sei jetztgekommen.[115] Aus Max von Baden war *Marcus Curtius redivivus* geworden.[116] Mit dieser Selbststilisierung zum potenziellen Nationalhelden leistete Max einen substanziellen Eigenbeitrag zu seiner Karriere, die jetzt mächtig in Schwung kam. Die ideologischen und praktisch-politischen Mittel aber lieferten andere. Vor allem das »große weltgewinnende Programm«, mit dem er antreten und das er mit seiner Reputation »decken« wollte.[117] Das hatte er bei Kurt Hahn in Auftrag gegeben, der den Prinzen schon seit Monaten mit geistreichen Denkschriften und brillanten Redetexten eindeckte. Als das Papier schließlich vorlag, adoptierte der Prinz es gleich mit Freuden.[118] Fortan fungierte dies Manifest als der »beste und zielführendste« Nachweis seiner politischen Befähigung.[119]

Volle fünfundzwanzig Seiten umfasste dieses »Programm des Prinzen Max von Baden«[120] vom 27. Juli 1918, überschrieben mit »Die gegenwärtigen Aufgaben der auswärtigen Politik«, doch es lohnt sich ein eingehenderes Studium. Zunächst ist allerdings von einer entscheidenden Voraussetzung zu reden, die dieser Denkschrift zugrunde lag. So wurde darin grundsätzlich angenommen, Deutschland könnte immer noch »alle feindlichen Machtforderungen, die seinen berechtigten Ansprüchen entgegenstehen, durch die Kraft seines Schwertes besiegen«. Die wirtschaftliche Sicherstellung der Zentralmächte durch den Besitz von Mittel- und Osteuropa mache selbst »eine mehrjährige Verlängerung des Krieges möglich«. Deshalb gehe es heute auch nicht darum, einen raschen Schluss in Aussicht zu stellen. Es gehe vielmehr um deutsche »Offensivhandlungen gegen die feindliche Entmutigungspropaganda«. Das Reich brauche »einen Propagandaminister«, der »große öffentliche Kundgebungen zu inszenieren hätte« – zur Demonstration eines sichtbaren Vertrauensverhältnisses zwischen ziviler Reichs- und Heeresleitung. Damit würde dem Feind jede Illusion über unheilbare Risse in der Heimatfront genommen. Parallel dazu müsse unter Verkündung eines deutschen Kriegszielprogramms der Aufruf an das eigene Volk ergehen: »alle Kräfte zur Fortsetzung des Krieges um dieser Ziele willen zusammenzuraffen. Mit der Begründung, dass die gegenwärtigen Regierungen der Entente nicht verhandlungsfähig sind und die Abdankung ihrer Gesinnung voranzugehen hat, ehe Deutschland verhandeln kann.«

Und dabei strebten die Verfechter dieses Programms nach »nichts Geringerem, als für Deutschland die Stellung als Führerstaat in Europa, ja schließlich in der Welt zu erringen.« Der Friede, der diesen Krieg beendete, sollte bereits »die Keime [zur] künftigen Machtentwicklung planmäßig legen«. Selbstverständlich erstrebte Deutschland dabei »einen erheblichen Machtzuwachs als Resultat« des Krieges. Indes sei es durchaus die Aufgabe einer »weit vorausschauenden Staatskunst«, so etwas wie »die Versöhnung der Welt mit der deutschen Macht« zustande zu bringen. Und genau an diesem Punkt – der Notwendigkeit, moralische Widerstände gegen Deutschlands Führerrolle in der Welt niederzuringen – greife dies »Programm des ethischen Imperialismus«. Denn das wolle Deutschlands »Recht auf Macht« nicht bloß »vom Standpunkt des deutschen Selbsterhaltungstriebes plausibel machen«, sondern mehr noch Deutschlands »Pflicht zur Macht« überzeugend darstellen.

Dazu müsse der »Führergedanke« fest im politischen Bewusstsein verankert werden. Die »Sehnsucht nach dem Führer, der führenden Persönlichkeit wie nach dem führenden Volk« sei heute ja lebendiger denn je. Greife man diese auf, könne man auch den aktuellen Herausforderungen von Auflehnung und rebellischer Verzweiflung gelassen gegenübertreten. »Der Geist des Aufruhrs ist in dem Augenblick besiegt, wo eine Führerschaft sich erhebt, die ihren Anspruch nicht als Zwingherr geltend macht, sondern als Heilsbringer. So wird der Herrscheranspruch entgiftet und die Geführten werden zur loyalen Gefolgschaft.« Dann könne der deutsche Imperialismus auch der bedrohlichen Flut jener mächtigen »demokratischen Welle standhalten«, wie sie gerade die anglo-amerikanische Propaganda entfache.

Besser als mit einer wörtlichen Wiedergabe der Denkschrift ist nicht auf den Punkt zu bringen, was den Prinzen Max im Sommer 1918 eigentlich antrieb. Es war das Bedürfnis, endlich unter seinem Namen einen bestimmenden Einfluss auf die politisch-moralische Kriegsführung des Kaiserreichs zu nehmen und sich damit zwangsläufig für die besagte Führerschaft zu empfehlen. Mit seinem Programm bekannte er sich unmissverständlich und weithin sichtbar zu einem deutschen Machtstaat mit imperialistischen Ansprüchen und einer bewusst nichtdemokratischen Verfassung. Außerdem schwor er auf die vermeintlich immer noch unbegrenzte Fähigkeit dieser genuinen Führungsmacht, sich gegenüber dem Rest der Welt politisch zu behaupten. Dafür wollte er jetzt streiten – vorzugsweise durch eine geschickte Beeinflussung der öffentlichen Meinung.

Eine politisch fortschrittliche Reforminitiative kann man dieses »Weltheilungs«-Manifest also wahrlich nicht nennen. Es war weder liberal noch pazifistisch, und sozial gerecht war es auch nicht. Eher scheint uns Nachgeborenen diese deutsche Machtutopie wie ein Menetekel auf. »Gerettet« werden sollten mithin nicht das deutsche Volk in seinen Kriegsnöten und seinem Bestreben nach Teilhabe an der Macht, sondern die überkommenen Eliten in ihrem Behauptungswillen und ihrer fortgesetzten Bereitschaft zum Weltkrieg. Seine politische Hauptaufgabe erblickte Prinz Max von Baden folgerichtig darin, das Vertrauen der Massen in die Machtinhaber des deutschen Kaiserreichs zurückzugewinnen und sie darüber hinaus für Deutschlands imperiale Sendung zurückzugewinnen. Worum es ihm ging, war: monarchisch-militärischer Machterhalt.

Kurz darauf schon holte ihn allerdings die massive Verschlechterung der deutschen Kriegsstimmung infolge der andauernden militärischen Misserfolge im Westen auf den harten Boden der Tatsachen zurück. Auch unter den Volksvertretern im Parlament fing es jetzt zu rumoren an. Selbst Freund Hahn warnte ihn aus Berlin, sie gingen »einer Katastrophe entgegen [...], es sei denn, dass vor dem Herbst dem Volk ein neuer großer Auftrieb gegeben« werde.[121] Dass unter dem Druck der enttäuschten öffentlichen Meinung der deutsche Reichstag womöglich seiner Rettungsinitiative zuvorkommen könnte, fürchtete Max nun am meisten. Daher schrieb er an den Kaiser persönlich, um ihn zu warnen: »[Das deutsche Volk wird nur mehr] weiterkämpfen und seine alte Treue und Standhaftigkeit bewähren, wenn es sieht, dass die deutsche Reichsleitung diejenigen Wege geht, die dazu geeignet sind, nicht allein die militärischen, sondern auch die moralischen Widerstände niederzuzwingen und zu beseitigen, die zwischen uns und einem ehrenvollen Frieden liegen.« Wolle man jetzt noch »als Sieger aus diesem Krieg hervorgehen« und erreichen, »dass dem monarchischen Gedanken in Deutschland kein Abbruch geschieht«, so müsse endlich gehandelt werden. Und zwar durch die Lieferung von Beweisen, »dass deutsche Freiheit [gemeint ist die konstitutionelle Monarchie] besser ist als westliche Demokratie«. Das aber sei »in erster Linie eine Sache des Vertrauens, von oben nach unten und von unten nach oben.« Und ebendieses Vertrauen müsse jetzt umgehend wiedererweckt werden.[122]

Mehr als eine höflich-freundliche Antwort hatte Wilhelm II. für diesen Brandbrief nicht übrig, doch auch diese spürbare Zurückhaltung konnte den Prinzen nicht mehr von seiner missionarischen Vision abbringen – wenn er sie auch leicht modifizierte.

———⊰•⊱———

»Die Beweise verdichten sich, dass die Friedensfreunde in neutralen Ländern und in England und Amerika in mir den Mann sehen, der allein den Frieden zu bringen vermag. Ähnliche Ansichten gehen in Deutschland um und reichen bis in die Sozial-Demokratie hinein. Es kann also der Tag kommen, wo ich mich gezwungen sehen würde, dieser Meinung entgegenzukommen. Die Oberste Heeresleitung scheint sie zu teilen.«[123]

Dem Kronprinzen Rupprecht von Bayern gegenüber wurde Max von Baden noch deutlicher: Er werde jetzt von verschiedenen Seiten »als der Mann angesehen, der allein im Stande ist, die Lage zu unseren Gunsten zu wenden«. Und er *werde* retten können: »Ich zweifle nicht mehr daran, dass ich das deutsche Volk in seiner überwiegenden Mehrheit auf meiner Seite haben werde. Die besten Kräfte des Geistes und des Charakters stehen jetzt schon hinter mir. Mit der Obersten Heeresleitung werde ich gut auskommen, dafür bürgt mein gutes Verhältnis zu Ludendorff, der mir gewogen ist, wie ich ihm. Nach dem Ausland werde ich zu wirken imstande sein. Allein meine Ernennung bedeutet in den Augen Englands die Niederlage des ›Preußischen Militarismus‹. Die jetzige Reichsleitung kann die politische Offensive, wie ich sie allein für aussichtsvoll halte, nicht machen.«[124]

Der Prinz stand nun gänzlich unter der Wirkung jener politischen Aufputschmittel, die ihm von anderen und sich selbst verabreicht worden waren. »Innerlich habe ich den Entschluss durchgerungen, das Opfer auf mich zu nehmen. Nur mein Verstand erhebt Bedenken, aber dies ist wohl Sache des Glaubens und Hingabe für die Erhaltung Deutschlands und sein stolzes Hervorgehen aus dieser Wirrnis.«[125]

Vermessenheitsverzerrung nennt das die moderne Psychologie. Ein Zustand, der sich umso gefahrvoller auswirken musste, als Max von Baden keinerlei machtpolitische Erfahrung als Korrektiv zu Gebote stand. So blieben kühl abwägender Verstand und politische Intelligenz auf der Strecke, als er Ende August 1918 zur Tat schritt, um die Anwartschaft des »Wunschlosen« persönlich anzumelden: in Form von zwei politischen Empfehlungsschreiben an diejenigen, die er damals als die mächtigsten Männer im Kaiserreich ansah, an Erich Ludendorff und Kaiser Wilhelm II. Noch, so ist hinzuzufügen, standen beide Namen für politische Entscheidungsgewalt, tatsächlich aber hatten diese Leitsterne – und zwar gut sichtbar für alle kritischen Beobachter der Lage – bereits deutlich an Leuchtkraft verloren. Insofern setzte Max von Baden auf die falschen Zugpferde für seine Ambitionen.

Doch das war nicht seine einzige Fehlkalkulation. Er irrte auch im Glauben, er könne die Parlamentarisierung des Regierungssystems mit seinem Charisma aufhalten und den aufmüpfigen deutschen Reichstag sogar wieder »in seine wohlverdiente Ohnmacht zurücktreiben«. Wie er sich das vorstellte? Nun: »Ich genieße das notwendige Vertrauen im Volk, und die Majorität wird nicht wagen, mir mit diesen Dingen zu kommen, aus Angst mich zu verlieren.«[126] Das spricht für sich. Neben seiner erklärten »Abwendung parlamentarischer Bestrebungen«[127] lehnte er auch jedes Eingehen auf die Wilson'schen Ideen von Frieden und Völkerverständigung ab, die damals den politischen Diskurs in ganz Europa bestimmten.[128] Sich auf die Vorstellungen des, seiner Meinung nach, durch und durch verlogenen amerikanischen Präsidenten einzulassen, hielt er für »ein Desaster, denn es bedeutet eine Aufgabe des Deutschtums für alle Zeiten, eine in Jahrhunderten nicht auszulöschende Schande«.[129]

Auf Anraten seiner Förderer trat er zunächst an Ludendorff mit der allem Sachlichen vorangestellten Gefühlsäußerung heran, »dass sich eine menschlich schöne vertrauensvolle Beziehung« zwischen ihm und seiner »Exzellenz angebahnt« habe. Weil er im öffentlichen Vertrauen auf die Oberste Heeresleitung »ein unentbehrliches Element des deutschen Sieges« erblicke, wolle er sich dafür jetzt ganz besonders engagieren. Denn er war überzeugt, »dass nach dem Zusammenbruch der feindlichen Illusionen auf dem Schlachtfeld [die] militärische Situation wieder eine so gute sein wird, dass sie politisch fruchtbar gemacht werden könnte.« Eine »nationale Erhebung, eine neue Mobilmachung aller deutschen Kräfte und eine Sprengung der feindlichen Heimatfront« müsse zuwege gebracht werden; »ein starker Auftrieb« tue dem deutschen Volk jetzt not. Mit welchen politischen Mitteln das erreicht werden könne, zeige seine dem Brief beigefügte Programmschrift, deren offizielle Verkündung »dem heuchlerischen Menschlichkeits- und Freiheitsprogramm Englands und Amerikas starkes Paroli böte«. Außerdem kündigte Prinz Max dem Feldherrn unter seinem Namen einen zusätzlichen »Offensivstoß gegen die feindliche, [...] sehr schädliche Völkerbundspropaganda« an. Das Kernargument seines Statements werde lauten: »Der vielgeschmähte deutsche Militarismus ist ein historisch gewachsener Schutz, nicht nur für Deutschland, sondern auch für die europäische Sicherheit.« Dieser Plan, mit dem sich Ludendorff hoffentlich einverstanden erkläre, sei »ein unerlässlicher Teil der politischen Offensive«, die seit langer Zeit schon nötig sei, um bei Deutschlands Feinden endlich einen »Gesinnungsumschwung« herbeizuführen.[130]

Im ähnlichem Tenor schrieb er einige Tage später an den Kaiser, den er aufforderte, aus freiem Entschluss der Krone eine Regierung der nationalen Einheit und Erhebung zu berufen, mit einem Mann an der Spitze, der als Vertrauter des Kaisers die Führung des Volkes übernehme. Ausgestattet mit politischem Prestige im In- und Ausland müsse dieser neue Leiter der Reichspolitik alle Hilfsquellen der Nation mobilisieren und zugleich das Parlament als politisch bestimmenden Faktor weitestgehend ausschalten. Diese rettende Tat, für die er selbst auf Abruf bereitstehe, könne der Monarch am besten durch seine Wandlung zum »Volkskaiser« begleiten.[131]

Damit meinte Max von Baden, das politische Terrain abgesteckt zu haben, auf dem er »das Vaterland retten« könne – freilich nur, wenn er »vorher in eine die Reichsleitung bestimmende Stellung gebracht sein werde«.[132] Wie er schon bald zu seinem Leidwesen erfahren musste, konnte das aber im September 1918 nur noch gelingen, wenn er neben dem Kaiser und der Obersten Heeresleitung auch die dafür nötige Reichstagsmehrheit für seine Person gewann – also diejenige Kraft, die er eigentlich in ihre »wohlverdiente Ohnmacht« zurücktreiben wollte. Mit dieser Herausforderung erfolgreich umzugehen, war eigentlich eine unlösbare Aufgabe. Denn wie sollte ausgerechnet der politisch gänzlich unerfahrene Prinz aus Baden diese divergierenden Kräfte unter einen Hut bekommen, unter seinen gar? Das war nur denkbar, wenn er sich skrupellos auch der anrüchigeren Methoden des politischen Metiers bediente, geschickter Winkelzüge und der Doppelzüngigkeit.

Bevor wir ihm in diese Niederungen folgen, sei zunächst auf den Punkt gebracht, wofür Kanzlerkandidat Max von Baden im September 1918 politisch stand: Er wollte, dass Deutschland den Krieg gewinnt – auch um den Preis weiterer immenser Opfer. Für einen Verzichtfrieden war er nicht zu haben. Er wollte die militärische Führungsmacht des Feldherrn-Duos Hindenburg und Ludendorff erhalten, indem er beim Volk für sie um Vertrauen warb. Er wollte das monarchische Herrschaftssystem Bismarck'scher Prägung durch die gefährlichen Zeiten und Zustände bringen. Und er hielt eine solche Rettungstat mit dem Einsatz einer attraktiven und weithin akzeptierten politischen Führung unter einem möglichst volkstümlichen Kaiser nicht allein für möglich, sondern auch für realistisch. Darüber hinaus wollte er parlamentarisch-demokratischen Tendenzen das Wasser abgraben, vor allem indem er sich selbst zum charismatischen Führer aufschwang, zu einem parteienübergreifenden Vertrauensmann und Mediator zwischen Obrigkeit und Volkswillen. Es ging ihm also weder um einen grundlegenden Wandel der überkommenen politischen Ordnung noch um eine Abkehr von imperialistischen Kriegszielen. Lediglich die politische Kultur bei der Verfolgung dieser Ziele wollte er verändern.

—⋙◆⋘—

Mit Beginn des Monats September verlegte Prinz Max sein Quartier von seinem Schloss Salem am Bodensee in den Kurort St. Blasien im Schwarzwald. Wie schon im Jahr zuvor nutzte er auch jetzt seinen Aufenthalt in diesem entlegenen Erdenwinkel dazu, Geheimtreffen mit Politikern abzuhalten.

Als Erstes kam natürlich Kurt Hahn, sein inzwischen unentbehrlicher Wegbereiter und Freund, wenig später folgte Conrad Hauss-

Erholungs- und politischer Sondierungsort des Prinzen Max von Baden: St. Blasien im Südschwarzwald, hier Ankunft des Prinzen im Sommer 1917.

mann.[133] Es ging bei dieser Unterredung – natürlich – um die Übernahme der Kanzlerschaft durch den Prinzen, die er als unmittelbar bevorstehend annoncierte. Der Kandidat erklärte seine Bereitschaft, mit den Mehrheitsparteien des Reichstags zusammenzuarbeiten und auch einzelne Vertreter als »Berater« in seine Regierung aufzunehmen. Auf die Frage, ob er denn als Regierungschef überhaupt die nötige Freiheit gegenüber dem Kaiser und der Obersten Heeresleitung haben werde, antwortete der Kanzler in spe mit dem bezeichnenden Satz: »Diese Freiheit werde ich haben, sonst übernehme ich das Amt nicht«, um sogleich die Forderungen anzuschließen: »Ich will sie aber auch gegenüber dem Parlament dahin haben, dass ich mein Programm durchführe und nicht davon abgedrängt werde. Ich bin auch nicht dafür, dass die Regierung und Verwaltung unter der Kontrolle des Reichstags selbst arbeitet.« Ebenso aufschlussreich war, dass er sich partout nicht zu einer baldigen Friedensinitiative verstehen mochte. »Zunächst« – ließ er Kurt Hahn an seiner statt zum Ausdruck bringen – »müssen wir dem Heer die Stimmung zum Feststehen mitteilen, erst dann ist die Grundlage für weiteres geschaffen.«

Was er hier darbot, war eine Mischung aus Irreführung, Unaufrichtigkeit und Wunschdenken. Am Verwerflichsten war vielleicht, dass er den Reichstagsabgeordneten, den er doch als einen Vertrauten hatte kommen lassen, derart im Ungewissen über seine tatsächliche Einstellung zum Krieg ließ. Denn in diesem zentralen Punkt war und blieb der Prinz ganz klar, wie ein drei Tage später aufgesetzter Privatbrief einmal mehr zu erkennen gib. »Die Friedensbeflissenheit muss im Heer und in der Heimat bekämpft werden, sie führt uns zu schmachvollem Ende.« Ein Verzichtfrieden sei »würdelos, [...] deutschen Machtanspruch demütigend«.[134]

Im Anschluss an ein Geheimtreffen mit SPD-Führer Fritz Ebert, das am 14. September 1918 im Schwarzwald stattfand und uns noch ausführlicher beschäftigen wird,[135] nahm Max immerhin eine kleine taktische Kurskorrektur an seiner strikt antiparlamentarischen Position vor. Es ging ihm nun nicht mehr darum, den deutschen Reichstag direkt kaltzustellen, sondern darum, ihm »zuvorzukommen und ein Ministerium des Volksvertrauens zu schaffen, das so stark ist, dass das Parlament ohne weitergehende Forderungen sich befriedigt sieht«. Vermutlich wird nicht allein Eberts Haltung zu dieser Entschärfung beigetragen haben, sondern auch die Antwortschreiben, die er von Ludendorff und dem Kaiser auf seine Bewerbung hin erhalten hatte, werden ihn dazu bewegt haben. Diese waren an unverbindlicher Katzenfreundlichkeit kaum zu überbieten, obschon beide von einer offiziellen Zusammenarbeit mit dem Prinzen erst einmal nichts wissen wollten. Umso wichtiger erschien es Max von Baden jetzt, sich auf neue Weise hervorzutun. Was Ende September als zentrale Staatsaufgabe für die Obrigkeit im Raum stand, war die Beruhigung der Bevölkerung, um womöglich die innere Einheitsfront, den sogenannten Burgfrieden, durch eine neue Regierung auf breiterer Basis wiederherzustellen. Denn jetzt galt es, der auf Dauer nicht mehr zu vertuschenden, äußerst prekären militärischen Lage ins Gesicht zu sehen. Und für die Lösung genau dieses Problems boten seine politischen Steigbügelhalter jetzt erneut des Prinzen Kandidatur mit griffigen Parolen an: »Das Volk sollte gleichzeitig mit der niederdrückenden Kunde [des eventuellen militärischen Zusammenbruchs] die Kunde von einer Mehrheitsregierung mit den zur Verteidigung antretenden Sozialdemokraten unter einem sympathischen Kanzler erhalten.«[136] Der Bewerber selbst setzte sogar noch eins drauf. Er allein sei geeignet, unter Bedingungen zu regieren, die für die bestehenden Gewalten am vorteilhaftesten seien, nämlich mit dem Vertrauen der Parlamentsmehrheit, aber ohne irreversible Konzessionen an eine Demokratisierung des preußisch-deutschen Herrschaftssystems.[137]

Die Vorstellungen, die sich der Prinz von seinen Möglichkeiten als leitender Staatsmann machte, blieben mithin bis unmittelbar vor seiner Ernennung so naiv wie vermessen und ganz auf der Linie eines Marcus Curtius. Mit dem einzigen, aber bedeutsamen Unterschied, dass bei seinen Rettungsambitionen weit mehr als selbstlose Hingabebereitschaft im Spiel war, nämlich das Motiv der Selbsterrettung. Genauer: die Rettung seiner eigenen beschädigten Seele. Denn in den Kreisen seiner ihm nicht vorbehaltlos gewogenen Standesgenossen galt dieser Prinz als ein »weicher, schwankender Charakter, der weder militärisch noch sonst in seinem Leben etwas geleistet« habe.[138] Unter diesem Makel, den er mit seinen Heldentaten zur Rettung Deutschlands tilgen wollte, litt Max von Baden nach wie vor unsäglich.

Schon bevor es ernst wurde, warnten kluge Freunde ihn vor dem, was er da im Schilde führte. Max Warburg etwa sprach offen mit ihm: »[...] ich fürchtete, dass er zu spät käme; vor einem Jahr hätte er die Situation noch retten können, jetzt schien es mir sehr schwer für ihn, und er müsse sich auch darüber klar sein, dass ihm die Aufgabe zufallen würde, den Kaiser zum Abdanken zu bringen. Hierüber erschrak er sehr und erinnerte mich später oft an diese Äußerung, die er sich leider nicht genug zu Herzen genommen hätte.«[139] Ähnlich erging es dem Kronprinzen von Bayern, der Max' Programmschrift als völlig unrealistisch bezeichnete. Sie sei ja »famos« geschrieben, »doch treffen leider alle Voraussetzungen nicht mehr zu, unter denen sie verfasst wurde«.[140] Als Heerführer und kritischer Beobachter der Lage wusste der Thronanwärter, wovon er sprach. Deshalb setzte er nochmal nach, als er dem lieben Max ins Bewusstsein schrieb: »Ob nach all den Geschehnissen der letzten Jahre und des Krieges sich eine Parlamentarisierung der Reichsregierung auf die Dauer wird aufhalten lassen, ist mir fraglich, ja sogar, ob der Übergang zum parlamentarischen System noch vermeidbar ist.«[141] Andere nicht minder wohlmeinende Hocharistokraten wie der Prinz Hohenlohe-Schillingsfürst – ein Sohn des früheren Reichskanzlers – sahen nachgerade mit Bangen auf dieses Kanzler-Projekt: »Ich fürchte, ich fürchte, der gute Prinz Max embarquiert sich da in eine Sache, ohne zu ahnen, wohin ihn das führen kann. Eigentlich tut er mir leid, denn es wäre wirklich schade um ihn.«[142] Und der Herzog von Sachsen-Meiningen bemerkte treffend: »In diesem Augenblick die Geschicke des Reiches in die Hände zu nehmen« – dazu gehöre allerdings »ein kolossaler Mut und eine Selbstverleugnung ersten Ranges.«[143] Selbst seine eigene Tante und Großherzogin Louise schrieb ihm mit deutlich ironischem Unterton: »Dazu habe ich Dich zu lieb, um Dir diese Aufgabe gewünscht zu haben.«[144]

Doch Max von Baden konnte das alles nicht mehr aufhalten. Auch dass viele Köpfe aus der staatsmännischen Elite des Kaiserreichs ihm das politische Format absprachen, ließ ihn unbeeindruckt, derart berauscht war er jetzt von seinen Rettungsphantasien. Die einzige Karte, auf die er damals halbwegs verlässlich setzen konnte, war der Rückhalt, den er wohl tatsächlich bei führenden Politikern des deutschen Reichstags erlangt hatte. Das spricht freilich weniger für ihn als für die Naivität der Volksvertreter, die ihm kritiklos *carte blanche* geben wollten. Doch weder einer entsprechenden Kundgebung des Parlaments, noch seinen Einschmeichelungen beim Kaiser und schon gar nicht der Durchschlagskraft seiner Programmatik war es zu verdanken, dass er am 1. Oktober 1918 wirklich zum deutschen Reichskanzler designiert wurde. Das ging allein auf eine Panikattacke Ludendorffs zurück, der wie erwähnt an diesem Tag den Prinzen Max beim Kaiser mit dem Totschlagargument durchdrückte: Ohne ein Waffenstillstandsgesuch, unterschrieben von einem in Amerika vorzeigbaren Kanzler, sei die Katastrophe da, und es gebe keinen besseren Kandidaten, der jetzt als Erfüllungsgehilfe für diese unabdingbare Aktion infrage komme und auf dessen Loyalität Verlass sei. Ohne Ludendorff, ohne sein Ultimatum gegenüber dem Kaiser, hätte es einen Reichskanzler Max von

Baden vermutlich nie gegeben. Erst dessen autoritäres Gebaren verschaffte dem Prinzen Zugang zur Berliner Regierungszentrale.¹⁴⁵

———◆———

Dort, im Herzen der Regierung, wurde ihm jedoch schlagartig bewusst, dass er über keinerlei politischen Handlungsspielraum verfügte. Er selbst beschrieb vierzehn Tage später, was ihn in der Wilhelmstraße erwartete: »Ich erkannte, dass keine militärische Macht mehr hinter meiner Politik stehen würde, und wir auf dem Schlachtfeld bankrott waren. Ich glaubte, fünf Minuten vor zwölf zu kommen, und bin fünf Minuten nach zwölf gerufen worden.«¹⁴⁶ Zudem war er gar nicht gerufen worden, um in Berlin als leitender Staatsmann Selbstwirksamkeit zu entfalten. Vielmehr gedachte man, sich seiner zu bedienen. »Ich sollte das Opfer sein, das geschlachtet werden sollte, damit gerettet werden konnte, was zu retten war« – so beurteilte er immerhin rückblickend die Lage.¹⁴⁷ Ludendorffs Diktat hatte ihm zum Paradepferd gemacht, das nun von anderen geritten wurde. Was ganz oben auf Max von Badens Regierungsagenda gestanden hatte, fiel den völlig anders gearteten Interessen der Obersten Heeresleitung, des Kaisers, der amtierenden Regierungsbürokratie und nicht zuletzt den neuen Erwartungen des Parlaments zum Opfer.

Bei Wilson, dem er persönlich nicht über den Weg traute, musste er einen Waffenstillstand erbitten, der letztlich auf eine Kapitulation hinauslief. Auch blieb ihm nichts anderes übrig, als das ihm verhasste parlamentarische System in Deutschland einzuführen. Sein großes Idol Ludendorff wurde auf Betreiben seines eigenen Kabinetts in die Wüste geschickt. Und bald schon mutete man ihm auch noch zu, schleunigst den Thronverzicht Kaiser Wilhelms II. zu erwirken, besser, zu erzwingen. Politischen Rückhalt fand er als Kanzler nur mehr bei seinen engsten Vertrauten, die ihn auch in Berlin treu und ergeben unterstützten – und bei Friedrich Ebert. Mit diesem halben Dutzend an loyalen Mitstreitern versuchte Max von Baden einige Wochen lang, das wankende Kaiserreich zu regieren und vor dem drohenden Untergang zu bewahren – weit entfernt von seinen ursprünglichen politischen Zielen. Dass er selbst realisiert hatte, auf welch verlorenem

Posten er da kämpfte, geht aus seiner Korrespondenz in diesen Tagen deutlich hervor: »Der alte Autoritätsglaube ist dahin« – »unser militärisches Rückgrat gebrochen« – »Deutschland kämpft heute nicht mehr für seinen Kaiser« – »wir stehen mitten in einer Revolution« – »in dem großen Zusammenbruch, der reißende Fortschritte machen wird, wenn das Volk sieht, dass es schamlos betrogen worden ist« – »Preußen liegt zu Tode getroffen, an seiner eigenen Schuld verblutend, am Boden« – »der Kaiser in stetem Selbstbetrug, der mich erschüttert« – »seine Umgebung eine Schar von Schwerverbrechern, da sie sich der Unwahrheit und Täuschung geweiht hat«.[148] – Um einem solchen Horrorszenario standzuhalten, sind wirksame Überlebensstrategien vonnöten. Doch welche waren das im Fall des als schwächlich geltenden Prinzen?

Zum einen zog er sich für seine Regierungsgeschäfte aus dem staatsbürokratischen Apparat zurück, um sie im Kreis seiner informellen Berater zu erledigen. »Eine Gruppe kluger Männer, die demselben Glauben leben, umgibt mich. Treueste der Treuen, wenn auch nur Bekannte von gestern. An ihnen habe ich Halt und Rat. Wir sind auf dieselbe Sache eingeschworen.«[149] Das ging den hohen Berliner Staatsbeamten deutlich gegen den Strich, glaubten sie doch, ihr Vorgesetzter sei dadurch »Outsidern preisgegeben«.[150] Die Bürokraten sprachen von »Dilettantismus«, weil sie nicht begriffen, in welchem Maß Max' politische Leistungsfähigkeit von diesem informellen Kreis seiner Ratgeber und Zuarbeiter – von seiner »Hofhaltung«, wie sein Stellvertreter süffisant bemerkte – tatsächlich abhing. Eindrucksvoll belegen das Aufzeichnungen, die Max Warburg über diesen Einsatz zu Papier brachte, den »aufregendsten, den [er] je durchgemacht habe«.[151] Ohne die massive Unterstützung dieser Rat-, Stichwort- und Ideengeber, die den Prinzen zugleich aufmunterten und ihm immer wieder zusprachen, hätte sich Max' Kanzlerschaft sofort als reine Farce, als Hochstapelei entlarvt. Doch auch so blieb kaum verborgen, dass dieser Regierungschef schlussendlich »ohne Kenntnis der Sachen« agierte.[152] Entsprechend urteilte auch ein gestandener Diplomat, dass dieser Kanzler »nicht der Mann wäre, in der jetzigen schwierigen Zeit die Zügel des Reiches in der Hand zu behalten«.[153] Und sogar Albert Ballin sehnte sich nach kurzem Hoffnungsschimmer wieder nach einer Re-

Das Ende naht

Zuschreibungen: welche Erwartungen die prinzliche Kanzlerschaft im linksliberalen Bürgertum weckte beziehungsweise wecken sollte.

gierung, »die wirklich was leistet, besonders (nach) einem Reichskanzler, der selbst schiebt und sich nicht schieben lässt«.[154]

Zutrauen zu seiner politischen Rolle flößte sich Max von Baden freilich auch selbst immer wieder ein. Was er hier leistete, grenzt an Selbsthypnose, blieb er doch von den schlechten Erfahrungen, die er bei der Verwirklichung seiner Mission machen musste, nicht nur unbeeindruckt, sie schienen ihn eher noch anzutreiben: »Ich sehe nur das eine Ziel vor mir: Rettung Deutschlands, und kenne nur den einen Glauben, den, der mich zu diesem Ziel trägt.« Deshalb gehe er auch mutig »den schwersten Stationen des Kalvarienberges, an dem ich hinaufsteige, entgegen«. – »Für diese Aufgabe bin ich von der Vorsehung aufbewahrt worden.« – Bei der Lektüre solcher völlig realitätsferner Zeilen, die Max noch zwei Wochen nach Regierungsantritt an seinen Cousin, Großherzog Friedrich II. von Baden, schrieb,[155] stellt sich bald der Verdacht ein, dass seine Selbstverklärung zum politischen Schmerzensmann auch auf die Einnahme synthetischer Drogen zurückzuführen ist.[156] Vor dem Hintergrund des realpolitischen Geschehens während seiner Kanzlerschaft erscheint so ein Vergleich völlig abwegig. Nie ist Prinz Max irgendwo hingegangen, wo es richtig wehtat, wo man ihm hätte zusetzen können. Auch die Regierungsgeschäfte selbst verlangten ihm eigentlich gar nichts Unzumutbares ab – es waren die fremdbestimmten Inhalte, die ihm so zusetzten, nervlich wie körperlich. Deshalb der Tablettenkonsum, die Massagen und ähnliche Aufputschmittel. Doch auch solche Selbstmedikationen wären schnell an eine Grenze gelangt, hätte nicht hinter allem Max' eiserner Wille zur Errettung seiner Seele gestanden. Den konnte selbst die katastrophale Lage, die er in Berlin antraf, noch nicht brechen. »Ich bedaure mein Opfer keineswegs, selbst wenn ich darüber zugrunde gehen sollte. Ich besitze Mut und Klarheit genug, um das an dieser Stelle zu leisten, was mir auf dem Schlachtfeld zu tun verwehrt war. Auch hierbei kann ich fallen.« Ja, »ich stehe und falle als echter Sohn meiner badischen Heimat«. Wir lernen: Die Rettung Deutschlands dient letztlich der Rettung seiner schwer verletzten Seele, der Bewährung an einer anderen Front. Eindrücklicher tritt selten zutage, wie narzisstische Kränkungen und persönliche Scham am Ende die große Politik bestimmen können.

Und nicht zuletzt hielt sich der Kanzler Max von Baden damit über Wasser, dass er innerlich und informell immer wieder vom offiziellen Kurs seiner eigenen Regierung abrückte. Er kannte gewissermaßen zwei Wahrheiten, eine private und eine öffentlich zur Schau gestellte, mit der er sich nie identifizierte. Er blieb ein Politikdarsteller, zu einem Staatsmann aber, der aus politischer Überzeugung handelte, brachte er es nie. Wollte er noch vor wenigen Wochen das Deutsche Reich zu neuer imperialistischer Größe emporführen, so setzte er es sich Mitte Oktober expressis verbis zum Ziel, dessen »große Liquidation« durchzuführen, »das Gesicht Deutschlands zu wandeln, den Militarismus, an dem wir tatsächlich zu Grunde gegangen sind, verschwinden zu lassen und Deutschland zu einem Volksstaat umzumodeln, da keiner unserer Gegner mehr den Willen hat, mit dem Kaiser zu paktieren«. Noch klarer tritt der böse Widerspruch zwischen innerer Überzeugung und realpolitischer Ausformung zutage, wenn wir nun auf die Abdankungsfrage blicken, die alles, womit die Regierung Max von Baden zu tun hatte, bald turmhoch überragen sollte.

———◆◆◆———

Es ist ein bis heute verbreiteter Irrtum, erst die sogenannten Wilson-Noten hätten in Deutschland den politischen Druck erzeugt, dem der Reichsmonarch schließlich weichen musste. Denn tatsächlich hatten sich namhafte Vertreter der geistigen und wirtschaftlichen Eliten schon vorher mit dem Gedanken angefreundet, der politikunfähige Kaiser müsse im Interesse des Reiches und der Hohenzollerndynastie abdanken. »Bleibt er«, so die hellsichtige Argumentation von beispielsweise Max Weber, »so wendet sich das unvermeidliche Strafgericht der schweren Irrtümer der Politik auch gegen ihn; das ist nicht zu ändern.«[157] Selbst viele Großindustrielle hatten schon frühzeitig in einem solchen Thronverzichts die einzig mögliche Rettung von Staat und Herrscherhaus erkannt.[158] Und auch dem Prinzen Max waren solche Auffassungen bereits vor seinem Amtsantritt von Freund Warburg nachdrücklich ins Bewusstsein gerückt worden. Warburg hat ihm Ende September klipp und klar gesagt, »dass das Volk, wenn es zu einer Niederlage kommen sollte, ein Opfer verlangen würde und dass

Wie die britischen Meinungsmacher die Politik des letzten Kanzlers des deutschen Kaisers beurteilten: als Staatsschauspielerei frei nach Shakespeare.

der Kaiser durch einen rechtzeitigen Rücktritt den Thron für seine Familie retten könnte«.[159] Diese kaiserkritischen Stimmen gehörten Persönlichkeiten, die keine Republikaner, sondern aufrichtige Anhänger der Monarchie waren und sich gerade deshalb Gedanken darüber machten, was nach diesem unsäglichen Kaiser Wilhelm kommen könnte. Alle waren dabei auf denselben Lösungsvorschlag verfallen, nämlich den verwaisten Thron dann vorläufig mit einem Regenten, einem sogenannten Reichsverweser zu besetzen, der bis zur Volljährigkeit des damals zwölfjährigen Kaiserenkels gleichsam als Ersatzkaiser oberster Repräsentant des Staates sein sollte.[160] Auch diese Option war bereits in der Welt, bevor die antimonarchischen Verlautbarungen aus Amerika in Deutschland publik wurden, wenn auch vorerst nur als »Berliner Witz: Max [von Baden] Vizekaiser, Seine Majestät dankt für Enkel ab.«[161] Von alledem hatte Max von Baden Kenntnis, und er wusste nur zu gut, dass sein Vetter schon Anfang Oktober keinen Rückhalt mehr im Volk besaß.

Und dennoch hielt dieser Prinz-Reichskanzler noch über Wochen an der fixen Idee fest, er könne Kaiser Wilhelm den Thron retten – in souveräner Missachtung der öffentlichen Meinung wie auch der weisen Ratschläge aufrichtiger Monarchisten. Doch hatte er dafür eigentlich eine Strategie, Machtmittel gar?

Dem Kaiser persönlich erklärte er am 7. Oktober, er wolle die »Hindernisse entfernen, die augenblicklich zwischen ihm und dem deutschen Volk aufgerichtet seien«.[162] Was nur heißen konnte, die Akzeptanz des Monarchen in der politischen Öffentlichkeit zu fördern, etwa durch die Entlassung von allgemein verhassten Ohrenbläsern wie dem Kabinettschef Berg. Dass sich Prinz Max mit diesem Vorstoß die unversöhnliche Feindschaft der deutschen Kaiserin einhandelte, wurde bereits erwähnt. Und ob er damit tatsächlich eine Angriffsfläche der Opposition gegen diesen Herrscher beseitigte, steht auch dahin. Zumindest aber ist er mit der offiziellen Beseitigung des Kaiser-Freundes seinen parlamentarischen Hilfstruppen entgegengekommen. Die anhaltend bedrohliche politische Situation jedoch war mit solchen symbolpolitischen Maßnahmen nicht zu entschärfen, wie der Kanzler selbst drei Tage später in einem Privatgespräch mit dem Fürsten Wilhelm von Hohenzollern-Sigmaringen einräumte. Seine

Schlussfolgerung lautete: »Man müsse sich aber mit allen Kräften für die Erhaltung des Kaisers einsetzen, das sei umso notwendiger, als der Kronprinz keinerlei politisches Vertrauen besitze.«[163] Damit war jetzt auf einmal das Hauptargument für den Verbleib des Kaisers auf dem Thron das noch geringere Ansehen seines Ältesten. Wohl war sich der Kanzler darüber im Klaren, dass die politische Behandlung der Abdankungsfrage »eine sehr schwierige und subtile« geworden war, aber verrannt wie er weiterhin war, weigerte er sich, eine zeitgemäße Lösung einzuleiten.

Noch Mitte Oktober hatte er den beiden Kaisersöhnen August Wilhelm und Adalbert versichert, es werde ihm gelingen, »eine Situation zu vermeiden, die die Abdankung des Kaisers notwendig machte«.[164] Obwohl er doch ebenso wie die Kaiserkinder wusste, dass der Thronverzicht Wilhelms II. nicht allein in der Reichshauptstadt zum Gesprächsthema Nummer eins geworden war. Ja, »wir stehen mitten in der Revolution«, schrieb er damals an seinen großherzoglichen Vetter nach Karlsruhe, aber »heute noch hoffe ich, den Kaiser zu retten« – und zwar mithilfe der Sozialdemokratie! Er dankte dem Himmel: »[dass ich solche] Männer auf meiner Seite habe, auf deren Loyalität wenigstens gegen mich ich mich vollkommen verlassen kann. Mit ihrer Hilfe werde ich hoffentlich imstande sein, den Kaiser zu retten. Welche Ironie des Schicksals.«[165] Dass sich der erklärte Gegner einer parlamentarischen Demokratie und überzeugte Bannerträger einer zwar akzeptanzorientierten, aber doch im Kern autokratischen Monarchie bei seinem Rettungsprojekt nur mehr auf die SPD verlassen konnte, das war in der Tat paradox. Aber fast noch absurder will es scheinen, dass der Prinz und Kanzler sein politisches Heil bis zum bittern Ende darin suchte, diese bizarre Konstellation mit allen Mitteln aufrechtzuerhalten. Auch noch, als er nach der zweiten Wilson-Note wusste, dass dieser Kaiser wohl nicht mehr zu halten war, wenn man noch zu erträglichen Friedensbedingungen gelangen wollte. »An Abdankung des Kaisers wird nicht gedacht. Prinz Max will nicht heran.« So steht es am 19. Oktober im Tagebuch eines hohen Berliner Regierungsbeamten.[166]

Zu dieser Kalamität trug natürlich auch der Monarch selbst bei, dem die politische Passivität der Reichsregierung ermöglicht hatte, sich von der Demütigung Anfang Oktober wieder zu erholen und zwei Wochen später schon wieder an alles andere, nicht aber an einen Thronverzicht zu denken. Einem klärenden Vieraugengespräch ging allerdings auch ihr Chef furchtsam aus dem Weg, indem er zu seiner Beratung mit Kaiser Wilhelm über die dritte deutsche Note an Wilson den königlich-bayerischen Gesandten in Berlin, Graf Lerchenfeld, gleichsam als moralische Rückendeckung hinzuzog.[167] Wie der Kaiser selbst zur anschwellenden Zahl seiner Gegner und Kritiker stand, das ließ er auch lieber den ins Vertrauen gezogenen Diplomaten ventilieren. »Ein Nachfolger Friedrichs des Großen danke nicht ab«, soll Wilhelm geantwortet haben, schon gar nicht, wo sein Volk und seine Armee so fortgesetzt treu hinter ihm stünden.[168] Zu feige, aber auch zu verlegen und zu ratlos war Max von Baden, um diesem Märchenglauben entschieden entgegenzutreten. Was er auf gar keinen Fall riskieren wollte, war eine Zerrüttung der ohnedies schon angerauten Beziehung zu seinem Vetter. So durfte der Kaiser das Reichskanzlerpalais in dem Gefühl verlassen, man habe ihn dort verstanden und die Regierung gehe mit seinem Willen zur Selbstbehauptung konform. Entsprechendes versicherte der Prinz tags drauf auch dem kaiserlichen Generaladjutanten Plessen: »er stünde vor dem Kaiser, um ihn zu schützen«.[169]

Wollte er dieses gewagte Versprechen auch nur halbwegs einlösen, musste er sich nun mehr denn je der einzigen Schutztruppe vergewissern, die ihm dafür zu Gebote stand, der deutschen Mehrheitssozialdemokratie. Und genau das versuchte er mit Arrangements wie jener kaiserlichen Ansprache an die neuernannten Staatssekretäre seines Kabinetts im Schloss Bellevue am 21. Oktober. Damit legte er Wilhelm II. zumindest verbal auf die geplanten Reformen der Reichsverfassung fest, während er andererseits seine Kabinettsmitglieder immerhin moralisch auf eine gewisse Loyalität gegenüber dem amtierenden Staatsoberhaupt verpflichtete. Das jedoch war sein vorerst letzter Schachzug in Sachen Thronrettung, weil ihn kurz darauf eine schwere Grippe für Tage auf das Krankenlager warf. Zuvor jedoch hatte er noch mit salbungsvollen Worten Kaiserin Auguste Viktoria zum 60. Geburtstag gratuliert – »in verehrungsvoller Treue«, was diese umgehend mit der anspielungsreichen Bemerkung quittierte: »Gerne gäbe ich meine Gesundheit her, könnte ich dafür unser Vaterland wieder erstarken sehen nach allen schweren Kämpfen. Dass es immer fester zu seinem Kaiser stehe, das gebe Gott.«[170]

Während der Prinz mit körperlicher Schonung und Bettruhe gegen seine Influenza kämpfte, traf die dritte Wilson-Note ein, die wie ein politischer Brandbeschleuniger wirkte. Unter den auch nur halbwegs Einsichtigen in der politische Klasse gab es nun endgültig keinen Zweifel mehr daran, dass Kaiser und Kronprinz abdanken und ein vertrauenswürdiger Regent den Thron »verwesen« müssten. Jetzt wurden sogar Namen genannt, allen voran der Name Max von Baden.[171] Alle Augen waren auf das Reichskanzlerpalais in der Wilhelmstraße gerichtet.

———

Dort brüteten am Krankenbett des Kanzlers seine engsten Vertrauten über die politischen Konsequenzen, die aus der neuen Lage zu ziehen waren.[172] Zum einen lag das Reichsverweser-Konzept auf dem Tisch, welches man jetzt aber erst einmal einer verfassungskonformen Ausgestaltung überantwortete.[173] Sowohl Warburg als auch Hahn bestürmten den Prinzen, sich offen für die Übernahme dieser Aufgabe zu rüsten. Doch der zog es vor, sich zunächst bedeckt zu halten. Sein Plan ging dahin, dem Kaiser die Initiative zur weiteren Selbstentmachtung zuzuspielen. Das hatte ihm Walter Simons nahegelegt, sein neuer Mitarbeiter, der innerhalb weniger Tage zum politischen Kopf der Reichskanzlei aufgestiegen war. Simons war Realist und wusste, dass man Wilson politisch noch weiter entgegenkommen musste, um zu einem Frieden durch Unterhandlungen zu kommen. Alles andere wäre jetzt selbstmörderische Torheit gewesen, was auch Kronprinz Rupprecht seinem lieben Max am 25. Oktober einschärfte: »So schmerzlich für uns Wilsons Bedingungen, müssen wir bedenken, dass wir jetzt schon die Besiegten sind und dass je länger wir zögern, dies einzugestehen, desto schlimmer unsere Lage wird, die sich täglich verschlechtert. Wir müssen ungesäumt Frieden machen, sonst haben wir das Allerschlimmste zu erwarten. Ich beschwöre Dich bleibe fest!«[174] Und Prinz Max blieb erstaunlich fest, freilich nur darin, den amerikanischen Präsidenten nicht vor den Kopf zu stoßen; ihm vielmehr, wie gewünscht, anzuzeigen, dass seine Regierung tatsächlich die entscheidende Macht im Deutschen Reich darstelle.

Mit zwei Paukenschlägen – so Simons' Plan – sollte ebendas bewiesen werden: durch die verfassungsmäßige Einschränkung der kaiserlichen Kommandogewalt sowie die Entlassung von Hindenburg und Ludendorff. Damit würde auch dem Volk signalisiert, dass Wilhelm II. kein Friedenshindernis mehr sei. »Mit weniger ist der Kaiser nicht zu retten. Wenn auch Wilson ihn nicht stürzen wird, das deutsche Volk wird seine Abdankung fordern. Wir können nicht 48 Stunden mehr ohne eine befreiende Tat auskommen.«[175] Der Reichskanzler gab sofort sein d'accord. Schon am 25. Oktober erreichte Kaiser Wilhelm ein entsprechendes Schreiben des Regierungschefs: »Ich habe dieses Amt übernommen, um dem deutschen Volk den Frieden, der nach dem Waffenstillstandsgesuch irgendwie kommen musste, in einer erträglichen Form zu erwirken und um Euer Majestät die Krone zu erhalten, die durch jenen Schritt ins Wanken gekommen ist. Nach der letzten Note Wilsons ist beides nur möglich, wenn das Reich eine einheitliche parlamentarische Leitung erhält und wenn ein Personenwechsel in der Obersten Heeresleitung das Ende der Doppelregierung verbürgt.«[^76]

Diese Zeilen aus der Feder Simons' hatte sich Max von Baden gewiss nicht leichten Herzens zu eigen gemacht, bedeuteten sie doch eine weitere Abkehr von jenen Idealen und Idolen, die ihn vor wenigen Wochen überhaupt erst motiviert und ermutigt hatten, nach der Kanzlerschaft zu streben. Da half auch kein Entschuldigungsschreiben, das er dem davongejagten Ludendorff hinterherschickte. Gut möglich übrigens, dass er mit seinem Brandbrief an den Kaiser darauf spekulierte hatte, diese neuerlichen Zumutungen könnten Wilhelm endlich dazu bewegen zu resignieren. Doch weit gefehlt: Nur zu gern warf der Kaiser – wir wissen es bereits – den ihm dargebotenen Rettungsanker aus. Und erneut war wertvolle Zeit verloren, in welcher der Kanzler dem Erhalt des Kaiserreichs hätte nützen können, mehr noch, er hatte dessen Überlebenschancen weiter verringert. Denn es war ja längst – gleichsam im Namen des deutschen Volkes – konstatiert worden, dass ein Thronwechsel unbedingt nötig sei. Zumal sich die Reichsleitung nun auch ganz offiziell als »Volksregierung« bezeichnete, »in deren Händen die entscheidenden Machtbefugnisse tatsächlich und verfassungsmäßig ruh[t]en« und der »auch die militärischen Gewalten unterstellt [waren]«.[177]

Davor vermochten auch wichtige Kabinettsmitglieder jetzt nicht mehr die Augen zu verschließen. Wilhelm Solf zum Beispiel, der Außenamtschef, gab sich dem bayerischen Gesandten gegenüber am 28. Oktober restlos überzeugt, »dass die Abdikation nicht zu vermeiden sei«, nicht nur aus außenpolitischen Erwägungen. An anderer Stelle heißt es: »Auch die Stimmung im Volke hält Solf für so umgeschlagen und dem Kaiser so ungünstig, dass kaum mehr dagegen angegangen werden kann.«[178] Selbst der Regierungschef sah das jetzt ein und bekannte sich ab dem 29. Oktober freimütig dazu, dass Wilhelm II. schnellstmöglich abtreten müsse. Jetzt ging es nur noch um die Überbringung der »seidenen Schnur« in das Neue Palais nach Potsdam. Geplant war, dass eine Minister-Delegation unter Führung des Kanzlers den Kaiser persönlich zum Thronverzicht überreden und nötigenfalls auch zwingen sollte.[179] Vor diesem schweren Gang bewahrte der Kaiser den Prinzen Max jedoch bekanntermaßen durch seine fluchtartige Abreise ins Große Hauptquartier. Dabei wusste er genau, was auf dem Spiel stand. »Die Regierung des Prinzen Max von Baden« – ließ er seine Leute in Spa wissen – »arbeitete auf seine Beseitigung hin, dem hätte er in Berlin sich weniger entgegenstellen können als inmitten seiner Armee.«[180] Für Wilhelm II. war Vetter Max jetzt unten durch – ein Verräter, dem er den Fehdehandschuh vor die Füße warf. Doch der düpierte Prinz ignorierte ihn einfach, wodurch die sonst unausweichliche Machtprobe unterblieb. Wäre er sich der Verantwortung und der Würde seines Amtes bewusst gewesen, hätte der Kanzler schon die – angekündigte – Abreise des Kaisers aus Potsdam als politischen Affront sondergleichen unterbinden oder sich der Reisegesellschaft anschließen müssen, um den politischen Kontrollverlust zu verhindern. Ja, er hätte den Monarchen sogar am nächsten Tag wegen Regierungsunfähigkeit für abgedankt erklären können. Damit hätte er den überrumpelten Kaiser vor vollendete Tatsachen gestellt und das Heft in die Hand bekommen. Doch nichts dergleichen geschah, obwohl die Konfrontation doch nun ganz unausweichlich war.

Damit nicht genug, dieser Kanzler ohne Machtwille weigerte sich auch fortan, dem desertierten Monarchen in der Abdankungsfrage selbst die einzig richtige Entscheidung abzuringen. Ja, er befürwortete den Thronverzicht seines Vetters, unbedingt sogar, aber diese Abdankung mit den nicht unbeträchtlichen Machtmitteln seines Amtes in eigener Person herbeizuführen und öffentlich zu legitimieren, das hielt er für eine unverzeihliche Sünde. Aus diesem Dilemma sollte er nicht mehr herausfinden, vermutlich auch deshalb nicht, weil er jetzt schon viel zu krank war, um den Anforderungen auch nur im Ansatz zu genügen. Zwar blieb er noch drei Tage lang mit dem ihm eigenen Mut hingebungsvoller Verzweiflung bemüht, andere vorzuschieben und in eine Art Stellvertreter-Pflicht zu nehmen,[181] doch bewirkte er damit nur die politische und moralische Entwertung seiner eigenen Person. Die vergrößerte wiederum die Angriffsfläche, welche er der kaiserlichen Familie bot, die den Prinz-Reichskanzler nunmehr für einen Schurken ansah und für vogelfrei erklärte. Diese enormen Anfechtungen brachten Max von Baden am Abend des 1. November tatsächlich zur Strecke: Nervenzusammenbruch und politischer Totalausfall – drei quälende Tage lang. Als er wieder, wenn auch wackelig auf seinen Beinen stand, warf die deutsche Revolution mit den Matrosenaufständen in den deutschen Seehäfen bereits ihre Schatten voraus.

Die Monarchie war damit in den ersten Novembertagen praktisch schon tot, nur in der Wilhelmstraße hat man das immer noch nicht gemerkt beziehungsweise merken wollen. Nicht zuletzt die endlose Verzögerung des politisch allseits gewollten Thronverzichts hatte zu diesem Debakel beigetragen. Dafür war der »Wunschlose« ebenso verantwortlich wie für die Tatsache, dass er den deutschen Kaiser das Ansehen der Monarchie überhaupt so gründlich ruinieren ließ. Die Autorität des monarchischen Gedankens hätte Ende Oktober 1918 nur mehr ein machtbewusster, zum Reichsverweser bereiter Prinz Max von Baden bewahren können.

Daran ändert auch der Umstand wenig, dass sein ganzes Kabinett in der Abdankungsfrage ein denkbar schlechtes Bild abgab. Keiner der Regierungsmitglieder trug damals Substanzielles zu der Aufgabe bei, Kaiser und Kronprinz zum Verschwinden von der politischen Bühne zu bestimmen. Oder doch wenigstens dazu, den Regierungschef in die Pflicht zu nehmen, dies unverzüglich zu tun. Erst zehn Jahre später fiel es dem damaligen Staatssekretär Scheidemann wie Schuppen von den Augen, dass der Regierungschef im Herbst 1918 offenbar an seiner eigenen Regierung vorbei »auf eigene Faust politisch operiert« und dass er, »um die Monarchie zu retten, Landesinteressen direkt hintangesetzt« hatte.[182]

In diesem kollektiven Versagen scheint einmal mehr die notorische Unfähigkeit der deutschen Staatsführung auf, politisch souverän zu handeln, ein Defizit, das die Regierung Max von Baden gleichsam als Erbkrankheit des alten Systems perpetuiert hat. Gleichwohl muss man für die weitere Denaturierung der zivilen Machtpolitik im Oktober 1918 vor allen anderen denjenigen in Haftung nehmen, der aus eigenem Antrieb und erklärtermaßen die politisch erste Stelle des Kaiserreichs eingenommen hatte, um von dieser Machtposition aus den monarchischen Staat in seiner schwersten Schicksalsstunde zu retten. Als ihm die Dinge über den Kopf wuchsen und er realisierte, wie verschwindend wenig überhaupt noch zu retten war, weil der Kaiser partout nicht abdanken wollte, hätte Prinz Max entweder zum politischen Widerstand blasen oder seinen Posten niederlegen und anderen die Lenkung des Staates überantworten müssen. Weil er davon absah, fällt ihm die Hauptverantwortung dafür zu, dass aus dem persönlichen Versagen Wilhelms II. ein schleichender Staatskollaps und zeitgleich das Amt des Kanzlers nachhaltig geschädigt wurde. Verängstigt und verloren trieb er ab Mitte Oktober immer weiter in unbekannte Gewässer ab, ohne den Hauch einer Ahnung, wo das alles einmal enden würde.

Zu seiner Entlastung lässt sich anführen, dass dieser Regierungschef damals nicht allein politisch, sondern auch physisch und psychisch heillos überfordert war. Seine Bettlägerigkeit in der letzten Oktoberwoche war sicher nicht allein dem damals grassierenden Grippe-Virus geschuldet, sondern auch der unerträglichen Lage, in der er von Anbeginn steckte. Scheidemann schildert ihn als »bleich und übernächtigt« bei seinem Krankenbesuch am 31. Oktober. »Sein freundliches Lächeln verbarg die ihn beherrschende traurige Stimmung nur kümmerlich. Er tat mir aufrichtig leid.«[183] Auch der Prinz klagte später heftig von dem »namenlosen Leiden«, dem er in seiner Kanzlerschaft preisgegeben war. »Es überstieg bei weitem das Maß dessen, was ich vorherzuahnen vermocht hatte.«[184] Von seelischen Erschütterungen war da die Rede, die ihn ganz »grausam« zerrissen hätten. Sein völliger Zusammenbruch am 1. November und seine komatösen Fieberträume mit Selbstmordphantasien[185] offenbaren auf das Erschütterndste, wie wenig er für die kämpferischen Herausforderungen seiner selbstgestellten Aufgabe gewappnet war. Hier zeigte sich noch einmal krass, welche enorme psychische Energie ihn sein politisches Wagnis gekostet hatte und wie schlimm es in ihm aussah. Dieses menschliche Elend verdient alle Empathie – während die Gehässigkeiten und die Bezichtigungen, denen er seitens des deutschen Kaiserpaars ausgeliefert blieb, verachtenswert sind.

Gewiss, diese ganze Kanzlerschaft war ein tragisches Missverständnis, doch es ging hier um weit mehr als um die Tragödie einer prinzlichen Obsession. Es ging um Deutschland, um das politische Schicksal eines Millionenvolkes, dem man gegönnt hätte, nicht ahnungslos in solche fürstlichen Verstrickungen hineingezogen zu werden. Denn was im Leiden des Prinzen Max eindrücklich aufscheint ist die Hinfälligkeit, ja die Agonie der monarchischen Welt insgesamt, deren Ideologie und Mentalität er uns weitaus deutlicher vor Augen führt als der wendehalsbrecherische Kaiser. Einen schönen Anblick bietet dieser Zerfall des morschen Kaiserreichs sicher nicht, doch ersparen können wir ihn uns nicht.

Eberts Beitrag zum Ende der Monarchie

Fritz Ebert war von Haus aus kein leidenschaftlicher Monarchist, aber als ein entschiedener Vorkämpfer einer volkssouveränen Republik in Deutschland trat er auch nicht in Erscheinung. Jedenfalls nicht bis zum 9. November 1918, als Max von Baden ihn zum letzten Kanzler des machtpolitisch bereits verblichenen deutschen Kaiserreichs erklärte. Dass er 1919 der Präsident eines Deutschen Reiches sein würde, dessen republikanisch-demokratische Verfassung zu den freiheitlichsten in Europa zählte, das stand im Herbst des Vorjahres außerhalb seiner Vorstellungswelt. Zu diesem Zeitpunkt glaubte er noch an die Stabilität der monarchischen Ordnung, an die monarchische Gesinnung einer Mehrheit des deutschen Volkes und an die fortdauernde Notwendigkeit der Landesverteidigung. »Auf entehrende, seine politische, wirtschaftliche und kulturelle Zukunft vernichtende oder herabdrückende Bedingungen wird das deutsche Volk niemals eingehen«, hatte er jedenfalls noch Mitte Juli 1918 im Reichstag verkündet.[186] Er hoffte weiterhin auf einen glücklichen Frieden für Deutschland, auf ein Kriegsende zumindest, das die sozialen Errungenschaften der Arbeiter nicht zunichtemachen würde.

Ebert war ein aufrichtiger, durch und durch sozialdemokratischer Patriot. Sein politisches Ziel war der demokratische Volksstaat, der sich jedoch in Deutschland auf dem Weg der Evolution durchsetzen sollte und auf gar keinen Fall durch eine Revolution, wie sie sich gerade unter seinen argwöhnischen Augen in Russland vollzog. Er wollte die in Deutschland etablierten staatlichen Einrichtungen nicht zerbrechen, sondern weiterentwickeln, um sein Fernziel zu erreichen: den Volkswillen zur maßgeblichen Gewalt im Reich zu machen – Schritt für Schritt, im Rahmen der gegebenen Ordnung. Dass immer noch gekrönte Häupter von Gottes Gnaden diese Ordnung politisch dominierten, ließ ihn kalt, und es war nicht seine Absicht, diese von ihren Thronen zu stürzen. Auch mit der amtierenden Reichsregierung unter dem Antidemokraten Hertling stand Ebert im Sommer 1918 noch nicht auf Kriegsfuß, sondern er verstand seine Fraktion eher als konstruktive Opposition. Das sollte sich jedoch grundlegend während einer Reise ändern, die er im Juli und August mit seiner Ehefrau Louise ins oberbayerische Steingaden machte.

Dort überraschte ihn nach eigenem Bekunden, »dass die Stimmung der Bevölkerung in dieser rein ländlichen Gegend ohne politische Beeinflussung von außen her und trotz geringer Ernährungsschwierigkeiten stark zum Frieden um jeden Preis neigte«. Aber nicht nur dort, überall in Süddeutschland begegnete er »der Auffassung, der

Krieg nehme nur ein Ende, wenn das Volk selbst Schluss mache.«[187] Diesen auffälligen Stimmungsumschwung deutete er als völliges Verebben jener »Siegeswelle«, die durch die deutsche Kriegspropaganda während der Westfront-Offensiven in einem Maß erzeugt worden war, dass selbst die Sozialdemokraten »ihr nicht widerstehen konnten«. Nun – so seine Schlussfolgerung – »werden wir ernstlich prüfen, wie wir *unsere* Politik in den Vordergrund schieben können«.[188] Zurück in Berlin sprach sich Ebert sogleich auf einer Sitzung der Fraktionsvorsitzenden mit Vertretern der Reichsregierung für »schnellen Frieden« aus und wies warnend auf »die zur Katastrophe drängenden Verhältnisse im Innern« hin.[189] Auch im sogenannten Interfraktionellen Ausschuss des Reichstags hieb er in diese Kerbe, jetzt sogar mit leicht drohendem Unterton: »Wir sehen keine Möglichkeit, weiter die Dinge halten zu können, wenn wir nicht zum Schluss [des Krieges] kommen. Wir werden bestürmt von unseren besten Leuten im Lande.« Die Politik der Hertling-Regierung sei »unehrlich und widerspruchsvoll«, und die militärische Führung mache weiterhin Politik nach »eigenem Rezept«. Kurzum: Die Lage in Deutschland sei »unerträglich geworden«.[190]

Hatten bürgerliche Regierungsmitglieder und Parlamentarier bislang vor allem in Philipp Scheidemann die MSPD verkörpert gesehen, so schob sich jetzt Ebert, der längst nicht so eloquente und auf den ersten Blick weniger attraktive Mitparteivorsitzende mit Knebelbart, mehr und mehr in den Blickpunkt der politischen Klasse. Er profilierte sich in bürgerlichen Kreisen zusehends als vertrauenswürdig, ja als Partner, mit dem man – nach einem Wort des jungen Gustav Stresemann – »verständige Politik machen könne«.[191] Schon im Spätsommer 1918 konnten sich selbst konservative Spitzenbeamte in Berlin eine Beteiligung von Sozialdemokraten an den Staatsgeschäften unter der Ägide eines Fritz Ebert durchaus vorstellen. So wundert es nicht, dass auch Kurt Hahn bei seinen Bemühungen, die Kanzlerschaft des Prinzen Max von Baden einzufädeln, auf Ebert aufmerksam gemacht wurde. Darüber berichtete er dem »Wunschlosen« am 11. September aus Berlin: »Gestern langes Gespräch mit [dem Sozialdemokraten Eduard] David. Er kam ganz deutlich mit seiner Meinung heraus: dass er und Ebert die Persönlichkeit [Max von Baden] begrüßen und nach programmatischer Einigung die Partei folgen würde, ja, Eintritt eines Sozialisten in das Kabinett billigen. Es wäre sehr gut, wenn Ebert ihn sehen könnte. Ebert ist der wichtigste bei uns, und Ebert hat sich bereits im interfraktionellen Ausschuss günstig über den Wunschlosen ausgesprochen. Es sollte womöglich heute noch ein Vertrauensmann des Wunschlosen sich mit Ebert in Verbindung setzen. Der gerade anwesende [Berliner Historiker und politische Publizist] Hans Delbrück tat dies sofort. Eine Unterredung fand statt zwischen Ebert und Delbrück unter vier Augen und gegenseitiger Stillschweigensverpflichtung. Der Wunschlose wurde [von Delbrück] hingestellt als der energische Rater zum Guten behind the scenes. Delbrück sagte von sich aus, er würde es sehr begrüßen, wenn der Wunschlose in Stand gesetzt würde, über die Stimmung der größten Partei und der Arbeitermassen authentische Aufklärung zu bekommen. Resultat: Ebert mit Freuden [zu einem Treffen mit Prinz Max] bereit, die Sache äußerlich dadurch sehr erleichtert, dass Ebert Donnerstagabend [12.9.] nach Frankfurt reist – um dort [den niederländischen Sozialistenführer] Troelstra zu sehen. Dann ist Ebert bereit, unmittelbar im Anschluss daran nach Freiburg zu fahren. Ich rate dringend, Gespräch in Freiburg zu Stande zu bringen.«[192]

Zwei Tage später telegrafierte Prinz Max von Baden aus St. Blasien an Delbrück: »Bitte Frankfurter Herrn [Ebert] telegrafieren, dass er Hahn morgen früh 7.30 nach Freiburg begleiten möchte, ich treffe die Herrn nachmittags 4.47 Station Höllsteig Höllentalbahn.«[193]

So lapidar liest sich die Vorbereitung zu einem Zusammentreffen von wahrhaft zentraler Bedeutung für den weiteren Verlauf der deutschen Politikgeschichte: Hier der sozialdemokratische Arbeiterführer, der sich große Sorgen um das Reich macht und nach Zweckbündnissen Ausschau hält, und dort der royale Schöngeist, der die Monarchie retten und den deutschen Imperialismus ethisch veredeln will. Symbolisch begegneten sich hier nicht weniger als Volk und Fürst, deren Zukunft voneinander abhing und die daher wirklich das Gespräch suchten. Zwar brachte keine Seite Aufzeichnungen über den Verlauf dieses Geheimtreffens im Hochschwarzwald auf die Nachwelt, aber wir können über andere Quellen indirekt erschließen, dass diese Begegnung politische Weichen stellte für vieles, was der Berliner Politik nun ins Haus stand. Für den Prinzen war es der Beginn einer beständig guten Beziehung zur Mehrheitssozialdemokratie, die maßgeblich dazu beitrug, ihn vierzehn Tage später tatsächlich ins Kanzleramt zu hieven. Und für Ebert eröffnete sich jetzt die ungeahnte Chance, mit einem verständigen, sympathischen Vertreter des Herrschaftssystems – einem badischen Landsmann zumal – gemeinsame Sache zu machen, ohne sich politisch allzu untreu zu werden. Schließlich ging es vorerst nur darum, erstens die angestrebte Kanzlerschaft des Prinzen zu fördern, der dafür versprach, sich politisch ganz offen auf die Mehrheitsparteien des Reichstags zu stützen und konstruktiv mit dem Parlament zusammenzuarbeiten; zweitens um die Bereitschaft, auch Sozialdemokraten als ständige Berater des Kanzlers in die Regierung zu entsenden; drittens um die Stärkung einer nationalen Front gegen einen Frieden um jeden Preis und vor allem gegen einen sogenannten Schmachfrieden. Das scheint für Ebert akzeptabel gewesen zu sein, der sich vorerst nicht erlaubt haben wird, allzu kritisch nachzufragen.

Was den prinzlichen Kanzlerkandidaten für Ebert so attraktiv machte, war die Aussicht auf eine gewisse Teilhabe, wenn auch nicht an der Macht, so doch wenigstens an der regierungsinternen Willensbildung. Da er selbst keine bessere Strategie parat hatte, um größeren politischen Einfluss zu erlangen, muss er in der Offerte seine Chance gesehen haben. Jedenfalls scheint ihn die Begegnung mit dem Prinzen wieder mit Zuversicht erfüllt zu haben, es gebe Lösungen für die krisenhafte Zuspitzung der Lage.

Der Sozialistenführer wusste natürlich auch von dem rasant gestiegenen politischen Marktwert seiner Person. Er begriff sofort, dass sich der Prinz gerade von ihm – mehr als von jedem anderen führenden Sozialdemokraten – erhoffte, für eine Regierung Max von Baden Volksvertrauen einzuwerben. In dieser Hoffnung sollte ihn Ebert auch nicht enttäuschen; aber er durfte auch einen angemessenen Preis dafür verlangen, nämlich: das sukzessive Fortschreiten auf dem Weg zu einer politischen Modernisierung des deutschen Regierungssystems. Auch diese Rechnung sollte am Ende aufgehen, auch wenn er den

Prinzen hier eher zur Jagd hat tragen müssen. Alles in allem war durch den informellen politischen Austausch der beiden hochambitionierten Männer Mitte September 1918 eine Konstellation entstanden, von der beide Seiten profitieren konnten, und die es nun zu verstetigen galt. Ihre Substanz machten nicht allein politische Inhalte aus, sondern auch eine wechselseitige persönliche Wertschätzung, die über die Qualität einer reinen Zweckfreundschaft hinausging. Aus völlig unterschiedlichen Antrieben verschrieben sich der proletarische Volksführer und der fürstliche Staatslenker der Rettung Deutschlands, was zumindest Stabilität versprach. Dass sich der Prinz darüber hinaus auch als ideales Bindeglied zwischen Reichsmonarch und Reichsvolk verstand, um die freimütige Wiederannäherung beider Seiten zu bewirken, tat dem keinen Abbruch.

Wie motiviert Ebert aus Süddeutschland zurückkehrte, offenbarte er in zwei engagierten Reden, die er kurz danach in Berlin hielt. So forderte er am 20. September im Interfraktionellen Ausschuss einen Personalwechsel im Reichskanzleramt. Er nannte keinen Namen, aber das Anforderungsprofil für den neuen Mann an der Spitze war doch unverkennbar auf Max von Baden zugeschnitten: Der neue Reichskanzler solle »das Maß von Vertrauen im Ausland haben, um zum Frieden zu kommen« und eine Politik von »großer moralischer Wirkung« entfalten. In ein Kabinett Hertling einzutreten, »würde sich für die Sozialdemokraten nicht lohnen.« Und dann betonte Ebert noch ausdrücklich, dass nichts geschehen dürfe, was Deutschlands militärische Lage verschlechtere. Sei es denn nicht möglich, »noch einmal die Kraft [des] Volkes aufzuraffen, um noch einmal Festigkeit in die Phalanx [die nationale Einheitsfront] hineinzubringen?«[194] Noch enger an den politischen Ambitionen des Prinzen Max entlanggestrickt war, was Ebert drei Tage später seinen Genossen auf der gemeinsamen Sitzung der sozialdemokratischen Reichstagsfraktion und des Parteivorstands beibrachte. Man dürfe die Regierungspolitik jetzt nicht einfach laufen lassen, sondern müsse versuchen, selbst Einfluss zu erlangen – »durch Verständigung mit den bürgerlichen Parteien und der Regierung«. Dabei sollte seine Partei aber nichts fordern, was solche Verhandlungen zum Scheitern bringen könnte. Weder die Aufhebung der Kommandogewalt für den Kaiser noch die rasche Parlamentarisierung des politischen Systems seien jetzt dringlich. Wichtiger sei, dass die Politik in die Hände einer echten Zivilregierung gelegt werde mit Männern, »die das Vertrauen sowohl unseres Volkes als auch unserer heutigen Feinde verdienen«. Das Allerwichtigste aber war ihm, in militärischen Dingen wieder Festigkeit zu erlangen. »Daran dürfen wir keinen Zweifel lassen, dass ein Friede um jeden Preis unter keinen Umständen in Betracht kommen kann, sondern dass wir alles, auch das Letzte daransetzen müssen, um die gebotenen Lebensinteressen des Landes und Volkes zu vertreten.«[195]

Von einer solchen Politik des freiwilligen Verzichts auf drängende Systemreformen versprach sich Ebert erklärtermaßen einen veritablen Beitrag zur »Rettung unseres Vaterlandes«. Oberste Priorität hatte für ihn jetzt – wie für Max von Baden – die Erneuerung des Burgfriedens vom August 1914 angesichts einer wohl als ähnlich empfundenen Bedrohung des Kaiserreichs. Keine zukunftsweisende Idee, keine Formulierung, die die Kraft gehabt hätte, die gebeugten Genossen aufzurichten und auf ein erstrebenswertes Ziel einzuschwören. Stattdessen Loyalitätsbekundungen gegenüber dem Regime die an Nibelungentreue grenzten: »Wir müssen uns in die Bresche werfen, wir müssen sehen, ob wir genug Einfluss bekommen, unsere Forderungen durchzusetzen; und, wenn es möglich ist, sie mit der Rettung des Landes zu verbinden, dann ist es unsere verdammte Pflicht und Schuldigkeit, das zu tun.«

Da er nichts forderte, was dem überkommenen Herrschaftssystem ernstlich Schaden hätte zufügen können, kam Eberts indirekte Parteinahme für Max von Baden im Kern einer Unterordnung der stärksten parlamentarischen Kraft in Deutschland unter die vagen Absichtserklärungen eines Kanzlerkandidaten gleich, der jeden Nachweis seines staatspolitischen Könnens und seiner Durchsetzungskraft bisher schuldig geblieben war. Warum Fritz Ebert ein solches Risiko einging, lässt sich rein rational nicht hinreichend erklären. Hier muss eine bizarre Mischung aus Vertrauensseligkeit, positivem Vorurteil, aber auch aus Sorge vor der militärischen Niederlage, aus mangelndem Selbstvertrauen und übersteigertem patriotischen Pflichtgefühl am Werk gewesen sein. Darüber hinaus dürfte Eberts notorische Angst vor russischen Verhältnissen maßgeblich dazu beigetragen haben, in der deutschen Monarchie ein Bollwerk gegen den andrängenden Bolschewismus zu erblicken, das er unter einem Reichskanzler Max von Baden entsprechend in Stellung bringen wollte.

Jedenfalls sah er sich Ende September 1918 in der Verantwortung, die Kanzlerkandidatur des badischen Prinzen in Berlin nach Kräften zu befördern, die nationale Verteidigung im Verein mit den bürgerlichen Parteien zu organisieren und der eigenen Partei ihre Bedenken gegen eine Regierungsbeteiligung auf dem Boden des monarchischen Herrschaftssystems auszureden. Bei der Formierung dieser neuen Allianz, um das Kaiserreich vor militärischer Niederlage und politischem Untergang zu bewahren, kam Ebert eine Schlüsselrolle zu. Diese jedoch vermochte er nur erfolgreich zu spielen, indem er nicht alle seine Absichten preisgab. Entsprechend artikulierte er gegenüber der SPD-Führung nie offen seine innere Parteinahme für den Prinz-Kanzler, die einem Schulterschluss der beiden Badener gleichkam. Und auch für politische Finten und Geheimabsprachen mit bürgerlichen Politikern zur Beförderung seines Projekts, eines »Kabinett[s] der nationalen Verständigung«,[196] war Ebert sich nicht zu schade. Im Einzelnen ist das hier nicht nachzuzeichnen, umso weniger, als sein Kalkül, Prinz Max als Wunschkandidaten der Reichstagsmehrheit zum Chef einer neuen Regierung des Volksvertrauens zu machen, nicht aufging.

Denn seit der militärischen Bankrotterklärung der Obersten Heeresleitung Ende September 1918, überstürzten sich die Ereignisse derart, dass Max von Baden am 1. Oktober, höchstselbst von Wilhelm II. präsentiert, als Favorit von Hindenburg und Ludendorff im politischen Berlin Einzug hielt – mit dem Auftrag, den kaiserlichen »Demokratieerlass« zu verwirklichen. »Der Mann ist ausdrücklich gegen unser Vorhaben lanciert worden von der anderen Seite«, soll Ebert damals im Reichstag ganz pikiert beanstandet haben.[197] Doch nach einer vertraulichen Unterredung mit dem designierten Kanzler war für ihn die politische Welt am nächsten Morgen schon wieder in Ordnung. Bei Eberts Eintreffen zu einer gemeinsamen Partei- und Fraktionssitzung im Anschluss war dort die Stimmung allerdings klar gegen eine Regierungsbeteiligung der MSPD umgeschlagen. Zurecht fürchtete man in der Konkursmasse des Kaiserreichs aufzugehen, dessen Ende sich nun deutlich abzeichnete. Mit aller Kraft stemmte sich Ebert gegen diese

Tendenz, drohte sogar mit Rücktritt, »wenn jetzt die ganze Sache über den Haufen geworfen würde«. Er beschwor die Partei, »dem Volk in diesen so unendlich schweren Tagen ihre Kraft in jeder Beziehung zur Verfügung zu stellen« – zunächst und vor allem durch Zustimmung zur Kanzlerschaft des Prinzen und durch den Eintritt von Sozialdemokraten in dessen Regierung. Ja, »ein schwerer Schritt« sei das, aber es beginne »ein neues Reich und eine neue Politik«, und da gebe es »kein Zurück«.[198]

Wie es Ebert gelang, die führenden Genossen dauerhaft wieder auf seine Seite zu ziehen, war ein demagogisches Bravourstück. Diese Höchstleistung richtig einzuschätzen, vermag nur, wer in Rechnung stellt, dass es für Ebert hier um einen Entschluss von existenzieller Bedeutung ging. Die politische Mission, um die er rang, war ein Opfer seiner Partei im Interesse des Vaterlandes, selbst um den Preis ihrer Entmündigung und programmatischen Konturlosigkeit. Doch warum war er bereit, das politische Selbstbestimmungsrecht seiner Partei für das Linsengericht eines Regierungseintritts herzugeben? Diese Haltung ist lediglich nachvollziehbar, wenn man Eberts Aussage wortwörtlich nimmt, dass er ohne jeden Aufschub »an der Verhinderung einer Katastrophe nach außen wie nach innen mitarbeiten wolle«.[199] Mit der »Katastrophe nach außen« meinte er die Kapitulation, mit jener nach innen die Revolution. Denn genau diese Szenarien scheint Max von Baden seinem politisch wichtigsten Verbündeten bei ihrem Treffen am 2. Oktober 1918 in drastischen Farben ausgemalt zu haben. Das geht aus den Andeutungen hervor, die der Prinz zwei Wochen später seinem großherzoglichen Vetter Friedrich gegenüber in einem streng vertraulichen Brief gemacht hat.[200] Als er gerufen wurde – heißt es dort – sei es für die Rettung des Kaiserreichs »zu spät« gewesen, weil das »alte preußische System« bereits einen »völligen Zusammenbruch« erlitten hatte und das »militärische Rückgrat schon gebrochen« war.

»Die Oberste Heeresleitung hat zuerst die Politik vergewaltigt; dann, als die Lage schlechter wurde, das deutsche Volk betrogen. Hertling war zu schwach, um zu widerstehen; zu blind, um zu sehen, wohin seine Schwachheit uns riss. Der Kaiser in seiner völligen Unfähigkeit, Wahrheit von Trug zu unterscheiden, war nicht befähigt, die Lage zu übersehen: zumal seine große innere Schwäche ihm nicht gestattete, der O.H.L. zu widerstehen und eigene Politik zu machen. [...] Wir stehen mitten in einer Revolution. Gelingt es mir, diese friedlich zu gestalten, so können wir noch als Staat nach Friedensschluss weiterbestehen. Gelingt das nicht, so kommt die Revolution der Gewalt und der Untergang.«

So ungefähr wird Max von Baden auch Ebert gegenüber argumentiert haben: drohende Katastrophe all überall. Und was nun? Folgt man der Diktion des spät berufenen Retters, so sei er damals von »allen maßgebenden Faktoren« bestürmt worden, die Rolle dieses friedensstiftenden Gestalters zu übernehmen. Konkret: Wilsons Bedingungen für einen Verhandlungsfrieden anzunehmen und den amerikanischen Präsidenten in seiner – nach Max' Worten – »Weltbeglückungstheorie« zu bestärken. Aber noch etwas anderes sollte er in die Wege leiten, nämlich das politische Ansehen Deutschlands zu wandeln. Und genau an dieser Stelle kommt Friedrich Ebert wieder ins Spiel, der dem Prinzen genau diese Aufgabe verschrieb – als Gegenleistung für ein systemkonformes Engagement seiner sozialdemokratischen Partei. So kam jetzt ein informelles Schutz- und Trutz-Bündnis zwischen dem machtpolitisch bereits aufgelaufenen Deutschland-Retter fürstlicher Herkunft und dem von Kapitulations- und Revolutionsfurcht geplagten Arbeiterführer zustande. Wie begründet Eberts Angst vor einem Umsturz Anfang Oktober 1918 tatsächlich war, wird noch zu zeigen sein. Hier reicht der Hinweis, dass auch andere führende Mehrheitssozialdemokraten schon damals mit dem Ausbruch einer Revolution rechneten.[201] Umso mehr, als die Unabhängige Sozialdemokratie, die einflussreichste Konkurrentin bei den Arbeitermassen, bereits im Begriff stand, einen solchen Umsturz politisch vorzubereiten. Denn für deren Vorsitzenden Hugo Haase stellte sich die Lage dar als ein vollständiger »Zusammenbruch eines politischen Systems«,[202] das er nur zu gern durch eine sozialistische Republik ersetzen wollte.

Friedrich Ebert hatte also sehr gute Gründe, sich politisch bei Max von Baden rückzuversichern und seine Partei auf diese Vereinbarung, wiewohl sie sein persönliches Geheimnis blieb, mit der geballten Kraft seiner Autorität einzuschwören. Er sah darin die letzte Chance, den überaus riskanten Zusammenbruch des deutschen Machtstaats aufzuhalten, womöglich sogar abzuwenden, und dennoch die Sozialdemokratie an der Macht im Staat zu beteiligen. Dabei verstand er sich als Brückenbauer von der alten in eine neue Zeit, bei deren Anbruch er Geschichte zu schreiben gedachte. Allerdings führte diese Auffassung von seiner historischen Aufgabe auch zu seinem einsamen Entschluss, nicht persönlich in die Regierung einzutreten, was alle politischen Lager in Berlin erwartet hatten – auch der Regierungschef. Aber nein, Ebert schickte seinen Parteirivalen Philipp Scheidemann als parlamentarischen Staatssekretär ins Kabinett – ein weiterer Coup an diesem ereignisreichen Tag. Durch dieses Husarenstück band er den renitenten Mitparteiführer in die Kabinettsdisziplin der neuen Reichsregierung ein und hatte fortan freie Hand bei der Leitung der Partei. Diese alleinige Verfügungsgewalt über die »letzte Reserve deutscher Kraft«[203] machte Ebert zu einer wichtigen Machtinstanz in den Kulissen der politischen Bühne, und als solche wollte er sich einbringen, um die Reichsregierung zu stützen. Freilich brachte er sich damit auch in eine vorteilhafte Position für den Fall, dass der Prinz seine Mission am Ende doch nicht sollte erfüllen können. Aber zunächst und vor allem stand für ihn auf der Tagesordnung, eine möglichst parlamentarisch eingefärbte Monarchie zu etablieren, die das taumelnde Reich noch einmal auffangen sollte.

So stringent diese Überlegungen auch erscheinen mögen, sie waren weder machtpolitisch noch moralisch alternativlos. Die Führung der sozialistischen Arbeiterbewegung hätte damals auch einen ganz anderen, einen eigenen, selbstbewussten Kurs einschlagen können. Hätte sie Anfang Oktober 1918 tatsächlich den damaligen Volkswillen zur bestimmenden Gewalt in Deutschland machen wollen, so hätte sie ungeniert den Thronverzicht Kaiser Wilhelms II. und die Entlassung der Obersten Heeresleitung fordern müssen; außerdem eine Rechenschaftspflicht des Kanzlers gegenüber dem Parlament und die Einberufung einer Nationalversammlung zwecks Umbau der deutschen Reichsverfassung. Demokratische Reformen wie diese hätten die Gefahr eines deutschen Bolschewismus ebenso gebannt, wie sie eine revolutionäre Eruption der aufgeladenen Volksstimmung unterbunden hätten. Voraussetzung dafür war indes eine Parteiführung mit klarem Willen zur Macht. Diesen durchaus gangbaren Weg zu beschreiten, war für Ebert damals ausgeschlossen; vor allem weil er die Instabilität, die Morschheit des Wilhelminischen Staatsgefüges nicht wahrhaben wollte; weil er die sozialen Errungenschaften eher mit den überkommenen Machthabern als gegen sie retten zu können glaubte; und weil er das Risiko eines kämpferischen Konfrontationskurses weit mehr scheute als öffentlichen Ansehensverlust durch die Duldung eines Regimes, das sich überlebt hatte. Er wollte noch immer keinen Bruch des Burgfriedens; nicht einmal den Anschein einer politischen Selbstermächtigung erwecken. Die Hoffnung auf Integration war immer noch nicht gestorben, und so unterblieb im Oktober 1918 ein unumkehrbarer Politikwechsel. Die Ebert'sche Bindung an die Regierung Max von Baden war ein politisch-moralisches Statement, aber ein sozialdemokratischer Griff zur Macht war sie genauso wenig wie ein erfolgversprechender Weg zum Frieden. »Der Prinz Max und das Große Hauptquartier und der Kaiser« – so schrieb damals Ernst Bloch äußerst hellsichtig in einer Schweizer Zeitung – »alle diese können gar nicht den demokratischen Frieden schließen, so wenig wie ein Gestorbener an seinem eigenen Begräbnis als Leidtragender teilnehmen kann. Das Volk muss man hören, nichts als das Volk und neue Männer, vertrauenswürdige, an der Spitze eines neuen Deutschland.«[204]

Mit seiner systemkonformen Haltung trug der mächtige Führer der deutschen Sozialdemokratie maßgeblich dazu bei, den akuten Zerfallsprozess des Bismarckreiches erst einmal abzubremsen, ja zu entschleunigen. Freilich nur für ein paar Wochen, denn die politische Sterbephase war längst eingeläutet. Aber der Patient hing jetzt erst einmal am Tropf der Ebert-Partei und mochte sich der Hoffnung hingeben, mit dieser Blutauffrischung vielleicht doch noch überleben zu können. Das Kalkül schien aufzugehen, jedenfalls in den Wahrnehmungsmustern der beiden Hauptspekulanten. Schon eine Woche nach Amtsantritt vertraute der Prinz-Kanzler einem Standesgenossen an:

»Die Gefahr einer Revolution, die vorhanden war, ist wieder behoben.«[205] Während sein Partner Ebert einem Bremer Senator gegenüber nur wenig später versicherte: »Der Kaiser kann unserer Meinung nach ruhig bleiben, nachdem er den Wünschen des Volkes so weit entgegengekommen ist.«[206]

Diese gewohnheitsbedürftige Konstellation und Politik zu rechtfertigen oder gar öffentlichkeitswirksam zu verkaufen, fiel der Ebert-Partei allerdings sichtlich schwer. Das sozialdemokratische Zentralorgan *Vorwärts* begründete den Regierungseintritt der SPD denn auch anfangs allein mit dem Halbsatz: »um für die Freiheit des deutschen Volkes und für den Frieden der Welt zu kämpfen«.[207] Und Ebert wollte es bei dieser nebulösen Feststellung wohl erst einmal belassen, sonst hätte er sich im Reichstag nicht so vehement dagegen gesperrt, über die Regierungserklärung des Prinzen Max vom 5. Oktober 1918 eine Parlamentsdebatte zuzulassen, wie dies der Fraktionsvorsitzende der USPD Hugo Haase mit der mutigen Begründung gefordert hatte: »Aufgabe der Volksvertretung wäre es in diesem historischen Augenblick, da das alte System abdanken muss, auf das künftige Geschick des deutschen Volkes entscheidenden Einfluss zu üben und die Souveränität des Volkes zur Geltung zu bringen.«[208] Genau das aber hatte Friedrich Ebert bewusst nicht in die Präambel seines Bündnisvertrags mit dem Prinzen Max von Baden aufgenommen. So blieb der tiefere Sinn der Verabredung noch eine ganze Weile lang im Ungefähren, und ein Bruch mit der Lug-und-Trug-Politik der Vorgänger-Regierung wurde nicht vollzogen.

Eberts Politik als Verrat oder als bürgerlichen Reformismus zu etikettieren, greift jedoch an seinen Absichten vorbei. Sein politisches Ideal war und blieb der legale Übergang zu einer demokratisch legitimierten Volksregierung mit einem monarchischen Staatsoberhaupt. Bei diesem Reformvorhaben sollte die Sozialdemokratie eine wichtige Rolle spielen, aber noch nicht unbedingt die maßgebliche. Erst einmal sollte dem Staatsgedanken zu allgemeiner Anerkennung verholfen werden, also die Unverzichtbarkeit funktionstüchtiger bürokratischer Einrichtungen für die politische Steuerung der Gesellschaft – ganz gleich, ob kapitalistisch oder sozialistisch. Ebert wollte Kontrolle, jeder eigenmächtigen Politik der Straße blieb er abhold. Er gehörte zu jener Sorte Politiker, die »auf zwei Schultern« trägt: einerseits staatskonform patriotisch, andererseits latent oppositionell. Bis November 1918 stand er zwischen den revolutionären Ambitionen des Volkes und dem letzten reformbereiten Aufgebot des Kaiserreichs.

Irrig war indes seine Annahme, die Regierung Max von Baden würde sich gleichsam von selbst als *Volksregierung* im öffentlichen Bewusstsein verankern – oder wenigstens als erste zivile Instanz, die ohne jede Beeinflussung durch Kaiser oder Militärführung Friedensarbeit verrichtete. Erstens war dem nicht so, zweitens sprach der neue Kanzler auch noch vier Wochen nach Amtsantritt intern nur von einer »volkstümlichen Regierungsform«,[209] und drittens wurde das Kabinett des Prinzen in der politischen Öffentlichkeit auch keineswegs als Vorkämpfer für neue Freiheiten wahrgenommen. Mit Phrasen – wie dies die sozialdemokratische Presse eine Zeit lang versuchte – war diesem Anerkennungsmanko auf Dauer kaum beizukommen.[210] Erst zehn Tage nach dem Regierungseintritt rang sich der Parteivorstand der SPD zu der Einsicht durch, dass die Bedeutung jenes vermeintlich epochalen Politikwechsels »weitesten Volkskreisen noch nicht zum vollen Bewusstsein gekommen ist«.[211] Zu diesem Zeitpunkt hatte sie allerdings die politische Deutungshoheit über die Lage bereits verloren – einmal an US-Präsident Wilson, der mit seiner zweiten Note in Berlin glaubhafte demokratische Systemveränderungen anmahnte, und an die unabhängigen Sozialisten, die nicht zuletzt mit ihrer Forderung nach einer volkssouveränen deutschen Republik an Masseneinfluss gewannen. Ein sozialdemokratischer Aufruf, der unverkennbar Eberts Handschrift trug, versuchte, das verlorene Terrain wieder zurückzugewinnen, indem er »den Verständigungsfrieden und die Demokratisierung unseres Landes« zum politischen Kernprogramm der Regierung Max von Baden stilisierte. Dessen »tatkräftige« Inangriffnahme habe Deutschland unumkehrbar auf den »Weg vom Obrigkeitsstaat zum Volksstaat« geführt: eine »friedliche Revolution«, die der Parole »Der Wille des Volkes oberstes Gesetz« verpflichtet sei.

Da war allerdings wohl eher der Wunsch Vater der Parole, was sich in etlichen Verweisen auf Kommendes zeigt. In einem fort heißt es darin, »wird werden«, »streben wir an«, »wollen wir überleiten« und »die Zukunft gehört« ... Verständlich, denn von nachweislichen Erfolgen der »friedlichen Umwälzung« konnte ja keine Rede sein. Immer noch war die autokratische Verfassung des Bismarckreiches von 1871 in Kraft, und an den Schalthebeln der Macht saßen die Wilhelminischen Eliten. Insofern war die »Volksregierung« vor allem eine rhetorische Figur, die den Verzicht auf radikaldemokratische Ansprüche legitimieren sollte, Politikersatz mithin. Ebenso fragwürdig mutet es an, dass in dem Aufruf so getan wurde, als müsse das Volk seine politische Emanzipation gar nicht mehr selbst erkämpfen, sondern könne diese Befreiung getrost der neuen Regierung überlassen – »angesichts der Morgenröte des Friedens und der Freiheit«, die in Deutschland jetzt angebrochen sei. Verständlich ist solch ein Konstrukt erst mit Blick auf den eigentlichen Gegner dieser sozialdemokratischen Meinungsmacher: vermeintlich unverantwortliche Quertreiber, die Deutschlands friedlichen Weg zur Demokratie mit »bolschewistischen Revolutionsphrasen« durchkreuzen wollten, indem sie die Arbeiter »gegen die Regierung aufzuputschen versuch[t]en«. Hier scheint einmal mehr hervor, wie sehr der Ebert-Partei die Furcht vor einem »bolschewistischen Chaos« im Nacken saß, die letztlich der Grund für ihren Pakt mit der Monarchie war. In den Worten des Aufrufs: »Nur um unser Land vor dem Zusammenbruch zu bewahren, haben Vertreter unserer Partei das Opfer auf sich genommen und sind in die Regierung eingetreten.« Damit jedoch band die SPD-Führung ihr Schicksal fest an jenes der neuen Reichsregierung, und mit der Aufwertung des Regierungswechsels zu einer »Wiedergeburt des Volkes«[212] war die Partei nachgerade zur Identifikation mit der neuen Reichsleitung verdammt. Folgerichtig musste sie ihr fortan politischen Erfolg, politische Innovation und vor allem historische Großtaten bescheinigen, wäre doch alles andere auf Selbstdemontage hinausgelaufen.

Die Kehrseite dieser übertriebenen Selbstverpflichtung bestand darin, andere Meinungen über Deutschlands Weg zu einem demokratischen Volksstaat als prinzipiell falsch und schädlich, ja sogar reaktionär abzustempeln. Diese Intoleranz war der Ausprägung einer pluralistischen Streitkultur in Deutschland alles andere als zuträglich, zumal die derart Diffamierten mit teils noch übleren Retourkutschen reagierten. Damit war der Bruderkrieg ideologisch bereits ausgebrochen, bevor es zu gewaltsamen Zusammenstößen kam. Und auch dem

Berliner Krisenmanagement erwies die Mehrheitssozialdemokratie, indem sie zum Reklame-Unternehmen und zur Affirmationsinstanz der Regierung Max von Baden wurde, einen rechten Bärendienst. Der nüchterne Blick auf die Zerfallserscheinungen des Kaiserreichs ging ihr verloren; wie auch die Sensibilität gegenüber dem emanzipatorischen Potenzial, das sich nun allenthalben in Protestbewegungen artikulierte. So lief sie den bewegten Zeiten und Zuständen immer mehr hinterher und manövrierte sich schließlich in eine Sackgasse. Auf diesen Weg verpflichtete Ebert seine Partei noch einmal am 22. Oktober mit seiner Reichstagsrede, als er den Regierungsantritt des Prinzen Max zum »Geburtstag der deutschen Demokratie« stilisierte, der »eine neue innerpolitische Epoche« eingeleitet habe. Einmal zum »Wendepunkt in der Geschichte Deutschlands« erklärt, blieb nun nichts anderes übrig, als dieser Regierung die Stange zu halten, zumal es politisch »um Sein oder Nichtsein« ging.[213] Folgerichtig drängten Ebert und Genossen nun auf Verfassungsreformen, um der Öffentlichkeit das Ende des alten Systems endlich auch irgendwie sichtbar zu machen: »Wir müssen Taten vollbringen, wenn wir die Stimmung im Lande halten wollen.« »Wenn die Dinge sich nicht schnell umgestalten, geht alles über Kopf.«[214] Was das meinte, brachte Philipp Scheidemann am selben Tag im Kriegskabinett zur Sprache: »Die Gefahr des Bolschewismus werde immer größer«.[215]

Doch an »Taten« kam erst einmal nur ein Gesetzentwurf zur Einschränkung der militärischen Kommandogewalt des Kaisers heraus, ein kleiner Schritt auf dem Weg, die zivile über die Militärgewalt zu stellen. Eine überfällige Beschneidung kaiserlicher Rechte gewiss, aber keine durchgreifende Maßnahme zur Demokratisierung des monarchischen Herrschaftssystems. Ebenso wenig wie der weitere Parlamentsbeschluss, dass nur noch Reichskanzler werden konnte, wer das Vertrauen des Reichstags besaß. Mit der dritten Wilson-Note fand diese Mimikry ihr abruptes Ende. Jetzt musste man in größeren Schritten denken, auch in der sozialdemokratischen Parteiführung. Wollte man sich nicht lächerlich machen mit der fortgesetzten falschen und von Wilson öffentlich angezweifelten Behauptung, das deutsche Volk habe seine Geschicke selbst in die Hand genommen,[216] so galt es nun, überzeugende Beweise zu liefern. Diese hatte auch Wilson ultimativ gefordert und damit reichlich Wasser auf die Mühlen der USPD-Politik geleitet. Nun standen die Dinge wirklich »auf des Messers Spitze«.[217]

Auch die Frage nach der Kaiserabdankung stellte sich dringlicher denn je. Bis in die letzte Oktoberwoche hinein hatte die Parteileitung versucht, um dieses Thema mit der Behauptung herumzukommen, »dass durch derartige Erörterungen die Friedensverhandlungen verkompliziert würden.«[218] Dieses Argument hatte die dritte Wilson-Note mit einem Schlag entkräftet, schien es nun doch, als dürfe ein Deutschland ohne Kaiser auf einen erträglicheren Frieden hoffen als eines mit ihm. Und dennoch hielt sich die Parteiführung selbst jetzt, da diese Gretchenfrage alle Gemüter bewegte, aus der Debatte heraus, obwohl die meisten MSPD-Abgeordneten entschieden auf die Abdankung hinwirken, daraus sogar eine Kabinettsfrage machen wollten. Das ist dem Protokoll ihrer Fraktionssitzung am 25. Oktober zu entnehmen, auf der Ebert einen entsprechenden Beschluss zu verhindern wusste. Jetzt möge man erst einmal die in die Wege geleitete Verfassungsreform wirken lassen, argumentierte er, und »nicht den gesunden Lauf der Entwicklung durch ein nervöses und übereiltes Handeln stören«.[219] Nachdrücklich warnte Ebert auch vor einem Koalitionsbruch. Warum? – Weil er davor zurückschreckte, der Entscheidungskompetenz des Prinzen Max vorzugreifen.

Doch selbst als der Reichskanzler den Thronverzicht Wilhelms II. für unvermeidlich erklärte, hielten sich die Sozialdemokraten mit einer öffentlichen Rücktrittsforderung zurück. Nicht einmal auf die provozierende Flucht des Kaisers ins Große Hauptquartier reagierte die Partei mit deutlich vernehmbarem Protest. Im Gegenteil: Ebert selbst gab Ende Oktober preis, »dass sowohl er wie Scheidemann seit den letzten Tagen sich mit aller Gewalt dagegen stemmten und ihre gesamte Presse entsprechend gebeten [hatte], die Person des Kaisers respektive die Abdankung aus dem Spiel zu lassen«.[220] Ein Blick in die Parteipresse verrät, wie erfolgreich er mit diesen Bemühungen war: Der einzige Leitartikel, den das Zentralorgan *Vorwärts* zu diesem

Thema am 31. Oktober 1918, also wenige Tage vor dem Ausbruch der Revolution, veröffentlichte, enthält als politische Substanz nicht mehr als ein Stoßgebet im Schlusssatz: »Wann wird er es tun?«[221]

Politik kann man dieses uneigentliche Reden wahrlich nicht nennen; eher ein Armutszeugnis, freilich eines mit Hintersinn. Der lässt sich entschlüsseln, wenn man auch in die informellen Sphären hineinleuchtet, in denen sich führende Sozialdemokraten über die Kaiser-Frage äußerten. Für Fritz Ebert sind da höchst aufschlussreiche Statements überliefert, die er in den letzten Oktobertagen sowohl Regierungsmitgliedern als auch führenden Parteipolitikern gegenüber machte. Mit Bedacht, wie man getrost unterstellen darf. Bei einem halboffiziellen Mittagessen, zu dem Außenminister Wilhelm Solf geladen hatte, soll er wörtlich gesagt haben: »Ich bin dafür, dass die deutsche Monarchie bestehen bleibt. Deutschland ist nicht reif für eine Republik, und wir Sozialdemokraten, die das wissen, fürchten den Augenblick, da die Masse, die Straße, unter dem Einfluss der Unabhängigen die Durchführung unsres Parteiprogramms von uns verlangt und eine Republik fordert. Aber damit wir die Monarchie erhalten und eine Republik vermeiden können, muss der jetzige Monarch zurücktreten. Nicht etwa, weil die Entente-Meinung über ihn richtig wäre; ich glaube sogar dass die Geschichte ihm gerechter werden kann als die Gegenwart. Sondern ganz einfach, weil er diesen Krieg verloren und damit Bankrott erlitten hat. Die Firma aber kann und muss erhalten bleiben. Aber nicht durch den Kronprinzen; er ist wirklich und mit Recht unpopulär. Aber ich denke an eine Reichsverweserschaft durch eine Persönlichkeit wie Prinz Max.«[222]

Diese Ansicht wiederholte er am folgenden Tag in ähnlicher Runde mit der präzisierenden Ergänzung: Die Monarchie »müsse erhalten bleiben, da das deutsche Volk noch nicht fähig sei, sich selbst zu regieren. Hierzu müsse es erst unter einer demokratischen Monarchie erzogen werden«.[223] Dass sich der sozialdemokratische Parteiführer noch wenige Tage vor der Ausrufung der deutschen Republik als Vernunftmonarchist bekannte, verdient Beachtung. Umso mehr, als dieser Sozialdemokrat es damals sogar als »Unglück« bezeichnete, »dass der Gedanke, die Person des Kaisers sei ein Friedenshindernis, immer mehr im Volk Platz greife.«

Hier zeigt sich in aller Deutlichkeit, für wie notwendig Ebert den Fortbestand der Monarchie damals noch ansah; dies aber nicht zur Parteiraison erklären konnte und durfte. Daher der auffällige Verzicht auf die politische Meinungsführerschaft in der so wichtigen Kaiserfrage. Noch zehn Jahre später taten sich enge Weggefährten Eberts schwer, solch eine Einstellung zu rechtfertigen.[224] Doch angesichts der revolutionären Zuspitzung Ende Oktober 1918 glaubte Ebert, die Monarchie zu brauchen und deshalb schonen zu müssen. Wenn es nach ihm ging, sollte Wilhelm II., in Eberts Augen ein Unglücksrabe, nur abdanken, um einem Stellvertreter Platz zu machen, der dann der Krone zu neuer Autorität verhelfen würde. Deutlicher hätte seine Übereinstimmung mit Prinz Max von Baden wohl kaum zum Ausdruck kommen können; so wurde Ebert jetzt zum wichtigsten Resonanzverstärker dieses potenziellen Ersatzkaisers – frei von Bedenken, damit programmatischen Grundsätzen seiner Partei den Rücken zu kehren. Diese Einstellung ergibt Sinn, wenn der politische Zweck mitbedacht wird, den der SPD-Vorsitzende damit verfolgte; nämlich das Reichsverweser-Modell, seine letzte Hoffnung auf Revolutionsvermeidung. Seine größte Sorge blieb, dass sein verfassungspolitisches Ideal: die (bürgerlich-liberale) Demokratie bei einem jähen Ende der Monarchie existenziell gefährdet wäre. Und seine Partei womöglich auch. Die geschichtsträchtige Institution wurde für ihn zu einer Art Assekuranz: Ließ er die Monarchie nicht im Stich, so würde sie auch seine SPD schützen – etwa gegen feindliche Übernahme durch die Linksradikalen. Dieses Argument, besser: diese Hoffnung scheint für ihn schwerer gewogen zu haben als das Risiko, Politik gegen die Stimmung der eigenen Anhängerschaft zu machen. Wenn schon Revolution, dann eine staatlich gesteuerte, kontrollierbare – mit Unterstützung der Monarchie, genauer: einer volkstümlichen und personell erneuerten.

Da war ganz offensichtlich hinter den Kulissen ein neuer geheimer Rückversicherungsvertrag geschlossen worden, der in Eberts politischen Horizont einen dicken Silberstreifen eingezogen hatte. Und der offenbar auch bei seinem Partner Max noch einmal kurzzeitig Zuversicht aufwallen ließ. Sonst hätte er am 1. November 1918 nicht Scheidemann bei seinem persönlichen Insistieren auf einen Kabinettsbeschluss zum Thronverzicht des Kaisers so auflaufen lassen können. Mit dem dezenten Hinweis nämlich, dass der Herr Staatssekretär »mit seiner Forderung doch nicht die sozialdemokratische Partei geschlossen hinter sich habe, dass vielmehr von einflussreichen Sozialdemokraten der gegenteilige Standpunkt vertreten werde«.[225] Wir wissen, Max von Baden klammerte sich damals noch an den Strohhalm, Thronverweser zu werden und die Macht im Staate dann womöglich mit einem Reichskanzler Ebert zu teilen. Für Letzteren gab es keinen Grund, diesen gemeinsamen Plan zu verraten, auch oder gerade nicht, nachdem die Abdankungsforderung zur allgemeinen Parole geworden war und sich abzeichnete, dass die Arbeiter nicht mehr geschlossen hinter seiner Partei standen. Selbst Scheidemann konnte er Anfang November dazu bewegen, sich angesichts der revolutionären Bewegungen mit antimonarchischen Vorstößen zurückzuhalten. »Die Zentralfrage ist nicht die Kaiserfrage«, so erklärte dieser daraufhin im Kabinett, »sondern: Bolschewismus oder nicht.«[226] Dieses Gespenst also galt es jetzt mit allen Mitteln zu vertreiben. Warum nicht auch hinter dem von Haus aus antirevolutionären Bollwerk der Monarchie? Natürlich mussten ihr dafür der Giftzahn des preußischen Militarismus gezogen und auch den lädierten Kaiser Wilhelm galt es loszuwerden. Aber die Erhaltung einer mehr oder minder demokratischen Monarchie unter einem vorzeigbaren Fürsten, das schien der MSPD auch in der ersten Novemberwoche noch aller politischen Anstrengung wert. Nun, da die Revolution im Anmarsch war. Doch Ebert lief die Zeit davon, weil seine Partei bereits den Anschluss an die voraneilenden Kräfte der deutschen Politikgeschichte verloren hatte. Angesichts der ohnedies schon fehlenden Rückbindung des Regierungshandelns an die Nöte des Volkes brachte dies die Partei noch weiter in die Defensive.

Prinzipiell hielt sie dem Kanzler weiterhin die Treue, aber die Führung sah sich jetzt gezwungen, der Regierung das Bewusstsein zu schärfen für den »den grundstürzenden Wandel der Dinge«, der eingetreten sei und dessen Dramatik nicht länger heruntergespielt werden dürfe. »Die augenblickliche Situation«, schrieb der *Vorwärts* am 3. November 1918,[227] »stellt die Arbeiterklasse vor die schwerste Probe ihrer politischen Reife.« Jetzt müssten Entschlüsse von »ungeheuer weittragender Bedeutung« gefasst, namentlich die sogenannte Kaiserfrage beantwortet werden. Die Regierung möge dem Kaiser empfehlen, »zurückzutreten«, weil es »im Interesse der Monarchie« und auch des Monarchen selbst liege, wenn dieses leidige Thema »baldmöglichst zu einem Abschluss« gelange. »Wir wollen aber gar nicht überwältigen, sondern wir wollen überzeugen, und wenn ein Zwang vorliegt, so geht er nicht von uns, sondern von den allgemeinen Verhältnissen aus.« Man möge sich daher nicht gegen etwas sträuben, »was man auf die Dauer doch nicht verhindern« könne. In der Grundhaltung hatte sich also rein gar nichts verändert, lediglich im Ton. Das geht auch daraus hervor, was Ebert zwei Tage nach Erscheinen des Artikels gegenüber einem hohen Staatsbeamten als nach wie vor maßgebend für die Haltung seiner Partei artikulierte. »Einmal sei der Kaiser in Süddeutschland in höchstem Maße unbeliebt und untragbar geworden. Sodann aber müsse die Partei auf der Abdankung bestehen, weil sonst die Unabhängigen Oberwasser bekämen, die sich mit ihr nicht begnügten, sondern die Einführung der Republik verlangen würden. Das deutsche Volk sei für die Republik noch nicht reif und müsse erst für sie erzogen werden. Dies könne aber am besten unter einer demokratischen Monarchie geschehen. Deshalb müsse sie erhalten werden und um sie zu erhalten, der Kaiser abdanken.«[228]

Über unverbindliche Empfehlungen hinaus wollte die Partei jedoch vorerst nichts unternehmen, um ihren politischen Überzeugungen Nachdruck zu verleihen. Etwa ihre Anhänger aufzurufen, durch Demonstrationen oder Massenversammlungen Volkes Wort bei dieser wichtigen Entscheidung in die Wegschale zu werfen, lag ihr fern. Im Gegenteil beschwor sie die Öffentlichkeit sogar noch am 4. November, die »Verhandlungen [über einen Thronverzicht des Kaisers] nicht durch unbesonnenes Dazwischentreten zu durchkreuzen«.[229] Dass die Reichsregierung ihrerseits mit einem dramatischen Aufruf »An das deutsche Volk!« in die gleiche Kerbe hieb, indem sie es dringlich um Vertrauen, Selbstzucht und Ordnung bat, unterstreicht nachdrücklich, wer hier mit wem in einem Boot saß und gegen den revolutionären Strom ruderte. Schließlich waren es ausgerechnet bürgerliche Zeitungen, die endlich Taten forderten. »Die öffentliche Diskussion über die Kaiserfrage kann so nicht weitergehen«, schrieb etwa die *Vossische Zeitung*. »Man muss von der Regierung Führung verlangen.«[230] Und das *Berliner Tageblatt* ergänzte: »Wir glauben, dass sich eine Wandlung nicht allein durch Gutzureden erreichen lässt.« Die Regierung »wird, bei der im ganzen Land herrschenden Stimmung, ihre Stellung am besten durch den Beweis energievoller Aktionsfähigkeit sichern«.[231] Aber wie sollte das gehen mit einem Reichskanzler, der gerade aus einem dreitägigen Koma erwacht und im Grunde politikunfähig war? Und mit einer Arbeiterpartei, deren Vorstand auf die anrollende Revolution starrte wie das berühmte Kaninchen auf die Schlange?

Will man Eberts Beitrag zum Überlebenskampf der deutschen Reichsmonarchie im Herbst 1918 ermessen, sind die drei zentralen Faktoren in Rechnung zu stellen, die sein Handeln im gesamten Betrachtungszeitraum bestimmten: sein Vernunftsmonarchismus, sein Treuegelübde gegenüber Prinz Max von Baden und seine heillose Bolschewismusfurcht. Sie erklären das sonst Schwerverständliche: dass nämlich die Politik dieses staatsklugen Sozialistenführers in keiner Weise jene volkssouveräne Weimarer Republik antizipierte, die er als erster Reichspräsident ab 1919 so überaus glaubwürdig repräsentierte. Eine solche Staatsordnung lag ihm im Herbst 1918 noch völlig fern. Ebert wollte modernisieren, aber nicht durch den Druck der Straße und auch nicht durch Fundamentalopposition im Parlament. Im Verein mit jenen Eliten des Wilhelminischen Staates, die keine Berührungsängste gegenüber dem sozialistischen Lager mehr hatten, sollte der Wandel vonstattengehen, durch Verfassungsreformen und die Zulassung von Arbeiterführern zu Staatsämtern. Auf diesem Weg sollten der autokratische Machtstaat gezähmt und die Rechte der Arbeiter gestärkt werden. Von innen heraus würde dann der Obrigkeitsstaat sich selbst überwinden, womöglich mit einem royalen Oberhaupt an der Spitze, das das Volk akzeptiert und das höchstselbst für die Idee eines solchen organischen Übergangs stand. Deshalb war für ihn ein Volkskaisertum mit einer parlamentarisch legitimierten Exekutive die ideale Staatsform – und nicht etwa eine deutsche Volksrepublik.

Je mehr sich die Lage für die in Deutschland Herrschenden verschlechterte, je mehr der Revolutionslärm anschwoll, desto mehr kaprizierte sich Ebert auf dieses Zukunftsmodell. Insofern war ihm die

Offerte des Prinzen Max im September 1918 wie gerufen gekommen. Denn mit ihm als leitendem Staatsmann schien nicht allein die Verwirklichung seines reformpolitischen Traumes in greifbare Nähe gerückt, sondern auch begründete Hoffnung zu bestehen, der Gefahr eines revolutionären Umsturzes gemeinsam zu begegnen, von oben wie von unten. Doch ihr fest verabredetes Rettungsprojekt öffnete nur ein schmales Zeitfenster, in dem etwas nachhaltig zu bewegen gewesen wäre. Sie hätten die deutsche Monarchie tatsächlich über die turbulenten politischen Herbststürme hinweg retten können, aber nur durch eine mutige Revolution von oben, ohne Hintertüren und ohne legitimistische Skrupel, und mit spürbarem Verantwortungsbewusstsein gegenüber den tatsächlichen Bedürfnissen der Regierten.

Zwei Anlässe hatten sich geboten, um eine solche Revolution von oben in Angriff zu nehmen. Zunächst Anfang Oktober, als das Regime erstmals unübersehbar in die Knie ging, und erneut nach der dritten Wilson-Note, weil das preußisch dominierte Kaiserreich zu diesem Zeitpunkt endgültig jeden politischen Kredit aufgebraucht, ja überzogen hatte. Schon in der letzten Oktoberwoche war mit der deutschen Monarchie kein Staat mehr zu machen. Wer wie Ebert davor die Augen verschloss, der wurde zum – Konkursverschlepper.

Ebert hatte das Vertrauen, das die MSPD immer noch in weiten Kreisen der Arbeiterbevölkerung genoss, der Regierung Max von Baden zur Verfügung gestellt, um dem Staat bei den Massen wieder mehr Glaubwürdigkeit zu verschaffen. Dafür verzichtete er sogar auf jede selbstständige politische Aktion seiner Partei, die ihrer Programmatik entsprochen hätte. Das aber konnte nur solange gut gehen, wie diese Regierung tatsächlich »lieferte«, nämlich Freiheitsrechte, demokratische Teilhabe und Frieden. Das tat sie aber nicht, weil sie nicht wollte und nicht konnte. Auf diese Weise verspielte Ebert seine Machtstellung und das einflussreiche Gewicht seiner Partei. Die von ihm erzwungene Unterordnung der politischen Interessen des sozialdemokratischen Milieus unter die Wilhelminische Staatsraison geschah aus ehrenwerter Absicht, war aber ein schwerer strategischer Fehler. Ebenso falsch war das Bemühen der Parteipresse, die letzte Regierung des Kaisers mit Qualitätsmerkmalen auszustatten, die sie tatsächlich nie besessen hatte.

Totengräber wider Willen

Alle drei, Kaiser Wilhelm II, Prinz Max von Baden und Friedrich Ebert, waren im Herbst 1918 angetreten, um das Deutsche Kaiserreich zu erhalten, das realpolitisch betrachtet bis in den Oktober hinein auch tatsächlich noch zu retten war. Und ganz gegen ihren Willen wurden sie schlussendlich zu Totengräbern der Monarchie. Von unterschiedlichen Punkten aus waren sie aufgebrochen, hatten nahezu dasselbe Ziel verfolgt und dieses doch immer wieder aus den Augen verloren. Nicht zuletzt weil sie sich gegenseitig Hindernisse in den Weg stellten und zusehends in einen Teufelskreislauf gegenseitigen Misstrauens gerieten. Die Politikgeschichte, die sie schrieben, ist die eines gemeinsamen Scheiterns, wobei jeder auf seine Weise versagte. Während das Kaiserpaar aus einer starren Weltanschauung heraus und mit unübertroffener Selbstsucht agierte, war das Vorgehen des verschämten Monarchisten Ebert durchweg pragmatisch und verfassungstreu, aber auch übervernünftig und angstgetrieben. Weil er die Sozialdemokratie unbedingt zu einem festen Bestandteil des überkommenen Systems machen wollte, blieb er so starr in seiner Haltung, die kaiserliche Staatsführung auf keinen Fall herausfordern zu dürfen. Demgegenüber handelte der Endzeitkanzler primär als Phantast in eigener Sache – gehemmt durch große Feigherzigkeit. Am Ende hatten sich alle diese herausragenden Rettungskräfte verkalkuliert und überdies politisch schachmatt gesetzt.

3
Die Revolution bricht los

Das Volk am Vorabend der Novemberrevolution

Bislang haben wir die politische Landschaft des deutschen Reiches im Herbst 1918 vorzugsweise von der Warte der Führungselite aus betrachtet, doch nun ist es Zeit für einen Perspektivwechsel hin zu einer weiteren Größe in jenem Terrain: den damals in Bewegung geratenen Massen des einfachen Volkes. Wie haben die sich eingebracht in die Endzeit der überkommenen Ordnung? Waren sie schon im weiteren Vorfeld des 9. November auf Umsturz aus? Welche „revolutionäre" Bedrohung des deutschen Kaiserreichs ging überhaupt von ihnen aus? Letztgültige Antworten auf diese Fragen sind hier nicht zu erwarten, dafür ist die Forschungs- und Quellenlage noch immer zu bescheiden.[1] Doch möglicherweise werden einige aufschlussreiche Einblicke immerhin begründete Vermutungen zulassen.

Seit dem Sommer 1918 hatte sich deutschlandweit eine allgemeine Unzufriedenheit breitgemacht. Ursächlich dafür waren eine nochmalige Verschlechterung der ohnehin schon äußerst prekären Lebenslage des einfachen Volkes, die sich abzeichnende Kriegsniederlage der deutschen Armee und schließlich die politische Misshandlung durch den autoritären Staat. Im August war der Zeitpunkt gekommen, da die Bevölkerung diese Zumutungen nicht länger apathisch hinnahm, sondern mehr oder minder offenen Widerstand leistete. Weil die Reichsleitung keine Kontrolle über die Entwicklung gewann, nahm diese bald an Dynamik zu. Schon seit geraumer Zeit besaß die Obrigkeit keine rechte Vorstellung mehr davon, was im Schoß der deutschen Gesellschaft tatsächlich vor sich ging. Allerdings hatte sie sich auch gar nicht bemüht, sich ein realistisches Bild zu machen, wodurch es andere Kräfte umso leichter hatten, Einfluss zu nehmen. Diese Chance nutzte die politische Arbeiterbewegung, insbesondere deren linke Fraktion, die Unabhängige Sozialdemokratische Partei Deutschlands (USPD), die sich im Jahr 1917 von der Mehrheit der deutschen Sozialisten abgespalten hatte.[2] Sie war es, die dem Denken, Fühlen und diffusen Wollen der »Massen« im Sommer 1918 immer zugespitzter Ausdruck verlieh – in Wort, Schrift und auch mit Aktionen. Mit ihrer Agitation verstärkte sie den zunehmenden Widerwillen, Staatspropaganda und Schönfärberei Glauben zu schenken. Denn in Anbetracht der bereits grassierenden Skepsis war es ein Leichtes, den fortgesetzten politischen Betrug der deutschen Öffentlichkeit zu enttarnen, ja schließlich subversiv zu durchkreuzen. Die Politisierung und Radikalisierung der Massenstimmung ist ohne die USPD als treibender Kraft nur schwer vorstellbar. Mutig hat sie zur Beförderung ihrer Zwecke öffentliche Räume besetzt und Wege zur massenhaften Aneignung von Demokratie gebahnt.

Bereits zu Beginn des Jahres 1918 hatten weite Teile der Arbeiterschaft den sogenannten Burgfrieden aufgekündigt, was sich deutschlandweit in Massenprotesten artikulierte und zeigte, wie sich die Kriegsgesellschaft zu politisieren begann.[3] Zwar hatten sich die Proteste vor allem gegen die Verlängerung des Krieges gerichtet, darüber hinaus aber auch auf politische Reformen im Sinn einer raschen Demokratisierung aller Staatseinrichtungen gezielt. Dass der preußisch-deutsche Machtstaat mit diesen Unruhen noch einmal ohne nennenswerte Konzessionen fertig geworden war, konnte nicht darüber hinwegtäuschen, dass es sich dabei um einen politisch teuer erkauften Sieg handelte. So hatte etwa die rigorose Abkommandierung von rund fünfzigtausend renitenten Arbeitern an die Front nur zur Folge, dass die so Gemaßregelten jetzt dort agitierten und die Kampfmoral der Truppe herabsetzten. Auch die politische Stimmung in der Heimatgesellschaft sank durch die staatlichen Sanktionen. Das waren denkbar ungünstige Voraussetzungen für die große Frühjahrsoffensive, die mit ihren trügerischen Anfangserfolgen den angerichteten moralischen Flurschaden eine Zeit lang verdecken, aber keineswegs beseitigen konnte. In der Arbeiterbewegung war seit den Januarstreiks jedenfalls der Mut gewachsen, der herrschenden Macht entgegenzutreten und ihr insbesondere das Meinungsmonopol durch eine Art Gegenöffentlichkeit streitig zu machen. Diese unerwünschte Korrektur der öffentlichen Meinung tat den Herrschenden weh. Und sie bewirkte einen nachhaltigen Politisierungsschub nach links. Dabei trat die Konfliktlinie zwischen der Beschwichtigungspolitik der MSPD und der Vorwärts-Strategie der USPD schärfer denn je hervor. Dass unter dem Erfahrungsdruck des uferlosen Kriegselends der revolutionäre Tatwille der Letzteren zusehends größere Resonanz fand als der staatsloyale Konformismus der altbewährten Führer, macht die besondere politische Brisanz dieser Konstellation aus. Zum ersten Mal erfuhren die Mehrheitssozialdemokraten, wie schwer es war, die erregten Massen zu beruhigen, ohne ihr Vertrauen zu verlieren. Wie denn andererseits die USPD sich erst durch ihr Engagement in den Januarstreiks in der deutschen Arbeiterbewegung als ein schwergewichtiger politischer Machtfaktor etablieren konnte.[4] Im Windschatten dieses Erfolges versuchte sich nun auch die bislang eher marginale *Spartakusgruppe* zu profilieren. Sie hatte sich 1916 aus den radikalsten Gegnern der sozialdemokratischen Burgfriedenspolitik rekrutiert und verfocht kompromisslos den revolutionären Klassenkampf des internationalen Proletariats. Als linker Flügel der USPD bemühten sich die Spartakisten vergeblich, den politischen Kurs der Unabhängigen in ihrem Sinn zu beeinflussen. Doch in der Persönlichkeit von Karl Liebknecht besaßen sie eine prominente und populäre Führungskraft, die durch die monatelange politische Inhaftierung noch an charismatischem Format gewann. Insofern formierte sich jetzt im linkssozialistischen Milieu ein Politisierungspotenzial von nicht zu unterschätzender Bedeutung.

Im Lager der Wilhelminischen Eliten scheint die Erfahrung dieser massiven Arbeiterunruhen dem einen oder anderen kritischen Beobachter der Lage ein Licht aufgesteckt zu haben. So schrieb etwa der junge Diplomat Albrecht von Bernstorff – ein Neffe des letzten kaiserlichen Botschafters in Washington – Anfang Februar 1918 aus der Berliner Wilhelmstraße an seine Freundin: »In den Kreisen der Wissenden ist man sehr ernst. Der Streik, schlecht organisiert und schlecht verlaufen, war vielleicht ein ganz glückliches Ventil, aber wir sind arg in der Patsche und werden wohl ohne große, sehr große innere Veränderungen kaum wieder herauskommen.«[5] Und das war nicht die einzige Stimme, die damals in diesem Sinn ertönte.[6] Nichtsdestotrotz sahen die maßgeblichen Entscheidungsträger des Herrschaftssystems in den Arbeiterunruhen eine »ganz unsinnige und verbrecherische« Aktion, die nichts als entschiedene Unterdrückung verdient habe.[7] Ohne den erneuten Großangriff des deutschen Heeres an der Westfront hätte sich die innerpolitische Lage dennoch kaum noch einmal beruhigen lassen. So aber gelang das immerhin für ein Vierteljahr.

Schon Ende Mai 1918 warnte der Berliner Polizeipräsident von Oppen seine Vorgesetzten vor einem erneuten Stimmungstief in der Bevölkerung, das der sozialistischen Agitation wieder Tür und Tor öffne.[8] Und bis Mitte Juli hatten sich die wachsende Unzufriedenheit und Unruhe zu Symptomen einer akuten Krise verdichtet. »Die Volksseele wird eben jetzt von der einen Frage bewegt: ›Wann kommt der Friede?‹«, schrieb Oppen Ende Juli. »Man hat den Glauben an die Regierung vielfach verloren und damit einen großen Teil von Zuversicht.«[9] Ähnliches erkannte in Süddeutschland der Urlauber Friedrich Ebert, wobei ihn vor allem die Auffassung frappierte, der Krieg werde nur dann ein Ende finden, wenn das Volk die Sache selbst in die Hand nehme.[10]

Wie war es zu diesem erneuten Stimmungsumschwung gekommen? – Die Großoffensiven, mit denen Ludendorff im Frühjahr 1918 eine Wende im Westen erzwingen wollte, hatten sich schon im April als Fehlkalkulationen erwiesen. Mehr als einen Pyrrhus-Sieg hatten die gewaltigen Anstrengungen nicht ergeben. Fataler noch als diese nachhaltige militärische Schwächung der deutschen Kräfte war vielleicht, dass jene Erwartungen auf ein baldiges und erfolgreiches Kriegsende, die mit den Offensiven geschürt worden waren, bitter enttäuscht wurden. Die militärischen Rückschläge untergruben die Moral der Truppe, und die propagandistisch erzeugte Hochstimmung im Reich verpuffte förmlich.[11] Nach weiteren vergeblichen Anläufen im April, Mai und Juni wusste die Oberste Heeresleitung schließlich nicht mehr, wie sie das Reich noch halbwegs glimpflich aus diesem Krieg herausführen sollte, brachte jedoch einfach nicht den Mut auf, dies einzugestehen. Dabei war ihr völlig klar, dass das Heer für einen fünften Kriegswinter nicht mehr gerüstet war – weder materiell noch moralisch. Dennoch blieb dieser Zustand strategischer Ratlosigkeit, notdürftig bemäntelt durch weitere Operationen ohne nennenswerte positive Effekte, länger als ein Vierteljahr aufrechterhalten. Die anhaltenden Bemühungen der militärischen Propaganda, Siegeszuversicht zu verbreiten, gerieten nun immer mehr in Missklang zur militärischen Gesamtlage, was das Misstrauen in die Heerführung nur noch verstärkte.

Bei den Truppen selbst war der Glaube an einen deutschen Sieg Mitte Juli 1918 völlig dahin, zerbrochen an der Wucht der militärischen Tatsachen. Das deutsche Heer hatte zwischen März und Juli 1918 fast neunhunderttausend Mann verloren und immense Ressourcen für glücklose Operationen verschlungen. Die Moral war gebrochen, Disziplin und Kampfbereitschaft dramatisch gesunken, weil die Übermacht des Feindes überall erdrückend war. Viele Soldaten waren deshalb nicht länger bereit, den Kampf fortzusetzen und desertierten.

Auch in der Heimat machte sich nun das Gefühl breit, Deutschland sei verloren und die Katastrophe stehe bevor. Bis in die Entourage des deutschen Kaisers hinein schrillten die Alarmglocken »angesichts der üblen Stimmung weiter Kreise gegen die Regierung und den Kaiser«.[12] Das Vertrauen des Heeres und des Volkes in seine Führung war erschüttert, doch je mehr die Herrschenden dieses Autoritätsverlusts gewahr wurden, desto mehr misstrauten sie dem eigenen Volk. Immer noch sahen sie dessen Hinnahme- und Opferbereitschaft als etwas mehr oder weniger Selbstverständliches an, als patriotische Pflicht eben, während sie gleichzeitig den Widerstand, der sich in der deutschen Kriegsgesellschaft im Sommer 1918 aufbaute, fatal unterschätzten. Ähnlich verharrten auch die Offiziere – vom Major aufwärts – in gänzlicher Unkenntnis von allem, was die Truppe dachte und fühlte. Als die militärische und politische Führung des Reiches am 14. August in Spa zur Kronratssitzung zusammenkam, fiel ihr denn auch als Gegenmittel nicht viel mehr ein, als Stärke zu demonstrieren. Der Kaiser forderte die Generale und den Kriegsminister auf, besser Ordnung zu halten, und verlangte von den Zivilbehörden strikteres Durchgreifen. Auch Reichskanzler Hertling sprach sich pflichtschuldig »für eine energische Aufrechterhaltung der Autorität im Innern aus«.[13] Damit jedoch gossen sie nur weiteres Öl ins Feuer.

Nach Einschätzung von Ebert hatte man es Ende August im Inneren bereits mit Verhältnissen zu tun, die »zur Katastrophe drängen[ten]«.[14] Bürgerliche Stimmen sprachen von »kopfloser Depression, die reißend um sich« griff.[15] Auch für den Berliner Polizeipräsidenten war im Volk die Hoffnung auf den Sieg jetzt »vollständig im Schwinden« und die Parole im Vormarsch, dass »die Arbeiterschaft von neuem versuchen solle, ihrerseits dem Krieg ein baldiges Ende zu machen«.[16] Wie das preußische Kriegsministerium Anfang September offen zugeben musste, war die innenpolitische »Stimmung seit Kriegsausbruch noch nie so schlecht gewesen wie in den letzten Wochen«.[17] Als letztes Geschütz, um Defätismus und Aufruhr zu verhindern, wusste die Reichsleitung jetzt nur noch den Hindenburg-Mythos aufzufahren. Und zwar in Gestalt einer millionenfach verbreiteten Kundgebung des populären Feldmarschalls, der jede Kritik an Deutschlands militärischer oder politischer Lage unter den Generalverdacht stellte, der feindlichen Propaganda zu dienen oder von ihr inspiriert zu sein: »Der Feind weiß, dass der Geist, der unserer Truppe und unserem Volke innewohnt, uns unbesiegbar macht.« Deshalb wolle der Gegner diesen Geist jetzt »vergiften«, um den Menschen damit »die Kraft und die Zuversicht zu dem Endsieg zu nehmen«, indem er Gerüchte verbreite und bewährte Einrichtungen infrage stelle. Dagegen gelte es sich zu immunisieren. »Wir haben im Osten den Frieden erzwungen und sind stark genug, es auch im Westen zu tun, trotz der Amerikaner. Aber stark und einig müssen wir sein!«[18]

Solch ein verkappter Maulkorb-Erlass ging aber jetzt selbst der staatstragenden Sozialdemokratie zu weit, denn »die Reformbedürftigkeit unserer innerpolitischen Zustände« war inzwischen unverkennbar zum Grundkonsens der öffentlichen Meinung in Deutschland geworden. Die anhaltende Selbstüberschätzung der Obersten Heeresleitung, die die deutsche Kriegsstreitmacht immer stärker darstellte, als sie tatsächlich noch war, taugte nicht länger, um in der politischen Öffentlichkeit Zuversicht zu verbreiten. Durchhaltewillen

Die Revolution bricht los

Hunger und Elend. Die notleidende Bevölkerung an der Heimatfront beim Anstehen um Lebensmittel.

und neue Kampfbereitschaft waren nicht mehr zu erzeugen. Zu deutlich zeichnete sich der Weg in den Abgrund bereits ab.

Andauernder Hunger, fortgesetzte Entbehrungen und Zukunftsängste hatten die Grenze des Zumutbaren längst überschritten. Das deutsche Volk war am Ende seiner physischen und psychischen Belastbarkeit angelangt, während es gleichzeitig seine politische Ohnmacht immer schmerzlicher empfand. Man wusste, dass der verfluchte Krieg an allem schuld war. Aber man sah auch: Über die Kriegspolitik bestimmen andere. Wollte man sich diesen Gewalten nicht mehr wie Lämmer überlassen, so musste man jetzt nach eigenem Ermessen vorgehen; und die Entscheidungsgewalt über Krieg und Frieden womöglich selbst in die Hand nehmen. Genau das passierte im Spätsommer 1918, als nach polizeilicher Beobachtung zunächst das Misstrauen der Arbeiter gegenüber der »offiziellen und offiziösen Beeinflussung« sprunghaft zunahm und man bereits ganz unverhohlen von einem »System der Schönfärberei und Vertuschung« sprach.[19] Der falschen Hoffnung, die die Kriegspropaganda genährt hatte, folgte nun eine umso herbere Enttäuschung. Angesichts der offenbar umsonst gebrachten Opfer schlugen Frustration und Bitterkeit dann rasch in allgemeinen Zorn auf die dafür Verantwortlichen um: die Befehlshaber in Militär und Politik. Die Parolen: »Friede« und »Freiheit« gerieten so in einen emanzipatorischen Zusammenklang. Der Hunger nach Veränderung wuchs dramatisch. Und genau dieser Umstand war es, der der USPD jetzt alle politischen Trümpfe in die Hand spielte.

―――

Seit der zweiten Septemberhälfte verstärkten die Unabhängigen Sozialisten ihre Anstrengungen, so etwas wie eine politische Gegenöffentlichkeit für ihre Forderungen zu etablieren. Angesichts des Belagerungszustandes[20] war dies kein leichtes Unterfangen, doch mit Erfindungsreichtum verstanden sie es, selbst solche Hindernisse zu überwinden. So brachte beispielsweise die USPD-Fraktion im Berliner Stadtparlament einen Antrag ein, der auf eine Petition an den Reichskanzler zielte, für die sofortige Schaffung demokratischer Einrichtungen auf Reichsebene zu sorgen. Der Antrag für eine solche Petition schaffte es zwar nicht einmal auf die Tagesordnung, aber durchaus in die Berliner Tagespresse, womit er der Öffentlichkeit vorlag.[21] Auch riskierte die USPD mehr oder weniger vorsätzlich die polizeiliche Auflösung einer großen Parteiversammlung mitten in Berlin, was ihr Gelegenheit gab, unter lautstarken »Rufen gegen den Krieg« und anderen Protestbekundungen abzuziehen[22] – ein Spektakel, das in erster Linie der öffentlichen Wahrnehmung und Meinungsbildung diente.[23]

Als erste politische Kraft griffen die linken Sozialdemokraten die regimefeindliche Stimmung mit dem offenkundigen Bestreben auf, in der plebejischen Öffentlichkeit die politische Meinungsführerschaft zu erlangen. Damit wurden sie zur stärksten Zugkraft einer außerparlamentarischen Opposition, ja zum politischen Kristallisationskern aller Regimegegner. Es war diese »Wühlarbeit«, die der politischen Polizei große Sorgen machte: Ende September rechnete sie »mit der Möglichkeit von Unruhen« angesichts »der Unberechenbarkeit der Masse und dem leichten Umschlagen ihrer Stimmungen«.[24] Auch Vertreter der MSPD-Führung gaben sich jetzt überzeugt, man stehe »vor verhängnisvollen Unruhen«.²⁵ In Berlin sei bereits in allen Straßen zu hören: »Wenn die Hohenzollern ein Friedenshindernis sind, dann jagt sie doch zum Teufel.«²⁶ Das heißt, die kriegsmüden Massen sandten nun auch deutliche Spitzen gegen die Herrscherdynastie. Wenn sich der Kaiser, so schrieb Harry Graf Kessler am 1. Oktober 1918 in sein Tagebuch, nicht sofort nach Berlin begebe und der Bewegung stelle, »schlügen die Wellen des Volkshasses über ihm zusammen«.²⁷ Weithin sichtbar deutete das Barometer in den letzten Septembertagen innenpolitisch auf Sturm. Wer ihn abwenden wollte, musste eine gründliche Systemreform in Angriff nehmen. Insofern war das Konzept einer »Revolution von oben« nicht allein Reflex auf die verzweifelte militärische Lage an der Westfront, sondern mehr noch fast eine politische Präventionsmaßnahme gegen die dräuende Gefahr eines Umsturzes von unten. In den Worten des Wilhelminischen Spitzendiplomaten Graf Monts: »Parlamentarisierung und Demokratisierung, wie man auch über sie denken mag, drängen sich auf als einziges Mittel, um unser murrendes Volk noch einmal zu beschwichtigen.«²⁸ Aber konnte der Regierungswechsel, der sich in den ersten Oktobertagen vollzog, tatsächlich noch einmal eine Stabilisierung der politischen Lage herbeiführen?

Folgt man den Einschätzungen der USPD-Presse, so war es nur die schwere »Not der Zeit«, die den herrschenden Kreisen die Notwendigkeit eingab, das politische System gegen aufziehendes Unwetter zu stärken. Dennoch übersah die äußerste Linke keineswegs die »neuen Möglichkeiten«, die eine parlamentarische Regierung verhieß. »Ob sie erreicht werden, ob sie genutzt werden«, bleibe jedoch noch abzuwarten.²⁹ In dieser zurückhaltenden Skepsis sah sie sich bestätigt, als sie gewahr wurde, wie diese vermeintliche Volksregierung dann tatsächlich gebildet wurde, »in heimlichen Konferenzen« nämlich: »Der Reichstag soll erst einberufen werden, wenn die Krise sozusagen gelöst ist; ihm verbleibt die ehrenvolle Aufgabe, sein Amen dazu zu murmeln. Parlamentarisierung also ohne Parlament.«³⁰ Durchaus einleuchtend machte sie geltend, »dass ein Volk nicht dadurch schon seine Geschicke selbst bestimmt, dass es mehrere Dutzend Parlamentarier in geheimen Beratungen politische Geschäfte abschließen lässt«. Es bedürfe »noch ganz andrer Veränderungen in unserem Staatsleben […], ehe das Volk rufen kann: Eine neue Zeit ist angebrochen«.³¹ Für eine solche Umgestaltung hatte die offiziell verkündete Abkehr vom System der Machtpolitik denkbar günstige Voraussetzungen geschaffen, und dennoch blieb die innerpolitische Neuordnung in Halbheiten stecken. Die Enttäuschung darüber war folgerichtig – und damit auch der politische Kurs der USPD nach dem Regierungswechsel: Fundamentalopposition mit Zielvorgaben weit über die Grenzen hinaus, die diese angebliche Volksregierung den Massen ziehen wollte. Denn die Zeit verlange jetzt Ganzes.[32] Diese Kampfansage hielt die politische Spannung in der Kriegsgesellschaft weiter hoch und setzte vor allem die »Regierungssozialisten« unter einen gehörigen Legitimationsdruck. Zu augenscheinlich hatten sie es bei ihrem Regierungseintritt an kämpferischer Demokratisierungsenergie mangeln lassen.

Als Prinz Max von Baden am 5. Oktober 1918 im Reichstag seine Regierungserklärung verlas, stellte die USPD-Führung dieser Verlautbarung öffentlich ein eigenes Manifest gegenüber. Und obwohl es der Zensurbehörde in Preußen gelang, es sogleich aus dem Verkehr zu ziehen, kann von seiner massenhaften Verbreitung ausgegangen werden. Das Manifest verabreichte seine Kernbotschaften in einer wohldosierten Mischung aus Enthüllung, Polemik und Anspruch: Der Imperialismus sei zusammengebrochen, und das Waffenstillstandsangebot bereits beschlossen gewesen, »bevor die neue Regierung ans Ruder kam«. Die Mehrheitssozialdemokratie sei somit lediglich »in die Regierung berufen, um nach dem Zusammenbruch des Imperialismus die bürgerliche Gesellschaft zu stützen«. Die geforderten Gegenleistungen der MSPD für ihren Regierungseintritt seien dabei mehr als bescheiden gewesen. Umso entschiedener fordere die USPD deshalb zunächst und vor allem: »Amnestie, Aufhebung des Belagerungszustandes, Freies Vereins- und Versammlungsrecht, Freiheit der Presse«. Außerdem verlange sie Verfassungsreformen, etwa dass ein Abschluss von Staatsverträgen fortan nur mit Zustimmung der Volksvertretung möglich sei und zukünftig eine Ministerverantwortlichkeit gegenüber dem Parlament bestehe. – »Unser Ziel ist die sozialistische Republik. Sie allein ermöglicht es, die Welt von den Verwüstungen des Krieges zu erlösen.«[33] Damit war der Rahmen dessen abgesteckt, was die Unabhängigen Sozialisten in der damaligen Situation für realpolitisch erreichbar hielten. Hätten die Mehrheitsparteien nicht eine parlamentarische Debatte über die Regierungserklärung ihres neuen Kanzlers verhindert, hätte USPD-Chef Hugo Haase schon am 5. Oktober die Reichstagstribüne zu einer programmatischen Fensterrede über eben diesen Gegenentwurf zur offiziellen Agenda genutzt. Das hätte der politischen Klärung der Situation sicher gutgetan, besser jedenfalls als die vagen Verlautbarungen vom Regierungstisch. So aber gelang es Haase lediglich, in einer Debatte zur Geschäftsordnung dieses bemerkenswerte Statement in den Raum zu stellen: »Aufgabe der Volksvertretung wäre es, in diesem historischen Augenblick, da das alte System abdanken muss, auf das künftige Schicksal des deutschen Volks entscheidenden Einfluss zu üben und die Souveränität des Volkes zur Geltung zu bringen. Aber der deutsche Reichstag schaltet sich selbst in dem Augenblick aus, in dem die Demokratisierung der deutschen Verfassungszustände anzubahnen versucht wird. Wir halten dieses Verfahren für schädlich im Interesse des Volkes, des Friedens und der Freiheit, und deshalb erheben wir dagegen Protest. Wir setzen unser Vertrauen zur Erringung des Friedens und der Freiheit in die Masse des Volkes.«[34]

Ergänzend schrieb zwei Tage später die *Leipziger Volkszeitung*, Deutschlands sogenannte Demokratisierung beginne »damit, eines der wesentlichsten Erfordernisse der Demokratie, die <u>Öffentlichkeit</u> zu verneinen, wo sie für die Kontrolle der Regierungshandlungen am nötigsten ist«.[35]

Diese Beanstandungen waren ebenso berechtigt wie klug, kein Wunder also, dass die politische Meinungsführerschaft in der deutschen Demokratiebewegung jetzt an diejenigen Kräfte überging, die sich einen solchen klaren und unbestechlichen Blick auf die Zeiten und Zustände bewahrt hatten. Flankiert übrigens von der noch kritischeren Spartakusgruppe, die sich jetzt auch massiver denn je in die politische Meinungsbildung einzubringen versuchte – mit revolutionärer Rhetorik und extremen Forderungen: »Fort mit dem ganzen Plunder der preußisch-deutschen Reaktion und Kapitalistenherrschaft! Es gilt einen SOFORTIGEN und DAUERHAFTEN Frieden! Zum dauerhaften Frieden gehört aber die Beseitigung des Militarismus, die Volksherrschaft, die Republik.«[36] So standen die Zeichen weiterhin auf Sturm, und das Kaiserreich verharrte im Zustand einer »latenten Revolution«, wie es in Regierungskreisen damals hieß.[37] Der neue Reichskanzler beschrieb die Lage eine Woche nach Amtsantritt indes so: »Die Stimmung in Berlin ist sehr schlecht, die Gefahr einer Revolution, die vorhanden war, ist aber wieder behoben. Das Volk macht den Kaiser für den Niederbruch verantwortlich.«[38]

Den Anteil seiner eigenen Regierung an dieser Lage übersah Max von Baden geflissentlich. Dabei war sie es gewesen, die davon abgesehen hatte, der Demokratisierung Vorschub zu leisten und sich als eine Volksregierung zu zeigen, die diesen Namen verdiente. Weil sie viel zu sehr mit sich selbst und mit US-Präsident Wilson beschäftigt blieb. Vor allem tat sie das, was sie tat, de facto gar nicht im Namen der Demokratie, sondern nach Maßgabe ihrer fremdbestimmten, das heißt außenpolitischen Vorgaben. Über den Ernst ihrer Lage erhielten die Deutschen durch sie weder größere Klarheit noch Wahrheit. Politische Leitbilder wie Pluralismus oder Toleranz blieben ihrer Agenda dauerhaft fremd. Schlussendlich war dem Regierungschef das Vertrauen des Kaisers (noch) wesentlich wichtiger als das des Volkes. Das sollten ihm ja bekanntlich andere einwerben. Was aber nahezu unmöglich war. Denn wie sollte zum Beispiel erklärt werden, dass eine Regierung des Volkes und des Volksvertrauens eben dieses Volk bei öffentlichen Veranstaltungen nach wie vor polizeilich überwachen ließ oder solche Versammlungen mit fadenscheinigen Begründungen sogar auflöste? Dass sie weder Demonstrationen erlaubte, noch die Pressezensur aufhob? Die Demokratie war in Deutschland eben noch keine massenhaft erfahrbare Wirklichkeit geworden. Sie blieb ein mehr oder weniger leeres Versprechen. Für die Masse des Volkes wurde der Regierungswechsel nicht einmal als ein Politikwechsel spürbar.

Dafür wollte jetzt aber mit aller Macht die USPD mit ihrer Agitation sorgen. Mit Worten, aber auch mit Taten. »Aus dem Zusammenbruch des Imperialismus erhebt sich triumphierend die Idee der Demokratie. Die Bahn ist frei. Jetzt gilt es, sie aufrecht und ohne Zagen bis ans Ziel zu gehen.« Das deutsche Volk müsse »endlich seine Selbstbestimmung und seine Souveränität verwirklichen«. Schon weil die Demokratie die elementare Voraussetzung des Friedens sei, sei ihre Durchsetzung die dringlichste Aufgabe. »Wir fordern daher die sofortige Beseitigung aller Schranken der politischen Bewegungsfreiheit.«[39] Der Aufruf der USPD zu einer politischen Massenkundgebung im

Herzen der Reichshauptstadt war der nächste logische Schritt. Demonstriert werden sollte für die »Aufhebung des Belagerungszustandes, für freie Presse und Versammlungsrecht, für sofortige Freilassung aller aus politischen Gründen Verhafteten«.[40]

———

Immer häufiger und lauter war die Forderung »Schluss mit dem Krieg« in der Öffentlichkeit zu vernehmen, und je länger sich die Friedensbemühungen hinzogen, desto gereizter und regimefeindlicher wurde die Stimmung. Um dieses dumpfe Unruhepotenzial zu steigern, womöglich zu einer selbstbewussten außerparlamentarischen Kraft, ging die USPD-Führung am 16. Oktober 1918 in die Offensive. Trotz des Ausnahmezustandes gelang es ihr, mehrere Tausend Demonstranten zu mobilisieren, die sich an diesem Mittwochnachmittag zunächst vor dem Berliner Reichstagsgebäude versammelten.[41] Von da zogen die Teilnehmer zum Brandenburger Tor, durchbrachen dort eine polizeiliche Absperrung, um dann über die Allee Unter den Linden zum Berliner Schloss zu ziehen. »Nieder mit dem Krieg! Nieder mit der Regierung! Hoch Liebknecht!«, sollen die Demonstranten dabei gerufen haben. Nach nochmaliger Durchbrechung einer Schutzmannkette auf halber Strecke zog die Polizei die Säbel blank und hieb auf die Menge ein. Auch berittene Schutzleute kamen nun zum Einsatz, sodass es schließlich gelang, die Kundgebungsteilnehmer wieder Richtung Brandenburger Tor zurückzutreiben und zu zerstreuen. Allerdings sollen noch bis 19 Uhr demonstrierende Trupps vor dem Reichstag gestanden haben. Und auch über die Verbitterung vieler Passanten über das rigide Vorgehen der Polizei ist in der Berichterstattung die Rede.

Um den politischen Stellenwert dieser Aktion zu ermessen, ist es von Bedeutung, dass die Hauptstadt des deutschen Kaiserreichs eine systemfeindliche Massenkundgebung wie diese seit den Januarstreiks nicht mehr gesehen hatte. Wie repräsentativ diese Willenskundgebung auch immer gewesen sein mag, hier artikulierte sich erstmals in aller Deutlichkeit und in unerlaubter Form die Straße als politischer Akteur. Vorsätzlich und mit Ansage war der Burgfrieden gebrochen worden, und für viele klang dieser Straßenlärm wie die Ankündigung eines Strafgerichts gegen die schweren Irrtümer und Verfehlungen der Reichspolitik. Das Gespenst der Revolution hatte die Berliner Politbühne betreten. Es half nichts, diesen unerhörten Vorgang als vorübergehende Randerscheinung herunterzuspielen, der Eklat war da. Und nichts konnte das deutlicher spiegeln, als der inständige Appell, den der Parteivorstand der MSPD schon am Folgetag ausformulierte, um »Deutschlands Männer und Frauen« vor den Provokateuren zu warnen, die den Skandal mutwillig herbeigeführt hatten: »Die Treibereien durch bolschewistische Revolutionsphrasen verwirrter, unverantwortlicher Personen, die die Arbeiter zu jetzt sinn- und zwecklosen Streiks und Demonstrationen gegen die Regierung aufzuputschen versuchen, erschweren den Frieden und die Demokratisierung Deutschlands. Angesichts der Morgenröte des Friedens und der Freiheit darf und wird sich die klassenbewusste Arbeiterschaft an und hinter der Front nicht zu Unbesonnenheiten verleiten lassen, die letzten Endes nur den Feinden des Volkes nützen.«[42]

Das Kalkül dahinter war offensichtlich: Solange die Arbeitermassen glaubten, die neue Regierung strebe unbeirrbar dem Frieden und der Demokratie zu, werde sich die aufgeladene Stimmung nicht in Streiks und Demonstrationen Luft machen. Deshalb war es der Mehrheitssozialdemokratie so wichtig, die ehrlichen Absichten des prinzlichen Kabinetts hochzuhalten. Jede andere Interpretation des Regierungshandelns musste somit politisch schädlich sein. Ganz ähnlich dachten übrigens die alten staatlichen Machthaber, welche die USPD in ihren internen Papieren anprangerten, »die Notlage des Vaterlandes« dazu zu missbrauchen, »ihr Hirngespinst der sozialistischen Republik zu verwirklichen«. Sie würde bereits »den nach bolschewistischem Muster geplanten Umsturz vorbereiten«. Doch die Arbeiterschaft selbst sei, »soweit sich dies erkennen [lasse], vorläufig zu einer auf den gewaltsamen Umsturz abzielenden Bewegung nicht geneigt und [werde] voraussichtlich in ihrer weitaus größten Überzahl weiterhin Ruhe halten«.[43] Das konnte damals freilich nicht einmal mehr die unter politischen Zugzwang geratene Mehrheitssozialdemokratie garantieren, denn schon jetzt war unverkennbar, dass die USPD im Begriff stand, auch in weiteren Teilen der Arbeiterschaft politisch einflussreich zu werden. Und je mehr die MSPD versuchte, mit ihrer Propaganda den Regierungswechsel vom 3. Oktober zum Regimewechsel zu überhöhen, und an den Illusionen dieses Kabinetts arbeitete, umso leichteres Spiel hatte ihre Konkurrenz, sie als Scheindemokraten anzugreifen. Der prinzliche Regierungschef, so hieß es in der USPD-Presse, mag ja »bereit sein, der bürgerlichen Demokratie entgegenzukommen, aber alles nur insoweit, als das monarchische System unter allen Umständen erhalten bleibt. Eine wirkliche Demokratie, das heißt eine Volksherrschaft, in der das Volk in seinen breitesten Schichten den Staatsapparat in allen seinen Teilen in der Gewalt hat, ist niemals mit dem monarchischen System unter ein Dach zu bringen.«[44]

Unmut, Empörung und Entrüstung blieben die Zeichen der Zeit: erstens über die Uferlosigkeit dieses Krieges und zweitens über die elende Versorgungslage. Es gab bereits so etwas wie eine allgemeine Kriegsdienstverweigerung im Inneren. Eine Haltung, die das Zeug hatte, jederzeit in offenen Protest umzuschlagen. Diese kritischen Tendenzen und Ressentiments artikulierten sich nur nicht prägnant. Und das wenige, was sich tatsächlich artikulierte, fand in der einschlägigen Presse keinen Widerhall. Das wachsende Protestpotenzial wurde sogar regelrecht ›beschwiegen‹. Es blieb ein blinder Fleck in der politischen Landschaft. Doch es gab sie, diese protorevolutionären Vorgänge, wie sehr eindrucksvoll etwa bei Theodor Plievier nachzulesen ist – einem Zeitzeugen, der sein Erleben jener Monate tiefer Not später auf breiter Quellenbasis zu einem dokumentarischen Roman verarbeitete.[45] Eindrücklich ist hier beschrieben, wie und warum sich dieser halböffentliche Diskurs des murrenden Volkes untergründig zu einem wichtigen politischen Faktor entwickeln konnte, ja musste. Wie sich in der deutschen Gesellschaft eine Kraft staute und Druck erzeugte – ein revolutionäres Potenzial, das der USPD am meisten entgegenkam und das sie ihrerseits agitatorisch zu verstärken half. Ohne diese Mobilisierungsprozesse von enormer politischer Tragweite wäre schlechterdings nicht zu verstehen, was sich da im deutschen Herbst zusammenbraute. Es war der Vorschein eines allgemeinen Freiheitswillens in Form einer massenhaften Infragestellung staatlicher Zwangsmaßnahmen – die Entstehung einer vor-politischen Gegenmacht, welche der Kontrolle der Herrschenden zusehends entglitt.

Das genau machte die Brisanz der Situation Mitte Oktober 1918 aus. Ihr zugrunde lag der vollständige Mangel an Vertrauen in die Regierung Max von Baden. Ein Übriges tat Wilsons zweite Note an die deutsche Reichsregierung mit ihrer deutlichen Kritik an der andauernden Machtbefugnis unverantwortlicher Entscheidungsträger in Deutschland. Sie gab vermutlich den Anstoß, dass sich jetzt auch eher bürgerlich-pazifistische Kreise wie etwa der Bund Neues Vaterland für »eine völlige Umgestaltung der deutschen Verfassung und Verwaltung im demokratischen Geiste« engagierte und sich den demokratischen Minimalforderungen der sozialistischen Linken nach Versammlungs-, Presse- und Redefreiheit anschloss.[46] Dieser Bund war übrigens die erste politische Organisation in Deutschland, welche »die Einberufung einer gesetzgebenden Nationalversammlung mit gleichem, geheimem und direktem Wahlrecht auch für Frauen und Soldaten« forderte.

Auf der Sitzung des Preußischen Staatsministeriums vom 21. Oktober 1918 trat denn auch offen zutage, dass sich die Obrigkeit jetzt mit einer völlig neuen Gefahrenstufe konfrontiert sah: Von der Notwendigkeit verschärfter Zensurmaßnahmen war da die Rede und des polizeilichen Verbots von USPD-Versammlungen. Revolutionären Bestrebungen, so heißt es im Protokoll weiter, müsse »man programmmäßig entgegenwirken und Leute, die zur Revolution auffordern, festnehmen, ebenso Zeitungen verbieten, sonst [werde] man in wenigen Wochen vor einer blutigen Revolution stehen. Man werde zwar auch diese unterdrücken können, aber der Eindruck derartiger Unruhen werde im Volk ein ungeheurer sein.«[47] Diese bedrohliche Lage führte der Vizepräsident der preußischen Regierung am Folgetag auch dem deutschen Reichskanzler eindringlich in einem Schreiben vor Augen.[48]

Unerschrocken meldete sich nur eine Woche nach der USPD-Kundgebung vor dem Reichstag im Berliner Stadtzentrum die »Straße« abermals lautstark zu Wort. Eine riesige Menschenmenge fand sich am 23. Oktober 1918 am Anhalter Bahnhof ein, um Karl Liebknecht enthusiastisch zu empfangen und den populären Wortführer des Linksradikalismus als Volkshelden demonstrativ auf den Schild zu heben. Von dessen Begnadigung und vorzeitiger Entlassung aus dem Zuchthaus in Luckau, wo Liebknecht seit nahezu zwei Jahren wegen politischer Vergehen eingekerkert war, hatte sich die neue Reichsregierung mit Blick auf ihre schärfsten Kritiker eine Ventilwirkung erhofft. Doch diese Erwartungen liefen ins Leere, was der breiten Berichterstattung über dieses Spektakel unschwer zu entnehmen ist.[49] Die nach Tausenden zählende Menschenansammlung konnte von den berittenen Schutzleuten und dem sonstigen Polizeiaufgebot nur notdürftig im Zaum gehalten werden. Als Liebknecht eintraf, wurde er mit brausenden Hochrufen begrüßt und auf den Schultern der Arbeiter aus dem Bahnhofsgebäude nach draußen getragen. Dort empfingen ihn ebenfalls orkanartige Ovationen, und jetzt ertönten auch Rufe nach sofortigem Frieden und »Nieder mit der Regierung!« Während die Menge die Arbeitermarseillaise absang, hob man den Märtyrer auf einen Wagen, wo schon Freunde von ihm standen. In einer kurzen Ansprache erklärte Liebknecht: Er sei der alte geblieben, doch jetzt gehe es auf zu neuem Kampf, denn die Arbeiterschaft habe es in der Hand, die Macht zu erobern. Sein Agitationswagen bewegte sich langsam in Richtung des Reichstagsgebäudes, und die Menge folgte. Die zahlreich aufgebotene Polizei versuchte, den Demonstrationszug abzudrängen, woraufhin es Unter den Linden nach der russischen Botschaft ging. Dort hielt Liebknecht eine weitere Ansprache, die mit den Parolen geendet haben soll: »Nieder mit den Hohenzollern! Es lebe die soziale Republik Deutschland!«[50] Als die Menge dann mit dem Liebknecht-Wagen auf das Brandenburger Tor zustrebte, stellte sich dem Zug ein großes Aufgebot berittener Polizei entgegen, der es am Ende gelang, diese Massen auseinanderzutreiben.

Das sei der »einzige Triumphzug« gewesen, »den Berlin in diesem Kriege erlebt« habe, lautete damals der bissige Kommentar einer bürgerlichen Beobachterin.[51] Doch auch ohne Sarkasmus ist in diesen Unruhen ein weiterer Beitrag zur Vergrößerung der Umsturzwelle auszumachen, die sich nun immer bedrohlicher aufzubauen schien. »Das öffentliche Leben Deutschlands« – so schrieb rückblickend einer der bedeutendsten Journalisten in der Reichshauptstadt – »war damals ›la revolution déjà en action‹«.[52]

Dass es sich hier tatsächlich um Sturmzeichen eines Umsturzes handelte, wird noch deutlicher, wenn man das Ereignis mit den erregten politischen Debatten, die am selben Tag im deutschen Reichstag geführt wurden, in Verbindung bringt. Dort war es im Anschluss an die zweite (und letzte) Regierungserklärung des Kanzlers, die weitere Systemreformen in Aussicht stellte, zu der wohl kontroversesten politischen Aussprache seit Beginn des Weltkriegs über Deutschlands Lage gekommen. Vor allem die Rede des USPD-Vorsitzenden Hugo Haase an eben jenem 23. Oktober, wenige Stunden vor dem Liebknecht-Empfang, machte nachhaltig Eindruck.[53] Sie beinhaltete eine bis dato unerhörte und zugleich treffsichere Abrechnung mit dem autoritären Machtstaat und dem deutschen Imperialismus, der mit dem Waffenstillstandsangebot von Hindenburg und Ludendorff nun seinen Offenbarungseid geleistet habe. »Die Götzendämmerung für das alte System ist hereingebrochen.« Haase geißelte die unsägliche Irreführung des deutschen Volkes durch das Regime und stellte unter dem Schutz seiner Immunität jetzt auch ganz ungeniert die Machtfrage. »Ein Wirbelsturm geht durch die Welt, und in dieser Zeit, wo alles von unten nach oben sich kehrt, wo die tiefgreifendsten Umwälzungen vor sich gehen, da wollen wir keinen Kaiser, keinen Bundesrat, keinen Reichstag mit den geringen Befugnissen haben, wie sie in der gegenwärtigen Verfassung enthalten sind. Es muss zur Republik kommen.«

Kein Wunder, dass die Nerven blank lagen, als das Kriegskabinett der Reichsregierung am kommenden Morgen zu einer Sitzung zusammenkam.[54] Das war der Zeitpunkt, an dem auch Regierungssozialist Philipp Scheidemann die Reichsleitung zu schleunigem Handeln mahnte. Denn im »Innern entwickeln sich die Verhältnisse mit unglaublicher Schnelligkeit.« Ja, pflichtete sein Kabinettskollege Haußmann von der Fortschrittspartei bei: »Die Gefahr der Diskreditierung der Regierung würde täglich größer.«

In den drei Wochen ihrer Existenz hatte die Politik der Regierung Max von Baden so gut wie nichts dazu beigetragen, die enormen sozialen und politischen Spannungen zu entschärfen, die sie bei ihrem Antritt vorfand und denen sie nicht zuletzt ihre Daseinsberechtigung verdankte. Auch hatte sie nicht den Beweis erbracht, tatsächlich eine Volksregierung zu sein. Eher noch hatte sie den Eindruck verstärkt, dass sich das alte Herrschaftssystem mit ihrer Hilfe über seine existenzielle Krise hinwegretten wollte. Kein Wunder, dass sich die Enttäuschung nun bald ins Maßlose steigerte.[55]

Seit der zweiten Wilson-Note standen zum einen die Frage, ob Deutschland durch einen Thronverzicht Wilhelms II. einen billigeren Frieden würde erwirken können, zum anderen Mutmaßungen, wer sich in diesem Fall als deutscher »Ersatzkaiser« anböte, im öffentlichen Raum. Denn die Monarchie als Staatsform wollten selbst diejenigen nicht preisgeben, die die Abdankung des amtierenden Reichsmonarchen für überfällig hielten. Bis weit in das aufgeklärte Bürgertum hinein war man sich nun darüber im Klaren, dass sich der preußisch-deutsche Kronenträger »durch das, was er in den 30 Jahren seiner Regierung gesprochen und getan [hatte], zum Symbol des alten Regimes gemacht« hatte. Und man wusste, »dass im deutschen Volke die Stimmung gegenüber dem Kaiser nicht so [war], wie er wohl glauben [mochte]«. Warum? Weil »das Volk das alte Regime bis zum Halse satt« hatte.[56] Jetzt hielt auch die bürgerliche Presse nicht mehr mit der Auffassung hinterm Berg, dass ihre Klientel sehr froh gewesen wäre, wenn Wilhelm II. »bei der radikalen Umwandlung der inneren und äußeren Politik [...] persönliche Konsequenzen gezogen hätte, vor allem um seiner selbst willen«. Es war die USPD, die es vor allem der Regierung Max von Baden als folgenschwere politische Unterlassung ankreidete, diese Chance vertan zu haben. In den Worten des USPD-Abgeordneten Ledebour vom 24. Oktober 1918 hätte die Regierung sich allseits Vertrauen und Respekt erworben, wenn sie beizeiten »dafür gesorgt hätte, dass der [...] Kronenträger in Preußen seinen unheilvollen Einfluss nicht mehr weiter« hätte ausüben können.[57] Dass der Thronhalt für den amtierenden Kaiser eine Grundvoraussetzung für die Einsetzung dieser Koalitionsregierung gewesen war, konnten die linken Meinungsführer natürlich nicht wissen. Auch das vitale Interesse gerade der MSPD-Führung am Fortbestand der Monarchie blieb den Regimegegnern erst einmal schleierhaft. Denn im Gegensatz zu den jetzt als »Monarcho-Sozialisten« karikierten Politikern um Ebert bestand die USPD auf dem seit Jahren gepredigten Prinzip, »dass sich die Monarchie in keiner Weise mit Demokratie und wahrem Gesellschaftssozialismus verträgt. Das erste schließt das andre aus. Und die Republik ist ein mächtiger Hebel der Entwicklung zur sozialistischen Gesellschaftsordnung, dem Ziel unseres Strebens.«[58]

Das entsprach zwar der sozialdemokratischen Doktrin aus der Zeit vor dem Krieg, blieb aber zu abstrakt, um die unmittelbare Abschaffung der Monarchie in Deutschland zu begründen. Und eine solche konkrete Begründung lieferte auch Hugo Haase in seiner großen Reichstagsrede nicht, in der er behauptete: In ganz Europa rollten gerade die Kronen aufs Pflaster, »und da [solle] Deutschland allein, umgeben von Republiken, noch einen Kronenträger haben oder Träger vieler Kronen und Krönlein!«[59] Das war gute Polemik, mehr aber nicht. Ob das »monarchische System« in Deutschland tatsächlich schon »vollkommen abgewirtschaftet« war, wie Haases Parteifreund Ledebour einen Tag später im Parlament behauptete, galt es erst noch zu beweisen. Somit fehlte seiner Forderung das schlagende Argument dafür, dass sich das deutsche Volk unbedingt sofort »republikanische Einrichtungen« schaffen müsse.[60]

Am Ende waren es denn auch US-Präsident Wilson und Kaiser Wilhelm, die den Unabhängigen die schärfste Munition dafür lieferten, ihren Frontalangriff auf die Monarchie erfolgreich fortsetzen zu können: Der Amerikaner durch seine dritte Note, die die Hohenzollern-Dynastie mehr oder weniger unverblümt zum politischen Abschuss freigab. Und der unbelehrbare Reichsmonarch mit seiner hartnäckigen Weigerung, sich machtpolitisch zurückzuhalten und womöglich ganz zurückzuziehen. Damit entbrannte in den letzten Oktobertagen insbesondere an der Figur dieses deutschen Kaisers der politische Streit immer wieder aufs Neue. Denn Wilhelm II. verkörperte in den Augen der großen Mehrheit der politisierten Deutschen mehr als jeder andere das gescheiterte und militärisch besiegte System des autoritären Machtstaats. Mit dem Leugnen des deutschen Misserfolgs, den als erster ER zu verantworten hatte, und mehr noch mit dem Kleben an seiner Kaiserwürde hat er seine Absetzung zum politischen Schlüsselthema werden lassen. Erst die jetzt durchweg negative Fixierung der öffentlichen Meinung auf ihn verhalf dem USPD-Argument zum Durchbruch, mit seiner Person werde auch die Institution und das ganze System fallen.[61]

Verantwortlich dafür war aber auch die anhaltende Weigerung der Reichsregierung und ihrer politischen Schildknappen, in der Kaiserfrage Farbe zu bekennen. Vizekanzler Payer hatte noch am 23. Oktober im Reichstag alle kaiserkritischen Töne der Abgeordneten als »antimonarchische Extravaganzen« abgetan. Die fortgesetzte Untätigkeit des prinzlichen Regierungschefs wurde bereits beleuchtet, und was die MSPD-Fraktion anlangt, so blieb sie auch noch nach Bekanntwerden der 3. Wilson-Note in der Kaiserfrage so vollkommen apathisch, dass sie sich damit selbst den besten Wind aus den Segeln nahm. Dabei hatten kluge Köpfe in ihr längst erkannt, wie Wilhelm II. jetzt nicht allein im Volk als »Hindernis für schnellen Frieden« wahrgenommen wurde, sondern bereits »Triebkraft für eine Revolution« geworden war.[62]

Trotz der erheblichen politischen Ressentiments in der bürgerlichen Öffentlichkeit und in der Arbeiterschaft, trotz einer fundamentaloppositionellen USPD, die jede Steilvorlage bereitwillig zur Regimekritik nutzte, verharrte die MSPD geradezu kategorisch auf ihrem Durchhaltekurs. Wie gut die USPD den dadurch entstandenen Raum für sich zu nutzen verstand, zeigte sich in einer Ansprache ihres Abgeordneten Oskar Cohn am 25. Oktober 1918. In dieser letzten Parlamentsrede des Kaiserreichs ließ er verlauten: Es gebe keinerlei Beweis dafür, dass sich die notorisch antidemokratische und militaristische »Wesens- und Denkungsart« des deutschen Kaisers geändert habe. Deshalb müsse seine Partei »verlangen, dass das monarchische System und der jetzige Träger der Krone in Deutschland beseitigt werden«. Und weiter hieß es: »[N]icht nur der augenblickliche Träger des monarchischen Regiments, sondern die gesamte Dynastie muss das Feld räumen. Das müssen wir fordern, die wir die sozialistische Republik von je und je auf unser Panier geschrieben haben.«[63]

So endete denn eine der denkwürdigsten Grundsatzdebatten des noch kaiserlichen deutschen Reichstags mit einer Ungeheuerlichkeit, mit dem offenen Aufruf zum Sturz des politischen Systems. Noch unverblümter sprach Spartakus-Mitgründer Otto Rühle das aus: Die Massen in Deutschland fühlten sich durch die »Scheindemokratie, die vorgegaukelte Volksherrschaft vernarrt und verhöhnt«. Sie brauchten zu ihrer Befreiung »die Demokratie des Sozialismus, die Republik auf der Grundlage der sozialistischen Revolution, und sie verlang[t]en dazu in erster Linie die Abdankung des Kaisers als des Urhebers dieses Weltkrieges«. So rief er die Arbeiterschaft ganz offen dazu auf, »diesen Sozialismus zu erkämpfen mit der Waffe der Revolution«, denn die Zeit zu handeln sei gekommen.[64]

Bei so viel Mut zum politischen Frontalangriff auf das System nimmt es nicht wunder, dass die USPD nun ernsthaft erwog, »die Frage Monarchie oder Republik im Reichstag zur Diskussion zu bringen«. Das hat Max von Baden überliefert und weiter berichtet: »Ich traf Herrn Scheidemann und teilte ihm dies mit. Höchst erstaunt und beeindruckt wendete er sich zu mir und sagte: Das muss unter allen Umständen vermieden werden, denn sonst würden [die] Sozialdemokraten ja gezwungen sein, für die Republik zu stimmen.«[65] – So weit sollte es nicht kommen, doch ist an diesem Beispiel ersichtlich, in welchem Umfang es der linksradikalen Opposition gelang, die Regierung und insbesondere ihre sozialdemokratische Konkurrenz zu provozieren, ja regelrecht vor sich herzutreiben.

Angesichts einer erstmals öffentlich geführten Kontroverse über die Machtfrage griff bei den Regierungssozialisten Panik um sich. Philipp Scheidemann glaubte zu wissen, die USPD bereite bereits »Putsche« vor mit dem Ziel, einen »Arbeiter- und Soldatenrat« zu etablieren. Ganz offen sei bei Berliner Versammlungen ausgesprochen worden: »in 2 Wochen muss sich alles entscheiden; es muss Blut fließen! Die ›neue Regierung‹ soll auf das Volk schießen!«[66] Tatsächlich hatte die USPD für den 27. Oktober, Massenkundgebungen gegen die Hohenzollerndynastie und für sofortigen Frieden um jeden Preis angekündigt. Mehr als fünftausend Teilnehmer folgten ihrem Ruf, aber die befürchteten und auf Flugblättern angekündigten Demonstrationszüge im Anschluss an die einberufenen Versammlungen blieben fast gänzlich aus.[67] Die Polizei hatte vorsichtshalber großräumig abgesperrt, doch nur durch die Königstraße machte sich eine kleine Demonstration Richtung Schloss auf, die problemlos abgedrängt werden konnte. Dennoch sah man rund um Unter den Linden noch bis zum späten Nachmittag größere Trupps von Schutzleuten stehen, und ab dem Brandenburger Tor war die Allee noch bin in den Abend hinein für den Fußgängerverkehr von einer doppelten Schutzmannkette abgesperrt. Die Schutzleute waren hier nicht nur mit ihren Dienstrevolvern, sondern auch mit geladenen Karabinern bewaffnet. Das System hatte also offensichtlich aufgerüstet, sodass es seitens der Veranstalter vorerst bei verbalradikalen Angriffen bleiben musste.

Diese Attacken hatten es freilich in sich, denn als Starredner war bei der Großveranstaltung der beliebte und gefeierte Agitator Karl Liebknecht aufgeboten, der sich auch gleich an mehreren Orten mächtig ins Zeug legte. »Die herrschenden Klassen« – so seine zentrale Ansprache im Moabiter Stadttheater – »müssten beseitigt und durch eine wirkliche Volksherrschaft ersetzt werden. Die Entscheidungsstunde habe geschlagen, die Tat liege in den Händen der Arbeiter, die jetzt den Willen fassen sollten zum Handeln, sie hätten nichts zu verlieren außer ihren Peinigern. Die deutsche Revolution würde den endgültigen Frieden bedeuten. Er schloss seine Rede mit den Worten: ›Nieder mit den Hohenzollern!‹«[68]

Wie Zeitzeugen berichten, fand nicht nur dieser prominente Redner überall starken Beifall für seine aufrührerischen Parolen, sondern auf den Straßen Berlins riefen am 27. Oktober 1918 auch »die Massen selbst ›Abdankung‹ und ›Nieder mit dem Kaiser‹ [...], in den Versammlungen auch: ›Es lebe die Deutsche Republik!‹«.[69] Umso erstaunlicher bleibt der vergleichsweise friedliche Verlauf dieser Manifestation politischen Unmuts im Vormonat der Revolution. Es ist daher zu vermuten, die USPD selbst habe ihre Anhänger an diesem politischen Kampftag zur Zurückhaltung und Friedfertigkeit ermahnt.

War das Angst vor der eigenen Courage oder steckte mehr dahinter? Wohl eher Letzteres, denn durch die Freilassung Liebknechts, eines ungemein populären rhetorisch hochbegabten Politikers, hatte die bolschewistische Strömung, die bis dato selbst in der linken Opposition ein Randphänomen gewesen war, gleichsam über Nacht ein ungemein kräftiges Zugpferd erhalten. Eine politische Potenz sui generis, die im Begriff einer vielleicht nicht direkt feindlichen, aber auch nicht erwünschten Übernahme der USPD stand; ungeachtet der Tatsache, dass es bei den Unabhängigen Sozialisten damals zahlreiche Genossen gab, die eine Entwicklung ihrer Bewegung zum Bolschewismus nicht mitmachen und mit der Revolution keineswegs eine Diktatur des Proletariats nach sowjetrussischem Vorbild erreichen wollten. Auch der erklärte Systemveränderer Hugo Haase stand aller revolutionären Rhetorik zum Trotz nicht so weit links, dass er dem charismatischen

Karl Liebknecht nun die Führung glaubte überlassen zu müssen. Wie viele Genossen in den eigenen Reihen wollte er die Macht nicht unbedingt gewaltsam erzwingen. Er warnte sogar öffentlich vor revolutionärer Gewalt gegen die bisherigen Machthaber. Die Umwälzung der politischen Ordnung müsse vielmehr auf demokratischem Weg erfolgen.[70]

Damit stand den aktionistisch-revolutionären Ambitionen des Spartakusbundes bereits im Oktober 1918 im eigenen Lager ein politisches Gegengewicht gegenüber, eine Beschwichtigungsinstanz, die eine gewaltsame Konfrontation mit dem Wilhelminischen Machtapparat für unratsam, ja für unverantwortlich hielt. Die Frage, auf welchem Weg das politische System aus den Angeln gehoben werden sollte, blieb damit vorerst unbeantwortet – und Karl Liebknecht mit seinem Ansinnen, durch permanente Massenbewegungen auf den Straßen das System zu provozieren und zu demoralisieren, ein Außenseiter. Das zeigte sich deutlich bei der Zentralvorstandssitzung der USPD am 30. Oktober 1918, als die Genossen Liebknechts Umsturz-Modell und seine leidenschaftliche Forderung, schon für den kommenden Sonntag wieder eine, diesmal bewaffnete, Großdemonstration auf die Beine zu stellen, rundheraus ablehnten.[71] Auch zwei Tage später – auf einer Zusammenkunft der Unabhängigen mit den sogenannten Revolutionären Obleuten[72] – erfuhr Liebknechts Konzept eine harsche Abfuhr. So kam es eine Woche vor dem Untergang des deutschen Kaiserreichs zu der paradoxen Situation, dass das gewaltig angewachsene Potenzial an radikalem Veränderungswillen ausgerechnet im Zentrum der preußisch-deutschen Staatsmacht in einen Zustand politischer Apathie geriet – und darin verharrte. Keine Versammlungen, keine Demonstrationen oder sonstige Straßen-Aktionen.

Dieser merkwürdigen Ruhe setzte nicht einmal die bereits erwähnte Flucht des Kaisers zur Armee in Spa ein Ende, was umso erstaunlicher war, als der Kaiser nicht nur Reißaus vor seiner Regierung, sondern nicht minder vor der revolutionären Drohkulisse seiner unsicher gewordenen Residenzstadt nahm. Diese Abreise war darüber hinaus auch als im Wortsinn reaktionäre Geste, als Gegendrohung, zu verstehen, und das bläute Wilhelm II. dem preußischen Innenminister Drews am 1. November im Großen Hauptquartier rabiat ein, als er ihn anherrschte: »Ich marschiere nach Berlin«. Er habe bereits ganz »besonders tüchtige Regimentskommandeure nach Berlin geschickt, die die Truppen dort schon in Ordnung halten werden«.[73] Damit wollte er gezielt Angst vor einem monarchisch gelenkten Staatsstreich schüren und sich zugleich als Bollwerk gegen den Bolschewismus empfehlen. Verblüffend, wie das wirkte, denn tatsächlich vermochte der Kaiser auf diese Weise noch Eindruck in Berlin zu schinden, wo sich alle Mitglieder der Reichsregierung nach Drews Rückkehr wieder geschlossen gegen eine sofortige Abdankung des Kaisers wandten. Selbst Philipp Scheidemann kippte um, nachdem Drews ihn nach seiner Rückkehr aus Spa folgendermaßen bearbeitet hatte: »Ich sagte [Scheidemann], dass der Kaiser zurzeit bestimmt nicht verzichte; jeder Versuch, ihn dazu zu nötigen, würde bei dieser Haltung des Kaisers Krieg eines Teiles des Volkes und der Armee gegen den anderen und damit Chaos bedeuten. Der Bürgerkrieg im Innern, der bei einer Weigerung des Kaisers abzudanken mit Sicherheit zu gewärtigen wäre, würde vor allem auch den Stillstand unserer so schon schwer gefährdeten Volksernährung bedeuten – und damit gerade die Anhängerschaft der alten Sozialdemokraten dem Hungertod überlassen. Um Alles das zu verhüten, müsse er die alte Sozialdemokratie – von deren Teilnahme oder Fernbleiben bei etwaigen Unruhen der Ausgang derselben abhängen werde – dazu bewegen, die Kaiserfrage zu vertagen, bis der Friede geschlossen sei. [Vizekanzler] Payer trat meinem Standpunkt durchaus bei. Scheidemann war sehr ernst gestimmt. Er versprach, meine Ausführungen in aller Gründlichkeit seinem Parteivorstand und seinen Leitern vorzutragen.«

Daraufhin – so schließt Drews Aufzeichnung – sei seitens der MSPD an der innenpolitischen Front tatsächlich bis zum 7. November Ruhe gewesen.[74] Und das stimmt, denn die Partei trieb nun ausschließlich die Furcht vor Aufruhr um. Davon zeugt namentlich ihr deutschlandweit verbreitetes Manifest vom 3. November 1918 mit der »dringenden Aufforderung« an die »werktätige Bevölkerung Groß-Berlins und des Reiches«, politisch jetzt auf keinen Fall »einfach auf eigene Faust loszugehen.« Ordnung sei zu halten, denn die »große Umwälzung«, die im Gange sei, müsse sich vollziehen, »ohne sich in das namenlose Unglück eines Bürgerkriegs zu stürzen«.[75] Jetzt ging es den Regierungssozialisten um nichts Anderes mehr als darum, den Ausbruch einer Revolution mit allen Mitteln zu verhindern.

Fragt sich nur, wie groß das Risiko eines deutschen Bürgerkriegs im November 1918 überhaupt war. Gab es überhaupt noch irgendwo einen ernstzunehmenden Willen, das überkommene Bismarckreich zu bewahren? Oder hatte sich Eberts Sozialdemokratie da nicht gewaltig ins Bockshorn jagen lassen – von einem Kaiser, der doch inzwischen bei näherer Betrachtung mehr einer Vogelscheuche glich als einer zum Äußersten entschlossenen Herrscherfigur. Es musste ein Jahrzehnt vergehen, bis ein damals Friedrich Ebert nahestehender Sozialdemokrat offen zugab, man habe sich 1918 wohl über die politischen Kräfteverhältnisse geirrt. »Es zeigte sich, dass der Bürgerkrieg zwischen Republikanern und Monarchisten nur ein Schreckgespenst unserer Phantasie gewesen war.«[76] Ebenso bemerkenswert wie dieses Lehrstück über Irrglaube und Selbstlähmung in der deutschen Mehrheitssozialdemokratie ist, wie die USPD auf Kaiser Wilhelms provokanten Versuch reagierte, »sich auf die Generalität gegen das Volk zu stützen« – wie Hugo Haase es zutreffend ausdrückte.[77] Sie reagierte nämlich überhaupt nicht, jedenfalls nicht in einem praktisch-politischen Sinn. Und selbst in ihrer Agitation für die »völlige politische Befreiung« schlug sich der gezielte Affront des Kaisers nicht etwa in Form von schärferen Tönen oder Gegenargumenten nieder.[78] Zwar lautete die Parole: »Haltet Euch zum Eingreifen bereit!«,[79] doch sah die USPD vorerst davon ab, die Massen auch tatsächlich zu mobilisieren. Noch hielt die Ruhe vor dem Sturm an, für dessen Losbrechen offenbar andere Impulse nötig waren – und diese kamen, aber sie kamen nicht aus Berlin.

Auch außerhalb der Reichshauptstadt waren seit Ende Oktober vielerorts schrille und aufrührerische Töne zu vernehmen, fast immer vonseiten ortsansässiger radikaler Sozialisten. In zahlreichen deutschen Metropolen wurde jetzt schärfer denn je öffentlich abgerechnet und dem allseits verhassten Wilhelminischen Herrschaftssystem sowie den Verantwortlichen für Kriegsunglück und Massenelend der Kampf angesagt.[80] Für den zündenden Funken, der das Pulverfass zur Explosion brachte, sorgten jedoch am 3. November 1918 die meuternden Matrosen in Kiel.[81]

Deren Aufstand zeigte in aller Deutlichkeit, dass die herrschenden Gewalten weder willens noch überhaupt mehr in der Lage waren, mit revoltierenden Massen fertig zu werden. Und von da an war kein Hal-

Revolutionärer Aufbruch: Die Kieler Matrosen übernehmen die Macht und setzen ein Zeichen; bewaffnet und mit abgetrennten Kokarden demonstrieren sie auch vor der Kamera für die Freiheit.

ten mehr: in Hamburg, Bremen, Köln, Stuttgart, München und andernorts folgte man ihrem Beispiel, während sich die MSPD ebenso verzweifelt wie vergeblich bemühte, wenigstens in den Straßen Berlins die Revolte aufzufangen und abzubremsen.[82] Wolfgang Heine, ein Vertreter ihres rechten Flügels, brachte deutlich zum Ausdruck, wie sehr die Regierungssozialisten nun mit dem Rücken zur Wand standen: »Wir sollten das Volk in Schach halten! Wie können wir das, wenn man uns keinen sichtbaren Erfolg gibt.«[83] Vergeblich versuchte Scheidemann noch am Abend des 7. November, dem Kriegskabinett reformpolitische »Konzessionen« abzuringen, in der Illusion, damit könnte man »die Massen auch jetzt noch im Zaum halten«.[84] Selbst am Vorabend der Revolution glaubte man, die Arbeiter einmal mehr zur Besonnenheit ermahnen zu müssen.[85]

Seit Sommer 1918 standen in der Welt der deutschen Politik zwei Wirklichkeiten nebeneinander: die staatsbürokratischen Eliten der formellen Machthaber mit einem reichlich verstellten Blick auf ihre gestalterischen Möglichkeiten und Ermessensspielräume. Und die einer weltanschaulich recht diffus strukturierten Öffentlichkeit, die zumindest instinktiv erahnte, dass eine Katastrophe im Anmarsch und keine Aussicht auf eine wie auch immer geartete Belohnung für all die Opfer mehr vorhanden war. Als bewusst installiertes Provisorium, als erklärter Übergang zu einer parlamentarisch-demokratischen Staatsform mit neuer monarchischer Spitze hatte das Kabinett des Prinzen Max von Baden im Herbst 1918 durchaus eine politische Existenzberechtigung. Da sie das aber nach Maßgabe ihrer politischen Erfinder nicht sein durfte und auch nicht sein wollte, wurde diese Regierung schon bald zu einem Bremsklotz des historisch-politischen Fortschritts.

Die großen Debatten, die vom 22. bis 25. Oktober im deutschen Reichstag stattfanden, spiegelten die beschriebenen Turbulenzen und Spannungen; deren politische Wahrnehmung und Verarbeitung. Die Äußerungen der gesamten Linken waren denn auch nur noch Agitations- beziehungsweise Fenster-Reden, direkt gerichtet an die Massen da draußen, von deren kollektivem Verhalten jetzt alles Weitere abhing. Es ging um deren Führung, die die USPD an sich bringen und die MSPD behalten wollte. Die Unabhängigen profilierten sich mit einer ungeschminkten Kampfansage an die überkommene Ordnung und verlangten die volkssouveräne Republik. Ihre Konkurrenz versprach den Massen die unwiderruflich eingeleitete Umwandlung des Obrigkeitsstaates in den Volksstaat. Die Agitation der USPD blieb dabei näher an der Massenstimmung und am politischen Tatendrang der Menschen dran. Sie zielte auf ein Paktieren mit der Straße und auf eine Provokation der Regierungssozialisten durch lautstarkes Rufen nach der sozialistischen Republik. Die MSPD war gehemmt durch die Befürchtung, der umstürzlerische Elan der Basis könne sich verselbstständigen und in unzählbare Bahnen ergießen. Zur Verwirklichung ihrer politischen Ziele konnte sie eine Revolution nicht brauchen. Doch sie geriet ins Hintertreffen, weil die durch Ebert ermöglichte volkstümliche Regierungsform der alten Eliten den Beweis schuldig

Die Revolution bricht los

blieb, tatsächlich noch eine aufrichtige Wende der Reichspolitik herbeizuführen.

Es war ein Optimismus der gefährlichen Sorte, den die sozialdemokratische Presse über das politische Wollen der letzten kaiserlichen Regierung verbreitete. Deshalb konnte sie auch den politischen Massenprotest gegen die tradierte Ordnung nicht mehr auffangen, geschweige denn befrieden. Das nur zu deutliche Liebäugeln des eigentlich schon entthronten Kaisers mit einem reaktionären Gewaltakt machte auch den schlichteren Gemütern klar: Wenn die Hohenzollern nicht mitsamt ihrem Militarismus verschwänden, und die kaiserliche Regierung dazu, dann würde sich überhaupt nichts mehr ändern. Weder die Verfassungsreformen noch die Reformrhetorik der Regierungskoalition konnten jetzt den Zerfallsprozess noch aufhalten, der die überkommenen Autoritäten heimsuchte. Zumal die nach wie vor bestehende Zensur mehr denn je dazu beitrug, dass sich eine Atmosphäre wachsender Verunsicherung ausbreitete, die dem Argwohn gegenüber den Machthabern weitere Nahrung zuführte.

Als Herrschaftssystem kollabierte das Deutsche Kaiserreich dann innerhalb von nur einer Woche vollständig, nämlich zwischen dem 4. und 10. November 1918. Der Kieler Matrosenaufstand markierte den Anfang vom Ende, weil er den alten Gewalten erstmals vor aller Welt sichtbar ihr Machtmonopol entwand und den Willen der Straße auf die Agenda der großen Politik setzte – und das als mehr oder minder spontaner Massenprotest von unten, ohne Gewaltexzesse gegen Personen oder Sachen. Ähnliche Reklamationen einfacher Arbeiter und Soldaten waren anderntags überall im Reich angesagt. Der basisdemokratische Wille zur Aushebelung des Wilhelminischen Machtstaats und zur Negierung seines Autoritätsanspruchs war jetzt das weithin erkennbare Zeichen des Aufbruchs in eine neue Zeit. Insofern war Kiel nicht der Katalysator der deutschen Revolution, sondern nur deren Auftakt. Und weil sie auf keinerlei Widerstand mehr trafen,[86] stießen diese, bald deutschlandweiten Massenaufstände innerhalb weniger Tage einen Möglichkeitsraum für politische Veränderungen auf, den es im Kaiserreich noch nie gegeben hatte.

Das eigentliche Machtzentrum der deutschen Monarchie, die Hauptstadt Berlin, blieb zunächst verschont. Denn dort war es bei dem rivalisierenden Durcheinander im Lager derjenigen geblieben, denen schließlich auch dort die Macht zufallen sollte. Doch noch am Vorabend des 9. November 1918 mangelte es den Berliner Sozialisten aller Couleur mindestens ebenso sehr an Entschlusskraft zu einer Machtprobe, wie es dem monarchischen System an politischer Substanz mangelte, um aus eigenem Potenzial zu überleben. Worauf das politische Berlin jetzt zu zusteuern schien, das war – ein Machtvakuum.

Das Wilhelminische Berlin unter der roten Fahne

Als Bastion der zentralen Regierungsgewalt im kaiserlichen Deutschland hatte sich die Hauptstadt bis in die ersten Novembertage hinein behaupten können. Der Staatsapparat war komplett intakt, und der immer noch nicht aufgehobene Belagerungszustand sicherte den Militärbehörden weitreichende Eingriffsmöglichkeiten in das öffentliche Leben. Diese Allmacht stellten sie ab Anfang November auch konsequent zur Schau, durch sichtbare militärische Präsenz in den Straßen und durch die Bewaffnung der Polizei mit Karabinern und Pistolen. Was hatten die in Bewegung geratenen Massen, was hatten die erklärten Revolutionäre dem entgegenzusetzen?

Ab dem 2. November 1918 arbeitete in Berlin eine Gruppe revolutionärer Aktivisten konkret auf den gewaltsamen Umsturz des preußisch-deutschen Herrschaftssystems und insbesondere auf die Beseitigung der Regierung des Prinzen Max von Baden hin.[87] Es handelt sich hierbei um einen einflussreichen Kader, der sich zutraute, an die Hunderttausend Menschen für diese Zielsetzung zu mobilisieren. Dieses informelle »Revolutionskomitee« war eine verschworene Gemeinschaft sogenannter Revolutionärer Obleute, frei gewählt von Industriearbeitern, unterstützt von namhaften Köpfen der USPD und ausgestattet mit dem charismatischen Potenzial eines so herausragenden Agitators wie Karl Liebknecht. Insofern ist hier durchaus von einer einflussreichen Organisationszentrale auszugehen, die den Aufstand plante und sich dabei einer tiefgehenden Erregung unter der Berliner Arbeiterschaft sicher sein konnte – ja deren Entschlossenheit, sich zu erheben.

Der strategische Plan sah Demonstrationszüge zu den wichtigsten Kasernen der Stadt vor, denn ohne die wohlwollende Neutralität der in Berlin stationierten Truppen oder besser noch: die Verbrüderung der Aufständischen mit den kasernierten Soldaten war eine rasche Einnahme des politischen Berlin unvorstellbar. Das erste und vorrangige Ziel des bewaffneten Aufstands musste deshalb die ›Eroberung‹ der Kasernen und die Rekrutierung von sympathisierenden Soldaten für die Revolution sein. Erst das zweite Ziel war dann die Besetzung der machtpolitisch wichtigen öffentlichen Gebäude in Berlin. Weitere Überlegungen zur nachhaltigen Sicherung der revolutionären Erhebung scheint es hingegen ebenso wenig gegeben zu haben wie die Ausformulierung eines politischen Aktionsprogramms.

Negativ schlug zu Buche, dass sich dieser revolutionäre Führungskreis nicht auf ein Datum einigen konnte, an dem man losschlagen wollte. Zunächst war vom 4. November die Rede gewesen, dann vom 11. Es bedurfte erst der noch einmal massiv verschärften Repressalien des staatlichen Gewaltapparates, um diesen gordischen Knoten zu durchhauen. Sie erst wischten letzte Zweifel darüber vom Tisch, ob Deutschland jetzt nicht vielleicht doch auf dem Weg in die Demokratie sei, denn es war der berüchtigte preußische Militär- und Polizeistaat, der hier abermals sein verhasstes Gesicht zeigte. Auch nicht ein Tropfen demokratischen Öls schien in das Räderwerk dieses Gewaltapparates eingedrungen zu sein. Sein erklärter und sichtbarer Wille, die Ruhe und Ordnung in Berlin unnachsichtig und mit allen Mitteln aufrechtzuerhalten, konnte deshalb nur als eine offene Kriegserklärung an die Opposition aufgefasst werden. Doch die wusste von ihrer gewachsenen Stärke und wollte nun die Antwort nicht länger schuldig bleiben. Umso weniger als das, was da in den öffentlichen Räumen der Reichshauptstadt Anfang November 1918 in Erscheinung trat, eher nach einem bevorstehenden Staatsstreich zur Errichtung einer Militärdiktatur aussah als nach Maßnahmen zur Abwehr bolschewistischer Umtriebe.[88]

Ein neuerliches Versammlungsverbot, die Beschattung und Verhaftung von bekannten Linkssozialisten, die Besetzung von einzelnen

Fabriken zwecks Streikabwehr, Masseninternierungen von revolutionären Matrosen, militärische Omnipräsenz im waffenstarrenden Stadtzentrum, die Unterbrechung der Eisenbahnverbindungen, die Einstellung des gesamten Telefon- und Telegrafenverkehrs und offenen Drohungen der preußischen Militärgewaltigen[89] erzeugten am 7. November ein hochexplosives Klima. Jedoch erreichten die Gewalthaber mit ihrer Machtdemonstration nicht Einschüchterung, sondern gleichsam von einem Tag auf den anderen[90] offene Empörung und entschiedene Zurückweisung. So leistete am Ende auch die Hybris des preußischen Militarismus einen veritablen Beitrag zur deutschen Revolution. Das Volk fühlte sich jetzt berechtigt und sogar verpflichtet, eine Fortdauer des autokratischen Militärregimes ein für alle Mal zu unterbinden.[91]

Die Geduld, sich ungerechter Gewalt noch weiter zu fügen, war definitiv verbraucht, jetzt galt es, ihr mutig zu widerstehen. Umso entschiedener, als die inzwischen eingesickerten Nachrichten über die erfolgreichen revolutionären Erhebungen in ganz Deutschland als nachdrückliche Ermunterung zu solch einem Vorgehen gelesen wurden. Auch den militärischen Apparat selbst in seinen Untergliederungen schien nun eine Art ›Lähmung‹ zu befallen. »Offensichtlich« – so hatte ein enger Mitarbeiter des preußischen Kriegsministers in Berlin schon am 6. November in sein Tagebuch notiert – »haben die Führer kein Vertrauen mehr zu ihren Truppen.« Die Offiziere könnten sich nicht mehr durchsetzen. Und zwei Tage später schrieb er ganz resigniert: »Meines Erachtens kann die Heimat der revolutionären Bewegung mit bewaffneter Hand aus eigener Kraft nicht mehr Herr werden.«[92] Die Dinge hatten sich urplötzlich – wie Ebert das ausdrückte – »furchtbar überstürzt«, so sehr, dass jetzt auch die MSPD-Führung »schnell handeln« zu müssen glaubte.[93] Wollte man vor den eigenen Arbeitermassen noch bestehen, so war jetzt eine politische Maßnahme gefragt, die Eindruck machte. Sie kam in Gestalt eines Ultimatums an den prinzlichen Regierungschef, dessen Inhalt uns noch an anderer Stelle beschäftigen wird. Todernst war sie nicht gemeint, die Drohung des Parteivorstands, die Regierung zu verlassen, aber nach einem Wort von Scheidemann »gerade das Notwendige, um Berlin noch eine Nacht ruhig zu halten«.[94]

Ganz ruhig blieb Berlin allerdings nicht, denn schon am Abend des 7. November kam es im Zentrum zu vereinzelten Zusammenstößen zwischen meist jugendlichen Demonstranten und der schwer bewaffneten Polizei.[95] Auch am folgenden Freitag patrouillierte ein verstärktes Schutzmannaufgebot und zerstreute Menschenansammlungen, vor allem vor den Berliner Fabriken. Am Nachmittag dann schloss die Polizei die Parteizentrale der USPD und verhaftete mit Ernst Däumig einen Führer der Revolutionären Obleute von Groß-Berlin.[96]

Die Antwort der Drangsalierten ließ nicht lange auf sich warten, und sie kam als energische Aufforderung zur sofortigen Erhebung durch allgemeine Massenstreiks und bewaffnete Demonstrationszüge in das Machtzentrum der Reichshauptstadt. Zur späten Abendstunde hatten politische Beobachter »das Gefühl, auf einem Vulkan zu stehen. Die Reichshauptstadt bebt[e] in Erwartung des Kommenden«.[97] Dazu passt, was der Berliner Oberbürgermeister Wermuth in seinen Memoiren über diesen Freitag überliefert hat: »Als ich abends ins Hotel zurückging, brach ein Haufe von mehreren hundert Menschen aus der Behrenstraße hervor und stürmte mit dem Gebrüll: ›Abdanken, abdanken!‹ Unter die Linden. Mit Mühe befreite ich mich aus seiner Umklammerung.«[98] Die Massen hatten jetzt offenbar nur mehr Streik, Protest, Ungehorsam, ja Umsturz im Sinn und waren für nichts anderes mehr empfänglich.

Politisch instrumentiert wurde, was am 9. November 1918 auf das öffentliche Leben in der Reichshauptstadt zukam, durch zwei in der Nacht hergestellte Flugblätter: eines unterzeichnet von führenden Vertretern der Revolutionären Obleute, der USPD sowie zweier Spartakus-Führer; das andere von Karl Liebknecht und seinem Propaganda-Chef Ernst Meyer.[99] Die übergreifenden Ziele dieser Revolutionsmanifeste lauteten: Übernahme der Regierungsmacht, Beseitigung der Fürstenherrschaft, Frieden und die Errichtung einer sozialistischen Republik. Das war fortan der Grundtenor des Aufstands. Angesichts des kaum kalkulierbaren Risikos darf man diese Entschlossenheit mutig nennen. Doch um ein Vabanquespiel handelte es sich nicht – zu lang schon schwelte der Vorsatz, überfällig war seine Umsetzung und zu gut waren die Erfolgsaussichten. Darüber hinaus war inzwischen mit der Unterstützung von zahllosen Soldaten zu rechnen, die sich damals in Berlin aufhielten. Und so kamen nun endlich auch hier die Dinge ins Rollen.

Die Initiative zum Aufstand zeigte schon am 8. November eine so zündende, unwiderstehliche Wirkung, dass selbst die notorischen Widerredner einer Politik der Straße sich ihr anschließen mussten. Für die Mehrheitssozialisten galt es jetzt erst einmal, mit den Wölfen zu heulen; wissend, im Weigerungsfall vielleicht nicht gerade gefressen, aber doch ins Abseits gestellt zu werden. Nun zeigten auch ihre Vertrauensleute in den zahlreichen Betriebsversammlungen politische Präsenz, indem sie nicht mehr pauschal die Notwendigkeit eines Generalstreiks bestritten, um das alte System zu überwinden. Koordinieren sollte dieses Engagement ein zwölfköpfiger Aktions-Ausschuss, der nicht nur Fühlung mit den radikalen Revolutionären suchte, sondern auch den Parteivorstand zum sofortigen Anschluss an die unaufhaltsame Bewegung drängte. Aus diesen Auslassungen der Vertrauensmänner wurde selbst der Parteiführung jetzt »klar, dass am 9. November die Berliner marschieren würden«, und zwar massenhaft.[100] Wollte die MSPD diesen Aufstand jetzt noch in halbwegs kontrollierbare Bahnen lenken, musste sie unverzüglich integraler Bestandteil der Berliner Revolution werden – durch aktive Beteiligung an den Demonstrationen, durch Redner, Flugblätter und durch Mitwirkung bei den in Gründung begriffenen Arbeiter- und Soldatenräten.

Tatsächlich gelang es den Mehrheitssozialdemokraten nicht nur in letzter Minute, auf den Zug der deutschen Revolution aufzuspringen, sie besetzte gewissermaßen sogar die Lokomotive. Dort suchten sie als allererstes die Wiederannäherung an die ›feindlichen Brüder‹ von der USPD, diejenigen also, die am Heizkessel standen. Denn die politische Zusammenarbeit mit den Linken war jetzt zur *conditio sine qua non* für das politische Überleben der Regierungssozialisten geworden. Die lange befürchtete revolutionäre Erhebung war da, und es führte kein Weg mehr an der Einsicht vorbei, dass die Ebert-Partei einen völligen Kontrollverlust aus eigener Kraft nicht mehr würde verhindern können. Dass sie sich bei ihrem pseudorevolutionären Engagement politische Hintertüren offen hielt, wird noch zu erörtern sein. An dieser Stelle genügt es zu betonen, dass die Basis der MSPD am 8. November

Die Revolution bricht los

Das Wilhelminische Berlin unter der roten Fahne

9. November 1918: im Zentrum der deutschen Reichshauptstadt wird auf allen markanten Plätzen durch Sprecher der Aufstandsbewegung das Ende des Kaiserreichs verkündet.

»Es lebe die Revolution!« Demonstrationszug aufständischer Arbeiter und Soldaten am Berliner Tiergarten.

Die Revolution bricht los

Stimmungsbilder vom 9. November 1918 in Berlin.

1918 tragendes Element einer deutschen Revolution von unten sein wollte, und der Führung nichts anderes übrig blieb, als mitzuziehen. Bei aller verbliebenen mentalen und kulturellen Distanz zu einer bewaffneten Volkserhebung war jetzt vor allem Populismus gefragt. Deshalb schlossen sich am späten Vormittag des 9. November auch die Anhänger der Ebert-Partei einer entsprechenden Verlautbarung an, die den Generalstreik-Beschluss des »Arbeiter- und Soldatenrates von Berlin« guthieß und die Demonstranten nur dringend bat, »für Aufrechterhaltung der Ruhe und Ordnung« zu sorgen. »Es lebe die soziale Republik!«,[101] stand nun wieder im *Vorwärts*, zum ersten Mal nach vielen Jahren, wenn auch gezwungenermaßen.

Die öffentlichen Aktionen großer, überwiegend proletarisch geprägter Menschenmassen, die sich am Morgen des 9. November auf den Straßen und Plätzen Berlins abspielten, waren weit mehr als spontaner Protest oder zielloser Aufruhr.[102] In ihnen manifestierte sich erstaunlich klar und deutlich der eminent politische Anspruch einer Bewegung, die sich zu einer – ihrer Stärke durchaus bewussten – Macht zusammengefunden hatte. Eine Bewegung mit dem erklärten Ziel, große Freiheits- und Mitspracherechte zu erkämpfen, nötigenfalls auch mit Gewalt. Ihre Hauptgegner hatte sie klar im Visier: die Ordnungshüter und Drahtzieher des autoritären Obrigkeitsstaats, aus dem sie nicht allein ausbrechen, den sie vielmehr aus den Angeln heben und zum alten Eisen werfen wollte. Auch war sie sich von vornherein im Klaren darüber, dass sie dafür Verbündete gewinnen musste, namentlich aus den Truppen, die damals in Berlin stationiert waren, aber auch aus der Zivilgesellschaft dieser Stadt, und über die Massenmedien, die für die politische Meinungsbildung sorgten. Dieser Erhebung wohnte eine vehemente Aufbruchstimmung inne, auch wenn die Kontur des neuen Ufers noch sehr verschwommen blieb. Eine sozialistische Ordnung der Freiheit sollte jedenfalls der große Fluchtpunkt sein. Was zunächst einmal das Abschütteln des preußischen Militarismus zur elementaren Voraussetzung hatte. Doch »die revolutionäre Welle hat die Dinge sofort weitergetragen, als die Mehrheitssocialisten sich geträumt hatten«[103] – und einen völligen Kontrollverlust der staatlichen Gewalt über den öffentlichen Raum bewirkt.

Der Aufruf zur revolutionären Erhebung wurde tatsächlich massenhaft befolgt. Die Orchestrierung des Geschehens durch die Revolutionären Obleute und zahlreiche USPDler sorgte überdies für ein planmäßiges Vorgehen der Demonstranten. Schon in den Morgenstunden des 9. November erwiesen sich die bewaffneten Sternmärsche in das Berliner Stadtzentrum als so anziehend, dass sie stündlich anschwollen. Wie viele Zigtausend Menschen an diesem Morgen auf die Straße gingen, um einen radikalen Machtwechsel zugunsten des Volkes zu erzwingen, wissen wir nicht. Doch es waren immerhin so viele, dass ihnen das Regime trotz martialischer Vorkehrungen nirgendwo ernsthaft entgegenzutreten wagte. Fast ohne Waffengewalt verlief daher alles nach Plan.

Die erste Phase der Erhebung dauerte von 8 Uhr morgens bis mittags gegen 13 Uhr. Sie machte die ›Straße‹ binnen weniger Stunden zum Bestimmungsfaktor des öffentlichen Lebens und sicherte den marschierenden Massen überall Gehör und sehr viel Sympathie. Dieser durchschlagende Anfangserfolg ermöglichte in Phase zwei die symbolische Übernahme machtpolitisch wichtiger Staatsgebäude nebst -apparate. Zwischen 13 und 18 Uhr kam ganz Berlin unter die Räder des allgemeinen Aufruhrs und in die Hände der revolutionären Arbeiter und Soldaten; die proletarische Öffentlichkeit wurde meinungsbildend. Ungefragt hatte das Volk die Bühne des Weltgeschehens betreten, um mitzureden und Politik zu machen. Erst in den Abendstunden, der dritten Phase dieses denkwürdigen Revolutionstages, wurden erste Versuche unternommen, das bis dato Erreichte praktisch-politisch zu verfestigen und zu verstetigen. Doch schauen wir näher hin.

Ab 8 Uhr morgens wurde in einer Vielzahl von Industriebetrieben die Arbeit niedergelegt, woraufhin sich die Streikenden zu bewehrten Demonstrationszügen formierten.[104] Soldaten in Zivilkleidung schlossen sich an und machten wohl den Großteil der Bewaffneten aus. Deren Eskorte verlieh dem Massenaufstand von Beginn an auch eine gewisse militärische Schlagkraft. Über die Desertierten hinaus stellte sich der Freiheitsbewegung schon gegen 9 Uhr das in Berlin stationierte 4. Jäger-Regiment mit militärischer Ausrüstung zur Verfügung. Kurz darauf folgte die Mannschaft des Kaiser-Alexander-Grenadier-Regiments. Plakate wurden vorangetragen mit den Aufschriften: »FREIHEIT!«, »FRIEDEN!«, »BROT!« und »BRÜDER SCHIESST NICHT, KOMMT ZU UNS!«

Ein weiterer kollektiver Eingriff in das öffentliche Leben der Großstadt bestand darin, den Straßenbahnverkehr stillzulegen, indem die Revolutionäre Wagen anhielten, vereinzelt auch fahruntüchtig zurückließen, und die Stromzufuhr unterbrachen. Der damals kaum nennenswerte private Autoverkehr kam ebenfalls zum Erliegen, und damit war die Straße vollends zur Arena für den Kampf um die Macht geworden.

Zielpunkt der Massenaufmärsche waren zunächst die Kasernen, wo die Insassen fast überall durch Agitation zum Überlaufen oder zu wohlwollender Sympathie animiert werden konnten. Der Offizier Colin Ross, ein ziemlich guter Kenner des soldatischen Milieus jener Tage, hat die inneren Triebkräfte dieser Anverwandlung folgendermaßen charakterisiert: »Sie [die Truppen] wollten Frieden, und keinen Drill mehr, im Übrigen möglichst bald nach Hause. In Politik waren die wenigsten geschult, sie sahen jedoch in der Sozialdemokratie die Bringerin des Heils, und so war es die sozialistische Republik, die alle mit Freuden aufnahmen, auch wenn sie vielleicht bisher niemals sozialdemokratisch gewählt hatten.«[105] Offenbar hatten die Mannschaften schon an den Vortagen gegen die verhasste Militärautokratie aufbegehrt und waren jetzt auch zum politischen Kampf dagegen bereit. Jene Soldaten, die sich nicht anschlossen, entledigten sich ihrer Waffen und machten sich einfach in hellen Scharen davon. Diese verkappte wie offene Verbundenheit mit den aufbegehrenden ›Brüdern‹ aus dem eigenen Volk bannte bereits im Laufe des Vormittags die größte Gefahr für den Massenaufstand. Mehr noch: Sie brachte eine echte Fraternisierung zustande, die fortan maßgeblich für das Erscheinungsbild dieses Volksaufstands war und als solche auch symbolisch zelebriert wurde. Vorn auf den Automobilen, die nun alsbald durch Berlin sausten, stand je ein Arbeiter und ein Soldat, die sich die Hände reichten.

Und damit der Symbolik nicht genug, wurden Offiziere, die sich jetzt noch öffentlich als solche zu erkennen gaben, durch das Abreißen der Achselstücke und das Zerbrechen der Schleppsäbel degradiert. »Es gibt keine Offiziere mehr, es gibt nur Soldaten – fort mit den Achselbändern!« – »Reißt dem Hund die Tressen herunter!« – »Jeh heim, und halt dein Maul!« ... So tönte es bei diesen Übergriffen, doch weitere Misshandlungen blieben durchweg aus. Die symbolische ›Vernichtung‹ des preußischen Militarismus geriet zum Wesensmerkmal dieses revolutionären Angriffs auf die alte Herrschaftsordnung. Gleichermaßen entfernten die Soldaten auch die schwarz-weiß-roten Hoheitszeichen an ihren Mützen. »Runter mit die Kokarde!«, berlinerte es überall, und die teils karnevaleske Verfremdung der preußisch-militärischen Kleiderordnung wurde zum humorvollen Zeichen des Aufbruchs. In ihrer revolutionären Wirkung sind solche Verballhornungen freilich kaum hoch genug einzuschätzen. Denn dieser obligatorische Mützenschmuck der kaiserlichen Armee war bis dato ein Hoheitszeichen der deutschen Militärmonarchie, ja des Bismarck'schen Nationalstaats schlechthin gewesen, besonders verehrt und hochgehalten in nationalistischen Kreisen. Gestiftet hatte es Kaiser Wilhelm II. zwanzig Jahren zuvor mit der Maßgabe: Dieses Wahr- und Denkzeichen solle der Armee »eine für alle Zeiten sichtbare Mahnung sein, einzustehen für Deutschlands Ruhm und Größe, es zu schirmen mit Blut und Leben«.[106]

Ab etwa 10 Uhr schlossen sich auch Mehrheitssozialdemokraten ganz ungeniert dem Volksaufstand an.[107] Sie wollten sichtbarer Teil des Geschehens werden, in das sie jetzt auch aktiv eingriffen. Mutig rief etwa Otto Wels den Soldaten der Alexander-Kaserne zu: »das Volk habe der kaiserlichen Regierung den Gehorsam aufgesagt, um selbst den Krieg zu beenden, den zu beenden diese sich als unfähig erwiesen habe. ›Wollt ihr nun mit uns, dem Volke, für den Frieden wirken oder wollt ihr euch für die Seite erklären, die all das Unheil über Deutschland gebracht hat?‹«[108] Mit ihrem öffentlichen Aufruf zum Generalstreik am späten Vormittag hatten die Mehrheitssozialdemokraten noch im letzten Augenblick den Anschluss an jene Revolution geschafft, die sie partout nicht gewollt hatten. Jetzt aber bekannten sie ostentativ Farbe: durch rote Fahnen an der Fassade der Parteizentrale, durch die Herausgabe roter Armbinden, auf Flugblättern etc. Von der immer weiter anschwellenden Menschenansammlung auf der Straße wurden sie deshalb als integraler Bestandteil der Revolution wahrgenommen – und begrüßt.

Bereits vor dem Eintreffen der großen Demonstrationszüge im Zentrum waren dort größere Menschengruppen im ›Revolutions-Look‹ aufgetaucht und hatten skandiert: »Es lebe die sozialistische Republik!« Erste rote Fahnen und entsprechend beflaggte Autos tauchten Unter den Linden auf, und die Geschäfte schlossen. Zu Plünderungen oder Übergriffen kam es aber nirgendwo. Schließlich traten immer größere Gruppen von Arbeitern und Zivilpersonen in Erscheinung, jetzt mit Revolvern, Gewehren und Säbeln bewaffnet, die aus allen möglichen Depots beschafft worden waren. Große Menschenmengen umringten Soldaten, die sich als Mitglieder des Arbeiter- und Soldatenrates bezeichneten und flammende Ansprachen hielten. Da das Areal um das Residenzschloss noch weiträumig abgesperrt war, wogte die Menge zunächst Richtung Reichstag und Tiergarten zurück, wo sich seit etwa 11:30 Uhr immer mehr Demonstranten sammelten. Zwischen Pariser Platz und Siegessäule strömten Zigtausende zusammen, der Königsplatz war schwarz von Menschen und rot von all den Bändern, Blumen, Fahnen und Flaggen. Große Hektik. Lärm. Diverse Ansprachen mit dem immer gleichen Refrain »Hoch die Republik!« – die soziale, die sozialistische, die deutsche. Lastwagen mit schwer bewaffneten Revolutionären fuhren auf. Und wurden mit »Hurra!« begrüßt.

Am Ende dieses rebellischen Samstagvormittags standen zwei herausragende regierungspolitische Akte: die eigenmächtige Proklamation des letzten kaiserlichen Reichskanzlers, der Kaiser habe abgedankt, sowie der Erlass eines Schießverbots an die Soldaten durch den preußischen Kriegsminister. Sie trugen den durch das Volk geschaffenen Fakten Rechnung, wirkten aber zugleich als Brandbeschleuniger. Ihre Wirkung beobachtete auch Käthe Kollwitz unmittelbar, als sie mittags durch den Tiergarten und zum Brandenburger Tor ging: »Aus dem Tor zog ein Demonstrationszug. Ich trat mit ein. Ein alter Invalide trat an den Zug und rief: ›Ebert Reichskanzler! – weitersagen!‹ Vor dem Reichstag Ansammlung. Von einem Fenster herab rief Scheidemann die Republik aus. Dann sprach von der Rampe ein Soldat, konfus und aufgeregt. Neben ihm ein Matrose und ein Arbeiter. Dann trat ein junger Offizier hinzu, schüttelte dem Soldaten die Hand, wandte sich an die Masse, sagte, dass die 4 Jahre Krieg nicht so schlimm gewesen wären wie der Kampf mit Vorurteilen und Überlebtem. Er schwenkte seine Mütze und rief: ›Hoch das freie Deutschland!‹ Dann nach den Linden zurück. Hinter dem Brandenburger Tor sah ich, wie die Wache abtrat. Dann in dem Schwarm bis zur Wilhelmstraße und dann noch ein Stück mit. Soldaten sah ich, die ihre Kokarden abrissen und lachend auf die Erde warfen. So ist es nun wirklich. Man erlebt es und fasst es gar nicht recht.«[109]

Und Maximilian Harden, der damals wohl bekannteste Journalist in Berlin, resümierte wenig später: »Arbeiter und Soldaten waren in Willenseinheit gelangt. Da war Revolution geworden; eine deutsche, eine sehr ordentliche, sehr ruhige, höchst anständige Revolution.«[110] Dennoch trifft auch zu, was ein kritischer Repräsentant der alten Eliten erschüttert feststellte: »Nie ist das ganze innere Gerüst einer Großmacht in so kurzer Zeit so vollkommen zerstäubt.«[111]

Versuchen wir aus historischer Distanz eine erste Zwischenbilanz zu ziehen, drängt sich folgendes Gesamtbild auf: Schon am Vormittag des 9. November hatte die ›Straße‹ in Berlin überaus eindrucksvoll ihre Macht demonstriert, die sie mit trotziger Kühnheit zu behaupten vermochte. Ihre Anführer waren keine Berufspolitiker, und erst recht keine Berufsrevolutionäre. Zu beobachten waren viel mehr spontane, mehr oder weniger improvisierte Handlungsmuster – getragen von großem Enthusiasmus und imponierender Entschlossenheit. Nach allem, was zeitgenössische Fotografien vermitteln,[112] scheint Fanatismus noch kaum im Spiel gewesen zu sein. Das Hauptansinnen dieses Berliner Volksaufstandes ging dahin, die Stützen der alten Ordnung zu zerbrechen und sich dann möglichst planvoll, ohne allzu großen Tumult und möglichst gewaltfrei selbst in den Besitz der Macht zu bringen. Die explosive Kraft dieser Masseninitiative war zwar spürbar, musste sich aber gar nicht entfalten, weil Militärmonarchie und Obrigkeitsstaat schon vorher kapitulierten: moralisch wie politisch. Obwohl die Impulse von rivalisierenden, politisch ganz unterschiedlich orientierten Arbeiterbewegungen ausgingen, scheint es zunächst so etwas wie eine friedliche Ko-Existenz dieser Strömungen gegeben zu haben. Alle waren an diesem Vormittag von derselben elementaren Überzeugung durchdrungen, dass es jetzt nur mehr die eine Rettung gab: den definitiven Sturz jener alten Mächte, die so viel Elend über das Volk gebracht hatten. Die Grenzen zwischen Schaulustigen, Sympathisanten und Aktivisten verschwammen dabei zusehends.

Manche Aufruhr- und Protestpraktiken mochten von der russischen Revolution im Frühjahr 1917 inspiriert worden sein.[113] Dem Anschein nach hatten sich die Berliner Revolutionäre da einiges aus dem Land des Bolschewismus abgeguckt und dem deutschen Volksaufstand in den Augen mancher Bürger einen bedenklichen Anstrich gegeben. Was jedoch dieser deutschen Revolution im Vergleich zur russischen völlig fehlte, waren blutige und verlustreiche Straßenschlachten, waren Vandalismus oder andere Verwüstungen, waren Verhaftungen oder auch nur Erniedrigungen der alten Machthaber und überhaupt jegliche Form von Rachsucht. Das tumultuöse Vorgehen der Demonstranten diente zunächst und vor allem der Selbstvergewisserung darüber, jetzt tatsächlich der entscheidende Machtfaktor in der Reichshauptstadt zu sein und das politische Schicksal Deutschlands selbst in die Hand genommen zu haben. Schon gegen Mittag setzte sich mehr und mehr das Gefühl durch, über die alten Mächte obsiegt zu haben, und diese Erleichterung machte die Menschen noch mutiger, ja kühner.

Anzeichen einer Autoritätsbehauptung der alten Machthaber gab es weit und breit keine. Das Regime zeigte zu keinem Zeitpunkt Kraft oder Entschlossenheit, dem Volksaufstand entgegenzutreten und sein Gewaltmonopol zu verteidigen, sondern ergab sich kampflos. Wie von Zauberhand war am Mittag des 9. November der preußische Polizeistaat verschwunden. Er hatte keine Schutzmänner und keine Soldaten mehr. Die Herrlichkeit des preußisch-deutschen Kaiserreichs lag buchstäblich am Boden, und die Reklamation des Volkswillens war nun fürs Erste irreversibel. Ein neuer Souverän schien an der Macht und damit ein neues Zeitalter angebrochen zu sein.

Nach der massenhaften Requirierung von Waffen und Militärwagen begannen am frühen Nachmittag Autokorsos durch die Stadtmitte zu brausen. Dutzende von Fahrzeugen voller Soldaten und Zivilisten mit schussbereiten Gewehren rasten jetzt unter den schrillen Tönen ihrer Signalpfeifen in alle Richtungen, während vorne auf ihren Wagen die rote Fahne flatterte. Sie verstanden sich als Sendboten der Revolution, als Verkünder der Freiheit, und trieben die Mobilisierung der Berliner Öffentlichkeit auf ihren Höhepunkt zu.

Die Massenerhebung als solche war somit zunächst geglückt, und in den provisorischen Arbeiter- und Soldatenräten arbeiteten Genossen von USPD, MSPD und äußerster Linken ziemlich einträchtig zusammen. Jetzt aber stand der nächste Schritt an: die Eroberung von machtstrategisch wichtigen Zentralen des politischen Berlin. Ab 14 Uhr begannen die Revolutionäre mit der quasi-militärischen Besetzung solcher öffentlichen Gebäude. Vom improvisierten Hauptquartier der Revolutionären Obleute am Prenzlauer Berg aus sollten diese Übergriffe eigentlich generalstabsmäßig koordiniert werden. De facto liefen sie dann aber doch eher etwas eigendynamisch ab. Wichtige Machtbastionen wie zum Beispiel das Berliner Schloss wurden erst vergleichsweise spät »erobert«, während auf dem Reichstagsgebäude schon um 14 Uhr die rote Fahne flatterte. Überall scheinen dabei übrigens beherzte USPD-Leute die treibenden Kräfte gewesen zu sein, indem sie sich als Sprecher an die Spitze der Besatzertruppen stellten.

Wie das im Einzelnen vor sich ging, veranschaulicht ein Augenzeugenbericht über den Fall des Berliner Polizeipräsidiums.[114] Gegen 13 Uhr »kam ein Zug von einigen tausend Mann, hauptsächlich Soldaten in vollster Bewaffnung, deren erste Reihen mit Handgranaten bewaffnet waren, zum Polizeipräsidium. Die Soldaten bildeten einen Ring um den Gebäudekomplex und besetzten Zugänge zu dem Gebäude mit Maschinengewehren; vor dem Haupteingang in der Dircksenstraße waren 4 Maschinengewehre schussfertig aufgestellt.« Vier USPD-Vertreter »begaben sich sodann in das Polizeipräsidium und verlangten vom Polizeipräsidenten v. Oppen, dass die gesamte Schutzmannschaft die Waffen niederlege und diese Waffen unter Aufsicht einiger Genossen bleiben sollten. Ferner verlangten die Abgeordneten die Übergabe des Gebäudes unter der Versicherung vollster Unverletzlichkeit des Lebens aller in dem Gebäude befindlichen Beamten, Angestellten, Frauen und Kinder, ferner die Unantastbarkeit der im Hause befindlichen Aktenstücke.« Der Präsident hielt einen gewaltsamen Widerstand für nutzlos und entschied sich gegen 14:30 Uhr, die Bedingungen anzunehmen. »Gleichzeitig wurden die Portale des Polizeigefängnisses geöffnet und 650 Gefangene in Freiheit gesetzt.« Im Anschluss hieran wurden die leitenden Beamten für den kommenden Vormittag zu einer Besprechung mit sozialdemokratischen Vertretern eingeladen, auf der dann über die berufliche Zukunft dieser Männer entschieden werden sollte. Polizeipräsident v. Oppen trat sofort zurück, und der USPD-Mann Emil Eichhorn übernahm »im Auftrage des provisorischen Arbeiter- und Soldatenrates sowie der Unabhängigen Sozialdemokratie von Berlin und Umgegend die Leitung des Berliner Polizeipräsidiums«. Als »Volkskommissar für das Polizeiwesen« bezog er sogleich das Polizeigebäude und erließ einen Aufruf an die Bevölkerung, auch ferner »den Weisungen der Beauftragten des Arbeiter- und Soldatenrates« zu folgen und den »ruhigen Verlauf der Bewegung« nicht durch »zwecklose Ansammlungen« zu stören. Eichhorn ordnete für die nächsten Tage die Schließung der Berliner Schulen und die Kontrolle des privaten Automobilverkehrs an. Er schloss mit den Worten: »Arbeiter, Soldaten, Bürger! Befolgt unsere Mahnung, helft das groß begonnene Werk der Revolution groß und würdig zu vollenden.«

Der Zeitzeuge und damalige Sekretär beim Vorstand der USPD Carl Leid gab 1919 bei einer gerichtlichen Vernehmung zu diesen Vorgängen noch ergänzend zu Protokoll, dass es erstens die revolutionären Arbeiter und Soldaten gewesen seien, die nach der Erstürmung des Gebäudes Emil Eichhorn als Mitglied des Zentralvorstands der USPD die Leitung der Übergabeverhandlungen angetragen hätten. Zweitens, dass diese Verhandlungen mit einem Stellvertreter des noch amtierenden Polizeipräsidenten v. Oppen stattgefunden hätten, da der Behördenchef kurz vorher zusammengebrochen war. Drittens, dass diese Verhandlung »ganz einwandfrei« geführt und ein Protokoll darüber aufgenommen worden sei, »das von dem Vertreter des Herrn Polizeipräsidenten in die Schreibmaschine diktiert wurde«. Und viertens, dass erst einmal nur die Abteilung der Politischen Polizei suspendiert wurde.[115]

Eine Miniatur deutscher Revolutionskultur: revolutionärer Soldat, der den Eingang eines besetzten Staatsgebäudes bewacht.

Bemerkenswert daran ist auch, dass die Revolutionäre ihre Erzfeinde von gestern, die sie verprügelt, schikaniert und hinter Schloss und Riegel gebracht hatten, so ausgesprochen glimpflich behandelten. Ganz im Gegensatz zu den russischen Februar-Revolutionären von 1917, die gerade der verhassten Petersburger Polizei einen äußerst blutigen und grausamen Krieg geliefert hatten, übte in Berlin niemand Rache.[116]

Ab 18 Uhr stand jedenfalls nicht allein der Polizeiapparat, sondern das ganze politische Berlin formell und weithin erkennbar unter dem Bann der roten Fahne. Die Revolution hatte die öffentliche Gewalt der deutschen Monarchie vollständig zum Erliegen gebracht. Die Eingänge zu allen Staatsgebäuden wurden scharf kontrolliert, und Zutritt erhielt jetzt nur noch, wer sich mit eigens dafür gefertigten Papieren ausweisen konnte.

Über die mentale Befindlichkeit der neuen Machthaber hat sich der Berliner Oberbürgermeister Adolf Wermuth unter Bezugnahme auf eine kurzfristig einberufene Versammlung von revolutionären Stadtverordneten im Roten Rathaus am frühen Abend des ersten Revolutionstages so geäußert: »Sesshafte Sitzungsteilnehmer nur in geringer Zahl, dazu aber fortwährendes Auf- und Abwogen. Boten kommen und gehen, offenbar Verbindung haltend mit einem Hauptquartier, ich vermute im Reichstag. Meldungen werden erstattet, Anfragen abgefertigt. Feldgraue, meist ganz junge Männer mit roter Binde, einige auch mit Schärpen, halten Ansprachen, glühend von dem, was vorgegangen, glühend auch von der Wichtigkeit ihrer soeben errungenen Stellung. Mitglieder der Arbeiter- und Soldatenräte. In überschwänglichen Worten bekunden sie den Wunsch, alle Hindernisse aus dem Weg zu räumen, welche aus dem heutigen Wirrwarr verblieben sind.«[117]

Zeitgleich entwanden die Revolutionäre dem alten Machtstaat mit den Medien auch die politische Deutungshoheit.[118] So besetzten Abgesandte des provisorischen Arbeiter- und Soldatenrats die Räume der amtlichen Nachrichtenagentur *Wolff's Telegrafisches Büro* und hielten für einige Stunden den Ferndrucker außer Betrieb, bevor sie sozialistische Journalisten, wie Wilhelm Carlé oder Erich Kuttner, mit der Kontrolle dieser halbstaatlichen Meinungsfabrik betrauten. An beiden Eingangstüren der Nachrichtenagentur prangten nun rote Fahnen, und ohne Ausweis ließen die Soldaten niemanden ein und aus.[119] Das erste Telegramm, das am späten Nachmittag wieder in die Welt hinausgeschickt wurde, meldete den »großen unblutigen Sieg« der Berliner Revolution und erklärte, »dass alle öffentlichen Gebäude und Behörden sich in der Hand der Revolution« befanden. Entsprechendes gab auch Kuttner später zu Protokoll, fügte aber beschwichtigend hinzu, die Arbeit des *Wolff'schen Büros* sei durch die Besetzung und Überwachung »in keiner Weise gestört worden, und es ist im Übrigen ausdrücklich die Versicherung gegeben worden, dass alles so weiterarbeiten könnte wie bisher«.[120] Auch diese Nachsicht erstaunt angesichts der Tatsache, dass kaum eine öffentliche Einrichtung so hemmungslos zur Irreführung der öffentlichen Meinung beigetragen hatte wie diese Einrichtung – »eine Nachrichtenzentrale zum Zwecke der Vorspiegelung falscher Tatsachen«.[121]

In Berlins Straßen ging es inzwischen vor allem laut zu: ohrenbetäubendes Geknatter der Revolutionsautos mit schreienden Soldaten darauf, immer mehr rotbeflaggte Personen- und Lastkraftwagen, die unentwegt mit hoher Geschwindigkeit durch die Berliner Stadtmitte rasten – vollbesetzt mit schwerbewaffneten Revolutionären. Das sollte Eindruck schinden, von der Kraft und Entschlossenheit der revolutionären Erhebung zeugen, aber auch einschüchtern und die Stimmung weiter anheizen. Man fing damit an, den umwerfenden Erfolg zu bejubeln, sich selbst zu feiern – nicht zuletzt auch musikalisch. Und immer wieder wurde die Geburt des »freien Volksstaats« verkündet, gegründet auf den »Sieg des Volkes«.

Welchen Eindruck hat das nun alles auf die nicht unmittelbar Beteiligten, aber gleichwohl Betroffenen gemacht? Als sich der berühmte Journalist Theodor Wolff um 16 Uhr auf die Leipziger Straße begab, bot sich ihm dort folgendes Bild: »Auf dem Damm endlose Züge von Soldaten, die ihre Gewehre auf den Rücken gehängt, die Mützen schief gesetzt haben, rote Bänder im Knopfloch tragen, folglich ganz anders aussehen, und Arbeiter, zum Teil mit Gewehren, dazwischen große rote Fahnen, voran und zur Seite Ordner mit Gewehren und roten Armbinden. Mitten hindurch rollen ununterbrochen große, aus Militärdepots genommene Lastautos, auf denen Soldaten und auch Zivilisten mit Gewehren hocken, sitzen, stehen und knien, gewöhnlich ein Gewehr im Anschlag – am hinteren Ende ein Maschinengewehr, daneben wieder Soldaten in Schussstellung, über allem die rote Fahne.«

Für den linksliberalen Mann war das Szenario »stark unheimlich und nervenerregend, besonders auch wegen der vielen Halbwüchsigen und zweifelhaften Gewehrträger.«[122] Dem Historiker Gustav Mayer sprang zeitgleich dieses ins Auge: »Überall Soldaten ohne Kokarden. Herumstehende, schlendernde, diskutierende (aber keine singenden) Menschen am Potsdamer Platz. Fortwährend kommen Lastautos und graue Militärautos, vollbesetzt (auch die Dächer) mit Soldaten mit aufgeknöpften Jacken und zwischen ihnen, die Flinte um die Schulter, zahlreiche Arbeiter, auch halbwüchsige. Auf jedem Auto einer, der die rote Fahne schwenkt. [...] In der Leipziger Straße hält von einem Wagen her ein kleiner temperamentloser Rundkopf eine Ansprache. Ich tue einen Blick nach den Linden. Zahllose Neugierige, dazwischen immer wieder jagende, mit Maschinengewehren versehene Lastautos, von denen zahllose Flugblätter ausgestreut werden.«[123]

Fürstin Blücher von Wahlstatt, die aus ihrem Luxusquartier im Tiergarten das Revolutionsgeschehen seit den Morgenstunden aufmerksam beobachtet hatte, gewann indes den Eindruck, dass sich im Laufe des Nachmittags »ein Wechsel in der Stimmung des Volkes« bemerkbar machte. »Der ruhig phlegmatische Ausdruck wich allmählich einer bewegteren Stimmung. Die Augen blitzten, die Gesichter röteten sich, und man hatte das Gefühl, als bedürfe es nur eines kleinen Funkens, um die glühende Asche zur Flamme anzufachen. Von Minute zu Minute wirkte es beunruhigender, dass so viele elementare Kräfte plötzlich freigeworden waren.«[124] Ein Standesgenosse wie Harry Graf Kessler sah das gelassener: »Haltung des Volkes ausgezeichnet: diszipliniert, kaltblütig, ordnungsliebend, eingestellt auf Gerechtigkeit, fast durchweg gewissenhaft.«[125] Aber zutreffend ist wohl auch, was dem scharfsichtigen Publizisten Maximilian Harden damals auffiel, als er beanstandete: Diejenigen, »die das Geschäft der Revolution leiten, haben noch keine wärmende, strahlende Flamme hinaus zu senden vermocht. Sie sind zu schüchtern, zu nüchtern, die Herrlichkeit von morgen zu malen. Ist ihnen kein Traumtrieb?«[126] Und auch auf diese Kuriosität der Berliner Aufstandsbewegung soll noch hingewiesen werden, nämlich auf deren baldige Durchmischung durch »allerhand unkontrollierbare Elemente«, wie der Schriftsteller Arthur Holitscher treffsicher beobachtete: »Spionierende Journalisten, Anschluss Suchende, Auslandspässe Heischende, zweideutige Gestalten aller Art«, die sich »schon in der Geburtsstunde der Revolution« an die Führer »herangemacht und herangeschwätzt hatten«.[127]

Bevor wir uns nun der dritten und letzten Phase des Revolutionsverlaufs am 9. November zuwenden, sei wiederum ein vorläufiges Fazit über die zweite gezogen. In dem beschleunigten Prozess der revolutionären Machtverschiebung erfolgte am frühen Nachmittag so etwas wie ein Quantensprung: Der politische Massenstreik erwies sich als so erfolgreich, dass die alte Staatsgewalt praktisch aufhörte zu existieren. Zigtausend Menschen waren auf den Beinen, auf der Straße, und diese Straße machte jetzt Große Politik. Es herrschte revolutionäre Freiheit und zugleich Staatsbankrott – Erosion. Das aufständische Volk verlangte etwas grundlegend Neues, ohne es schon definieren zu können; nur: Ein freier Volksstaat sollte es sein, eine sozial beziehungsweise sozialistisch ausgerichtete Republik.

Politischer Mut war jetzt gefragt bei denen, die regieren wollten – Mut zu einem Sprung ins Dunkle. Denn man musste einer wirklichen Revolution ins Gesicht sehen, die sich mit Thronverzicht und Regierungsumbau noch längst nicht am Ziel sah. Die vielmehr die Frage in den öffentlichen Raum stellte: Kann im Angesicht der umgestürzten Ordnung überhaupt noch mit herkömmlichen Mitteln agiert werden? Oder bedarf es ganz neuer Methoden und Repräsentationsformen?

Den einzigen Versuch, die revolutionären Errungenschaften des roten Samstags in Berlin mit den unmittelbar daran Beteiligten zu diskutieren und auszuwerten, unternahm am Abend eine Versammlung im Plenarsaal des Deutschen Reichstags. USPD und Revolutionäre Obleute hatten diverse Soldaten- und Betriebsräte dorthin einberufen, um sie über »die Notwendigkeiten der Stunde aufzuklären«.[128] Sehr lange soll die Veranstaltung gedauert haben, aber was da im Einzelnen vonstattenging, darüber haben die Chronisten nicht viel Konkretes überliefert. Richard Müller, der kampferprobte Revolutionäre Obmann der ersten Stunde,[129] hat die Versammelten als »wilden Haufen« dargestellt, deren politisches Verhalten ein »Narrenspiel ohnegleichen« gewesen sei. Dem Grafen Kessler, der eine Stunde nach Beginn der Versammlung einen Blick in den Plenarsaal werfen konnte, bot sich dort folgendes Bild: »In ihm wogt zwischen den Bänken eine Menschenmenge, eine Art Volksversammlung, Soldaten ohne Kokarden, Matrosen mit umgehängtem Karabiner, Frauen, alle mit roten Schleifen, dazwischen Abgeordnete, um die sich kleine Gruppen bilden.«[130] Ein anderer Zeitzeuge (Colin Ross) sah »die Bänke voll von Feldgrauen, teilweise in Mänteln, die Mütze auf dem Kopf, größtenteils rauchend«. Und noch eine Äußerlichkeit verdient Erwähnung, nämlich dass die Regierungstribüne mit roten Tüchern ausgeschlagen und der Präsidentenstuhl mit roten Fahnen geschmückt war. Die Hauptrede soll Emil Barth gehalten haben, einer der Väter des Berliner Volksaufstands, dessen Hymne auf den Sieg der Revolution wir gern im Wortlaut kennen würden. Doch bedauerlicherweise muss dieser überaus wichtige und gewiss aufschlussreiche Abschlussakt des 9. November insgesamt als ein ziemlich weißer Fleck in die Geschichte dieser Revolution eingehen.

Gewiss ist nur, dass die Versammlung mit der Parole nach Hause geschickt wurde, am nächsten Tag in allen Betrieben und Kasernen Vertreter zu wählen und diese am Nachmittag in den Zirkus Busch zu delegieren, auf dass dort die provisorische Regierung für ein neues Deutschland gebildet werde.[131] So endete der historische Tag für die revolutionäre Masse gewissermaßen im politischen Niemandsland – dilatorisch in jeder Hinsicht. Während Authentisches über die tatsächliche Befindlichkeit und die politischen Avancen der eigentlichen Revolutionsmacher von Berlin kaum überliefert ist, haben noch in der Nacht zum 10. November die Führungspersönlichkeiten der sozialistischen Arbeiterbewegung die Köpfe zusammengesteckt, um unverzüglich Bilanz und machtstrategische Schlussfolgerungen zu ziehen.

Die Revolutionären Obleute, also die eigentlichen Initiatoren des bewaffneten Volksaufstandes, gingen mit einem Manifest ins Rennen, das zunächst den verdienten Untergang des »alten Deutschland« feststellte. Die Träger der politischen Macht seien jetzt Arbeiter- und Soldatenräte, und Deutschland sei »eine sozialistische Republik geworden«. Von dieser apodiktischen Festlegung ausgehend, wurde »die rasche und konsequente Vergesellschaftung der kapitalistischen Produktionsmittel« in Aussicht gestellt und die Erwartung ausgesprochen, »dass das Proletariat der anderen Länder seine ganze Kraft einsetzen wird, um eine Vergewaltigung des deutschen Volkes bei Abschluss des Krieges zu verhindern«.[132]

Für die äußerste Linke, die Spartakusgruppe, war viel mehr als »ein erster schneller Sieg« über Polizei, Militär und Monarchie am 9. November noch nicht errungen. Doch dabei dürfe die eingeleitete Umwälzung keinesfalls stehen bleiben. »Diese Revolution muss nicht nur hinwegschwemmen alle Reste und Ruinen des Feudalismus, sie muss nicht nur brechen alle Zwingburgen des Junkertums, sie muss nicht nur ein Ende machen mit jener unheilvollen Zersplitterung in Vaterländer und Vaterländchen, ihre Losung heißt nicht nur Republik, sondern SOZIALISTISCHE REPUBLIK!« Um das Errungene nicht allein zu behaupten, sondern in dem angegebenen Sinn auszubauen, gelte es, die bewaffnete Macht der revolutionären Arbeiter und Soldaten weiter zu befestigen und sich »unter dem siegreichen Banner der roten Fahne« zu organisieren.[133] Als die zentralen politischen Parolen der Stunde wurden ausgegeben: Erstens die definitive »Übernahme sämtlicher militärischer und ziviler Behörden und Kommandostellen durch Vertrauensmänner des Arbeiter- und Soldatenrates«. Und zweitens die »Beseitigung des Reichstages und aller Parlamente sowie der bestehenden Reichsregierung; Übernahme der Regierung durch den Berliner Arbeiter- und Soldatenrat bis zur Errichtung eines Reichs-Arbeiter- und Soldatenrates«.[134]

Auch die USPD stellte in ihrem Resümee des Umsturztages heraus, mit der Vertreibung der bisherigen Machthaber sei noch nicht sehr viel erreicht. Denn bei einer bürgerlichen Republik dürfe die Revolution nicht stehen bleiben. »Ihr Ziel ist die sozialistische Republik.« Die oberste Gewalt seien die, und müssten die bleiben, »die den Umsturz herbeigeführt haben«, also der Arbeiter- und Soldatenrat. Und nicht »die abhängigen Sozialdemokraten« mit dem Moment-Reichskanzler Ebert an der Spitze, der sich »an die alten Methoden« des Regierens zu klammern suche. »Dafür haben Arbeiter und Soldaten nicht gestritten, dass man über ihre Köpfe hinweg die Regierung besetzt. Es hieße, sie um ihr Recht zu betrügen, ließe man ihnen nicht das entscheidende Wort.« Mit Blick auf die anberaumte Versammlung im Zirkus Busch gab sich die USPD zuversichtlich, »dass die Männer und Frauen, die stark genug waren, das alte System zu stürzen, auch Kraft und Entschlossenheit besitzen, jetzt ihr Geschick und das des Landes nach ihrem Willen zu gestalten«. Deshalb rief sie die Soldaten und Arbeiter dazu auf, dort die Regierung zu bestimmen, die in ihrem »revolutionären Sinne das Land verwaltet.«[135]

Die Mehrheitssozialdemokratie hatte sich schon am Abend des 9. November strategisch klar positioniert, indem sie gewissermaßen für eine ›Eintagsrevolution‹ plädierte. Mit der Abdankung der Hohenzollern und Eberts Ernennung zum deutschen Reichskanzler sei schließlich »die öffentliche Gewalt in die Hände des Volkes übergegangen« und der »freie Volksstaat« somit da. Nach diesem »Sieg des Volkes« müsse alles Weitere einer »verfassungsgebenden Nationalversammlung« überantwortet werden. Für die dringendsten tagespolitischen Aufgaben aber sei freilich erst einmal »die Volksregierung« zuständig, deren Arbeit nicht durch Unbesonnenheit – also weitere unkontrollierte Aktionen auf der Straße – gefährdet werden dürfe.[136] Dieses Argumentationsmuster wurde am nächsten Morgen wieder aufgegriffen. Zwar habe sich gestern ein »gewaltiger Umsturz« vollzogen, doch heute gelte es nicht, »sich hemmungslosem Jubel hinzugeben«, sondern es heiße, »für die Zukunft zu sorgen und zu schaffen«, weil sich »Aufgabe für Aufgabe [...] an die Arbeiter- und Soldatenregierung heran[dränge]«. Diese aber seien nur zu lösen, wenn »die Arbeiterklasse einig und geschlossen« bleibe. Widrigenfalls drohe »das russische Chaos, der allgemeine Niedergang, das Elend statt des Glückes«. Eindringlich wurde vor einer »Selbstzerfleischung der Arbeiterschaft in sinnlosem Bruderkampf« gewarnt. Die MSPD sei jedenfalls »ganz durchdrungen von dem Gedanken, dass das Werk der Rettung aus dem Abgrund«, in den sie der überwundene Imperialismus gestürzt habe, »nur von einer einmütigen und geschlossenen Arbeiterschaft ausgeführt« werde.[137] Wenig später am Tag erließ Ebert mit den beiden designierten Regierungsmitgliedern aus seiner Partei, Landsberg und Scheidemann, einen weiteren Aufruf an die »Volksgenossen«, in dem sie die Übernahme der Reichsregierung durch die sozialdemokratische Partei verkündeten. Womit »die Befreiung des Volkes vollendet« sei. Diese neue Regierung, die noch auf Komplettierung durch die USPD warte, werde sich »für die Wahlen zu einer konstituierenden Nationalversammlung« stark machen und danach »ihre Machtbefugnisse in die Hände der neuen Vertretung des Volkes zurücklegen«. Jetzt wolle sie vor allem für ein »tadelloses Funktionieren« der Verwaltung Sorge tragen, das »Eigentum vor willkürlichen Eingriffen schützen« und gemeinen Verbrechen von Volksfeinden entgegentreten.[138] Diese staatserhaltenden Appelle brachten einmal mehr zum Ausdruck, wie wenig die Ebert-Partei diese Revolution gewollt hatte und folgerichtig bestrebt blieb, sogleich wieder zur Tagesordnung des traditionellen Regierungsgeschäftes in der Wilhelmstraße überzugehen. Und das vermochte sie umso besser, als ihr dafür in der alten Reichskanzlei nun sogar die Chefsessel freigeräumt und von niemandem streitig gemacht worden waren. Wundersamerweise hatte die Springflut der Berliner Revolution tatsächlich vor der politischen Schaltzentrale des alten wie auch des kommenden neuen Deutschland Halt gemacht.

———◆———

Schon am 10. November 1918 hat sich über der Berliner Revolution ein dichter Nebel aus politischer Ideologie verbreitet. Blickt man auf die zitierten Statements, so fällt überdies auf, wie wenig sich die Linke aller Couleur über diesen gelungenen Umsturz freuen, ihn bejubeln und feiern mochte. Immerhin hatte sich doch soeben im Machtzentrum des Deutschen Reiches Unerhörtes, ja Unglaubliches ereignet: dem Bismarck'schen Obrigkeitsstaat war das Lebenslicht ausgeblasen worden, der Erzfeind des sozialistischen Lagers war kollabiert; das Joch der preußischen Militärautokratie abgeschüttelt, eine Befreiungstat. Gründe genug, will man meinen, einen Augenblick innezuhalten – in Erleichterung, Genugtuung, stolzer Zuversicht und im Vertrauen darauf, die Revolution jetzt erst einmal im Rahmen des Erreichten basisdemokratisch zu konsolidieren. Anlass womöglich auch für einen spektakulären Festakt, um das Volk als neuen Souverän des Landes zu feiern und symbolisch zu inthronisieren.

Aber nichts dergleichen geschah. Statt »Entschleunigung« der Eskalation, statt geduldiger Verfestigung solidarischer Strukturen und Toleranz gegenüber »Andersgläubigen«, statt Auflockerung des Geistes fliegender Übergang zum ideologisch überformten Kampf um politischen Einfluss und Macht – voller Polemik, Animosität, Hektik und bitterem Ernst. Man spürt so gut wie nichts vom Glück der Zukunftsoffenheit, die dieser 9. November erwirkt hatte. Keine Visionen, keine Mythen, kein positiver Übermut. Auf die mentalen Verheerungen des Weltkriegs, die anhaltende materielle Not oder die Frustration der militärischen Niederlage lässt sich diese politische Kultur eines aggressiven Missmuts wohl nicht allein zurückführen. Maßgeblicher noch scheint hier die verbreitete Furcht im Spiel gewesen zu sein, bei dem Regimewechsel mit den eigenen partikulären Ambitionen ins Hintertreffen zu geraten.

Das zeigt auch ein kritischer Blick darauf, was die zitierten Meinungsmacher der revolutionären Bewegung denn überhaupt für Deutungen anboten, welche Handlungsperspektiven sie eröffneten. Der Ebert-Partei ging es vor allem darum, den Linksradikalen die Entscheidungsgewalt über den Fortgang der Revolution aus den Händen zu winden und damit die vermeintliche Gefahr einer nicht mehr kontrollierbaren Politik der Straße zu bannen. Dabei war schon am 10. November klargeworden: Die Errichtung einer bolschewistischen Herrschaft hatte die große Masse der Aufbegehrenden ganz sicher nicht vor Augen. Doch Ebert hatte weiterhin Angst. Sein Fernziel blieb die bürgerlich-demokratische Republik Deutschland auf sozialstaatlicher Grundlage. Aber jetzt blieb all sein Trachten darauf fixiert, die anarchischen Instinkte der aufgewühlten Menschen im Zaum zu halten. Im Vertrauen auf das Problembewusstsein der Volksbeauftragten sollten die Massen jedem Aktionismus entsagen und sich baldmöglichst wieder in die Normalität des Regiertwerdens einfinden, des guten Regiertwerdens natürlich; aber in weitgehender Kontinuität zur Arbeitsweise des alten Staatsapparates. Es war das Politikangebot einer besseren Administration – mehr nicht. Kalter Rationalismus, der den Aufbau einer basisdemokratischen Kultur hintansetzte und insofern auch etwas Zurückweisendes, ja Brüskierendes hatte.

Die Linksradikalen wussten Eberts technokratischem Verständnis vom Politikwechsel eigentlich nur die bewaffnete Macht der Straße entgegenzusetzen, die es auszubauen gelte. Doch ein Revolutionskrieg? Wogegen und wofür eigentlich? Das Modell einer Rätediktatur schien zwar auf, aber nur propagandistisch, nicht als mehrheitsfähige Willensbekundung der revolutionären Massen, sondern als spartakistischer Wille zur Macht – ohne erkennbaren politischen Mehrwert für das Gemeinwohl. Aber auch die anderen Novemberrevolutionäre hatten letztlich keine originellen Methoden des Regierens und schon gar kein Programm für einen tiefgreifenden Politikwechsel in petto.

Die Revolution bricht los

So existierte am 10. November 1918 durch den Untergang der überkommenen politischen Ordnung ein Machtvakuum, aber es gab keine Vordenker oder Ideengeber, um es mit etwas von Grund auf Neuem zu füllen. Alle politische Leidenschaft der Berliner Revolutionsführer konzentrierte sich sogleich auf heftigste Kämpfe um die Macht im Staat, genauer: um die vollziehende Gewalt darin. Doch entsprach das Angebotene, das Propagierte dem Mehrheitswillen des aufständischen Volkes? Und welche Rolle spielte der überhaupt noch?

Die Revolution hatte eine neue politische Macht geschaffen, die Macht der Straße, und auch sie drängte in das Vakuum, welches das Kaiserreich zurückgelassen hatte. Doch ihre Bemühungen, direkt auf den Politikbetrieb einzuwirken, wurden von Anfang an sabotiert – und zwar sowohl von denjenigen, die den bürgerlichen Staat am liebsten zerschlagen hätten, als auch von denjenigen, die sich für die mehr oder weniger bruchlose Fortsetzung der traditionellen Regierungsarbeit stark machten. So erhielt die elementare Umsturzbewegung gar keine Chance, ihre Kraft weiter auszubilden und die Volkserhebung zum Fanal eines radikalen Politikwechsels in Deutschland zu machen. Auch verfügte sie über keine Köpfe, die es sich zur vornehmsten Aufgabe gemacht hätten, vorzugsweise ihr zu dienen und die politische Meinungs- und Willensbildung an der Basis durch konkrete Gestaltungsvorschläge entscheidend voranzubringen. So konnte einfach niemand, der sich am 10. November öffentlich zu Wort meldete, mit der Unklarheit der neugeschaffenen Verhältnisse konstruktiv umgehen. Damit war auch von Anfang an jede Aussicht dahin, dass die Führer der drei Hauptströmungen in der deutschen Arbeiterbewegung in ehrlicher gemeinsamer Arbeit vertrauensvoll zusammenfänden. Und warum? Weil in Berlin die Ideologie sofort über die Politik gestellt wurde.

Ganz anders in München, wo es zumindest Ansätze zu einem großen politischen Stilbruch gab – durch kulturelle Mobilisierung des Volkes und durch ehrliche Offerten, bei der Gestaltung der Zukunft mitzuwirken. Hier, wo mutige Intellektuelle wie Kurt Eisner das Sagen hatten, wurde sehr viel einfallsreicher als in Berlin über neue Formen politischer Teilhabe nachgedacht und öffentlichkeitswirksam debattiert.[139] Im Vertrauen auf den jetzt aufgeschlossenen Geist der Massen sollte hier Neues ausprobiert, echte Demokratie gewagt werden. Von einem ähnlich phantasievollen Umgang mit den allseits geweckten Erwartungen konnte in der Reichshauptstadt keine Rede sein.

So traten in Berlin am 10. November an die Stelle der alten Autoritäten erst einmal nur unbeholfene Konkursverwalter und Protagonisten, welche die Leere, die das kollabierte Regime hinterlassen hatte, zu ihrem politischen Vorteil zu nutzen gedachten. Kaum vertreten waren die radikaldemokratischen Kräfte, die dem Kaiserreich seine Autorität zielsicher abgerungen hatten. Sie hatten mit ihrer Rebellion den entscheidenden Vorstoß zu einer politischen Umgestaltung der staatlichen Verhältnisse gewagt – aber dabei blieb es auch: bei institutionellen Veränderungen. Die politischen Linien eines von Grund auf neuen Deutschlands hatte der Volksaufstand natürlich nicht vorzeichnen können, aber es war ihm auch nicht vergönnt, der Berliner Politik wenigstens einen neuen Geist, eine neue Moral, eine Hochstimmung einzuhauchen.

Nur eines konnte sich in der politischen Öffentlichkeit Deutschlands nun niemand mehr vorstellen: ein wie auch immer geartetes Weiterbestehen der Monarchie. Hier hatte der Sieg des Volkswillens tatsächlich *tabula rasa* gemacht. Das machte den 9. November 1918 vielleicht noch nicht zum »größten Wendepunkt in der Geschichte des deutschen Volkes und der Arbeiterschaft«,[140] richtig ist aber sicher, was eine andere Zeitung an diesem Tag schrieb: »Das deutsche Volk hat zum ersten Mal sein Geschick selbst in die Hand genommen. Diese große Errungenschaft soll nicht durch den Gedanken verkümmert werden, dass sie ihm spät zuteil geworden ist.«[141]

4
Auf den Hauptschauplätzen des Machtwechsels

Nun wollen wir die Szenerien des Umsturzes betreten: jene politischen Orte, an denen mehr oder minder synchron die Entscheidungen fielen, die das deutsche Kaiserreich aus der Geschichte fallen ließen.[1] Denn bezeichnenderweise vollzog sich das Politdrama vom 9. November 1918 nicht nur an einem Schauplatz, es spielte sich – abgesehen vom öffentlichen Raum der Straße – auf gleich drei verschiedenen Bühnen ab. Gemeint sind das Große Hauptquartier im belgischen Spa, die Reichskanzlei in der Berliner Wilhelmstraße und der deutsche Reichstag am Königsplatz. Niemand der damaligen Hauptakteure konnte gleichzeitig an allen drei Brennpunkten sein, und doch standen diese Schauplätze in einem starken inneren Beziehungsgeflecht zueinander. Die Handelnden dort nahmen ständig Bezug aufeinander, ohne genau zu wissen, was anderswo gerade wirklich geschah. Auch die jeweilige Kultur, das Ambiente jener Schicksalsorte sind nicht ohne Einfluss auf die dort getroffenen Entscheidungen gewesen.[2]

Im Großen Hauptquartier: Wilhelms letzte Tage in Spa

Gedacht als Schaltzentrale der militärischen wie politischen Kriegsführung, hatte sich das Große Hauptquartier seit der Übernahme der Obersten Heeresleitung durch Hindenburg und Ludendorff immer mehr zu einem eigenständigen Machtzentrum entwickelt, auf dessen Geschäftsführung die Berliner Regierung so gut wie keinen Einfluss ausübte. In nachrichtentechnischer Hinsicht funktionierte die Kommunikation zwischen dem Hauptquartier und der Reichskanzlei, aber von politischer Vernetzung, gar Kooperation konnte keine Rede sein. Zwar waren sowohl der Reichskanzler als auch das Auswärtige Amt im Großen Hauptquartier durch ständige Vertreter präsent,[3] doch politisch bewirken konnten sie dort wenig; und wenn, dann bestenfalls durch persönliche Einflussnahme auf einzelne Entscheidungsträger – etwa in der Entourage des Obersten Kriegsherrn. Dessen Gefolge setzte sich zusammen aus den Stäben beziehungsweise den Chefs der sogenannten kaiserlichen Geheimkabinette (Zivil, Militär, Marine) sowie der persönlichen Adjutantur des Kaisers, die für die Funktionstüchtigkeit des Hofstaats unter Kriegsbedingungen zu sorgen hatte: also für Bewachung, Nachrichtenverbindungen, Fuhrpark, Verpflegung, Besuchsverkehr, Instruktion des Leibdienstpersonals, persönliche Betreuung des Kaisers und Ähnliches. Da jene Entourage dem Kaiser jederzeit und unmittelbar zu Gebote zu stehen hatte, begleitete sie ihn auf all seinen Wegen, während der Generalstab des Heeres mit seinen zahlreichen Dienststellen seinen ständigen Sitz am jeweiligen Standort des Großen Hauptquartiers beibehielt. Der Theorie nach sollte diese Oberste Heeresleitung das Organ des Kaisers zur Ausübung seiner Kommandogewalt sein.

Im März 1918 war das Große Hauptquartier in den belgischen Badekurort Spa verlegt worden.[4] Die Fahrstrecke dorthin betrug von Berlin fast 700 Kilometer; von Kassel Wilhelmshöhe waren es 360. Annähernd dreitausend Deutsche sollen hier stationiert gewesen sein, darunter nicht weniger als achthundert Offiziere. Etwa einen Monat nachdem das Hauptquartier nach Spa verlegt worden war, hatte sich auch der Oberste Kriegsherr dort häuslich eingerichtet – und zwar in zwei stattlichen Villen, die die deutsche Besatzung beschlagnahmt und entsprechend ausgestattet hatte.

Für mehr als ein Vierteljahr blieb der belgische Kurort Hauptwohnsitz Wilhelms II., dort hielt er sich mit kurzen Unterbrechungen von April bis Mitte August 1918 auf – einige Wochen sogar mit seiner Gemahlin. Ort und Gegend waren ihm bald so vertraut, dass er seinen Tagesgewohnheiten wie gehabt frönen konnte.[5] Als er Spa dann aber am Abend des 1. Oktober 1918 mitsamt seinem Gefolge Richtung Berlin verließ, hatte es freilich den Anschein, als käme er so bald nicht wieder. Deshalb wurden seine beiden Villen schon kurz darauf ge-

Auf den Hauptschauplätzen des Machtwechsels

Die Entourage des deutschen Kaisers, seine »Herren«. Rechts neben dem Monarchen der deutsche Kronprinz und Wilhelms Bruder Heinrich.

Kaiser Wilhelm im Gespräch mit König Friedrich August von Sachsen auf der Terrasse seiner Villa im Großen Hauptquartier in Spa.

räumt und anderweitig genutzt. Seine plötzliche Rückkehr vier Wochen später kam für das ganze Hauptquartier völlig unerwartet und stellte die Administration vor so große logistische Probleme, dass der Kaiser zunächst einmal mit seinem Hofzug als Absteigequartier vorliebnehmen musste. Erst am 5. November 1918 hatte sich alles arrangiert, und Wilhelm II. konnte wieder halbwegs standesgemäß in der Villa Fraineuse residieren – und die letzten fünf Tage seines Monarchenlebens regieren.

Der elftägige Aufenthalt des Reichsmonarchen im belgischen Spa, die seiner definitiven Flucht aus Deutschland vorangingen, ist seit nun fast hundert Jahren immer wieder Gegenstand zahlloser Publikationen sowie anderer öffentlicher Erörterungen gewesen. Obwohl sie mit einer überbordenden Fülle von erinnerten oder rekonstruierten Details zum Ablauf der Ereignisse aufwarteten, waren diese Veröffentlichungen aber durchweg Teil eines ideologischen und moralischen Diskurses darüber, inwiefern das ruhmlose Ende der Hohenzollerndynastie den monarchischen Gedanken im damaligen Nachkriegsdeutschland beschädigt habe.[6] Dieser Federkrieg um historisch-politische Deutungshoheit ist lange beendet und das überlieferte Quellenmaterial soweit kritisch ausgewertet, dass es über den faktischen Verlauf jener hochdramatischen Ereignisse Anfang November 1918 gesichertes Wissen gibt.[7] Und dennoch bleiben spannende Fragen offen: Haben wir es in Spa nur mit dem resignierten Abtreten eines heillos überforderten Monarchen zu tun? Oder lassen sich auch dort wie in Berlin Spuren für eine Art Staatsstreich finden? Und wenn ja, wer waren die Herren dieses Revirements und was ihre Motivationen? Gab es trotz der räumlichen Entfernung von über siebenhundert Kilometern vielleicht doch so etwas wie eine Interaktion, ja Koordination der Politik im Großen Hauptquartier mit dem Regierungshandeln in der Berliner Reichskanzlei? Können wir gar am Ende von einem kollektiven Kaisersturz sprechen?

Wir erinnern uns: Die überstürzte Abreise Wilhelms II. vom Neuen Palais in Potsdam zum Hauptquartier in Belgien ging auf das krampfhafte Bemühen seiner engsten Ratgeber zurück, ihn den politischen

Einflüssen der zivilen Reichsleitung zu entziehen. Dahinter stand die berechtigte Sorge, dass der regierungsmüde Monarch »unter der einseitigen Einwirkung der Regierung sich möglicherweise voreilig zu einem Verzicht auf den Thron bereitfinden lassen würde«.[8] Die hochgesteckte Erwartung, die sie an diesen Quartierwechsel knüpften, war, dass der Kaiser mit dem Beistand seiner Heerführer den Abdankungsforderungen noch am wirkungsvollsten die Stirn bieten könne – allenfalls sogar mit zuverlässigen Truppen seiner Armee.

Der Entschluss zur Reise nach Spa wurde am Dienstag, dem 29. Oktober, um die Mittagszeit gefasst und die Abfahrt von Station Wildpark noch auf den gleichen Abend festgesetzt. Die Reisegesellschaft umfasste rund sechzig Personen, davon bildeten sechzehn das engere kaiserliche Gefolge. In diesem vertrauten höfisch-militärischen Milieu glaubten die Initiatoren des Manövers den Kaiser sicher vor der gefährlichen Suggestion zurückzutreten. Er sollte davon abgelenkt werden, sich damit überhaupt ernsthaft, das heißt rational-politisch auseinanderzusetzen. Aus dem Depot des Berliner Residenzschlosses hatte man das Hoflager großzügig für einen etwa zehntägigen Aufenthalt verproviantiert. Denn auch leiblich sollte es Wilhelm II. und seinen sogenannten Herren an nichts mangeln, wozu auch der kaiserliche Hofzug, das vertraute Luxushotel auf Rädern, einen nicht zu unterschätzenden Beitrag leistete.[9]

Hindenburg und wohl mehr noch der Ludendorff-Nachfolger, General Wilhelm Groener[10] waren von der Absicht des Kaisers, nach Spa zurückzukehren, zunächst »durchaus überrascht« worden. Ihnen war telefonisch vorgespiegelt worden, die plötzliche Abreise aus Potsdam erfolge, weil der preußische Kriegsminister dort nicht mehr für die Sicherheit des Kaisers bürgen mochte. Das entsprach zwar nicht den Tatsachen, hatte aber den Vorteil, insbesondere den Generalfeldmarschall moralisch unter Druck zu setzen.[11] So war es denn auch wohl überlegt, dass Wilhelm II. seinen Hofzug schon im Bahnhof Herbesthal am frühen Nachmittag des 30. Oktober verließ, um die letzten vierzig Kilometer bis Spa mit dem schnelleren Auto zurückzulegen, wollte er doch unverzüglich zu Hindenburg.[12]

Über diese entscheidende Unterredung ist in den Quellen nichts überliefert, aber der Zweck lässt sich unschwer durchschauen. Was

Wilhelm II. bei Hindenburg suchte, wahrscheinlich sogar unverblümt einklagte, waren einerseits Sicherheit und militärischer Schutz. Aber womöglich sollte Hindenburg ihm mehr noch Trost spenden und in der Auffassung bestärken, dass er seinen Thronanspruch gegen alle Widersacher werde behaupten können, notfalls auch mit militärischer Unterstützung. In diese doppelte und nicht zuletzt moralische Pflicht ließ sich der Chef der Heeresleitung offenbar leicht nehmen. Schließlich hatte er Wilhelm II. gegenüber erst wenige Monate zuvor in öffentlicher und vielzitierter Rede »sein Gelübde unverbrüchlicher Treue bis in den Tod erneuert«, und zwar ausdrücklich im Namen der von ihm befehligten Truppen an der Front.[13]

Und Hindenburg wähnte sich Ende Oktober 1918 wohl noch tatsächlich in der Lage, seinen König bis zum Letzten gegen äußere und innere Feinde verteidigen zu können, denn – ungeachtet aller gegenteiligen Beobachtungen – hielt er die Loyalität der Truppe gegenüber ihrem Obersten Kriegsherrn für unerschütterlich. Im Übrigen war Hindenburg von Haus aus gegen eine Abdankung Kaiser Wilhelms – hauptsächlich, weil er fürchtete, das Heer würde dann führerlos und wäre mit seiner Widerstandskraft definitiv am Ende. »Wenn der Kaiser geht, läuft die Armee nach Hause«, soll er seinem Adjutanten und Schwiegersohn Christian von Pentz damals gesagt haben. So stand Hindenburg seinem Kaiser erst einmal auf Gedeih und Verderb zur Seite. Wilhelm II. – so heißt es in der Quelle weiter – sei dadurch in seiner Haltung derart »bestärkt worden, dass er behauptete: ›Ich bleibe und werde an der Spitze meiner Armee Berlin wieder erobern.‹«[14]

Schon bei der Abkanzelung des preußischen Innenministers Drews in Spa ist Hindenburg seinem Kaiser am 1. November 1918 in diesem Sinne beherzt beigesprungen[15]. Und dabei blieb es. Als ein alter Vertrauter Wilhelms II., Max Egon II. Fürst zu Fürstenberg, am 5. November seinen kaiserlichen Freund in Spa besuchte, notierte er zwei Tage später in sein Tagebuch: »Hindenburg sagte mir vorgestern: Wenn einer mir mit der Abdankung kommt, habe ich jetzt nur die eine Antwort, dass ich den Kerl niederschieße!«[16] Noch am selben Tag schickte der Generalfeldmarschall seine rechte Hand, Wilhelm Groener, nach Berlin, um die Reichsregierung zu bestürmen, endlich von weiteren Pressionen in der Thronfrage Abstand zu nehmen. Wobei er augenscheinlich auf die vermeintlich anhaltende Wirkung seines Mythos baute: »In der Kaiserfrage lasse der Generalfeldmarschall von Hindenburg bestellen, dass er sich für einen Schuft halten würde, wenn er den Kaiser verlassen würde.«[17] Insofern schien die Rechnung derjenigen voll aufzugehen, die den wankelmütigen Monarchen nur mehr unter den Fittichen des »eisernen« Heerführers für überlebensfähig gehalten hatten. Allem Anschein nach bekam Wilhelm der Aufenthalt in dieser exklusiven militärischen Männergesellschaft, die ihm tagtäglich das Gefühl eingab, dass er noch etwas zu sagen habe, etwas bedeutete, dass er tatsächlich noch Kaiser sei.

Ihm persönlich am nächsten standen damals die beiden langjährigen Generaladjutanten Hans Georg von Plessen und Ulrich von Marschall sowie Generalmajor Hans von Gontard.[18] Alle drei, ganz besonders stark aber der alte Plessen, hingen nicht allein mit hingebungsvoller Treue an ihrem obersten Herrn, sondern hielten auch unbeirrbar an der Überzeugung fest, dieser Kaiser dürfe unter gar keinen Umständen abdanken – koste es was es wolle. Dass der Preis schlussendlich die Institution selbst sein würde, die sie damit nach Kräften ruinierten, kam ihnen überhaupt nicht in den Sinn. Sicher darf man ihr machtpolitisches Gewicht nicht überschätzen, da sie aber im Auftrag und mit Rückendeckung der deutschen Kaiserin handelten, waren sie auch nicht ohne Einfluss. Ihre Hauptaufgabe sahen sie darin, den Monarchen in seiner Festigkeit allen Abdankungsmanövern gegenüber nachdrücklich zu bestärken. Sehr nahe in das Geschehen involviert waren sodann die Flügeladjutanten Georg von Hirschfeld und Leopold Freiherr von Münchhausen sowie Sigurd von Ilsemann und Alfred Niemann.[19] Die beiden Letztgenannten waren erst im August 1918 zum engeren Gefolge hinzugestoßen. Ihren persönlichen Aufzeichnungen verdanken wir den größten Teil unseres Detailwissens über Geschehnisse dieser Tage.

Zurecht ist dieses kaiserliche Lager in Spa als ein »Soziotop« charakterisiert worden, in dem sich höfische und militärische Elemente derart vermengten, dass dem überforderten Monarchen faktisch jede Entscheidungshilfe versagt blieb. In dieser Entourage herrschte nämlich »ein kollektiver Autismus«, eine völlige Unfähigkeit, politische Informationen sachdienlich zu verarbeiten und sich argumentativ damit auseinanderzusetzen.[20] Die Ideen- und Empfindungswelt dieses Milieus war tief geprägt vom preußischen Militarismus und der völligen Unterordnung unter die gottgegebene Autorität des Monarchen. In ihrer positiven Fixierung auf ihren allergnädigsten Herrn – wie in der negativen auf dessen vermeintliche Widersacher – ließ sich dieses Gefolge nicht überbieten; mit der Folge, dass es ausschließlich die Unantastbarkeit der kaiserlich-königlichen Person im Blick behielt, während es alles andere ignorierte oder, besser gesagt, verdrängte. Nach außen abgesichert und moralisch verstärkt wurde dieser geschlossene Gesellschaftskreis durch das demonstrative Erscheinungsbild des »ersten Soldaten« des deutschen Kaisers, Paul von Hindenburg, der nun, geradezu vorbildlich, monarchisch-treu vor seinem Obersten Kriegsherrn stand. Ob das allerdings klug, ob das zielführend war, steht auf einem anderen Blatt.

Denn nüchtern betrachtet, ergab es damals selbst aus dem verengten Blickfeld eines führenden Militärs gar keinen Sinn mehr, den politisch wohlbegründeten und nicht zuletzt monarchisch motivierten Abdankungsforderungen noch so viel Starrheit, militärische Machtmittel gar entgegenzusetzen. Ein Hindenburg hätte wissen können, ja wissen müssen, dass weder das Frontheer noch er selbst – und auch sein verblassender Mythos nicht – in der Lage waren, den Thronverlust dieses Kaisers tatsächlich abzuwenden. Insofern war es eigentlich gedankenlos, dass er sich trotzdem so skrupellos als letzten Hoffnungsanker in Dienst nehmen ließ. Auch dass der Monarch zu diesem Zeitpunkt schon längst nicht mehr auf die unverbrüchliche Treue seiner Armee bauen konnte, war der Obersten Heeresleitung durchaus bekannt. Dem hilfesuchenden Kaiser das nicht nur vorenthalten, sondern ihm sogar anderes vorgegaukelt zu haben, war ebenso falsch wie verhängnisvoll. Trug es doch nur zur Verlängerung des Elends bei, dass dieser faktisch schon entthronte Kaiser die tatsächliche Lage weiterhin so vollkommen verkannte, sich nur noch tiefer in sein Unglück stürzte und die deutsche Monarchie endgültig ins Verderben ritt.

Jedenfalls blieb der Monarch noch am 8. November fest davon überzeugt, von Gott berufen und somit befähigt und berechtigt zu sein, erfolgreich gegen alle Anmaßungen des Volkes für seine Kaiserkrone zu kämpfen. Inzwischen hatte er sich auch wieder fürstlich in der Villa Fraineuse eingerichtet mit dem festen Vorsatz, sich als Herrscher noch einmal ganz neu zu erfinden. Er empfing wieder diverse Besucher, machte ausgedehnte Spaziergänge und markige Sprüche. »Ich muss bleiben und mein Vaterland retten«, bekannte er am späten Vormittag einem Feldgeistlichen gegenüber. Auf die Frontarmee könne er sich verlassen, deshalb werde er sich alsbald an die Spitze dieser »königstreuen Truppen« stellen und sich sein Deutschland zurückerobern.[21] Wenig später befahl er der Obersten Heeresleitung tatsächlich, eine entsprechende militärische Operation unverzüglich vorzubereiten. »Wo sind die nötigen Truppen, damit ich mir meine Heimat und mein Schloss wiedererobern kann?« – soll er wörtlich gefragt haben.[22] Zeitgleich brachte er die Befehlshaber des Heimatheeres telefonisch und telegrafisch auf Trab und ermächtigte sie zu diktatorischer Gewalt gegen jede Form von Aufruhr im Inneren.

In Spa gab es bis zu diesem Zeitpunkt noch niemanden, der diesen offenkundigen Bestrebungen des Kaisers, einen blutigen Bürgerkrieg zu riskieren, entgegengetreten wäre, oder solchen aberwitzigen Plänen wenigstens entraten hätte. Nichts und niemand schien Wilhelm II. dabei aufzuhalten, Deutschlands Staat und Gesellschaft noch weiter in den Abgrund zu stürzen. Das Thema Abdankung war jetzt nachgerade zum Tabu, Wilhelm II. endgültig weltfremd geworden. Sein Freund Fürstenberg beschrieb den Zustand eindrücklich: »Den Kaiser umzustimmen, ist ganz ausgeschlossen, er betrachtet jeden, der ihm eine solche Anspielung macht, als Hochverräter und Schuft. S.M. sagt immer wieder, Max B[aden] will mich stürzen, um Reichsverweser zu werden. Er hat mir bei seinem Antritt gesagt, er wolle sich vor mich stellen, um mich zu schützen. Jetzt will er mich zur Abdankung zwingen, ich gehe aber nicht! – Er ist eigentlich ruhig, aber schläft nur mit Schlafmitteln, und ist schwer zu einem ruhigen Gespräch zu bringen. Aussehen zwar nicht sehr gut, aber nicht eben schlecht. Er isst sehr wenig.«[23]

Das war die Lage am Tag vor seinem tiefen Fall. Ein letztes Mal hatte sich sein direktes Umfeld, genauer: die Komplizenschaft seiner Machthalter zuungunsten einer rationalen Meinungsbildung ausgewirkt. Der Kaiser wollte partout nicht gehen und sich schon gar nicht durch irgendeine politische Instanz absetzen lassen, darauf hatte er sich lautstark kapriziert. Zweifel sind freilich erlaubt, ob man Wilhelms martialisches Auftreten in Spa, seine Drohung mit einem blutigen Revirement in Berlin tatsächlich zum Nennwert nehmen darf. Gewiss spielte er ernsthaft mit dem Gedanken, seine kaiserlichen Machtinteressen nötigenfalls auch mit militärischer Gewalt durchzusetzen. Aber sicher war da auch viel Empörungsrhetorik im Spiel – sein altbewährtes Mittel, um andere einzuschüchtern und sich selbst stark zu reden. Gleichwohl nahm ihm sein Umfeld ohne Weiteres diese Phantasie als allerhöchsten Entschluss ab, mit Truppen nach Berlin zu gehen und dort persönlich aufzuräumen. Die Pose des »Gewalt-Herrischen« (Nietzsche) verschaffte ihm immer noch unglaublich viel Respekt – nicht allein bei Plessen und Co.[24]

Vergeblich versuchte man von der Berliner Wilhelmstraße aus, auf diese fatale Entwicklung Einfluss zu nehmen – doch aus der Ferne und bei der notorischen Halbherzigkeit des prinzlichen Reichskanzlers[25] war da nicht viel auszurichten. Vielmehr hatte sich Max von Baden noch am Abend des 8. November am Telefon Düpierungen wie diese gefallen lassen müssen: »Du hast den Waffenstillstand eingeleitet, nun musst Du ihn auch unterschreiben. Der Reichstag allein kann mich nicht absetzen, dazu müssen Bundesfürsten und Bundesrat gehört werden, die mich eingesetzt haben. Werdet Ihr in Berlin nicht anderen Sinnes, so komme ich nach Abschluss des Waffenstillstandes mit meinen Truppen nach Berlin und schieße die Stadt zusammen, wenn es sein muss!«[26] Sämtliche Warnungen vor Revolution, Republik oder Bürgerkrieg schlug Wilhelm II. einfach in den Wind, wobei er nicht das geringste Zeichen einer Sinnesänderung in der Abdankungsfrage zu erkennen gab. Der Kanzler seinerseits brachte auch jetzt nicht den Mut auf, seinem Vetter endlich die Stirn zu bieten – durch die Schaffung einer Zwangslage etwa: entweder freiwillige Abdankung und Bestellung eines Regenten durch den scheidenden Monarchen selbst, oder aber sofortige Absetzung!

Dann kam der 9. November und mit ihm auf der politischen Bühne des Großen Hauptquartiers ein veritabler *deus ex machina*.

Ludendorffs Nachfolger General Wilhelm Groener, der den Kaiser am 9. November 1918 ins Messer laufen ließ.

Sieben Jahre nach seinem kaiserfreundlichen Engagement in der Berliner Regierungszentrale am 6. November 1918 gab Wilhelm Groener als prominenter Zeitzeuge beim sogenannten Dolchstoßprozess folgendes Statement zu Protokoll: »Vielleicht habe ich mit meiner damaligen Haltung eine Schuld auf mich geladen. Ich hätte sofort sagen müssen: ›Herr Ebert! Wir wollen zusammengehen. Ein Mann, ein Wort! Ich sorge dafür, dass der Kaiser abdankt, und Sie sorgen mir dafür, dass die sozialdemokratische Partei wie ein Mann hinter mich tritt und die Monarchie verteidigt.‹«[27] Meine These lautet, dass Groener diese Erkenntnis nicht erst 1925 gekommen ist, sondern dass er mit dieser Einsicht bereits am 7. November 1918 ins Große Hauptquartier zurückgekehrt ist. Und zwar, weil ihm bei seiner realpolitischen Sicht der Dinge im Lauf seiner Gespräche und Beobachtungen in der Reichshauptstadt völlig klargeworden war, »dass die Abdankung des Kaisers angesichts der Entwicklung in der Heimat nicht länger werde aufgehalten werden können«.[28] Groener wusste also, dass Wilhelm II. als deutscher Kaiser und Oberster Kriegsherr ausgespielt hatte. Als Monarchist wie als loyaler Offizier klammerte er sich freilich noch einige Stunden an die Option, der politisch ruinierte Reichsmonarch würde im Idealfall vielleicht noch den Mut zum heroischen Tod auf dem Schlachtfeld aufbringen und damit würdig abtreten.[29] Doch nachdem er diese Hoffnung auf eine »Operation Königstod« (Martin Kohlrausch) schon bald nach der Rückkehr ins kaiserliche Hoflager hatte begraben müssen, sah der General seine zentrale Aufgabe, ja Pflicht nunmehr darin, dem Kaiser einen kräftigen Strich durch die Rechnung zu machen: Groener war jetzt fest entschlossen, Wilhelm II. als militärischen Oberbefehlshaber und als politische Autorität aus dem Verkehr zu ziehen, um ihn als unberechenbaren Machtfaktor in dieser existenziellen Krisensituation des Reiches unschädlich zu machen.

Wegen der Herrschaftsstrukturen in Spa war dies freilich ein ebenso heikles wie problematisches Unterfangen. Zunächst stand der politisierte General in Wilhelms Wagenburg mit seinen palastrevolutionären Vorstellungen so gut wie allein da, und darüber hinaus zwangen ihn Gesetz und Komment, dem amtierenden Kaiser die persönliche Handlungs- und Entscheidungsfreiheit zu belassen. Alles andere wäre schließlich auf einen Militärputsch hinausgelaufen. Zuletzt war Groener auch kein Hasardeur wie sein Vorgänger Ludendorff, sondern ein besonnener Kopf, für den nur so etwas wie ein kalter Kaisersturz infrage kam – eine Politik über Bande, wenn man so will. Worauf er baute, war die nicht mehr zu verkennende Unzuverlässigkeit der Truppen sowohl in der Heimat als auch an der Front – die Tatsache also, dass immer mehr Soldaten sich vom deutschen Kaiser und Obersten Kriegsherrn abgewandt hatten, weil ihnen die allerhöchste Person in Staat und Militär herzlich gleichgültig geworden war. Ebendas ließ Groener die verschworene Gemeinschaft um den Kaiser bereits am 7. November unverblümt wissen, womit er bei den Kaisertreuen gar »keinen guten Eindruck« machte.[30]

Am Tag darauf verschärfte er Plessen und Marschall gegenüber die Tonart, indem er nachdrücklich vor einem Marsch auf Berlin warnte, der angesichts der militärischen wie politischen Lage nicht durchführbar sei. Überhaupt sei »die Stellung des Kaisers unhaltbar« geworden.[31] Und dieses Mal ging Groener mutig noch einen Schritt weiter, indem er erklärte, die Sicherheit des Kaisers sei nun selbst in Spa so stark gefährdet, dass man ihn nicht länger bei der Armee behalten könne, vielmehr müsse Wilhelm II. »so schnell als möglich fort«.[32] Damit weckte der Württemberger – womöglich durchaus intendiert – sämtliche schlafenden Hunde im kaiserlichen Hoflager und machte sich namentlich den Generaladjutanten Plessen zum erbitterten Gegner. Hindenburg hingegen scheint der politische General mit seiner militärisch wohlbegründeten Argumentation langsam aber sicher auf seine Seite gezogen zu haben.[33] Selbst dem bis dahin demonstrativ königstreuen Feldmarschall dämmerte nun endlich, dass die Bürgerkriegspläne Wilhelms II. realitätsfern waren und es sinnlos wäre, hierfür militärische Mittel zu mobilisieren. Das aber musste letztendlich auf die Einsicht hinauslaufen, dass ein Thronverzicht des Kaisers nun unumgänglich war. Die entscheidende Konfrontation stand bevor.

Für diese Kraftprobe brachte Plessen den erzkonservativen Grafen Friedrich von der Schulenburg in Stellung, damals Generalstabschef in der Heeresgruppe Deutscher Kronprinz. Ihn nahm er am 9. November 1918 mit ins Chateau de la Fraineuse, die kaiserliche Residenz, wohin auch Hindenburg und Groener befohlen waren. Bevor die beiden führenden Militärs dort gegen 9:30 Uhr mit ihrem Auto eintrafen, hatten sie bereits mit Paul von Hintze und Freiherr von Grünau konferiert, den beiden ständigen Vertretern der Reichsregierung im Großen Hauptquartier. Diese hatten ihnen eindringlich nahegelegt, bei der Unterredung mit dem Kaiser auch das erneute Drängen von Reichskanzler und Außenamtschef auf Abdankung des Monarchen zur Sprache zu bringen. Das war natürlich ganz in Groeners Sinn gewesen, der zu seiner Genugtuung bemerkt hatte, dass nun auch der Feldmarschall die Notwendigkeit eines Thronverzichts des Kaisers erkannte. Während Hindenburg und Groener auf dem Weg zum Kaiser waren, telefonierte Hintze nach Berlin und berichtete dem Chef der Reichskanzlei, die Armee würde nach Angaben der OHL schon aus Ernährungsschwierigkeiten nicht imstande sein, einen Bürgerkrieg zu führen, und sie stünde auch in einem solchen Fall nicht hinter dem Kaiser.

Deshalb würden die beiden Heerführer jetzt Wilhelm II. einen Rücktritt nahelegen.[34]

Hintzes Annahme, dass Groener und Hindenburg diese eigentlich selbstredende politische Folgerung ihrer nunmehr entschiedenen Ablehnung eines Bürgerkriegs auch explizit so zum Ausdruck bringen würden, war vielleicht eine vorschnelle, aber das Telefonat mit ihm dürfte die Regierungszentrale in Berlin darin bestärkt haben, nun erst recht auf sofortigen Thronverzicht zu dringen, und motiviert haben, schon eine entsprechende amtliche Erklärung vorzubereiten.[35] Auch ist davon auszugehen, dass eine solche Druckverstärkung ganz im Sinne von Wilhelm Groener gewesen sein dürfte.

Was dann in den folgenden dreieinhalb Stunden an Meinungsverschiedenheiten im Quartier des deutschen Kaisers aufeinandertraf, das muss man dem politischen Gehalt nach einen veritablen Machtkampf nennen, auch wenn dieser Diskurs sich in seinen äußeren Formen in den Bahnen einer improvisierten Kronratssitzung abspielte. Ohne Geschäftsordnung freilich, und mit wechselnden Schauplätzen innerhalb des herrschaftlichen Etablissements sowie unterschiedlichen Gruppierungen dieser etwa zwölfköpfigen Runde, die sich mal im Gartenzimmer, mal im Park der Villa, im Speisesaal oder in den Adjutantenzimmern formierten. Obwohl es um Kopf und Kragen des deutschen Kaisers ging, spielte Wilhelm II. in diesem Drama eher eine Nebenrolle. Das lag nicht zum wenigsten an der »wehmütig resignierten Stimmung«, in der er dort in Erscheinung trat.[36] Wie Groener später weit drastischer formulierte, »hätte an jenem 9. November für jeden Urteilsfähigen und Klarsehenden ein Blick auf den jeglicher Haltung baren, in hilfloser Verzweiflung umherhastenden, jammernden und dann plötzlich wieder hochfahrend polternden Kaiser genügt, um festzustellen, dass es für diesen Mann nur noch den einen Weg gab: einen möglichst würdigen Abgang zu finden.«

Genau das habe er an diesem Morgen »geraten und gefordert«, als er Wilhelm II. mit Verweis auf die »kaiserfeindliche Stimmung in der ganzen Armee« mit Nachdruck dazu anhielt, von seinem hohen Posten abzutreten.[37] Mit indirekter Unterstützung von Hindenburg, der seinem Generalquartiermeister mit beredtem Schweigen ganz das Wort überließ. Der Adressat des Groener-Vortrags erfasste sofort, dass nun auch sein letzter Hoffnungsträger es offenbar ablehnte, Verantwortung für einen Marsch auf Berlin zu übernehmen. Die Rückeroberung der Heimat war endgültig zur Schimäre geworden. »Des Kaisers Antlitz erstarrt[e]«, beschreibt ein Augenzeuge später dessen Reaktion.[38] Das war das Signal für die Intervention des Grafen Schulenburg, dem Plessen unverkennbar die Aufgabe zugedacht hatte, Wilhelm neuen Mut einzuflößen. Er schlug denn auch gleich vor, den geplanten konterrevolutionären Vorstoß nach Deutschland vielleicht doch mit ausgesuchten Eliteneinheiten zu versuchen, die er glaubte aus dem Frontheer noch rekrutieren zu können. Groener konterte mit dem Hinweis, dass über solche Erwägungen die revolutionären Geschehnisse in Berlin »hinweggehen würden«. Der Kaiser schien beeindruckt und im Begriff, sich von seiner fixen Idee einer militärischen Rückeroberung seines autokratischen Kaisertums zu verabschieden. Doch auch seinem schon etwas wehleidig klingenden Wunsch, dann möge man ihm wenigstens eine friedliche Rückführung seiner Armee nach Deutschland ermöglichen, widersprach Groener entschieden: »Das Heer wird unter seinen Führern und Kommandierenden Generalen geschlossen und in Ordnung in die Heimat zurückmarschieren, aber nicht unter der Führung Eurer Majestät.«[39] Die Worte dieses ungeheuren Affronts waren kaum verklungen, als man Wilhelm davon in Kenntnis setzte, auch der Reichskanzler dränge aus Berlin telefonisch auf unverzügliche Abdankung, weil andernfalls die deutsche Monarchie rettungslos verloren sei.

Damit standen kurz nach 10 Uhr in Spa gleich mehrere Fragen überaus sperrig im Raum: Wann, wie und wohin geht der überflüssig, ja zur Belastung gewordene Kaiser? Über das, was jetzt folgte, gibt uns eine glaubwürdige, lebensnahe Darstellung des Zeitzeugen Grünau Aufschluss: Der Monarch war »schwankend; seine Äußerungen, die eine wehmütige resignierte Stimmung verrieten, ließen jedoch erkennen, dass er sich innerlich bereits mit dem Gedanken der Abdankung vertraut gemacht hatte, und dass er sich zu dem schweren Entschluss durchringen würde. Auch die übrigen Herren standen unter demselben Eindruck.« Nachdem es Grünau in einem kurzen Vieraugengespräch mit dem Kaiser offenbar gelungen war, das Rücktrittsopfer zu einer Ruhmestat aufzuwerten, soll Wilhelm II. schließlich gesagt haben: »Wenn das deutsche Volk es nicht anders wolle, so sei er bereit abzudanken; er habe lange genug regiert, um zu sehen, was das für ein undankbares Geschäft sei ... Nun mögen die anderen zeigen, ob sie es besser können.«⁴⁰

Diese vage ›Absichtserklärung‹ kommunizierte Flügeladjutant von Hirschfeld gegen 10:30 Uhr nach Berlin,⁴¹ und dabei sollte es vorläufig auch bleiben. Denn erneut und verbissener denn je traten Schulenburg und Plessen auf den Plan. Sie warnten eindringlich vor übereilten Entschlüssen, zumal von einer Abdankung des Reichsmonarchen dessen Stellung als König von Preußen ja gar nicht berührt werde, da das preußische Königtum doch staatsrechtlich ganz anders begründet sei als das deutsche Kaisertum. An dieser Hohenzollern-Krone möge Wilhelm II. unbedingt festhalten und bei seinen preußischen Truppen bleiben. Vergeblich stemmte sich Groener gegen diese »völlige irrige Auffassung« sowohl über die Stellung des Königs von Preußen als auch über die akute Lage insgesamt.⁴² Damit hatte dieser für Deutschland so entscheidende Disput um 11 Uhr Vormittag eine neue Eskalationsstufe erreicht.

Für Groener bahnte sich eine mittlere Katastrophe an, denn unversehens schien das schon erreicht geglaubte Ziel wieder in weite Ferne gerückt. Der Generalquartiermeister war nach eigenen Worten bestürzt von diesen Vorstellungen. »Als Schulenburg sich auf diesen Gedanken versteifte, der auch bei den übrigen Anwesenden einen gewissen Eindruck machte, verließ mich bei so viel Wirklichkeitsfremdheit die Geduld.«⁴³ Wie aber konnte er diesen unerträglichen Zustand der erneuten Bewegungslosigkeit überwinden? Nach hergebrachtem politischen Kalkül nur dadurch, dass man den Hauptentscheidungsträger jetzt möglichst rasch vor vollendete Tatsachen stellte. Für solch einen Coup aber kam nach Lage der Dinge nur die Berliner Reichsleitung in Betracht, die schon seit Tagen zumindest im Geist mit dem neuen Mann in der Obersten Heeresleitung an einem Strang zog. Sie war es, die jetzt aktiviert, besser: funktionalisiert werden musste. Eine solche Hintertreppenpolitik drängte sich angesichts der Zwangslage, in die Groener von seinen Gegenspielern manövriert worden war, als nunmehr einziger Ausweg auf. Sie ist diesem ausgesprochen politisch agierenden General auch ohne Weiteres zuzutrauen, denn er wollte endlich *tabula rasa* machen.

Es gibt eine glaubwürdige, von der einschlägigen Forschung bislang übersehene Quelle, die solch ein durchtriebenes Vorgehen tatsächlich belegt. Es sind Aufzeichnungen, die sich Otto Wagener – ein früherer

Adjutant in großherzoglich-badischen Diensten – im Frühjahr 1920 über ein privates Gespräch mit Max von Baden gemacht hat.[44] Darin, so heißt es in Wageners Text, habe ihm der frühere Regierungschef – im Interesse der »wirklichen Wahrheit« über den 9. November – den Inhalt eines Telefonats anvertraut, das er am Vormittag des besagten Schicksalstages mit Groener geführt habe. Darin sei es um das Beharren Wilhelms II. auf seinem preußischen Königtum gegangen, das Groener für überhaupt nicht mehr tragbar erklärte. »Er werde dafür sorgen, dass der Kaiser sofort auch zu diesem Verzicht veranlasst werde, und der Kanzler könne die unbedingte Abdankung des Kaisers auch als König von Preußen ruhig bekannt geben. Prinz Max fragte noch einmal [...]: ›Kann ich das wirklich tun?‹, worauf Groener geantwortet habe: ›Jawohl, Sie können dies als eine endgültige Mitteilung von mir entgegennehmen.‹«

Und nicht allein diese Quelle, sondern weitere gewichtige Umstände sprechen für ein konzertiertes und manipulatives Vorgehen an diesem Vormittag: Tatsächlich sind Telefongespräche Goeners mit der Berliner Reichskanzlei belegt, deren konkreten Inhalt aber keiner der Beteiligten jemals hat preisgeben wollen.[45] Darüber hinaus hat Max von Baden die Abdankungserklärung, die von seinen Mitarbeitern schon um 9:30 Uhr aufgesetzt worden war, erst um kurz nach 11 Uhr mit seiner Unterschrift freigegeben, als also die Revolution in Berlin bereits marschierte und selbst mit so einer Proklamation nicht mehr aufzuhalten war. Den Mut, politisch eigenmächtig zu entscheiden, brachte er selbst am 9. November nicht auf. »Ich möchte nur wissen, von wem die Leute das haben, ich hätte die Entlassung des Kaisers proklamiert, bevor er zugestimmt habe«, sagte er später selbst.[46] Und schließlich spricht für die Durchstecherei, dass Groener sich in Spa nach 11 Uhr, als in Berlin also längst Fakten geschaffen waren, aus der noch fast zwei Stunden andauernden Diskussion über das Schicksal des Reichsmonarchen vollständig heraushielt. Das ist von ihm selbst überliefert, und das fiel auch seinem Operationschef Oberst Heye auf, als er um die Mittagszeit in der Kaiservilla eintraf: Im Park sah Heye »eine große, nach allen Seiten zerstreute Gesellschaft«, die grüppchenweise über das Schicksal des Kaisers Kriegsrat hielt – aber: »Groener war <u>nicht</u> zugegen, er stand an der Tür der Villa.«[47] Wäre es hier wirklich noch darum gegangen, zu einer weitreichenden politischen Ent-

Im Großen Hauptquartier: Wilhelms letzte Tage in Spa

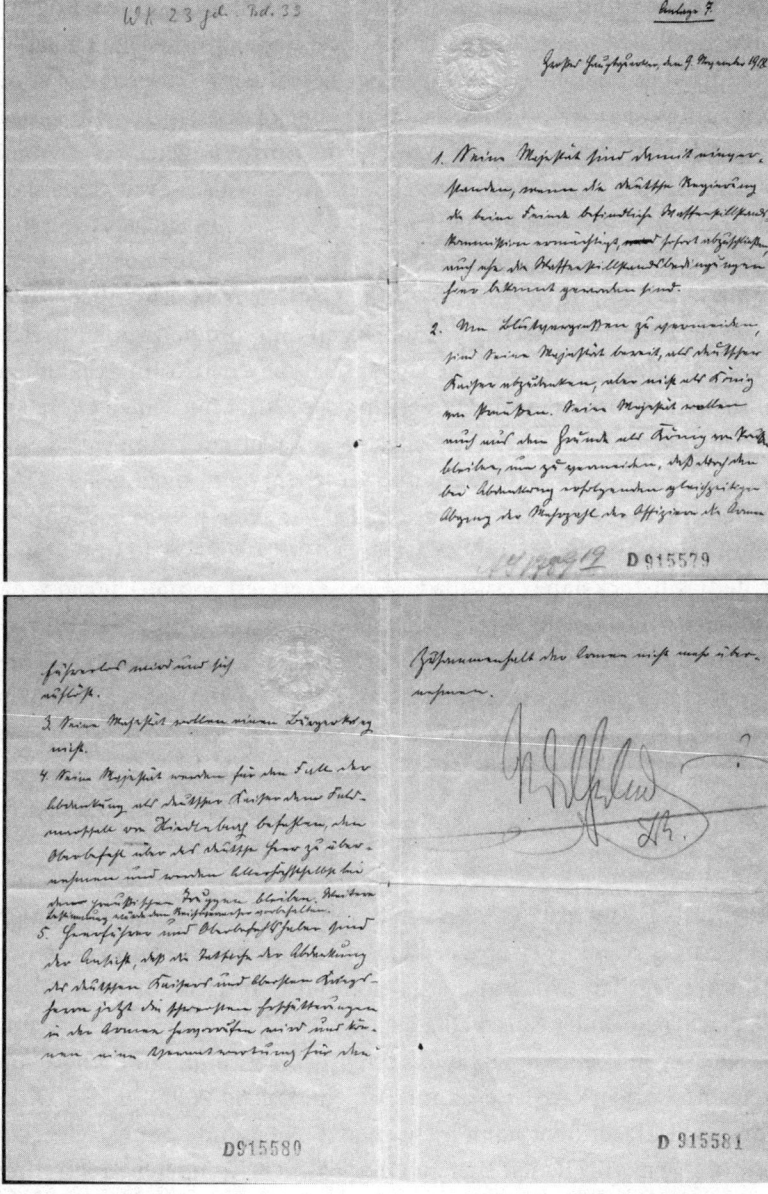

Der vergebliche Versuch, dem abgedankten deutschen Kaiser die Königskrone für Preußen zu erhalten. Konzept einer öffentlichen Erklärung mit eigenhändiger Unterschrift Wilhelms II.

scheidung zu kommen, so hätte sich der General nach seinem Engagement in den Morgenstunden eine solche Teilnahmslosigkeit niemals erlaubt. Aber mit dem, was er nach Berlin geflüstert hatte, durfte er die Zeit ruhig für sich und seine Sache arbeiten lassen.

Gegen 13 Uhr brach Kaiser Wilhelm die Erörterungen im Garten mit der Entschließung ab, er wolle als deutscher Kaiser zwar abdanken, »bleibe aber König von Preußen und marschiere mit einer preußischen Division friedlich nach Hause«.[48] Er beauftragte Schulenburg, dieses Votum unter Mitarbeit von Hintze und Grünau in die schriftliche Form einer offiziellen Verlautbarung zu bringen und ihm dann zur Abzeichnung vorzulegen. Während die Genannten diesen Text im Adjutantenzimmer der Kaiservilla aufsetzten, ging der Kaiser mit seinen Getreuen, zu denen inzwischen auch sein Ältester, der deutsche Kronprinz, gestoßen war, zu Tisch. Hindenburg und Groener waren nicht geladen und fuhren ins Hotel Brittanique zurück. Es war seine politische Henkersmahlzeit, die Wilhelm am 9. November 1918 zwischen 13 und 14 Uhr an der Frühstückstafel der Villa Fraineuse serviert wurde. Und auch das Dokument über seine letzte politische Entschließung, das er gegen 14 Uhr unterzeichnete, sollte bloß ein Stück Papier bleiben, ein Möchtegerndekret. Denn für die politische Welt jenseits von Spa war Wilhelm von Preußen bereits seit zwei Stunden nicht mehr Monarch, sein gleichnamiger Stammhalter kein deutscher Kronprinz mehr.

Kurz vor 14 Uhr platzte dann die Bombe. Wenige Minuten nachdem der Text der obsolet gewordenen kaiserlichen Entschließung nach Berlin durchgegeben war, traf erst telefonisch und dann als Funkspruch die Nachricht in der Kaiservilla ein, die Abdankung des Kaisers, auch als König von Preußen, sei bereits öffentlich verkündet und Ebert zum deutschen Reichskanzler ernannt. Auf eine solche Wendung der Dinge war das Hoflager überhaupt nicht gefasst. Niemand konnte sich erklären, wie Max von Baden sich zu einer solchen Kompetenzüberschreitung hatte hinreißen lassen. »Verrat, schamloser empörender Verrat!«, polterte Wilhelm.[49] Die Entrüstung war groß, aber an wirksamen Gegenmaßnahmen gegen diesen Coup fiel der jetzt im Salon versammelten Gesellschaft nichts Gescheites mehr ein. Rückgängig zu machen war sie nicht mehr, diese »ganz unerhörte Tat«.[50] Wilhelm blieb nichts anderes übrig, als sich unter Protest in seine Absetzung als Kaiser zu fügen. Aber an seiner Entschließung, als König von Preußen bei seinen Truppen zu bleiben, wollte er unbedingt festhalten. »Zusammengebrochen« – so lesen wir im Tagebuch seines Adjutanten – »sitzt er in seinem Lehnstuhl am Kamin und raucht, ohne viel zu sprechen, eine Zigarette nach der anderen.«[51] Dann raffte sich der Entthronte noch einmal auf und ging zum Telefon, um seinen letzten Kanzler zur Rede zu stellen. Nach der oben zitierten Aufzeichnung von Otto Wagener soll es ein denkbar kurzer Schlagabtausch gewesen sein. Der Kaiser: »Ist es wahr, dass Du meine Abdankung auch als König von Preußen hast verkünden lassen?‹ Als Prinz Max mit ›Ja‹ antwortete, rief der Kaiser ins Telefon: ›Du bist ein Schuft!‹ Zu einer Erklärung gab er dem Kanzler keine Gelegenheit mehr.«[52]

Diese Rechtfertigung ihres Vorgehens lieferte dann wenig später Max' Chefberater Walter Simons – in einem Telefongespräch mit Paul Hintze, »worin dieser üble Berater des Kaisers inquisitorische Fragen über die Veröffentlichung [des Abdankungstextes] an mich richtete«.[53] Mit dieser neuen Sachlage im Kopf brachen die Berater Wilhelms II. gegen 15 Uhr ins Hotel Britannique auf, um dort mit Hindenburg zu klären, was nun zu tun sei. Oberst Heye, der bei der Konferenz dabei war, schreibt in seinen Erinnerungen: »Angesichts der furchtbaren Tatsache, dass der verantwortliche Reichskanzler gegen Willen und Absicht des Kaisers dessen Abdankung auch als König von Preußen hatte verkündigen lassen, herrschte unter uns zunächst tiefes Schweigen. Groener meinte dann, er hätte die Entwicklung der Dinge in Berlin so kommen sehen, sprach darauf aber überhaupt kein Wort mehr.«[54] Das brauchte er auch nicht, denn inzwischen betrieb Hindenburg mit aller Macht die endgültige Abschiebung des seiner beiden Kronen verlustig gegangenen Dynasten.[55] Am Abend des 9. November 1918 willigte Wilhelm von Preußen auf unnachgiebiges Drängen der Obersten Heeresleitung hin schließlich ein, sich mit seinem engsten Gefolge ins neutrale Holland zu begeben. Vorher hatte er noch Hindenburg den Oberbefehl über das Heer übertragen und einen hochemotionalen Brief an seine Frau geschrieben – ein erschreckendes

Dokument seiner vollkommenen Verkennung der Lage und seiner Hilflosigkeit: »Max hat seinen Verrat voll durchgeführt, den er seit Wochen mit Scheidemann gesponnen. Ohne mich zu fragen oder ohne einen Schritt von mir zu erwarten, hat er mich abgesetzt, durch eine hinter meinem Rücken veröffentlichte Abdankung vom Jungen [gemeint ist der Kronprinz] und mir. Er hat sodann die Regierung an die Sozialisten abgegeben, und Ebert ist Reichskanzler geworden. Berlin ist in der Hand der Bolschewiken ... Welch ein furchtbarer Zusammenbruch. Welch eine gemeine und niederträchtige Untergrabung unseres herrlichen Heeres und lieben alten preußischen Staates! Ebert haust in Bismarcks Zimmer, vielleicht bald im Schloss. ... Da der Feldmarschall mir heute Nachmittag erklärte, für meine Sicherheit in der Truppe nicht mehr bürgen zu können, so verlasse ich auf seinen Rat das Heer nach furchtbar schweren [inneren] Kämpfen.«[56]

Am Abend vor der Flucht nach Holland ging Plessen noch einmal zu Groener ins Generalstabsgebäude. Wie dessen Adjutant im Vorzimmer Richard Merton überliefert hat, muss diese letzte Unterredung »ziemlich deutlich gewesen sein«, denn der sonst so gelassene Generalquartiermeister war danach »in starker Erregung«. Merton zitiert seinen damaligen Vorgesetzten mit den Worten: »Plessen hat zum Schluss gesagt: Seine Majestät sind jahrelang belogen worden. Meine Antwort war: Was glauben Sie denn, von wem? Worauf mich Plessen mit Tränen in den Augen verließ.«[57] Damit war das Kreuzen der Klingen in Spa vorüber, und Groener durfte sich als Bezwinger des kaiserlichen Hoflagers fühlen. Dass der Sieger von Spa nun umgehend die Verbindung mit dem anderen Sieger suchte, mit Interims-Reichskanzler Friedrich Ebert, war nur folgerichtig. Denn nur unter der Voraussetzung einer effizienten Kollaboration von Oberster Heeresleitung (ohne monarchische Befehlsgewalt) und neuer Reichsregierung schien ein halbwegs geordneter Übergang des Kaiserreichs in ein post-wilhelminisches System möglich.[58]

Am anderen Morgen um 6:40 Uhr telegrafierte Grünau aus Maastricht an das Auswärtige Amt in Berlin: Nach dem Verlauf, den die Dinge gestern in Berlin und im Hauptquartier genommen, habe sich Wilhelm II. jetzt auf den Boden der geschaffenen Fakten gestellt »und betrachte sich als Privatpersönlichkeit«.[59] Zwölf Tage später entband er

Beamte und Offiziere vom geleisteten Treueeid, und am 24. November 1918 ließ er das preußische Staatsministerium *ex officio* wissen, dass er seine von der Regierung am 9. November des Jahres verkündete Abdankung »als zu Recht bestehend voll anerkannt und durch meinen Übertritt nach den Niederlanden in aller Form de facto vollzogen habe«. Eine staatsrechtlich einwandfreie Abdankungsurkunde unterzeichnete er dann am 28. November 1918 im holländischen Amerongen.[60] Es war der Totenschein des deutschen Kaiserreichs und die formelle Besiegelung eines sich über Monate hinziehenden Prozesses der Selbstdemontage, ja ›Selbstentthronung‹ seines letzten führenden Repräsentanten. Erst jetzt war Deutschland offiziell und definitiv zur Republik geworden.

Eine Tragödie sollte man das, was sich auf den letzten Metern dieses Vorgangs im belgischen Spa abgespielt hat, nicht nennen. Es war dort nur letzte Hand angelegt worden beim – freilich überfälligen – Sturz des preußischen Herrschers auf dem deutschen Kaiserthron. Dass dies ausgerechnet diejenigen besorgten, zu denen der schon halb entmachtete Monarch in der Hoffnung geflüchtet war, unter ihrem Schutz seinen Gegnern vielleicht doch noch einmal erfolgreich die Stirn bieten zu können, war bitter für das Königsopfer und sicher auch skandalös – wenn es denn publik geworden wäre. Aber tragisch ist dieser Schlussakt vom langen Ende des letzten deutschen Reichsmonarchen ganz sicher nicht gewesen. Denn dieses Unglück hätte Wilhelm von Preußen bei nur etwas mehr Einsicht in die politischen Realitäten durchaus vermeiden können. Statt ernsthaft mit den klügsten politischen Köpfen seines Staates um die Zukunft des geschlagenen Reiches zu ringen, hat er sich bis zum Schluss nur theatralisch gegen das Unabwendbare seines persönlichen Schicksals gesträubt. Er blieb sich darin treu, als „Schauspieler seiner selbstgeschaffenen Träume" (Friedrich Gundolf) zu agieren – zu einem politisch Handelnden hatte er es auch nach dreißig Amtsjahren nicht gebracht.

In der Wilhelmstraße 77

In den fast fünfzig Jahren seit der Reichsgründung hatte sich in der Hauptstadt Berlin die Wilhelmstraße zum machtpolitischen Zentrum entwickelt. Sie war die Herzkammer der Reichsregierung, hier pul-

Auf den Hauptschauplätzen des Machtwechsels

Vor- und Rückseite des Reichskanzlerpalais' in der Wilhelmstraße 77, um 1920.

Die Rückseite der Reichskanzlei mit anschließendem Park.

sierte die Große Politik. Heute ist ihre damalige Topografie im Straßenbild kaum mehr in Umrissen zu erahnen, seine Bedeutung als Achse preußisch-deutscher Machtausübung schon gar nicht.

Es waren großenteils ehemalige Adelshotels – fürstliche Palais aus dem 18. Jahrhundert mit langgezogenen Gärten –, in denen sich auch 1918 noch das politische Leben abspielte. Trotz diverser Um- und Anbauten hatten sich Charme und Würde dieses Nobelquartiers erhalten. Die Ausstaffierung diverser Fassaden mit den Insignien preußisch-deutscher Macht unterstrichen noch einmal deutlich, dass es sich hier um die erste politische Adresse einer Großmacht handelte.[61] Diesen Eindruck wusste auch das wichtigste Haus am Platz zu vermitteln: die Nummer 77, der Dienstsitz des deutschen Reichskanzlers.[62]

Zur Straßenseite hin präsentierte sich der repräsentative Teil dieses ehemals Radziwill'schen Palais als ein dreigeschossiger hoher Mitteltrakt, mit zwei niedrigeren Seitenflügeln. Den so gebildeten Empfangshof schloss ein hohes schmiedeeisernes Gitter, das zwei Tore hatte, ab. Mit dem parkähnlich angelegten Garten nach hinten erstreckte sich das nur 80 Meter breite Grundstück auf einer Tiefe von knapp 400 Metern – ein stattliches Terrain mithin, in dem sich Preußen-Deutschlands erster Kanzler und Reichsgründer Bismarck für fast zwei Jahrzehnte ausgesprochen gut aufgehoben gefühlt hatte. Auch nach dessen erzwungenem Auszug im Jahr 1890 blieb die Wilhelmstraße 77 »das Haus Bismarcks« und damit Inbegriff der maßgeblich durch ihn politisch erwirkten deutschen Großmachtstellung. Dieses Selbstverständnis sollte nicht zuletzt das Staatssymbol im Giebeldreieck über dem Mittelrisalit zur Geltung bringen: das Wappen mit dem Reichsadler, auf dessen Brust wiederum das preußische Staatswappen prangte mit dem Stammemblem der Hohenzollern als Herzschild. Umrankt wurde es durch die Kette vom Schwarzen Adlerorden – der höchsten Auszeichnung, die das Königshaus Preußen zu vergeben hatte –, darüber die deutsche Kaiserkrone. Durch diese sinnige Kombination aus dynastischen Emblemen und Reichssymbolen demonstrierte die Wilhelminische Staatsführung ihren speziellen Herrschaftsanspruch – dahingehend, dass sich das Deutsche Reich als eine Monarchie aus preußischer Wurzel verstand.

Auch nach Bismarck blieb das geschichtsträchtige Haus als klassizistisches Adelspalais äußerlich weitgehend erhalten. Nur im Inneren wurde es durch Reichskanzler Bernhard von Bülow, der opulente Repräsentationskultur und Kunst schätzte, aufwendig renoviert: »Mit Marmor, Brokaten und vergoldetem Stuck wurde nicht gespart. Die Treppengebäude wurden hochfürstlich hergerichtet, die Salons erhielten leuchtende Farbigkeit. Das Zusammenstimmen der Kunstwirkungen begeisterte die Betrachter derart, dass man das Reichskanzlerpalais damals im Ausland den ›Dogenpalast an der Spree‹ nannte.«[63] Im Zuge dieser Neudekoration venezianischen Stils wanderte das ursprüngliche Arbeitszimmer Bismarcks vom Erdgeschoss in den ersten Stock neben den Kongresssaal, wo es als eine Art Miniaturmuseum diente.

Dort hinauf führte von der Eingangshalle eine breite Marmortreppe, die mit roten Smyrnaläufern belegt war. Von ihr gelangte man über den sogenannten Pfeilersaal in jenen Raum, in dem 1918 das Kriegskabinett tagte. Eine zweite etwas bescheidenere Treppe führte

In der Wilhelmstraße 77

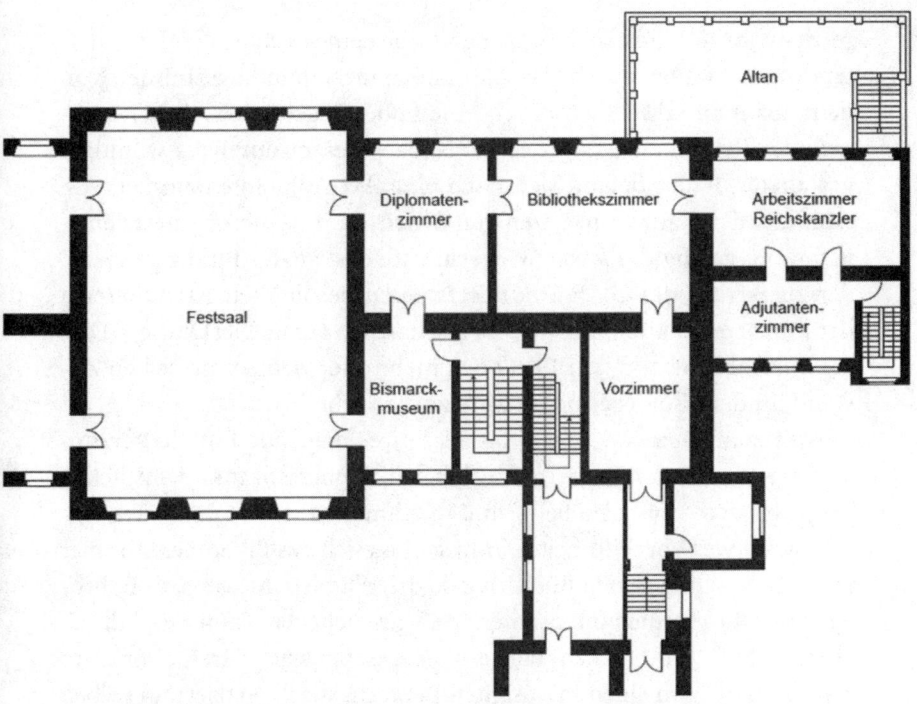

Grundriss der Zimmerflucht, in der am 9. November 1918 der Machtwechsel stattfand.

in den Arbeitsbereich des Reichskanzlers und in dessen Dienstwohnung. Der Ende Oktober 1918 neuberufene junge Regierungsrat Brecht war bei Dienstantritt schwer beeindruckt,»als der livrierte Diener aus der Pförtnerloge die hohe Tür öffnete und ich die leere Eingangshalle vor mir sah, dann die Treppe hinten rechts zum ersten Stock einsam hinaufging, wo ich, durch ein kleines Vorzimmer schreitend, plötzlich in dem Großen Kongresssaal stand. Der Saal war leer, nur mit Teppichen belegt. Da stand ich eine Weile, bis sich mir gegenüber die Tür öffnete.«[64] Solche Ehrfurcht gebietenden Eindrücke dürften sich auch bei vielen anderen Besuchern eingestellt haben.

Die Repräsentationsräume des Reichskanzlerhauses links vom großen Festsaal interessieren hier weniger, weil sie abseits der politischen Geschehnisse am 9. November 1918 lagen. Schauplatz des Machtwechsels war vielmehr die etwa 250 Quadratmeter große Zimmerflucht rechts vom Kongresssaal: beginnend mit dem sogenannten Botschafterzimmer; weiter durch das anschließende Bibliothekszimmer, von dem aus man schließlich durch eine hohe Flügeltür das Arbeitszimmer des Reichskanzlers erreichte. Neben diesem durchaus wohnlich gestalteten Raum befand sich noch eine Art Adjutantenzimmer, von dem aus der Kanzler mit wenigen Schritten in seine private Dienstwohnung gelangte. Es war wiederum Reichskanzler Bülow gewesen, der zu Beginn des 20. Jahrhunderts jenen besonderen Arkanbereich der Macht geschaffen und hochherrschaftlich ausstaffiert hatte.[65] Dieses Ensemble befand sich 1918 noch mehr oder weniger im selben Zustand, in dem Bülow es neun Jahre zuvor verließ.

Nun zum Interieur. Schon das als Entree dienende Botschafterzimmer erzeugte mit seinem wandfüllenden Bücherschrank, dem dicken Teppich, den Polstermöbeln und Kommoden einen Eindruck geschmackvoller Vornehmheit. Daran schloss sich das Bibliothekszimmer an, in dem schulterhohe Bücherregale die Wände einfassten, unterbrochen nur durch einen imposanten weiß gestrichenen Kamin und durch zweiflügelige, mit dicken Polstern ausgeschlagene Türen. Vor dem Kamin hatte man einen imposanten Beratungstisch platziert, umgeben von gewichtigen Sitzmöbeln. Mit dem Arbeitszimmer des Regierungschefs endete die gut 25 Meter tiefe Zimmerflucht, in der das politische Schicksal des Kaiserreichs besiegelt wurde. Dieser gut 60 Quadratmeter messende Raum hatte drei große Fenster zur Gartenseite und eine Glastür, über die man eine stattliche Terrasse betrat, die Dachfläche eines Anbaus, von der eine Treppe direkt in den Garten führte. Vis-à-vis der Fensterfront stand in der hinteren Ecke ein großer grüner Kachelofen, der von außen beheizt wurde. In die rundumlaufende Holzvertäfelung waren passend zu den Türblättern Kassetten eingelassen. Das Mobiliar bestand aus einem großen Schreibtisch, der im hinteren Teil des Raumes stand, sowie aus diversen Sitzmöbeln für mehr oder minder intime Beratungen. Ein schwerer Teppich und Gemälde an den Wänden sorgten ebenso wie andere Accessoires für eine gewisse Wohnlichkeit dieses zwischen offiziell und privat changierenden Ortes.

Das Arbeitszimmer hatte einen weitaus schlichter ausgestatteten Vorraum mit Telefon, wo die beiden persönlichen Referenten des Kanzlers Dienst taten. Das waren im Oktober und November 1918 der

In der Wilhelmstraße 77

Bibliotheks- und Adjutantenzimmer.

mehr für private Belange zuständige Ordonnanzoffizier Eduard von Racknitz und der für gesellschaftlich-politische Angelegenheiten engagierte Adjutant Friedrich von Prittwitz.

Hier also wohnte und wirkte der deutsche Reichskanzler und hielt gemeinsam mit den maßgebenden Persönlichkeiten das Staatsruder in der Hand. Und hier war auch die politische Kultur einer monarchisch-autoritären Großmacht zu Hause. In der Gesamtschau erscheint die skizzierte Raumanordnung denn auch wie geschaffen für das, was man damals »Geheime Kabinettspolitik« nannte. Ein ebenso wirkungs- wie planvoll ins Werk gesetztes Setting für Staatsführer, die unter Politikmachen vor allem nichtöffentliche Verhandlungen und Entschließungen verstanden; die aus dem machtgeschützten Arkanum ihres Dienstsitzes heraus den (Berliner) Politikbetrieb steuern wollten; die mehr wie halb-souveräne Fürsten agierten denn als Sachwalter des Volkes. Dass sich das Arbeitszimmer eines solchen Kanzlers gleichsam an der Schnittstelle zwischen regierungsintern-öffentlichem Raum und privatem Wohnbereich befand und einen separaten Zugang zum weitläufigen Kanzlergarten hatte, unterstreicht noch diesen Zweck des Arrangements. Denn auch dort ließ sich trefflich Politik machen – unbeobachtet, ungestört und ungezwungen.

——⋙•⋘——

Hier hinein, ins Herz des Berliner Politikgeschehens, trat Anfang Oktober mit Prinz Max von Baden ein ausgesprochener Novize, dem der Politikbetrieb der Reichshauptstadt ziemlich fremd war. Dieser letzte Kanzler des deutschen Kaisers hatte seine Dienstwohnung in der Wilhelmstraße erst zehn Tage nach Amtsantritt beziehen können, sodass er mit den Details und Usancen des Ortes wohl noch nicht wirklich vertraut war, als sich Anfang November 1918 die Systemkrise so dramatisch zuspitzte. Und er zog allein ein, ohne seine Familie. Er legte auf gutes Essen, geselligen Verkehr oder Repräsentationskultur keinen gesteigerten Wert und gedachte sich ganz auf das Kerngeschäft seiner politischen Mission zu beschränken, sah er sich doch in einer erheblichen Bringschuld: »Wir stehen mitten in einer Revolution. Gelingt es mir, diese friedlich zu gestalten, so können wir noch als Staat nach

Friedensschluss weiterbestehen. Gelingt das nicht, so kommt die Revolution der Gewalt und der Untergang. Heute noch hoffe ich, den Kaiser und die Dynastie Hohenzollern zu retten; aber dies allein erfordert einen Aufwand an Geist und Seelenstärke, die einen ganzen Mann in Anspruch nimmt.« Womöglich »vermag ich einen Frieden zu erwirken, der uns das Leben noch lässt und eine Hoffnung auf Zukunft. Das ist aber das Äußerste, das ein Mensch heute noch zu leisten vermag.« Auch aus seiner seelischen Belastung machte er keinen Hehl: »Mein eigenes Ich mit allem, was ihm an Liebe und Glück anhängt, ist völlig versunken. Ich sehe nur das eine Ziel vor mir: Rettung Deutschlands, und kenne nur den einen Glauben, den, der mich zu diesem Ziel trägt. Eine Gruppe kluger Männer, die demselben Glauben leben, umgibt mich. Treueste der Treuen, wenn auch nur Bekannte von gestern. An ihnen habe ich Halt und Rat. Wir sind auf dieselbe Sache eingeschworen.«[66]

Graf Johann Bernstorff, der frühere deutsche Botschafter in Washington, war einer dieser Getreuen, mit denen sich der neue Hausherr der Wilhelmstraße in jener kritischen Zeit zweimal täglich zum Spaziergang im Park des Reichskanzlerpalais traf, um sich rückhaltlos auszusprechen. Von ihm ist überliefert, dass Max von Baden die übernommene Verantwortung nur mehr mit »Hilfe starker Schlafmittel« habe tragen können.[67]

Bleibt noch die Frage nach dem Apparat zu klären, die dem Reichskanzler für seine Krisenpolitik damals zu Gebote stand. Denn das Palais in der Wilhelmstraße 77 war schließlich auch der Sitz einer staatlichen Behörde, der sogenannten Reichskanzlei.[68] Hierbei handelte es sich freilich weniger um eine ministeriell aufgezogene Staatsbürokratie als vielmehr um das persönliche politische Sekretariat des Reichskanzlers. Folgt man dem Geschäftsverteilungsplan von 1916, so kann man sehen, dass es sich bei dieser politisch so bedeutsamen Schaltzentrale des Reiches um einen Kleinstbetrieb gehandelt hat.[69] Das Personal des Hauses bestand aus weniger als dreißig Personen, von denen nur fünf höhere Staatsbeamte gewisse Entscheidungsbefugnisse hatten. Zehn waren Bürobeamte, und ein gutes Dutzend machte sich als Kanzlei- und Hausdiener nützlich. Letztere trugen eine eigene Uniform, bestehend aus einem langen dunkelblauen Rock mit rotem Kragen, roten Ärmelaufschlägen und blanken goldenen Knöpfen.

Noch überschaubarer war das im engeren Sinn politische Personal: Im Oktober 1918 bestand es recht eigentlich nur aus zwei Personen: Unterstaatssekretär Arthur von Wahnschaffe, der zugleich der Chef dieser Behörde war und im Erdgeschoss des Palais residierte, und Geheimrat Simons – beides kompetente Persönlichkeiten, die der letzte Kanzler des Kaisers zu Amtsbeginn eigens engagiert hatte. Eine Ausnahmeerscheinung war vor allem Simons – nach Aussage eines engen Mitarbeiters »ein ganz ungewöhnlicher Beamtentyp«, unabhängig und selbstständig im Auftreten wie in der Sprechweise. »Es war, als ob er immer den Nagel auf den Kopf treffe, immer etwas einfach und klar aussprach und ausgezeichnet formulierte, was bis dahin im Nebel gelegen hatte.« Simons »war in dem Bezirk der Reichskanzlei der Fels in den Fluten des Geschehens. So, wie er den Prinzen Max täglich beraten hat, war er vom 9. November an der führende Berater Eberts.«[70] Darüber hinaus umgab Max von Baden ein informeller Beraterstab, von dem bereits eingehender die Rede war und zu dem neben dem bereits erwähnten Diplomaten Bernstorff vor allem Kurt Hahn zählte. Und natürlich seine persönlichen Adjutanten.

Das also waren Kulisse und Ensemble eines politischen Szenarios, wie es dieser geschichtsträchtige Ort noch niemals erlebt hatte und sämtliche Hausherren zuvor wohl auch für völlig undenkbar gehalten hatten.

Die Hinterfront des Anwesens öffnete also auf eine respektable Grünanlage von mehr als drei Hektar Größe mit altem Baumbestand und verschlungenen Wegen – rechts und links flankiert von anderen Ministergärten der Wilhelmstraße. Der Park reichte bis an die Königgrätzer Straße[71] heran, wo ihn eine hohe Mauer abschloss. Hier befand sich eine schmale Pforte, durch die Besucher des Kanzlers eingelassen wurden, die ungesehen bleiben wollten oder sollten. So auch Sozialistenführer Friedrich Ebert, der sich dort am späten Vormittag des 7. November 1918 bei vergleichsweise milden Temperaturen zu einem Vieraugengespräch mit Max von Baden traf. Wir erinnern uns, mit welcher Hingabe der Parteivorsitzende in den Tagen zuvor alles daran gesetzt hatte, die proletarische Basis seiner Bewegung von Unruhen abzuhalten und dass es ihm auch tatsächlich einige Tage lang gelungen war, einen Volksaufstand in Berlin zu verhindern. Durch die revolutionären Erhebungen überall in Deutschland war es aber inzwischen ein Ding der Unmöglichkeit geworden, die Bewegung noch in vernünftige Bahnen zu lenken, wenn nicht endlich auch die Regierung symbolkräftig auf die Stimmung der Massen reagierte. Alles war plötzlich so unberechenbar geworden, dass Ebert auf einem steuernden Eingreifen bestand. »Wir müssen handeln, politische Taten müssen geschehen.«[72]

Dies dürfte auch der Tenor seines Gesprächs beim Spaziergang mit dem Kanzler gewesen sein, über das Max von Baden später verlautbaren ließ: »[Ebert] schilderte die Wirkung der Propaganda der Unabhängigen als sehr bedrohlich, seine Partei habe die größten Schwierigkeiten, die Massen noch ruhig zu halten, die Unzufriedenheit sei sehr groß. Von einer Abdankung des Kaisers erhoffe er noch die Abwendung der sozialen Revolution, die niemand weniger wünsche, wie er und seine Parteigenossen.«[73] Ein weiterer Anlass der vertraulichen Aussprache dürfte auch darin bestanden haben, dass Ebert seinen Bündnispartner seelisch auf ein Ultimatum seiner Partei vorbereiten wollte. Er wusste nämlich, dass die Mehrheit der Parteiführung jetzt ernsthaft entschlossen war, ein politisches Zeichen zu setzen, und zwar mit der Drohung, aus der Regierung auszutreten. In den Worten des *Vorwärts*-Redakteurs Erich Kuttner, der ein Verfechter dieser Richtung war: »Unser Ziel ist: die Demokratie restlos durchzuführen und dabei Deutschland ein völliges Chaos, die bolschewistische Anarchie mit ihrem entsetzlichen Niedergang aller Volkskräfte und Volksgüter zu ersparen.« Die revolutionären »Ereignisse in Kiel, Hamburg, Bremen, Lübeck sind sehr ernst. Wir suchen zu bremsen, wird [aber] die Bewegung durch Kaiser Wilhelms Hartnäckigkeit unaufhaltbar, dann werden wir wohl oder übel an die Spitze treten müssen.«[74]

Geplant war ein öffentlicher sozialdemokratischer Appell an die Reichsleitung, den sofortigen Thronverzicht von Kaiser und Kronprinz zu erzwingen. Ebert wird Max von Baden aufgefordert haben, diese Aufforderung, die am späten Nachmittag tatsächlich den Berliner Politikbetrieb auf Touren brachte, nicht unbedingt zum Nennwert, aber auch wiederum nicht auf die leichte Schulter zu nehmen. Denn jetzt hielt es auch Ebert für unerlässlich, den Anhängern der Partei eine deutliche Verstärkung des sozialdemokratischen Einflusses auf die Regierung zu demonstrieren. War doch die USPD inzwischen diejenige Kraft geworden, die der politischen Macht der Straße sichtbar am nächsten stand und dort über weit mehr Einfluss verfügte als die Mehrheitssozialdemokraten. Sollte der MSPD-Führung die Macht dort nicht vollständig entgleiten, musste jetzt eine echte politische Revolution von oben her: eine demonstrative Erneuerung des Herrschaftssystems zugunsten der Demokratie und ohne Kaiser. Dafür warb Ebert, offenbar nicht ganz ohne Erfolg, wie selbst die geschönten Erinnerungen des Prinzen Max erkennen lassen. Dort kommt der Ex-Kanzler mit Blick auf den Vorabend der Novemberrevolution immer wieder auf »die *gemeinsame Entschlossenheit*« von Ebert und ihm selbst zurück, »das Land vor dem Umsturz zu retten«. Er betont ausdrücklich, an diesem Zusammenstehen habe auch das Ultimatum nichts geändert: »Mein Vertrauen zu Ebert hielt Stand. Dieser Mann war entschlossen, sich mit seiner ganzen ungebrochenen Autorität der Revolution entgegenzustemmen.«[77] Aber auch er selbst schien bereit, sich zu bewegen. Das vertraute jedenfalls Gewerkschaftsführer Carl Legien dem Historiker Gustav Mayer an, als er ihm erzählte, Prinz Max habe sich zwei Tage ausbedungen, um die Forderungen der Sozialdemokraten umzusetzen.[76] Diese geheime Rückversicherung war natürlich in den offiziellen politischen Kanälen nicht kommunizierbar, weder für Ebert noch für den Prinzen.

In seiner Funktion als Reichskanzler übermittelte Max von Baden stattdessen noch am frühen Abend zusammen mit der Nachricht vom sozialdemokratischen Ultimatum ins Große Hauptquartier, er sei mit der Mehrheit seines Kabinetts eigentlich gegen eine Abdankung des Kaisers, doch bei einem etwaigen Rücktritt der Regierung »kämen für die Neubildung des Kabinetts nur Sozialisten in Frage«[77] – ein taktisches Vorgehen, das offenkundig darauf zielte, den Monarchen unter Druck zu setzen und dabei selbst eine reine Weste zu behalten. Der Sitzung des Kriegskabinetts, auf der Scheidemann das Vorgehen seiner Partei zu rechtfertigen suchte, blieb der Kanzler demonstrativ fern, ließ die Konferenz aber noch während der Sitzung wissen, er stehe im Begriff, den Kaiser um seine Entlassung zu bitten.[78]

Scheidemann, der diesen Schritt »außerordentlich bedauerte«, machte parteioffiziell sofort einen Rückzieher, indem er als Kompromiss die Parole ausgab: »Weder der Reichskanzler noch wir ziehen die äußersten Konsequenzen, bis der Waffenstillstand abgeschlossen ist.« Indirekt gab er sogar zu, dass die sozialdemokratischen Forderungen hauptsächlich darauf zielten, die Arbeiterschaft zu beruhigen und nicht als politische Kampfansage an die Reichsleitung zu werten seien. »Die Regierung und Monarchie bleiben ja bestehen«, versicherte Fraktionskollege Landsberg dem Interfraktionellen Ausschuss ausdrücklich: »Wir denken nicht daran, eine völlig Abdankung der Monarchie und der Hohenzollern zu beanspruchen.«[79]

Damit hatte die Reichskanzlei schon am Abend des 7. November wieder den Rücken frei für eine mehr oder weniger selbstbestimmte Politik der Krisenbewältigung. Als deren Vordenker trat jetzt noch mehr denn je Walter Simons hervor. Er hatte es wahrlich nicht leicht, denn mit dem ängstlichen Reichskanzler musste er gleichsam einen Hund zur Jagd tragen. Er versuchte dies, indem er für eine dringende Aufforderung an den Kaiser plädierte, unverzüglich Wahlen für eine verfassungsgebende Nationalversammlung auszuschreiben und zugleich für das Amt des Staatsoberhauptes einen provisorischen Stellvertreter zu bestellen. In diesen Wahlen erblickte der Stabschef des Kanzlers ein Ventil für die sich ausbreitenden Unruhen im Land und ein letztes Angebot an den unhaltbaren Reichsmonarchen, sich wenigstens vorübergehend aus der politischen Schusslinie zu bringen. Mit diesem Plan trat Max von Baden am nächsten Tag tatsächlich an seinen Verbindungsmann zum Kaiser in Spa heran, nachdem er kurz zuvor noch dorthin telegrafiert hatte, dass jetzt auch die Mehrheitsparteien im Reichstag den sofortigen Rücktritt des Kaisers verlangten. Das von Walter Simons und Kurt Hahn aufgesetzte Memorandum war die letzte Anstrengung der Berliner Reichsleitung, mit konkreten Vorschlägen und Motiven Politik zu machen. Als Letzter Wille der letzten kaiserlichen Regierung in Deutschland hat sie hier Anspruch auf ausführlichere Wiedergabe.[80]

»Um die alte sozialdemokratische Partei regierungsfähig zu erhalten und den Übergang der Massen in das radikale Lager zu verhindern, muss man den Unabhängigen und der Spartakusgruppe das Schlagwort aus der Hand winden, dessen Massensuggestion nach Bekanntwerden der Waffenstillstandsbedingungen noch wachsen wird. Dabei rate ich aber, nicht das sozialdemokratische Ultimatum anzunehmen, sondern den monarchischen Gedanken durch eine demokratischere Lösung zu retten, als das Ultimatum sie enthält: Seine Majestät würden unverzüglich Ihren festen Willen aussprechen, abzudanken, sobald der Stand der Waffenstillstandsverhandlungen die Ausschreibung von Neuwahlen für eine Verfassunggebende Nationalversammlung gestattet, der die endgültige Neugestaltung der Staatsform des deutschen Volkes zufallen würde. Erst diese Nationalversammlung würde dann zu den Verfassungsfragen Stellung nehmen, die mit der Thronentsagung zusammenhängen. Bis dahin würden Seine Majestät einen Stellvertreter bestellen. Die vorgeschlagene Lösung scheint mir folgende Vorteile zu bieten: 1. Die Krone kapituliert nicht vor der Sozialdemokratie, sondern sie zwingt die Sozialdemokratie vor der Krone zu kapitulieren. 2. [Die Regentschaftsfrage wird] vertagt. 3. Der monarchische Gedanke hat bei den Neuwahlen den Vorsprung vor dem republikanischen, weil die Initiative zur Neuwahl und damit die Feststellung des Volkswillens von der Krone ausgeht. 4. Die Stimmung der Massen, die zum Kampf drängt, wird von gesetzlosen in legale Bahnen, von der Straße in die Wahllokale abgedrängt, damit wächst für die ruhige Bevölkerung die Möglichkeit der Mitwirkung. Die Wahlparole für die Monarchisten wäre günstig, da die Republikaner durch das Ultimatum ins Unrecht gesetzt sind.«

Wilhelm II. dachte aber gar nicht daran, sich auf so ein politisches Planspiel auch nur ansatzweise einzulassen, denn er wusste, dass sein Vetter es niemals wagen würde, ihm mit diesem Votum die Pistole auf die Brust zu setzen. Das Berliner Ansinnen sei nichts anderes als »die Folge des schlappen Verhaltens des Prinzen Max, der sich nur treiben ließ« – so sein abschätziger Kommentar.[81] Deshalb befahl der Kaiser seinem Kanzler kaltschnäuzig, vorläufig im Amt zu bleiben, Berlin mit militärischer Gewalt ruhig zu halten und sich darauf einzustellen, dass er, der regierende Monarch, demnächst mit seinen Truppen wieder für Ordnung in der Reichshauptstadt sorgen werde. Vergeblich versuchte Max von Baden in einem dreiviertelstündigen Telefongespräch am Abend des 8. November, dagegenzuhalten, wobei er sogar so weit ging, seinem Vetter mit Aufkündigung seiner Loyalität zu drohen. Aber vor der Unbelehrbarkeit des jetzt zu allem entschlossenen Hohenzollern-Chefs musste auch er am Ende wieder die Waffen strecken. Den Showdown riskierte er immer noch nicht.

Natürlich war schon dieser letzte Versuch, die deutsche Monarchie gleichsam im guten Einvernehmen mit Wilhelm II. retten zu wollen – realpolitisch betrachtet –, ein reichlich naives Unterfangen. Denn die politische Lage war doch so, dass Wilhelm II. sein ganz persönliches Fiasko als Reichsmonarch einfach nicht wahrhaben wollte. Bar jeder eigenen zukunftsweisenden politischen Agenda klammerte er sich an seinen Kaiserthron, den er faktisch längst verspielt hatte. Die Reichsregierung benutzte er als Mittel zum Zweck des eigenen Machterhalts. Und die staatlichen Institutionen sollten weiterhin der Maximierung seiner dynastischen Vorteile dienen. Diesen politischen Flurschaden hätte ein wirklich leitender Staatsmann schon längst abwenden müssen. Er durfte nicht zulassen, dass der drastische Bedeutungsverlust der Hohenzollern-Dynastie zu einer Erosion von politischer Autorität schlechthin führte. Jetzt ging es nicht mehr darum, den Kaiser zu überzeugen, sondern eigenmächtig *gegen* dessen Interessen vorzugehen. Es galt zu – herrschen.

Viel zu spät hatte sich das politische Berlin überhaupt nur dazu durchringen können, den deutschen Kaiser zu entlassen. Immerhin wollten ihn sowohl die Parteien des Reichstags als auch das Kabinett des Reichskanzlers am Vorabend der deutschen Revolution absetzen. Allein der leitende Staatsmann in der Wilhelmstraße erwies sich selbst jetzt noch als unfähig, dieses politisch überfällige Erfordernis tatsächlich zu erwirken. Gegen seine eigene Überzeugung hielt er die untragbare Situation weiterhin in der Schwebe – im Vertrauen darauf, die Lage mithilfe der Ebert'schen Sozialdemokratie vielleicht doch noch behaupten zu können. Der war es inzwischen aber wichtiger geworden, den Unabhängigen und der Spartakusgruppe die Alleinherrschaft über die unberechenbaren Massen streitig zu machen, als einer aktionsunfähigen Regierung weiterhin nibelungentreu die Stange zu halten. Zwar blieb die Mehrheit der Parteiführung immer noch am Erhalt der deutschen Monarchie als Institution interessiert und wollte auch nicht auf eigene Faust vorgehen, sondern im Einverständnis mit der Wilhelmstraße, aber dem vorhersehbaren Siegeslauf der revolutionären Bewegung gegenüber durfte man keinen Augenblick länger tatenlos verharren. Deshalb musste Ebert jetzt nicht allein mit Prinz Max, sondern auch mit der »Sünde« der Revolution paktieren. Und er musste die Hand nach der Führerschaft des Staates ausstrecken oder doch wenigstens zur maßgebenden politischen Agentur der Reichsleitung werden.

———⋄⋄⋄———

Noch bevor am 9. November die Sonne über Berlin aufging, war man sich in der Reichskanzlei darüber schlüssig geworden, dass dies definitiv der letzte Regierungstag Kaiser Wilhelms II. sein würde – wenn nicht durch Abdankung, dann durch Absetzung. Auch Friedrich Ebert hatte seinen Plan, mehr staatliche Macht für seine Partei zu sichern, neu justiert. Er zielte auf die sofortige Durchführung einer veritablen Revolution von oben – genauer: auf die Einführung einer echten parlamentarischen Demokratie mit dem Prinzen Max als deutschem Ersatzkaiser und Treuhänder der Monarchie sowie ihm selbst als Kopf einer sozialdemokratisch dominierten Koalitionsregierung. Noch in den frühen Morgenstunden kamen der Sozialisten- und der prinzliche Staatsführer zu einem streng geheimen Treffen im Reichskanzlerhaus zusammen, um sich über ein koordiniertes Vorgehen zu verständigen. Streng geheim musste die Begegnung deshalb bleiben, weil es dabei um so etwas wie einen kleinen Staatsstreich ging: Ebert würde alles tun, um die bevorstehende und als solche nicht mehr abzuwendende Massenerhebung in halbwegs geordneten Bahnen zu halten, während Max von Baden die Aufgabe zufiel, den unsäglichen Kaiser vollständig zu entmachten und den Parteivorsitzenden schnellstmöglich mit der Bildung einer neuen Reichsregierung zu betrauen. Noch zehn Jahre später war der seinerzeit nicht eingeweihte Scheidemann »bitter böse auf Ebert zu sprechen wegen seines Verhaltens am 9. November. Ebert habe hinter seinem Rücken mit dem Prinzen Max verhandelt, habe sich eingebildet, er könne von diesem einfach die Geschäfte übernehmen.«[82] Weniger moralisch gesehen, könnte man diese Intrige aber auch als die einzige noch verbliebene Option zweier Bündnispartner interpretieren, die sich mit ihrer Politik in eine Sackgasse hineinmanövriert hatten und nun mit hohem Risiko die Flucht nach vorn antraten. Wobei wohl

Ebert der *spiritus rector* bei diesem Versuch einer Machtverschiebung war, dem sein Partner nun zu folgen hatte.

Prinz Max musste über seinen Schatten springen, sich in eine neue Rolle finden und den kalkulierten Systemwechsel moderieren. War er diesem Auftrag gewachsen? Seine Kernaufgabe hatte er jedenfalls verstanden, denn gleich im Anschluss an sein Geheimtreffen mit Ebert ließ er nach Spa telefonieren: »Generalstreik. Auf Truppen kein Verlass.« Die Sozialisten aus der Regierung ausgetreten. Ebert habe »ihm mitgeteilt, dass sie glauben, Ruhe und Ordnung aufrechtzuerhalten, wenn Sozialdemokraten ausschlaggebende Stellung [im Kabinett] einnehmen, sie wünschen, mit Regierung sich zu verständigen, wollen keinen Arbeiter- und Soldatenrat, wollen Reichsregierung wahren, wollen den Unabhängigen eventuell Sitze geben, auch anderen Parteien. Man kann es nicht auf Kampf ankommen lassen.«[83] Die Botschaft war unmissverständlich: Den Adressaten im Großen Hauptquartier sollte suggeriert werden, dass die sofortige freiwillige Abdankung des Kaisers womöglich noch den Lauf der Dinge in Berlin aufhalten, das heißt den radikalen Umsturz verhindern könnte. Dahingehend versuchten nun die engsten Mitarbeiter des Nochkanzlers Max von Baden in den kommenden zwei Stunden fast ununterbrochen, Druck in Spa aufzubauen – telefonisch wie telegrafisch. Denn es war bekannt, dass dort bereits ähnliche Bestrebungen im Gange waren,[84] und man gab sich deshalb der Hoffnung hin, dass Wilhelm II. die deutsche Kaiserkrone nur noch für wenige Minuten tragen würde. Während man im Adjutantenzimmer nervös auf den tatsächlichen Vollzug des Antizipierten wartete, setzten nebenan im Arbeitszimmer des Reichskanzlers Simons und Hahn in Absprache mit Prinz Max bereits eine offizielle Erklärung der Reichsregierung über den Abdankungsentschluss des Kaisers und die Absicht auf, Fritz Ebert die Reichskanzlerschaft zu übertragen.[85]

Jetzt ging es nur noch um die Frage, wie lange man mit der öffentlichen Verbreitung dieser Verlautbarung, die als politischer Befreiungsschlag gedacht war, noch warten wollte.[86] Einen politischen Leitfaden gab es für solche Situationen nicht, was den von Haus aus zögerlichen Entscheidungsträger vor eine letzte Herausforderung stellte. Denn einerseits spürte er den enormen Druck, andererseits wusste er nur zu gut, dass er diesen halben Staatsstreich und Verrat seines Amtseides über kurz oder lang würde rechtfertigen müssen. So blieb das brisante Papier zunächst ohne Unterschrift auf dem Schreibtisch des Kanzlers liegen, und nebenan liefen derweil die Telefonstrippen heiß, »während wir« – wie ein Beteiligter später schrieb – »auf eine Entscheidung in der Abdankungsfrage drängten und immer wieder zur Antwort bekamen, es würde mit jenem oder mit diesem beraten.«[87] Inzwischen hatten sich sechs Mitarbeiter des Prinzen in dessen Vorzimmer versammelt. »Irgendeiner« – so ein weiterer Augenzeuge dieses Szenarios – »reckt die Faust gen Himmel und stöhnt: Oh wenn das Schwein nur endlich ginge. Die Nervosität wird zur Siedehitze. Man wechselt sich am Telefon ab. Keiner spricht mehr laut. Alles in unsagbarer Aufregung.«[88] Als der Vertreter der Obersten Heeresleitung beim Reichskanzler, Hans von Haeften, gegen 10:30 Uhr den Ort des Geschehens betrat, um sich aktuelle Informationen über die politische Lage zu holen, sei Prinz Max gerade »besetzt« gewesen. Im Vorzimmer habe er aber erfahren, »dass ›die Abdankung des Kaisers so gut wie beschlossen sei‹. Dies sei soeben von Spa telefonisch mitgeteilt worden mit dem Hinzufügen, dass ›die formulierte Abdankungsurkunde in etwa 20 Minuten telefonisch nachfolgen‹ werde.«[89]

Wir wissen bereits, dass dieses avisierte Dokument aus Spa noch stundenlang auf sich warten ließ, nicht aber die Unterschrift des Prinzen unter jenem Erlass, der die Deutschen auf eine Zeit ohne ihren Kaiser, dafür aber mit dem ersten sozialdemokratischen Kanzler ihrer Geschichte einstimmen sollte. Dieses Unterzeichnen der Regierungserklärung mit der Maßgabe ihrer sofortigen Veröffentlichung erfolgte nachweislich kurz nach 11 Uhr, und zwar auf ein vermeintlich eindeutiges Signal aus Spa und nicht auf Eigeninitiative Max von Badens hin.[90] Es war General Groener, der dem Prinzen seine Skrupel vor diesem Schritt genommen und den gordischen Knoten seiner notorischen Bedenken zerhauen hatte. So war gegen 11:30 Uhr eine weichenstellende Regierungserklärung in der Welt – erst nur in den engeren Kreisen des Berliner Politikbetriebs, dann in den Redaktionsstuben der großen Zeitungen, verbreitet durch den Nachrichtendienst des offiziösen Wolff'schen Telegrafenbüros, und schließlich gegen 12 Uhr auch auf den Straßen durch Extrablätter und Plakate. Dem Wortlaut nach handelte es sich freilich um nicht viel mehr als eine recht vage gehaltene Absichtserklärung mit folgenden Kernpunkten: Erstens habe Wilhelm II. sich als deutscher Kaiser und König von Preußen »entschlossen, dem Throne zu entsagen«. Zweitens werfe diese »Abdankung« die noch zu klärende Regentschaftsfrage auf, da auch vom »Thronverzicht des Kronprinzen« auszugehen sei. Drittens bleibe bis zu deren Regelung Max von Baden als Reichskanzler »im Amte«. Viertens habe der Unterzeichnete vor, dem nicht genannten »Regenten die Ernennung des Abgeordneten Ebert zum Reichskanzler und die Vorlage eines Gesetzentwurfes wegen der sofortigen Ausschreibung allgemeiner Wahlen für eine verfassunggebende deutsche Nationalversammlung vorzuschlagen«.[91]

In dieser bewusst unscharf gehaltenen Verlautbarung ist wahrlich nicht einmal der Umriss einer politischen Agenda zu erkennen. Es war eher eine Mischform aus politischem Rauchzeichen und Kassiber, die inhaltlich nicht viel mehr als das Bestreben des amtierenden Reichskanzlers bekundete, das Herrschaftsgefüge des Reiches neu zu arrangieren. Schon bei ihrer Veröffentlichung gab das »wahrheitsverhüllende Labyrinth« dieser Rhetorik kritischen Köpfen Rätsel auf,[92] denn auf welche neuen Staatszustände das Ganze nun definitiv hinauslaufen sollte, blieb in der Tat reichlich vage. Am ehesten erschloss es sich vielleicht noch demjenigen Politiker, der jetzt der Macht ganz nahestand: Fritz Ebert. Ihm dürfte der ›Kassiber‹ aus der Reichskanzlei wohl auch als erstem Außenstehenden gesteckt worden sein.[93]

Und Ebert reagierte prompt: Unverzüglich rief er eine Delegation von Parteigenossen zusammen, die mit ihm gegen 11:30 Uhr vom Reichstag in die Wilhelmstraße 77 aufbrachen, um dort auf freundliche Übernahme der Reichsregierung zu drängen. Niemand sollte gestürzt, sondern alles getan werden, um eine friedliche Machtverschiebung zugunsten der Sozialdemokratie zu erwirken und den staatlichen Apparat so funktionstüchtig wie noch möglich zu erhalten. Die Situation eines revolutionären Ausnahmezustandes wollte er nicht erst aufkommen lassen.

Was sich in den kommenden zweieinhalb Stunden im Reichskanzlerpalais abgespielt hat, lässt sich anhand der Quellen nicht eineindeutig rekonstruieren, jedenfalls nicht chronikalisch. Dafür sind die Erinnerungssplitter, die diesen Zeitabschnitt behandeln, zu disparat, zu widersprüchlich und zu verklärend.[94] Lediglich wohlbegründete Mutmaßungen über das wahrscheinlich Geschehene sind möglich.[95] Demnach beorderte Max von Baden, nachdem er unterschrieben hatte, einige ausgesuchte Mitglieder seines Kabinetts in die Wilhelmstraße, um der nun folgenden Inszenierung einen halbwegs formellen Rahmen zu geben. Denn dass es sich bei dem improvisierten Staatsakt der Delegation von politischer Macht an Ebert um ein bereits heimlich verabredetes Schaustück handelte, dürfte nach Scheidemanns späteren Enthüllungen darüber kaum mehr zu bezweifeln sein.[96] Noch vor 12 Uhr wurden die Abgesandten der MSPD, die dem politischen Begehren Eberts ihrerseits den parteioffiziellen Anstrich sicherten, in der Eingangshalle des Reichskanzlerpalais vorstellig. Mit welchen Gefühlen mögen die fünf Sozialisten diesen Tempel des Wilhelminismus betreten und die teppichbelegten Stufen ins erste Obergeschoss erklommen haben, wo die politische Führung des Kaiserreichs immer noch zu Hause war? Viel Zeit dürften sie dafür nicht gehabt haben, denn der Hausherr ließ sie vom Portier sogleich ins Bibliothekszimmer führen, wo er die Genossen im Beisein von Vizekanzler Payer, Außenamtschef Solf und einigen anderen Spitzenbeamten in Empfang nahm. Was dann folgte, hat am glaubwürdigsten Payer in seinen Erinnerungen überliefert: Ebert habe »ruhig, aber sehr bestimmt« erklärt, »sie seien von ihrer Partei abgesandt, um mitzuteilen, dass diese im Interesse der Ruhe und Ordnung es für notwendig halte, dass die Regierungsgewalt an Männer übergehe, die das Vertrauen des Volkes genießen, vor allem der Posten des Reichskanzlers«. Dann sei ein kurzer Wortwechsel zwischen Solf, Max von Baden und Ebert erfolgt, endend mit der Frage Payers, ob Ebert »das Amt auf dem Boden und im Rahmen der Reichsverfassung zu führen gedenke«, was der Parteiführer »bejahte«. Der Reichskanzler habe den Sozialdemokraten »keinen direkten Bescheid« gegeben, sich vielmehr zu interner Beratung in sein danebengelegenes Arbeitszimmer zurückgezogen, wohin ihn »ein Teil der Anwesenden begleitete«. Es sei aber nicht zu einer förmlichen Kabinettssitzung gekommen und »auch zu keinerlei Beschlussfassung«.[97] Die interne und offenbar nur sehr kurze Meinungsbildung der Regierungsmitglieder fand bei geöffneten Türen sowohl im Bibliothekszimmer als auch im Büro des Reichskanzlers statt, während die Sozialdemokraten in einem der Vorzimmer auf Antwort warten mussten.

Aus jener allerletzten Zusammenkunft von Mitgliedern der Regierung Max von Baden sind zwei sehr aufschlussreiche Äußerungen überliefert.[98] Zum einen teilte der Prinz den um seinen Schreibtisch versammelten Exzellenzen mit: »Da wir nicht die Macht in Händen haben, so schlage ich vor, dass der Abgeordnete Ebert den Posten des Reichkanzlers annimmt.« Und Solf ergänzte: »Da der Kaiser abgedankt hat, bleibt nichts anderes übrig, als dass der alte Kanzler das Amt dem neuen übergibt.« Diesen pragmatischem Lösungsansatz machten sich wohl auch die Kollegen im Bibliothekszimmer zu eigen. »Es herrschte Übereinstimmung über die Notwendigkeit der Übertragung der Geschäfte angesichts der nicht mehr vorhandenen militärischen Gegenwehr«, gab der letzte Kanzler des Kaisers später selbst zu Protokoll.[99] Allerdings gingen die Kabinettsmitglieder bei ihrer Billigung fest »von der Annahme einer Kontinuität auch der verfassungsmäßigen Zustände aus, die ihren Ausdruck in der Bestätigung von Eberts Kanzlerschaft durch einen Regenten finden sollte«. Daher verließen sie den Kanzlerpalais in der Meinung, »dass eine Regentschaft auf verfassungsmäßigem Wege auch durch Ebert eingeleitet werden solle«.[100] In der Wahrnehmung der alten Reichsleitung war lediglich ein Wirken von Ebert neben dem Prinzen und mutmaßlichen Regenten Max von Baden beschlossen, und zwar unter Aufrechterhaltung der deutschen Monarchie. Sie sah in dem ›approbierten‹ Sozialistenführer so etwas wie die rechte Hand eines formell noch zu kürenden Ersatzkaisers, mithin keinen Usurpator, sondern einen loyalen Teilhaber an der Macht im Kaiserreich Deutschland.

Dann wurden – wohl gegen 12:45 Uhr – die Sozialdemokraten wieder hereingerufen, wo ihnen Prinz Max eröffnete, dass alle Staatssekretäre der Übernahme der Regierung durch Ebert zustimmten. Er fragte Ebert, ob er dazu bereit sei, was dieser prinzipiell bejahte. Dann folgte noch ein dringender Appell des Kanzlers, den Bolschewismus und den Zerfall des Reiches abzuwehren, wozu doch die Sozialdemokratie mit ihrer großen einflussreichen Organisation Wesentliches beitragen könne. Schließlich wollte der Prinz von Ebert noch wissen, ob er bereit sei, die Geschäfte sofort zu übernehmen, worüber der Adressat erst noch einmal mit seinen Genossen Rücksprache halten wollte. Während der Immer-noch-Kanzler um baldige Antwort bat und sich erst einmal empfahl, gab es im Bibliothekszimmer wie auch im angrenzenden Botschafterzimmer noch längere Auseinandersetzungen zwischen den Sozialdemokraten und den Spitzen der alten Regierungsbürokratie über die militärische Befehlsgewalt gegenüber dem Heimatheer, über ein Schießverbot der Truppen et cetera.[101]

Dieses ganze Staatstheater endete um 13 Uhr herum mit der dringenden Empfehlung der Genossen an ihren Vorsitzenden und designierten Reichskanzler, sich die Amtsgeschäfte gleich hier und jetzt übergeben zu lassen. Während sich Friedrich Ebert nun in das Arbeitszimmer des Reichskanzlers begab, sahen seine Begleiter ihre dringendste Aufgabe darin, die frohe Kunde von diesem Führungswechsel in der Wilhelmstraße an die demonstrierenden Massen weiterzugeben, die sich inzwischen zu Heerscharen im Zentrum Berlins angesammelt hatten.[102]

Von dem wichtigen tête-à-tête Eberts mit Prinz Max ist außer der Tatsache, dass es sich in der nächsten halben Stunde im Arbeitszimmer des Reichskanzlers zutrug, rein gar nichts überliefert.[103] Welche politische Zwischenbilanz die beiden Verbündeten dort gezogen haben, ist aber zu mutmaßen. Mehr als wahrscheinlich ist, dass sich Max von Baden zu diesem Zeitpunkt als designierten Thronverweser betrachtete, als provisorischen Nachfolger des deutschen Kaisers mithin, dem freilich noch immer eine für ihn akzeptable Legitimation für diese neue Rolle fehlte, da nach wie vor kein entsprechendes Signal aus Spa gekommen war. Ebert wiederum dürfte keinen Hehl daraus gemacht haben, dass eine Regierung unter seiner Führung an einer Beteiligung der USPD nicht vorbeikam. Der durchschlagende Erfolg des revolutionären Massenstreiks und der wachsende Einfluss der Unabhängigen in dieser Bewegung ließen den Ausschluss der USPD von den Regierungsgeschäften nicht länger zu. Beide Umstände dürften die weitere Kooperation nicht gerade einfach gemacht haben, Konsens wird hingegen über den Inhalt der ersten öffentlichen Aufrufe bestanden haben, die, mit Eberts Unterschrift versehen, zur Beruhigung der Lage ergehen sollten.[104] Sie lagen bereits als Entwürfe auf dem Schreibtisch und waren noch vor 15 Uhr in der Welt. Sie bezweckten zum einen, die überkommene Staatsbürokratie weiterhin funktionstüchtig zu erhalten, indem an die alten Eliten appelliert wurde, weiterzuarbeiten wie bisher. Die andere Mitteilung informierte die Öffentlichkeit darüber, dass die Reichskanzlergeschäfte Ebert übertragen worden waren und dass dieser beabsichtige, eine Volksregierung zu bilden, die sich Frieden und Freiheit auf die Fahnen geschrieben habe. Diese Mitteilung schloss mit der Aufforderung an die Mitbürger, Ruhe und Ordnung zu wahren.

Gegen 13:30 Uhr verließ Ebert das Kanzlerpalais, um sich auf den Weg in den Reichstag zu machen. Als er wieder auf der Wilhelmstraße stand, war weder er formell zum deutschen Reichskanzler ernannt, noch war das Deutsche Reich eine demokratische Republik geworden. Der letzte Kanzler des abgedankten Kaisers hatte ihn beauftragt, seine Amtsgeschäfte zu übernehmen und eine neue Regierung zu bilden – mehr nicht. So stand das deutsche Staatswesen in diesem Augenblick ohne Regierung, ohne Gewaltmonopol und ohne Zukunftsagenda da. Prinz Max saß unterdessen auf glühenden Kohlen, weil er kein anderes Mittel wusste, seine Weiterarbeit in Berlin zu legitimieren, als seine Ernennung zum Regenten – aber durch wen eigentlich? Bleibt noch ein letztes Detail von diesem Schauplatz der Ereignisse zu ergänzen, das wir den Erinnerungen des späteren sozialdemokratischen Reichskanzlers Hermann Müller verdanken.[105] Demnach traf Ebert beim Verlassen des Reichskanzlerpalais am Mittag des 9. November auf drei Vertreter der USPD, die sich nach dem aktuellen Stand der Dinge erkundigen wollten. »Ebert informierte sie über das Vorgefallene und schlug ihnen vor, eine Regierung aus beiden sozialistischen Parteien paritätisch zu bilden, der Parlamentarier der bürgerlichen Linksparteien als Fachminister beigegeben werden sollten.« Die Unabhängigen reagierten zögerlich und »behielten sich die Entscheidung ihrer Parteileitung bis nachmittags 4 Uhr vor«. Selten war derart viel in der Schwebe.

Gegen 14 Uhr wurde man auch in Spa der politischen Dinge gewahr, die sich zwischenzeitlich in der Reichshauptstadt zugetragen hatten, und zwar in der Version, die der Chef der Reichskanzlei Wahnschaffe telefonisch durchgab. Durch Max von Baden sei seit zwei Stunden folgende Nachricht in der Welt: »Kaiser und Kronprinz haben abgedankt, Prinz Max ist Reichsverweser, Ebert Reichskanzler.« Vollendete Tatsachen mithin. So steht es jedenfalls im Tagebuch des kaiserlichen Adjutanten Sigurd von Ilsemann. Wilhelm II. habe, so heißt es dort weiter, zunächst alles darangesetzt, öffentlich klarzustellen, dass der Kanzler diese Depesche »über seinen Kopf hinweg abgefasst und veröffentlicht habe«, doch bald schon habe er über einen durchschlagenden Erfolg einer solchen Gegendarstellung resigniert.[106] Worein sich der abgesetzte Monarch aber auf gar keinen Fall fügen wollte, das war, seinem treubrüchigen Vetter die Verwaltung seines Kaiserthrons zu überlassen. Deshalb knüpfte er sich kurz nach 14 Uhr den »schuftigen« Prinzen telefonisch noch ein letztes Mal auf vermutlich sehr heftige Weise vor und schlug ihn damit buchstäblich in die Flucht.[107] Das Wagnis eines von ihm persönlich gedeckten Umsturzes in Berlin konnte und wollte der Gemaßregelte danach nicht mehr eingehen, aus wohl nicht unberechtigter Angst vor Rufmord. Damit war aber auch sein politisches Bündnis mit Ebert geplatzt. Der Halbverrat am deutschen Kaiser hatte seine Entsprechung darin gefunden, dass Max nun auch Ebert im Stich ließ und seine Koffer packte, genauer: packen ließ. Er überantwortete es dem Sozialdemokraten, mit dem halbfertigen Systemwechsel umzugehen, den er selbst einige Stunden vorher gemeinsam mit ihm eingeleitet hat. Diese Verweigerung weiterer Zusammenarbeit war Max' Beitrag zur Entstehung der deutschen Republik.

Mit hoher Wahrscheinlichkeit bekam der Hauptbetroffene von dieser fatalen Wendung bereits im Reichstagsgebäude Wind, vielleicht sogar durch einen Telefonanruf des fahnenflüchtigen Prinzen selbst. Dafür spricht jedenfalls der Flugblatttext, den Ebert seinen Parteigenossen Konrad Haenisch kurz nach 14 Uhr ausarbeiten ließ.[108] Zwei Stunden später lag dieser Aufruf millionenfach der Öffentlichkeit vor. Sein Wortlaut und Tenor machte deutlich, dass sich nun auch für Ebert etwas unumstößlich geändert hatte: »Arbeiter, Soldaten, Mitbürger! Der freie Volksstaat ist da! Kaiser und Kronprinz haben abgedankt! Fritz Ebert, der Vorsitzende der sozialdemokratischen Partei, ist Reichskanzler geworden und bildet im Reiche und in Preußen eine neue Regierung aus Männern, die das Vertrauen des werktätigen Volkes in Stadt und Land, der Arbeiter und Soldaten haben. Damit ist die öffentliche Gewalt in die Hände des Volkes übergegangen. Eine verfassunggebende Nationalversammlung tritt schnellstens zusammen. – Arbeiter, Soldaten, Bürger! Der Sieg des Volkes ist errungen, er darf nicht durch Unbesonnenheiten entehrt und gefährdet werden. Wirtschaftsleben und Verkehr müssen unbedingt aufrecht erhalten werden, damit die Volksregierung unter allen Umständen gesichert wird. – Folgt allen Weisungen der neuen Volksregierung und ihren Beauftragten. Sie handelt in engstem Einvernehmen mit den Arbeitern und Soldaten. – HOCH DIE DEUTSCHE REPUBLIK! Der Vorstand der Sozialdemokratie Deutschlands. Der Arbeiter- und Soldatenrat.«[109]

Dazu passt perfekt, was die *Vossische Zeitung* in ihrer Abendausgabe vom 9. November 1918 meldete:»Um ¼ 3 Uhr erschien der Kanzler der neuen Republik [sic!], der Abgeordnete Ebert, vor der Terrasse des Reichtages, um dort eine Ansprache zu halten.« Der Text ist leider nicht überliefert, dürfte aber diesem Aufruf entsprochen haben. Und noch eine Pressemeldung dieses Tages verdient unser Interesse, weil sie offenbar ebenfalls von Ebert lanciert wurde. Sie stand im linksliberalen *Berliner Tageblatt:* »Aus maßgebenden Kreisen der Mehrheitssozialisten wird mitgeteilt«, sie seien »überzeugt, dass ihnen die Situation nicht aus den Händen gleiten wird. Sie glauben, alle Machtfaktoren in Händen zu haben und sich auch, falls eine Einigung mit den Unabhängigen Sozialdemokraten nicht erfolgen sollte, eventuell gegen die Unabhängigen durchsetzen zu können. Die Soldaten- und Arbeiterräte arbeiten Hand in Hand mit den Mehrheitssozialisten.«[110]

Mit diesem Zuwachs an Selbstvertrauen – er sah sich jetzt als »echten« Reichskanzler – und an politischem Orientierungssinn – er sah das Reich jetzt auf dem Weg zur demokratischen Republik – ist Ebert kurz nach 15 Uhr ins Reichskanzlerpalais zurückgekehrt. Dort hatte ihm Max von Baden das (museale) Bismarck-Zimmer als provisorische Arbeitsstätte zur Verfügung gestellt, und als Besprechungsraum die Bibliothek. Auch seinen kompetentesten Mitarbeiter, Walter Simons, trat der scheidende Prinz dem Nachfolger ab, sodass der Sozialdemokrat sofort die Arbeit aufnehmen konnte. Dabei zehrte Ebert ganz entscheidend von jenem Vertrauensvorschuss, den er schon seit Längerem bei den alten Eliten genoss. Ihm gegenüber würden sie loyal bleiben – wenn auch nicht unbedingt gegenüber seiner Partei. Und allem Anschein nach lebte sich Ebert mit atemberaubender Geschwindigkeit in sein neues politisches Mandat ein. Sein Plan war es, die alte Regierung – unter Hinzuziehung seines Parteifreundes Otto Landsberg und mit sich selbst als Chef – zunächst im Amt zu lassen.[111] Dabei baute er vor allem auf die Unterstützung von so bewährten Staatsmännern wie Vizekanzler Payer oder Außenamtschef Solf.[112] Diese beiden zog Ebert denn auch gleich zu den Gesprächen hinzu, die er gegen 16 Uhr mit einer Delegation über die Regierungsbeteiligung der USPD führte.

Zu dieser aufschlussreichen Demonstration von Eberts neuem Politikstil liegen zwei Zeitzeugnisse vor. Wie sich Payer erinnerte, teilte der designierte Hausherr der Wilhelmstraße 77 »[...] ziemlich von oben herab, den anderen mit, dass seine Partei entschlossen sei, die Regierung zu übernehmen, er forderte in seiner Eigenschaft als Reichskanzler [sic!] von ihnen die Erklärung, ob sie sich an der Regierung beteiligen wollen und wie sie zur Beteiligung weiterer Parteien an der Regierung sich stellen würden. Die Herren waren ziemlich kleinlaut, sie lehnten nicht grundsätzlich ab, behielten sich aber ihre Erklärung bis nach Rücksprache mit ihren Freunden vor. Es wurde dann noch hin und her geredet, ohne dass ein Teil sich nach irgendeiner Richtung gebunden hätte.«[113]

Ähnliches beschrieb der USPD-Delegierte Oskar Cohn ein knappes Jahr später: »Es war schon auffallend, dass der Sozialdemokrat Ebert die Verhandlungen mit den Worten begann, dass ihm vom Reichskanzler Prinzen Max von Baden die Leitung der Regierung übertragen worden sei. So sprach ein Sozialdemokrat mit Sozialdemokraten nach dem Durchbruch der Revolution. Und es war ebenso bezeichnend für den Geist, der aus Herrn Ebert damals sprach, dass er diese Verhandlungen unter Sozialisten in Gegenwart und unter Hinzuziehung der bürgerlichen Minister führte.«

Cohn nannte das »die Politik der zwei Eisen im Feuer«. Ebert wollte sich »den Rückzug zu den bürgerlichen Parteien nicht unmöglich machen«.[114] Immerhin soll er die Frage, »ob die Regierung, in die [der] Eintritt [der USPD] gewünscht werde, eine republikanische sein solle«, bejaht haben – allerdings mit dem ausdrücklichen Hinzufügen, »eine später einzuberufende Nationalversammlung solle endgültig über die künftige Staatsform entscheiden«.[115]

Kein Zweifel, Ebert taktierte; zeigte einerseits, wer künftig in der Wilhelmstraße den Hut aufhaben würde, während er anderseits den traditionellen Eliten vor Augen führte, dass von den Unabhängigen politisch nichts Schlimmes zu befürchten sei. Und ob die zunächst republikanische Regierung schon die Vorwegnahme der zukünftigen deutschen Staatsform bedeutete, das ließ er wohlweislich offen. Die Republik, die er vorläufig konzedierte, schien für ihn auch jetzt noch keine beschlossene Sache zu sein. Wahrscheinlich spekulierte er dabei auf die andauernden Bemühungen intimer Mitstreiter des Prinzen Max, den Regentschaftskandidaten womöglich doch noch einmal umzudrehen. Denn sowohl Graf Bernstorff als auch Außenamtschef Solf drängten den Ex-Kanzler noch am Nachmittag des 9. November, seine politische Karriere fortzusetzen.[116] Von weiteren Initiativen, den Reisenden aufzuhalten, hat dieser selbst erzählt: »Später [am Nachmittag] kam Staatssekretär Haußmann zu mir und bat mich dringend, in Berlin zu bleiben. Ich konnte ihm nur erwidern, dass ich in Berlin nichts mehr zu tun habe. Wir schieden sehr bewegt voneinander. Später kam Geheimrat Simons zu mir, um mir einen Entwurf zu einer öffentlichen Erklärung vorzulegen. Da ich mit der Fassung nicht einverstanden war, bat ich ihn, diese Angelegenheit zurückzustellen. Ich ordnete meine Papiere und ließ sie verpacken.«[117] Eine auch nur halbwegs plausible Begründung dafür, sich derart aus der Verantwortung zu stehlen, hat der als Deutschlands Retter Angetretene damals nicht geliefert. So ließ sein Abgang von der politischen Bühne nicht nur jede Würde vermissen, sondern musste auch jene vor den Kopf stoßen, auf deren bedingungslose Unterstützung er bis dato immer hatte bauen können. Für seinen damaligen Adjutanten von Prittwitz blieb es auch noch Jahrzehnte später »eine offene Frage, ob sein Bleiben in Berlin nicht dem Verlauf der Ereignisse einen wesentlich anderen Charakter gegeben und daher vielleicht im Interesse der Monarchie gelegen hätte«.[118] Freimütiger formuliert, hat er sich im Licht dieses Abgangs am Amt des deutschen Reichskanzlers geradezu vergriffen. Denn er schmiss ja vor allem der persönlichen Blessuren und Blamagen wegen hin, die ihm seine Expedition in die Welt der Großen Politik eingetragen hatte und nun sogar drohte, ihn moralisch zu ruinieren. Aber nicht, weil sich sein selbstgestellter Auftrag erledigt hatte oder weil es keine staatstragenden Argumente mehr für seinen Verbleib in Berlin gab.

Hauptsächlich betroffen davon war und blieb natürlich der Mann, dem Max von Baden erst vor sechs Stunden ihrer Absprache gemäß seine Amtsgeschäfte übertragen hatte und den er nun im Regen stehen ließ: Friedrich Ebert, von dem sich der Fahnenflüchtige gegen 18 Uhr verabschiedete. Auch der bat ihn zu bleiben. Er habe immer noch Hoffnung auf eine Reichsverweserschaft des Prinzen. Doch Max machte jetzt kurzerhand die Koalitionsverhandlungen mit den USPD-Genossen zum Vorwand für seinen Rückzug. Er sagte, für ihn sei es »völlig unmöglich, mit einer solchen Koalition zu arbeiten, die den Umsturz gemacht habe«. Dabei hatte er den Sonderzug, mit dem er nur wenig später in seine badische Heimat davoneilte, schon lange vorher bestellt und war seit zwei Stunden mit nichts anderem beschäftigt gewesen, als mit dem Räumen seiner Dienstwohnung.[119]

Ebert jedoch wurde das ganze Theater zum politischen Lehrstück, und es verdient Beachtung, wie schnell er sich selbst in diese heikle Lage eingefunden hat. Friedrich Stampfer, der Chefredakteur des *Vorwärts*, schilderte ihn bei Verabschiedung des Prinzen: »Eine Weile musste ich im Vorzimmer warten, dann kam der Prinz heraus, der sonderbarer Weise eine Art von Ballgespräch mit mir begann. Ich trat ein. Es war in dem Raum und in dem Mann [Ebert] eine Art von feierlicher Ruhe, in seltsamem Kontrast zu dem aufgeregten Treiben in den Straßen. Das Gespräch, das wir nun führten, beruhigte mich vollständig darüber, dass Ebert seine Aufgabe klar erkannt hatte. Es gab kein Zurück. Deutschland konnte nur noch als demokratische Republik leben. Bürgerkrieg musste unter allen Umständen vermieden werden, auch durch Konzessionen an die Linke.«[120]

Ebert hatte verstanden. Sein Glaube an die politischen Qualitäten des badischen Prinzen war wie eine Seifenblase zerplatzt, seine Sympathien für die monarchische Staatsform hatten ihn fehlgeleitet. Der beschämende Abgang des vermeintlichen Thronverwesers und der kollektive Einsturz sämtlicher deutscher Fürstenhäuser hatten ihn eines Besseren belehrt. Und dafür war es höchste Zeit: Inzwischen hatte nicht allein der Volksaufstand in der Hauptstadt neue Dimensionen angenommen, es hatte sich auch herausgestellt, dass ohne oder gar gegen die USPD nicht mehr zu regieren war. Schon während der revolutionären Aktionen auf der Straße hatten die Unabhängigen die

Mehrheitssozialisten an den Rand gedrängt, und jetzt standen sie auch im Begriff, die Exekutive zu dominieren. Die Koalitionsverhandlungen im Reichstag zwischen den Führern der verfeindeten Fraktionen drohten ergebnislos zu bleiben, sodass sich sogar die Gefahr einer blutigen Auseinandersetzung um die Macht zwischen den beiden Parteien unheilvoll ankündigte. Seit dem späten Nachmittag hielten die Unabhängigen bereits das Reichstagsgebäude militärisch besetzt und ließen nur herein, wer eine rote Kokarde trug. Wogegen wiederum Teile der MSPD militärische Hilfe vom erzkonservativen preußischen Kriegsminister Scheuch forderten, den sie wahrscheinlich nicht ohne Hintergedanken in seinem Amt belassen hatten.[121]

Das Palais in der Wilhelmstraße 77 wurde noch am Abend des 9. November zum politischen Hauptquartier der Ebert-SPD. In der eingangs beschriebenen Zimmerflucht, die sich die kaiserlichen Kanzler für ihre Kabinettspolitik hatten zurecht machen lassen, zentrierte sich nun auch die Macht ihres republikanischen Nachfolgers. Friedliche Übernahme eben, die es mit sich brachte, dass Ebert jetzt großen Wert darauf legte, vom Arbeitszimmer seiner Amtsvorgänger aus die Fäden ziehen zu können – im Vorraum auch sein engerer Stab, an dessen Spitze er Friedrich Stampfer und Kurt Baake berief. Offenbar sah der neue Hausherr nun – nach dem Fiasko des Prinzen Max – seine vornehmste Aufgabe erst recht darin, die Funktionstüchtigkeit des überkommenen Staatsapparats auch durch die Wahrung von Äußerlich- und Förmlichkeiten zu sichern. So beließ er den bisherigen Chef der Reichskanzlei Wahnschaffe noch bis zum nächsten Tag in Tätigkeit, um eine geordnete Übergabe der Amtsgeschäfte sicherzustellen. Selbst die livrierten Hausdiener durften vorläufig weiter ihren Dienst versehen.

Um die Mittagszeit schon, als Ebert noch vertraulich mit Max von Baden über die Verteilung der Macht konferiert hatte, war ein langer Demonstrationszug am Reichskanzlerhaus vorbeigezogen, aber die Massen hatten sich ohne jeden Okkupationsversuch weiter Richtung Unter den Linden bewegt.[122] Erst um 14:30 Uhr kehrte der Aufstand in die Wilhelmstraße zurück. Ein militanter »Trupp von einigen hundert Arbeitern und Soldaten mit zahlreichen roten Fahnen« entwaffnete die dort vor einigen Staatsgebäuden aufgestellten Schutzwachen des alten Regimes. Aber wiederum blieben sowohl das Auswärtige Amt als auch das angrenzende Reichskanzlerpalais »unbehelligt«.[123] Nach 16 Uhr scheint sich das alte Regierungszentrum dann allerdings auch äußerlich in der Hand der Revolutionäre befunden zu haben. Der scheidende Kanzler selbst konnte noch »das Auffahren von Maschinengewehren zum Schutz der neuen Regierung« beobachten. Und im Wachlokal im Erdgeschoss fand er »einen Haufen formloser Menschen herumliegen«. »Ich wollte das sogenannte Adjutantenzimmer passieren, um in meine Wohnräume zu gehen. Da fand ich zwei Matrosen, den einen am Telefon sitzend, den anderen danebenstehend. Als er erfuhr, dass ich der gewesene Reichskanzler sei, stand er stramm und öffnete mir in tadelloser Haltung die Tür zum Hinausgehen.«[124] Auch Hans von Haeften, der Vertreter der Obersten Heeresleitung, der sich zur selben Zeit in der Wilhelmstraße 77 aufhielt, betont in seinen Erinnerungen ausdrücklich, er sei »von den Roten in keinster Weise belästigt« worden.[125] Beides unterstreicht, dass es sich bei der militärischen Besetzung des Reichskanzlerpalais durch das MSPD-freundliche 4. Jägerbataillon um eine Präventionsmaßnahme der provisorischen Ebert-Regierung handelte, die sich vor allem gegen eine feindliche Übernahme durch Linksradikale wappnen wollte.

Das bestätigt auch der Adjutant des preußischen Kriegsministers Scheuch, der seinen Chef damals zu einer Besprechung mit Ebert ins Reichskanzlerpalais begleitete – übrigens beide in Zivil. »Ebert und der Minister besprachen die wichtigsten zu ergreifenden Maßnahmen. Die Hauptsache sei, alle ordnungsliebenden Elemente zu sammeln.«[126] Dem jungen Offizier verdanken wir auch eine farbige Schilderung des »regen Treibens«, das inzwischen in dem altehrwürdigen Etablissement herrschte: »Auf der Freitreppe einige bis an die Zähne bewaffnete Revolutionäre in fantastischer Aufmachung mit umgehängten Gewehren, Revolvern, Dolchen und breiten roten Binden. Im Bismarcksaal unter dem lebensgroßen Bilde des Eisernen Kanzlers Dittmann [USPD-Führer] mit einigen unabhängigen Genossen bei der Beratung, im Nebenzimmer Prinz Max von Baden neben einigen gepackten Koffern. Als ich eintrat, verabschiedete er sich gerade von den beiden Abgesandten des Matrosenrates, denen er die Hand reichte.«

Wie ernst die Bedrohung der neuen Hausherren im alten Palais am Abend des ersten Revolutionstages eingeschätzt wurde, geht besonders eindringlich aus den Aufzeichnungen eines leitenden Mitarbeiters des preußischen Kriegsministers hervor, des Generals Walter Reinhardt, der kurz vor Mitternacht von seinem Chef noch einmal zu Ebert beordert wurde. Denn man befürchtete »für den morgigen Tag Ausbrüche der Volkswut und sah sich nach bewaffnetem Schutz um«. Der Divisionskommandeur hatte von Scheuch die Weisung erhalten, bei der Einrichtung eines entsprechenden »Ordnungsdienstes« nach Kräften mitzuhelfen.[127]

In dieses Szenario passt sich ein, was wir über den Aufbruch des letzten Kanzlers aus diesem Haus wissen. Wie sein persönlicher Adjutant über das »Ausreißen aus dem Reichskanzler-Palais« schreibt, hatte Kurt Hahn »eine Leiter im Garten aufstellen lassen, damit Max eventual aus dem Garten in eines der Nachbarhäuser fliehen könnte, worüber Max sichtlich getröstet und sehr erfreut war«. So schlimm kam es dann schließlich doch nicht, weil die neuen Hausherren für den Prinzen eine »›rote‹ Wache« rekrutierten, unter deren Schutz er dann mit seinem Gefolge zum Potsdamer Bahnhof aufbrach.[128] Bei dieser bizarren Prozession Abends um 20 Uhr durch den dunklen Garten des Reichskanzleranwesens hin zur Königgrätzer Straße waren außerdem Racknitz, Prittwitz, Simons, Wahnschaffe und natürlich Kurt Hahn mit dabei. Von der schmalen Pforte, die auf jenen Boulevard führte, der heute Ebertstraße heißt, waren es nur mehr wenige Schritte zum Potsdamer Platz, wo bereits der Sonderzug auf den Mann wartete, der vom Glauben an eine Rettung des Reiches abgefallen war. Als Erinnerung an diesen Augenblick ist dem Abtrünnigen vor allem dieses Szenario im Gedächtnis geblieben: »Die Straße war voll erregter Menschen, die so aussahen, als betrachteten sie einen Karneval. Ein paar Autos mit Soldaten schossen an uns vorbei.« In Max Augen waren es »sinnlose Lügen« und »Schwindel«, mit denen man damals »ein Volk verrückt gemacht und zu einer Revolution hat verführen können, wie es eine gedankenärmere nie gegeben hat«.[129] Von seinem eigenen Anteil an diesen Zuständen hat er zeitlebens nichts wissen wollen. Mit diesem stillosen Abgang besiegelte der vielleicht interessanteste Aristokrat des deutschen Fin de siècle sein epochales Scheitern. Dass es ausgerechnet am 9. November 1918, als Deutschland offen wie nie war, für ihn nur noch »Ausreißen« und nichts mehr gab, wofür es sich noch zu kämpfen lohnte, bringt dies mehr als alles andere auf den Punkt.

Nach dem Rückzug seines prinzlichen Verbündeten besaß Ebert für die ihm überantwortete politische Führungsaufgabe keine Legitimation mehr – und das wusste er genau. Seine Reichskanzlerschaft war das Ergebnis informeller Vereinbarungen mit den alten Machthabern gewesen, doch hatte sich die Konstellation nach 18 Uhr dramatisch verändert – maßgeblich durch die Fahnenflucht des präsumtiven Ersatzkaisers, aber auch durch die politische Dynamik des Revolutionsgeschehens. Als ihm die politische Ohnmacht der monarchischen Idee bewusst wurde, zögerte Ebert keinen Moment, sich von seinen Regentschaftsplänen zu verabschieden und umzusteuern. Er wollte das Machtvakuum, das die Implosion des Kaiserreichs erzeugt hatte, auf keinen Fall der Revolution als Siegesbeute überlassen, sondern trat mit der ganzen Kraft seines politischen Gewichts in die Bresche, um von den hergebrachten staatlichen Strukturen zu retten, was noch zu retten war. Wohlwissend, dass er damit die Behauptung des Staates über die aktuellen Interessen der aufgebrachten Volksmassen stellte.

Doch wollte er nicht länger als Treuhänder der monarchischen Macht dastehen und auch nicht als Usurpator ohne Mandat, musste Ebert strategisch umdenken. Er wusste, aus eigener Kraft würde er sich und seine Partei nicht an der Macht halten können, vielmehr war er für ein erfolgreiches Krisenmanagement jetzt auf Hilfe angewiesen. Deshalb machte er der USPD-Führung mit einem Mal Konzessionen, die weit über das Maß des für ihn persönlich Vertretbaren hinausgingen, und arrangierte sich zeitgleich zum Schutz des erhalten gebliebenen Staatsapparates mit den Führern der kaiserlichen Armee.[130] Nur mit einer solchen doppelten Rückversicherung bekam Ebert die Revolution am Ende doch noch politisch in den Griff.

In der Wilhelmstraße 77

Der Reichskanzler.

Reichskanzler a.D. Max Prinz von Baden reist heute von Berlin nach Karlsruhe(Baden).
Alle Behörden werden ersucht, den Genannten ungehindert an seinen Bestimmungsort gelangen zu lassen.

Berlin, den 9. November 1918.

Der Reichskanzler.

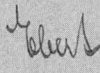

Geleitschutzbrief des Reichskanzlers Ebert für seinen Vorgänger.

Wie genau er die heikle Angelegenheit seiner machtpolitischen Legitimation anzugehen gedachte, zeigte sich noch in den Nachtstunden, als er einen Vertreter des *Holländischen Nachrichtenbüros* im Kanzlerzimmer zu einem Interview empfing. Der niederländische Journalist hielt zunächst die besonderen Umstände seines Besuchs in der Wilhelmstraße fest, bevor er auf den Inhalt des Gespräches einging.»Soldaten mit geladener Waffe prüften meine Legitimation und ließen mich dann eintreten. Es ist dieselbe vornehme Empfangshalle, es sind dieselben teppichbelegten Treppen, die ich das letzte Mal passierte [beim Besuch von Reichkanzler Hertling einige Monate zuvor]. Aber die Menschen, die jetzt hin und her gehen, sind andere. Vielen sieht man es an, dass sie dem Arbeiterstande angehören. Im Vorzimmer muss ich warten. Ich sehe zahllose Leute ein und aus gehen. Gerade verlässt Staatssekretär Scheidemann das Zimmer des Kanzlers. Dann stehe ich plötzlich dem Manne, der das Deutsche Reich durch die vielleicht schicksalsschwerste Stunde seiner Geschichte durchzusteuern haben wird, gegenüber.«

Und nun kommt Ebert selbst zu Wort, aus dem folgendes Bekenntnis zum revolutionär errungenen Volksstaat sprach: »Die Sache der Freiheit hat heute einen ihrer großen Siegestage erlebt. Das deutsche Volk hat gesiegt und die altverankerte Herrschaft der Hohenzollern, Wittelsbacher, Welfen usw. gestürzt. Deutschland hat seine Revolution vollendet. Formell hat zwar Prinz Max, der bereits seinen Abschied eingereicht hatte, nach der Abdankung des Kaisers die Kanzlerschaft an mich abgegeben. Tatsächlich hat mich jedoch das Volk durch seinen unmittelbaren Willensakt zum Kanzler gemacht. Als wir heute früh aus der Regierung austraten, weil die Kaiserfrage noch nicht nach unserem Willen erledigt war, haben die Soldaten und Arbeiter Berlins sich fast einmütig für uns [sic!] erhoben und die ganze alte Regierungsmaschine stillgelegt. Wir haben schon tatsächlich alle Macht in Händen gehabt, ehe die Vertreter der alten Herrschergewalten sie uns übertrugen.« Jetzt werde »wohl auch der Zweifelsüchtigste erkennen, dass es mit dem Monarchismus und Imperialismus in Deutschland endgültig vorbei ist [...].«

Die gesetzgebende »Nationalversammlung der deutschen Volksrepublik wird eine Regierung einsetzen, die so genau, wie das menschlich überhaupt möglich ist, dem Volkswillen entspricht«. Der nun errungene »Sieg ist fast unblutig, ich möchte fast sagen leicht und vollständig gewesen. Dass die alten Gewalten sich noch einmal zum Kampf um die Macht stellen könnten, scheint mir gänzlich ausgeschlossen. Deutschlands künftige Staatsform ist die Republik.«[131]

Liest man Eberts Darlegung der politischen Lage in Kenntnis der tatsächlichen Geschehnisse, so staunt man nicht schlecht über seine Wendigkeit innerhalb von so kurzer Zeit. Noch am Morgen des selben Tages hatte es im *Vorwärts* geheißen: Politische Initiativen, »die nicht im Einverständnis mit der Regierung [Max von Baden], also von Unverantwortlichen auf eigene Faust unternommen« würden, könnten »nur namenloses Unglück anrichten«. Und nun sollte ihn – wie Ebert freudig begrüßte – ausgerechnet solch eine namenlose Unglücksaktion wie die Berliner Revolution zum Kanzler gemacht haben, indem sie auf eigene Faust die alte Staatsordnung stürzte und kategorisch verlangte, eine neue volkssouveräne Regierungsgewalt einzusetzen. Sprach hier ein waschechter Sozialist, der wieder zur revolutionären Programmatik seiner Partei zurückgefunden hatte? Ganz sicher nicht. Es war die Aufrechterhaltung seines Machtanspruchs, die Ebert jetzt eine neue Legitimation abverlangte. Und die konnte nur heißen: Propagierung einer sozialistischen Demokratie, wie sie die Massenforderungen des Tages lautstark verlangten – für den Moment jedenfalls. Denn niemand war sich klarer darüber als er, dass der politische Wille des revolutionären Volkes eine Übergangserscheinung bleiben müsse; dass es aber jetzt erst einmal darauf ankam, in den Reihen der deutschen Revolution ein halbwegs einheitliches Zusammenarbeiten herbeizuführen und die Bewegung dann zu einem ordentlichen Abschluss zu bringen. Voraussetzung dafür aber war, dass man dem Volksaufstand politisch huldigte und – das vor allem – an der provisorischen Leitung der Staatsgeschäfte auch die sozialistische Fraktion beteiligte, die diesem Umsturz politisch am entschiedensten vorgearbeitet, ja ihn überhaupt erst ermöglicht hatte. Die sofortige Schaffung eines Rats der Volksbeauftragten als zeitgemäße Regierungsform war deshalb für ihn das Gebot der Stunde, weshalb er am kommenden Tag alles ihm Mögliche dafür tat, eine solche politische Geschäftsführung zustande zu bringen. Denn nur so konnte er hoffen, De-Facto-Kanzler und damit Herr der Lage zu bleiben. Es sollte ihm gelingen, doch dieses ganz neue Kapitel im deutschen Revolutions-Almanach soll hier nicht mehr aufgeschlagen werden.[132]

Was freilich noch anzufügen bleibt, ist, dass Eberts erster Arbeitstag im Reichskanzlerpalais mit einer letzten Hiobsbotschaft endete, die einiges veränderte. Gegen Mitternacht meldete das Große Hauptquartier aus Spa telefonisch das Eintreffen der alliierten Waffenstillstandsbedingungen. »Die Bestürzung war allgemein«, berichtet der Mann, der sie den neuen Hausherren übermittelte.[133] Denn schlagartig wurde klar, dass man von den Alliierten allen volksdemokratischen Veränderungen zum Trotz nicht die geringste Rücksicht zu erwarten hatte und dass die Entente-Presse auf die neuen Männer an der Spitze des Reiches ausgesprochen schlecht zu sprechen war.[134]

Da die Oberste Heeresleitung auf alsbaldigen Abschluss des Waffenstillstands drängte, blieb Ebert nichts anderes übrig, als hierzu am 10. November eine Art Kabinettssitzung in seinen Amtssitz einzuberufen, der alte wie neue Gesichter der Reichsleitung beiwohnten.[135] Die Moderation der Verhandlungen überließ er dem alten und neuen Außenminister Wilhelm Solf, der dann auch tatsächlich beauftragt wurde, die Annahme der unmöglichen Bedingungen sogleich telegrafisch nach Spa zu übermitteln.[136] Im Übrigen teilte Ebert noch mit, der von ihm gewünschte Eintritt der USPD in sein Kabinett sei noch nicht erfolgt, aber eine baldige Einberufung des alten Reichstags käme für ihn nicht mehr infrage. »Sobald es gelungen sei, eine Regierung zu bilden, soll sofort eine Nationalversammlung zusammenberufen werden, welche über das Schicksal des Landes entscheiden soll.«[137] Noch am selben Tag verabschiedeten sich bis auf Solf und Scheuch die allermeisten politischen Funktionsträger des alten Regimes aus der Wilhelmstraße. Jetzt war die Zäsur da, unwiderruflich. Und am späten Nachmittag konnte tatsächlich ein »sechsköpfiger Reichskanzler«, wie Scheidemann durchaus zutreffend den Rat der Volksbeauftragten charakterisiert hat,[138] seine Arbeit aufnehmen.

Er hatte sich bereits am Morgen informell als Reichsregierung begründet,[139] und zwar auf der Basis eines klassischen dilatorischen Formelkompromisses, der später noch für viel Streit sorgen sollte: »Die politische Gewalt liegt in den Händen der Arbeiter- und Soldatenräte, die zu einer Vollversammlung aus dem ganzen Reiche alsbald zusammen zu berufen sind. Die Frage der Konstituierenden Versammlung [Nationalparlament] wird erst nach Konsolidierung

In der Wilhelmstraße 77

Der »sechsköpfige Reichskanzler« auf einer zeitgenössischen Postkarte.

der durch die Revolution geschaffenen Zustände aktuell.« Am Tag darauf stellten die neuen Männer klar: »Die aus der Revolution hervorgegangene Regierung, deren politische Leitung rein sozialistisch ist, setzt sich die Aufgabe, das sozialistische Programm zu verwirklichen.« Belastbar war das alles freilich nicht. Es blieben Absichtserklärungen, um Zeit zu gewinnen. Das Scheitern des Reichsverweser-Modells hatte Ebert unweigerlich in die Abhängigkeit von der USPD getrieben und in die Notwendigkeit von Zugeständnissen. Andernfalls wäre ihm die politische Führung vollständig entglitten. Zur ganzen Wahrheit gehört denn auch, dass Ebert informell deutscher Reichskanzler und alles andere revolutionäre Fassade geblieben ist. Und noch etwas muss hier gesagt werden, nämlich dass Ebert in Wilhelm Groener, dem Ludendorff-Nachfolger, schon am 10. November 1918 einen mehr als vollwertigen Ersatz für den Prinzen Max, seinen abtrünnigen Bündnispartner, gefunden hat. Diese Übereinkunft – eigenwillig und unorthodox – half enorm, nicht allein zur momentanen Machtsicherung, sondern auch zur Kompensation eines politischen Ausfalls.

Die letzten halbwegs klarsichtigen Entscheidungsträger des untergehenden Kaiserreichs haben in der Rückschau auf den 9. November keinen Zweifel daran gelassen, dass es »nur die ruhige Persönlichkeit Eberts« war, die Deutschland damals vor »dem Abgleiten in eine bolschewistische Führung bewahrt hat«.[140] Gelungen ist ihm das durch das politische Kunststück, sowohl die deutsche Monarchie als auch die deutsche Revolution zu beerben beziehungsweise zu transformieren.

Am Tag drei des Berliner Volksaufstandes hatte das Deutsche Reich seine Niederlage im Weltkrieg offiziell besiegelt. Sein vormaliges Staatsoberhaupt war in seinem holländischen Exilort Amerongen angelangt. Und sein letzter Kanzler fand bei einer Blumenhändlerin in Baden-Baden Unterschlupf. Im Bibliothekszimmer des Reichskanzlerpalais posierte indes Ebert nebst fünf anderen Sozialisten den Pressefotografen für ein Gruppenbild seiner Volksregierung – sehr bürgerlich-bieder im Ambiente des ererbten Wilhelminischen Machtzentrums. Der *Vorwärts* schrieb den denkbar sinnigsten Kommentar dazu: »Das rote Deutschland muss zeigen, was es zu leisten imstande ist.«

Werkstatt der Revolution? Im deutschen Reichstag

Vor Ausbruch der Herrschaftskrise im Herbst 1918 hatte die parlamentarische Vertretung des Volkes für die Große Politik in Deutschland keine maßgebende Rolle gespielt. Verantwortlich dafür war zum einen die undemokratische, ja antidemokratische Verfassung Preußen-Deutschlands, aber mehr noch war es der nach Kriegsausbruch ausgerufene Burgfrieden. An dieses innenpolitische Stillhalte-Abkommen fühlte sich die übergroße Mehrheit der Volksvertreter in ihrem vorauseilenden Patriotismus gebunden, solange irgendwie Aussicht auf einen deutschen Siegfrieden vorhanden zu sein schien. Die Kriegspropaganda der Obersten Heeresleitung hat diese Illusion bekanntlich bis in den September 1918 hinein genährt, und der Reichstag ist diesem Gespinst aus Desinformation und Volksbetrug nicht wirklich entgegengetreten, obwohl er es besser hätte wissen müssen, wenn er es denn hätte wissen wollen. So konnte er weder zu einem politischen Machtfaktor noch zum Kristallisationskern einer politischen Gegenöffentlichkeit werden.

Nur einmal – im Sommer 1917 – hatte es für einen Moment den Anschein gehabt, als schwinge sich das deutsche Parlament vielleicht doch zu einem politischen Kraft- und Wirkungszentrum auf. Erstmals artikulierte sich damals unter den Volksvertretern parteiübergreifend ein politischer Friedens- und Reformwille, der die militärische wie auch die politische Führung des Reiches unter Zugzwang setzte.[141] Doch in nur wenigen Wochen gelang es dem militaristisch-monarchischen Regime abermals, die Ambitionen des Parlaments auszubremsen, ja schlimmer noch, es politisch mundtot zu machen und als ernstzunehmenden Gegenspieler auszuschalten. Das einzige, was von dieser Episode blieb, war die Gründung des Interfraktionellen Ausschusses. Und in diesem Gremium fanden sich fortan die Fortschrittsliberalen, das katholische Zentrum und die gemäßigte Mehrheit der Sozialdemokraten zu regelmäßigen Sitzungen zusammen, um über gemeinsame parlamentarische Initiativen zu beraten. Das war nicht viel, aber doch mehr als nichts, weil die genannten Fraktionen zusammen im Reichstag über eine große Mehrheit verfügten. Die zeitgleiche machtpolitische Selbstausschaltung dieser Reichstagsmehrheit, die es der Reichsleitung weiterhin ermöglichte, Entscheidungen von katastrophaler Reichweite zu treffen, relativiert das freilich nicht.

Bis Herbst 1918 zeigten sich die Fraktionsführer im Reichstag rat- und planlos, wenn es darum ging, der Regierung eine politische Linie vorzugeben. Diese Volksvertretung wollte sich immer noch nicht als ein »Gegengewicht von politischer Eigenkraft« (Hugo Preuss) verstehen. Weiterhin ließ sie sich sowohl von der Obersten Heeresleitung als auch vom Reichskanzler Sand in die Augen streuen, blieb nicht nur dem Burgfrieden nibelungentreu verpflichtet, sondern übte auch freiwillig Machtverzicht. Das führte zu solchen Paradoxien, dass die Mehrheitsparteien im Sommer 1917 mit Reichskanzler Bethmann Hollweg ihren eigentlich engsten Verbündeten stürzen halfen; dass sie mit Graf Hertling einen persönlich wie politisch überalterten Staatsmann als Regierungschef zuließen, dessen einzige Leistung in der Gleichschaltung des Reichstags bestand; und dass sie schließlich mit Prinz Max von Baden einen von Haus aus Unpolitischen auf den Kanzlersessel hievten, der nichts weniger konnte als parlamentarisch regieren. Als der Letztgenannte am 5. Oktober 1918 seine mit Span-

Reichskanzler Prinz Max von Baden verliest am 5. Oktober 1918 in Zivil vor dem Reichstag seine Regierungserklärung.

nung erwartete Regierungserklärung ablas, stand das Reichstagsgebäude zwar endlich einmal wieder im Rampenlicht der politischen Öffentlichkeit, erhellend aber war diese Verlautbarung der neuen Reichsführung nicht. Einmal mehr versagte es sich das Parlament jedoch, durch bohrende Nachfragen, kritische Anmerkungen, Alternativvorschläge und Debatten mehr Transparenz in das Regierungshandeln zu bringen. Erst zehn Tage später dämmerte selbst den deutschen Volksvertretern, dass eine politische Zeitenwende aufzog, die auch ihr Hohes Haus schwer in Mitleidenschaft ziehen würde.

———

Als sich die volksdemokratische Welle auf den Parlamentssitz zubewegte, stand das repräsentative Gebäude bereits im fünfundzwanzigsten Jahr seines Bestehens. Es war Bestandteil des symbolpolitisch so reich ausstaffierten weitläufigen Königsplatzes, der den Tiergarten zum Berliner Stadtzentrum hin abschloss. Vor seiner Hauptfront das Bismarck-Nationaldenkmal, und dahinter die Siegessäule – beides

Werkstatt der Revolution? Im deutschen Reichstag

Das Marmordenkmal Kaiser Wilhelms I. als monumentaler Fluchtpunkt der Wandelhalle des Reichstagsgebäudes.

nationalpolitische Denkmäler der Verherrlichung des preußisch-deutschen Reichsgründung im Zeichen von Monarchie und Militär. Der im Stil der Neurenaissance errichtete Reichstag fügte sich bestens ein in das Erscheinungsbild, das die politische Topografie Berlins so typisch wilhelminisch machte.[142] Mehr noch: Diesem imposanten Staatsbau kam eine besondere politische Signalwirkung zu. Hier zeigte das preußisch-deutsche Kaiserreich sein machtpolitisches Selbstverständnis so opulent wie wohl an keinem anderen öffentlichen Ort. Fast 140 Meter maß der präpotente Sandsteinbau in seiner Länge, über 100 Meter in der Breite. Vier Ecktürme symbolisierten weithin sichtbar die deutschen Königreiche, in der Mitte aber ragte eine Glaskuppel mit vergoldeten Kupfergürtungen empor, die in einer riesenhaften goldenen Kaiserkrone auslief.

Vom Königsplatz aus führte eine weit ausladende Freitreppe zu einem mächtigen, von sechs Säulen getragenen Portikus empor, dessen Giebel ein bronzenes Germania-Standbild schmückte. Unter dem Relief im Giebeldreieck, mit Reichswappen unter der Kaiserkrone, stand – freilich erst seit Ende 1916 – der Schriftzug »Dem Deutschen Volke«. Er war das einzige äußere Merkmal, das dem eigentlich demokratischen Zweck dieses Verfassungsorgans wenigstens eine gewisse Referenz erwies.[143] Das einfache Volk wird sich in der Ausgestaltung des symbolträchtigen Ortes dennoch kaum wiedergefunden haben. Dafür waren die Identifikationsangebote dieses politischen Monuments nicht geeignet und nicht gedacht, weder in der Außenarchitektur noch in der Innenausstattung.

In seinem Inneren ging der Reichstag nicht über den nationalistisch überformten Horizont und den bildungsbürgerlich-konservativen Geschmack der spätwilhelminischen Epoche hinaus. Die technische Ausstattung hingegen – vom Telefon bis zu den Sanitäranlagen – war durchaus auf der Höhe des modernen Industriezeitalters. Abgeordnete wie Besucher betraten das Gebäude in der Regel durch das Portal im nördlichen Seitenflügel, und von dort gelangten sie hinauf in das Hauptgeschoss. Diese Beletage war geprägt durch eine an die 100 Meter lange Wandelhalle sowie den 625 Quadratmeter großen Plenarsaal des Parlaments. Das Schmuckstück der Wandelhalle war der Kuppelbau mit dem Marmordenkmal Kaiser Wilhelms I. unter einem herrlich ausladenden Ringkronleuchter. An diesem Helden-Kaiser, an seiner Huldigung gewissermaßen, kam kein Parlamentarier vorbei, der den großen Sitzungssaal betreten wollte. Überhaupt war die politische Ikonografie des Bilder- und Skulpturenprogramms in diesem Haus eine einzige Verneigung vor der deutschen Monarchie.

Durch die eingezogene Glasdecke war der Plenarsaal, diese Hauptbühne des deutschen Parlamentarismus, nur halb so hoch wie die Kaiser-Wilhelm-Halle. Die rund vierhundert Sitze für die Abgeordneten waren konzentrisch angeordnet. Drei der vier eichenholzvertäfelten Wände öffneten sich oben nach Zuschauertribünen hin, während die Stirnwand für das Präsidium und das Rednerpult reserviert war, rechts und links davon je eine Sitzreihe, die den Vertretern von Reichsregierung und Bundesrat vorbehalten blieb.

Im Hauptgeschoss waren darüber hinaus noch eine Reihe funktioneller Räume wie das Büro des Direktors, ein Lesesaal, ein großes Schreibzimmer, ein Postamt und diverse Erfrischungsräume zu finden. Nicht zu vergessen schließlich die diversen Konferenzsäle für die politische Führung im Reich: Regierung und Bundesrat. Deren institutionelle Präsenz im Parlamentshaus verdeutlicht einmal mehr, dass dieser Reichstag real- und machtpolitisch nicht dem deutschen Volk und seinen gewählten Vertretern gehörte, sondern der konstitutionellen Monarchie. Dass er gleichsam eine Art Gabe, eine Konzession des autokratischen Systems darstellte, von dem sich die Herrschenden eine staatsloyale Einbindung des sogenannten Volkswillens versprachen. Die tatsächliche politische Geltung des Volkes fand mithin in der Gestaltung und der Nutzung dieses öffentlichen Gebäudes durchaus seinen angemessenen Ausdruck. Und man kann nicht behaupten, dass die Volksvertreter jemals den Alleinbesitz dieses Verfassungsorgans für sich reklamiert hätten. Nicht einmal über die Einberufung ihrer Versammlung vermochten sie frei zu entscheiden. Der deutsche Reichstag blieb eine systemkonforme Einrichtung, die sich bei aller verbaler Kritik an manchem Regierungshandeln bis 1914 nie zu einem unabhängigen Machtzentrum entfaltete und daher stets nur geringfügig auf die politische Willensbildung der Staatsführung Einfluss nahm. Und nach Kriegsausbruch konnte von einer wirksamen Kontrolle der vollziehenden Gewalt oder gar von bissigen politischen Kämpfen der deutschen Volksvertretung gegen die Reichsleitung schon gar keine Rede mehr sein.

Für die Fraktionen im deutschen Reichstag waren im zweiten Stock diverse Sitzungssäle sowie eine stattliche Bibliothek eingerichtet. Auch der schon erwähnte Interfraktionelle Ausschuss tagte dort. Mit Blick auf das Jahr 1918 drängt sich der Eindruck auf, dass sich die politische Diskussion in diesem ehrwürdigen Gebäude mehr und mehr von der Beletage in dieses zweite Stockwerk verlagerte. Und im Herbst 1918 dürfte sich namentlich hinter den Türen von Zimmer Nr. 18 einiges an politischem Sprengstoff zusammengebraut haben. Denn dort tagte die Fraktion der Unabhängigen Sozialisten, denen nach dem Regierungseintritt der Ebert-Scheidemann-Partei die Rolle der Fundamentalopposition zugewachsen war. Damit hatte diese Keimzelle der deutschen Revolution in einem Gebäude Unterschlupf gefunden, das seinem ganzen inneren wie äußeren Erscheinungsbild nach eine einzige Bejahung, ja Idealisierung des deutschen Kaiserreichs Bismarck'scher Prägung darstellte. Und zwei Zimmer weiter nur, im Saal Nr. 15, tagten ihre ›feindlichen Brüder‹, die Vertreter der Mehrheitssozialdemokratie.

Auf dem Areal um den Reichstag und den Königsplatz hatte sich erstmals bei Kriegsausbruch, Anfang August 1914, eine Massenöffentlichkeit politisch artikuliert.[144] Ein gewaltiger Menschenstrom war hier spontan zusammengekommen, um sich – jenseits aller obrigkeitlichen Vorgaben – seiner nationalen Identität zu versichern und seines Gefühlschaos' Herr zu werden. Ein Vorgang eigenmächtiger Mobilisierung, der mit dem Begriff ›patriotische Kriegsbegeisterung‹ nicht zu fassen ist. Damit hatte sich dieser markante Versammlungsort fest in das öffentliche Bewusstsein eingeschrieben – als eine Bühne von identitätsstiftender Ausstrahlung. Der Bedeutungsverlust des deutschen Parlaments während der Kriegsjahre brachte es mit sich, dass das Volk auf diesen Erinnerungsort erst wieder zurückkam, als sich Deutschlands Niederlage abzeichnete und sich die Kopflosigkeit der überkommenen Staatsführung nicht mehr verleugnen ließ. Unter diesen Auspizien wurde die deutsche Volksvertretung mehr denn je zu einer Projektionsfläche politischer Wünsche und zum Zielort für Massendemonstrationen. Über die erste dieser Art, Mitte Oktober 1918, wurde bereits berichtet und auch darüber, wie wenige Tage später der deutsche Reichstag endlich politisch erwachte und in Sachen Streitkultur zu großer Form auflief. Einen idealen Resonanzverstärker fanden die Fensterreden, die nun auch Kaiser und Reichsleitung mutig angriffen, in der Tagespresse, die froh war, ausnahmsweise einmal unzensiert berichten und kommentieren zu dürfen. Das löste, wie dargestellt, einen gewaltigen Politisierungsschub aus; und Alarmstufe eins bei den Sicherheitsorganen, die nun auch den Reichstag unter Kuratel stellten, weil sie Aufläufe befürchteten. »Ein gewöhnlich Sterblicher« konnte das Parlamentsgebäude Ende Oktober »erst nach Überwindung einer dreifachen Barriere betreten«, hielt ein Journalist fest; so ein »gewaltiges Schutzmannaufgebot im weiten Umkreis« der Volksvertretung habe er noch nie gesehen.[145]

Auch nach der letzten Plenarsitzung am 27. Oktober ging es im Inneren des deutschen Reichstags hoch her. Nach außen drang davon nicht viel, aber die eindringlichen Tagebuchnotizen des dänischen Abgeordneten Hans Peter Hanssen erlauben es, sich ein Bild von diesen Turbulenzen zu machen.[146] Als dann Anfang November deutschlandweit das Kaiserreich zu kollabieren begann, jagte im Reichstag eine Fraktionssitzung die nächste. Der enorm gestiegene politische Handlungsdruck stand jetzt allen Parlamentariern ins Gesicht geschrieben. Als der Interfraktionelle Ausschuss am 8. November 1918 zusammentrat,[147] stellte die sozialdemokratische Seite zurecht heraus, die Volksvertreter seien jetzt die Getriebenen: »Es gibt eine Politik der Straße!« Und man »soll aus der relativen Ruhe keine falschen Schlüsse ziehen.« »Um die explosive Katastrophe zu vermeiden, müssen wir alles aufstoßen, was aufgestoßen werden kann, um die Sache in legaler Ordnung zu halten.«

Auch die bürgerlichen Parteien gaben sich jetzt über die Brisanz der Lage keine Illusionen mehr hin und brachen ein Tabu, indem sie fraktionsübergreifend den Rücktritt von Kaiser und Kronprinz konzedierten. Aber zu einer großen demokratischen Initiative, einer zukunftsweisenden Entschließung, einem ernsthaften und glaubwürdigen Zugehen der Volksvertretung auf die in Bewegung geratenen Massen kam es bis zum Vorabend des 9. November nicht. Man debattierte zwar lebhaft wie selten zuvor, aber selbst handeln, das wollten die Parlamentarier nicht.

Den machtpolitischen Quantensprung bewirkten vielmehr andere Kräfte, namentlich die ›Schmuddelkinder‹ im deutschen Reichstagshaus, die Sprecher der extremen Linken um Georg Ledebour, die schon seit Tagen an einer Erhebung in der Hauptstadt arbeiteten. Am 8. November sollte eigentlich im Büro des Parteivorstands der USPD eine Sitzung mit dem Vollzugsausschuss der Revolutionären Obleute stattfinden, um die Planung für einen Aufstand drei Tage später zu konkretisieren. Da jedoch damit zu rechnen war, dass die Polizei dort eingreifen würde, war die Sitzung kurzerhand in den Reichstag verlegt worden. Aber auch davon bekam die Staatsmacht Wind und verhaftete auf dem Weg dorthin den USPD-Funktionär Ernst Däumig. Das war der Auslöser für den unverzüglich gefassten Beschluss, die Berliner Revolution auf dem 9. November vorzuverlegen.

Ledebour und mit ihm andere Fraktionskollegen verbrachten die Nacht auf diesen Revolutionstag sicherheitshalber im Reichstagsgebäude,[148] und so wurde der Wallot-Bau am Ende doch noch zu einer Brutstätte der deutschen Revolution. Da wundert es nicht mehr, dass am nächsten Tag gerade dieser Ort zur zentralen Anlaufstelle der revolutionären Erhebung avancierte. Denn tatsächlich saßen hier die politischen Wegbereiter des Volksaufstandes, und fortan sollte dieser Ort – so die Vorstellung vieler Aufständischer – endlich wirklich »Dem deutschen Volke« dienen, und zwar dem Volk allein.

Als das Reichstagsgebäude am frühen Vormittag des 9. November wieder erwachte, war die Stimmungslage vor allem bei den bürgerlichen Abgeordneten aufs Äußerste gespannt. Der Umsturz warf schon seine Schatten voraus, bis hinein in diese ehrwürdigen Hallen und Säle. Noch einmal kamen die Zentrumspartei und die Mehrheitssozialdemokraten zu Fraktionssitzungen zusammen, und sogar der Interfraktionelle Ausschuss soll einberufen worden sein.[149] Frohlocken mochten an diesem Vormittag nur die linkssozialistischen Abgeordneten, denn ihnen lagen um diese Zeit bereits Nachrichten aus den Betrieben vor, dass die Arbeiter in den Streik getreten und Richtung Stadtmitte losmarschiert waren. Auch die Verbrüderung der kasernierten Soldaten mit den Arbeitern wurde gemeldet. »Es war kein Zweifel mehr: das war die Revolution.«[150] Dieser Tatsache musste nun auch die MSPD-Führung ins Auge sehen. So wundert es nicht, dass sich Ebert kurz nach seiner Unterredung mit Max von Baden im Fraktionszimmer seiner Partei einfand, um die Genossen zu sofortigen Sondierungsgesprächen mit der USPD über eine Koalitionsregierung zu drängen. Unmittelbar darauf kam es zu ersten Unterhandlungen im Fraktionssekretariat der Unabhängigen, die sich aber bedeckt hielten. Zum einen, weil ihnen angesichts der revolutionären Euphorie der Erfolg ihrer Agitation wohl etwas zu Kopf gestiegen war, dann aber auch, weil sie sich ohne ihren Parteivorsitzenden Haase, der noch bei den Revolutionären von Kiel und Hamburg weilte, nicht vorschnell positionieren wollten. Damit hatte jetzt auch die Fraktion der USPD eine politische Denkaufgabe zu lösen, die sie für viel Stunden beanspruchte.

Während die Revolution marschierte und im Stadtzentrum bereits die ersten Hochrufe auf die sozialistische Republik skandiert wurden, berieten MSPD-Vorstand und Fraktion solange über das weitere Vorgehen, bis Ebert telefonisch aus der Reichskanzlei von der Unterzeichnung des Abdankungs-Dekrets durch Max von Baden in Kenntnis gesetzt wurde. Als seine Delegation daraufhin sofort in die Wilhelmstraße aufbrach, bewegten sich bereits die ersten Demonstrationszüge aus mehreren Richtungen auf den Königsplatz zu. Bald darauf war Scheidemann schon wieder zurück im Reichstag, riss »die Tür zum Fraktionszimmer auf und [rief] in höchster Erregung: ›Der Kaiser zurückgetreten! Ebert Reichskanzler!‹«[151]

Unmittelbar danach – offenbar auf Aufforderung seiner Genossen – trat Scheidemann zum ersten Mal vor das Reichstagsgebäude, um den vor dem Hauptportal versammelten Menschen diese neueste Nachricht zu übermitteln.[152] Es ging ihm darum, die Abdankungsproklamation des Prinzen Max von Baden von sozialdemokratischer Seite zu beglaubigen und – das vor allem – politischen Anschluss an die revolutionäre Massenbewegung zu finden. Denn an einem Erfolg der Berliner Volkserhebung bestand kein Zweifel mehr. Nicht allein im Bewusstsein der Revolutionäre war Deutschland zur Republik geworden, was immer das auch im Einzelnen heißen mochte. Alle Redner, die in den Mittagsstunden zwischen Alexanderplatz und Potsdamer Platz unterwegs waren – und das war gewiss ein gutes Dutzend –, stellten diese vollendete Tatsache immer wieder feierlich heraus. Als Scheidemann gegen halb zwei dann mit seiner Rede begann, ertönte seine Stimme also zunächst nur als eine unter vielen.[153] Dass er wohl gegen halb zwei gesprochen hat, ist mehrfach belegt. Zeitzeugen haben auch Näheres überliefert. Der Zentrumsabgeordnete Richard Müller berichtet, er sei damals zusammen mit Scheidemann auf den Balkon vor dem Lesezimmer des Reichstags getreten, um sich von dort »die Ankunft der Demonstrationswallfahrer anzusehen«, die bereits die Republik hochleben ließen. Scheidemann sei daraufhin auf einen der Stühle gesprungen, die ein Reichstagsdiener auf den Balkon gebracht hatte, habe »einige unverständliche Worte« gesprochen, seinen Arm geschwenkt und schließlich gerufen: »Es lebe die deutsche Republik«. Worauf die Demonstranten »mit ›Hoch‹ antworteten«.[154]

Ein ähnliches Szenario beschrieb später der Sozialdemokrat Franz O. Büchel, der in seiner damaligen Eigenschaft als Bezirksleiter des Deutschen Metallarbeiterverbandes am 9. November die Arbeiter der Moabiter Rüstungsbetriebe zum Königsplatz geführt und »Freund Scheidemann«, der auf der Freitreppe des Haupteingangs stand, um eine Ansprache gebeten habe. Weil Scheidemann sich von dort aus »kaum verständlich machen konnte«, wurde zunächst vergeblich versucht, ihn auf die Balkonbrüstung eines Reichstagsfensters »hinaufzuheben und zu ziehen«. Schließlich habe er sich von innen auf diesen Platz begeben und schließlich die »Deutsche Republik« hochleben lassen – denn »etwas anderes wurde von keinem mehr erwartet«.[155]

Von einem Reporter der bürgerlich-konservativen *Vossischen Zeitung* ist glaubwürdig folgender Redetext notiert worden: »Wir [sic!] haben auf der ganzen Linie gesiegt. Das Alte ist nicht mehr. Ebert ist zum Reichskanzler ernannt, dem Kriegsminister ist der Abgeordnete

Göhre beigeordnet. Es gilt nunmehr, den errungenen Sieg zu festigen. Daran kann uns nichts mehr hindern. Die Hohenzollern haben abgedankt. Es sei ein Ehrentag für immer in der Geschichte Deutschlands. Es lebe die deutsche Republik.«[156]

Von einer förmlichen Ausrufung der Republik als Deutschlands neuer Staatsform konnte also überhaupt keine Rede sein. Viel zu sehr stand man unter dem Eindruck jenes Konsenses, der einige Minuten zuvor in der Reichskanzlei erzielt worden war, dass nämlich die aufgebrachten Volksmassen nur noch zu beruhigen seien, wenn die Leitung der Regierungsgeschäfte sofort auf die MSPD-Führung überginge. Insofern handelte es sich bei der Ansprache allenfalls um die Annoncierung der Kanzlerschaft Eberts im Bestreben, diesen ›Sieg‹ auf das politische Konto der eigenen Partei zu verbuchen. Der Rest war populistische Geste, Tribut an die durch und durch ›republikanische‹ Stimmung auf dem Königsplatz. Scheidemann kam zwar nicht umhin, die Parole der Republik aufzugreifen, machte aber keine Anstalten, sie nun mit prinzipieller Entschiedenheit als die politische Heilslosung zu vertreten. Das gab er auch später – mit einer freilich ideologisch frisierten Begründung – zu Protokoll: »Am Mittag rufe ich, um unser Volk vor dem Bolschewismus zu bewahren, vom Reichstag aus den Massen zu: Es lebe die Republik.«[157] Seine einzige Motivation war dabei, die eigene Partei vor Ansehens- und womöglich Machtverlust zu bewahren.

Nach dieser öffentlichen Erklärung begab sich Scheidemann in den Speisesaal des Reichstags, wo bald darauf auch Ebert eintraf. Was die beiden sozialdemokratischen Köpfe miteinander besprachen und verabredeten, ist nicht überliefert. Bekannt ist lediglich, wie sich die Situation vor dem Reichstagsgebäude und auch im Innern des Hauses dramatisch veränderte, während Ebert und Scheidemann ihre Suppen löffelten. Immer dichter drängten sich die Menschen auf dem Königsplatz, besonders vor dem Hauptportal, wo inzwischen eine Abteilung des revolutionären Jäger-Bataillons die Freitreppe besetzt hatte. Auch an den Nebenportalen waren Militärfahrzeuge mit schwer bewaffneten Soldaten und Maschinengewehren aufgefahren.

Von einem dieser rot beflaggten Lastwagen herab hielt ein Revolutionär eine flammende Ansprache und kündigte an, »dass um 3 Uhr

Nachmittags die Republik [förmlich] erklärt werden wird.«[158] Bei dem besagten Redner dürfte es sich um Richard Müller gehandelt haben, einem der Macher der Berliner Revolution. Er berichtet in seiner Revolutionsgeschichte selbst, wie er gegen 13 Uhr im Verein mit einem ehemaligen Offizier und revolutionären Sozialisten namens Dorrenbach in Moabit »einen gewaltigen Zug bewaffneter Arbeiter und Soldaten mit mehreren Lastautos« zusammengestellt habe und zum Reichstag gefahren sei. Dort habe er eine Ansprache gehalten und »mit 150 ausgesuchten Arbeitern und Soldaten den Reichstag« besetzt. Als er mit den Bewaffneten die große Wandelhalle betrat, »huschten einige Abgeordnete schreckensbleich davon«.[159] Noch vor 15 Uhr wehte auf dem Wallot-Bau die rote Fahne. Damit war die Revolution am frühen Nachmittag nicht allein vor dem Gebäude der deutschen Volksvertretung angekommen, sie hatte sich vielmehr mitten im Parlament eingenistet.

Nun drohte sie, mit den Mehrheitssozialdemokraten auch diejenigen zu marginalisieren, die diesen bewaffneten Aufstand nicht wirklich gewollt hatten und die sich nach wie vor nur schwer mit der Politik der Straße anfreundeten. Denn die bewaffneten Besatzer fühlten sich natürlich in erster Linie Männern wie Ledebour oder Liebknecht verbunden und wollten die Revolution weiter vorantreiben. Einmal mehr stand für die Ebert-Partei die Führung der Volksmassen auf dem Spiel. Sie musste um Vertrauen für die neue Regierung werben und gewaltsame Eskalationen verhüten.

Derart unter Zugzwang traten Ebert und Scheidemann die Flucht nach vorn umso entschiedener an, als sich etwa zeitgleich herausstellte, dass mit einem Engagement des potenziellen Ersatzkaisers Max von Baden fortan nicht mehr zu rechnen war. Während Ebert sein bereits ausführlich zitiertes Massenflugblatt diktierte, wurde der rhetorisch versiertere Scheidemann abermals zu den unruhigen Volksmassen geschickt. Auf die steinerne Balkonbrüstung vor dem zweiten Fenster links vom Hauptportal des Reichstags gehievt, hielt er dort eine Ansprache, deren Inhalt in den unterschiedlichsten Versionen auf die Nachwelt gebracht wurde. Nach kritischer Prüfung aller Varianten scheint jener Wortlaut am glaubwürdigsten, den der Zeitzeuge Hanssen in sein Tagebuch notierte. Dieser Reichstagsabgeordnete der däni-

Werkstatt der Revolution? Im deutschen Reichstag

Die »Belagerung« des Deutschen Reichstags am 9. November 1918.

schen Minderheit in Nordschleswig, hielt Scheidemann während der Rede an den Unterschenkeln fest und notierte die vernommenen Worte gleich darauf im Lesesaal.[160] Im Angesicht der Menschenmenge, die sich unmittelbar unter ihm auf der Rampe des Hauptportals drängte, deklamierte Scheidemann: »Mitbürger! Arbeiter! Parteigenossen! Das monarchische System ist zusammengebrochen. Viele Garnisonstruppen haben sich uns angeschlossen. Die Hohenzollern sind gegangen. Es lebe die große deutsche Republik. Fritz Ebert ist zum Kanzler bestimmt worden. Ich bin ermächtigt, eine neue Regierung zu bilden, die die ganze Sozialdemokratische Partei einschließen soll. Göhre ist zum Bevollmächtigten beim Oberbefehlshaber des Heimatheeres nominiert worden und wird alle Erlasse gegenzeichnen. Unser aller Pflicht muss jetzt darin bestehen, den vollständigen Sieg nicht zu gefährden, den das deutsche Volk errungen hat, auf dass wir für alle Zeiten stolz sein dürfen auf diesen Tag der Tage. Haltet Ruhe und Ordnung! Sorgt/Sorgen Sie dafür, dass die Republik, die wir dabei sind zu errichten, nicht in irgendeiner Weise gefährdet wird. Hoch die freie deutsche Republik!«

Zum tieferen Verständnis und zur richtigen Einordnung dieser Rede in den revolutionären Kontext des 9. November ist entscheidend, dass, unmittelbar nachdem Scheidemann unter Hochrufen des Publikums geendet hatte, ein großer Lastwagen unter dem Balkon auffuhr, auf dem zahlreiche USPD-Führer standen. Vom Dach des Führerhauses hielt einer von ihnen, nämlich der Reichstagsabgeordnete und spätere Minister Ewald Vogtherr, eine weitere Ansprache, die auf die Proklamation der sozialistischen Republik zielte. Deren Text ist ebenso wenig protokolliert worden wie das, was nach ihm noch einige revolutionäre Soldatenredner zum Besten gaben. Die Vogtherr-Ansprache dürfte aber mit hoher Wahrscheinlichkeit auf der Linie jenes Manifests gelegen haben, das seine Partei einige Stunden später in den Druck gab. Dessen Kernsätze lauteten: Deutschland sei eine sozialistische Republik geworden. Arbeiter und Soldaten stellten nun die oberste Gewalt in Deutschland dar, und die eigentlichen Revolutionäre würden nun die Geschicke des Landes nach ihrem Gutdünken in die Hand nehmen.[161] Alle diese öffentlichen Worte wurden offenbar von »stürmischem Beifall und Jubel« begleitet,[162] denn die Menschen freuten sich, dass auch die sozialdemokratischen Politiker verstanden hatten: Jetzt ist Republik! Und schließlich richtete auch noch der designierte Reichskanzler Ebert das Wort an die Menge vor dem Reichstagsgebäude. Was er sagte und wie das Volk auf diesen, seinen neuen Führer, reagierte, das wissen wir nicht,[163] was umso rätselhafter ist, als es sich hier doch um den prominentesten aller deutschen Sozialisten handelte.

Kehren wir zu den Kernbotschaften zurück, die Scheidemann mit seinen Worten zu vermitteln suchte. Sie zielten erstens darauf, von den Mehrheitssozialdemokraten den Makel abzuwaschen, sie seien nach wie vor ›Monarcho-Sozialisten‹. Das geschah durch Ehrerbietung gegenüber dem Ideal einer „freien deutschen Republik"; aber auch durch Belobigung des errungenen Sieges des Volkes. Im Gegenzug warb er freilich auch zweitens um Würdigung der Tatsache, dass der Sozialdemokrat Ebert doch nun Kanzler geworden und dass seine Partei aufrichtig um die Formierung einer Volksregierung der sozialistischen Einheit bemüht sei. Schließlich appellierte er drittens an das Pflichtgefühl der augenscheinlich erregten Menschen, sich nicht dazu hinreißen zu lassen, die öffentliche Ordnung (mutwillig) zu gefährden, also die Revolution weiter anzuheizen. Mit diesen Verlautbarungen lag Agitator Scheidemann ganz auf der Linie des sozialdemokratischen Massenflugblattes, mit dem seine Partei gerade dabei war, in das Revolutionsgeschehen massenmedial einzugreifen. Keine Stegreif-Rede also hat Scheidemann da gehalten. Es war der gezielte Versuch der MSPD-Führung, sich nicht herausdrängen zu lassen aus dem Führerhaus der Lokomotive, die nun unaufhaltsam Kurs zu nehmen schien auf einen kompletten Umsturz der überkommenen Herrschaftsordnung.

Dazu, dass das deutsche Kaiserreich am 9. November zur Republik mutierte, hat Scheidemanns Rede nichts Wesentliches mehr beigetragen können. Den Todesstoß hatte sich die deutsche Monarchie bereits selbst versetzt: man konnte ihr nur noch diesen Hingang quittieren. Die Errichtung einer neuen postmonarchischen Ordnung stand außer Frage. So konnte Scheidemanns später so genannte »Ausrufung« der deutschen Republik bloß noch ein Toast, eine rhetorische Verneigung vor der normativen Kraft des Faktischen sein. Man darf sogar sicher sein, dass Scheidemann selbst gar nicht im Sinn hatte, diese neue Staatsform des Reiches gleichsam förmlich zu proklamieren. Kraft welcher Legitimation oder Autorisierung hätte er das auch tun sollen? Nach seinem Rücktritt vom Amt des kaiserlichen Staatssekretärs war er nur noch ein ebenso bekannter wie öffentlich umstrittener Mehrheitssozialdemokrat ohne jedes Mandat. Nicht einmal als Sprecher des Interfraktionellen Ausschusses, also im Namen der Mehrheit im Parlament, hätte er auftreten können. Und der Inhalt des Redetextes deckt die Behauptung ebenfalls nicht, mit Scheidemanns Auftritt seien weichenstellende staatspolitische Tatsachen geschaffen worden. Vielmehr reiht sich das, was er sagte, mehr oder minder affirmativ in den breiten Strom von Ansprachen ein, wie man sie an allen Ecken im Zentrum von Berlin um die Mittagszeit hören oder auf Extrablättern lesen konnte. Sonst war da nichts.

Unterdes kamen die Verhandlungen mit den Unabhängigen über die Bildung einer gemeinsamen Regierung nicht vom Fleck, obwohl man ihnen bereits die Posten des Vizekanzlers und von Staatssekretären ohne Portefeuille angeboten hatte.[164] Das lag auch daran, dass die Verhandlungsführer der MSPD immer noch bürgerliche Politiker in der Reichsleitung haben wollten, »die das Regierungsprogramm sich zu eigen machen. Dieses besteht aus Demokratie in Reich, Staat und Gemeinde, Aufrechterhaltung unserer Ernährung, Fortführung unserer Volkswirtschaft und Lösung der großen sozialen Aufgaben, die bevorstehen.« Kein Wunder, dass sich die Linkssozialisten nach den phänomenalen Erfolgen ihrer Massenmobilisierung auf einen solchen Minimalismus nicht einlassen mochten.[165] Umso weniger, als sich das Ergebnis dieser revolutionären Politisierung nun auch im Innern des Reichstagsgebäudes niederschlug. In den Worten von Louise Kautsky, die sich mit ihrem Mann dort um diese Zeit Eingang verschaffte: »Drinnen ein ungewohntes Bild, alles wimmelt von Soldaten, dazwischen durchschwirren wie aufgescheuchte Riesenschwärme Gruppen von heftig gestikulierenden, aufgeregten Menschen alle Gänge, alle bekannten Genossen sind dort und weisen uns den Weg zu dem Raum, wo die Fraktionen der USP[D], der SPD und die Spartakusleute beraten.«[166] In der Tat waren inzwischen zahllose Arbeiter- und Soldatenräte zu Verhandlungen mit den sozialistischen Abgeordneten erschienen, sodass sich zwischen den Säulen der großen Wandelhalle erregte Diskussionsgruppen gebildet hatten.[167]

Zum einen hatte die überkommene Funktionsbestimmung des Reichstagsgebäudes als Sitz der deutschen Volksvertretung die aufbegehrenden Massen magnetisch dorthin gezogen. Zum anderen war dieser politische Ort seinem ganzen wilhelminischen Erscheinungsbild nach eine Herausforderung, die nach Umgestaltung verlangte, und diese Umgestaltung erfolgte tatsächlich im Prozess einer Theatralisierung seines Innenlebens. Bürgerliche Beobachter des Szenarios registrierten diese Umfunktionalisierung *ihres* Parlaments durch bewaffnete Zivilisten und Soldaten mit Unmut und Schrecken. Denn die Agitationsreden, die sie dort anhören mussten, verhießen nichts Gutes: »Nun haben wir die Macht. Wir sind die wahren Repräsentanten des Volkes. Wir sind es, die zu entscheiden haben, was jetzt zu tun ist.«[168] Die Reporter der linkssozialistischen Blätter sahen diese Entwicklung naturgemäß in rosigerem Licht. So lesen wir in der *Roten Fahne* vom 10. November: »Das Reichstagsgebäude war gestern in den Nachmittagsstunden zum Hauptquartier der Bewegung geworden. In den Wandelhallen hatten ein paar Hundert Mitglieder des Arbeiter- und Soldatenrates ihr Lager aufgeschlagen. Auf dem roten Teppich standen in Pyramiden die Gewehre. Im Obergeschoss tagten ununterbrochen die Unabhängigen. Daneben hielt der Soldatenrat eine Sitzung ab. Die alte sozialdemokratische Fraktion tagte ebenfalls, und am Abend auch die Fortschrittler. Auf den Korridoren standen dichte Gruppen von Soldaten, Arbeitern und bewaffneten Mitgliedern einer Bürgerwehr. Es ging ernst, ordentlich und ruhig zu. Überall scheint das Bestreben vorhanden zu sein, die Bewegung in geregelten Bahnen verlaufen zu lassen und alles zu vermeiden oder zu unterdrücken, was zu Gesetzlosigkeit führen könnte. Aber es war naturgemäß noch ein rechtes Durcheinander, aus dem sich ein fester Organismus erst herausbilden muss. Sobald die Regierung sich endgültig konstituiert hat, dürfte sich auch eine ordnende Hand bemerkbar machen.«

Sieht man einmal von den zweifellos vorhandenen karnevalesken Momenten ab, so war, was sich hier abspielte, eine demonstrative Inbesitznahme und die Willensbekundung zur Errichtung einer wie auch immer gearteten Volksrepublik.

Die USPD war zwar Antreiber der Erhebung gewesen, doch eine Agenda für das Procedere einer Revolution besaß sie nicht. Sie wusste nur, dass sie die politische Orchestrierung des erfolgten Umbruchs keineswegs der Ebert-Partei überlassen wollte. Ja, sie drohte sogar damit, die ungeliebten ›Regierungssozialisten‹ vom Ast der Macht abzusägen. Nur ausnahmsweise dürfte es bei diesen Auseinandersetzungen so sportlich zugegangen sein wie bei dem politischen Schlagabtausch, den der sozialdemokratische Politiker Max Cohen überliefert hat: »Ich traf am frühen Nachmittag mit Liebknecht im Reichstag zusammen, wo wir etwa eine Viertelstunde die Frage der Nationalversammlung oder Rätediktatur verhandelten. Liebknecht blieb bei der Formel, zuerst die Macht den Arbeiter- und Soldatenräten zu übertragen, lehnte es aber merkwürdiger Weise nicht ab, dass die Entscheidung, ob außerdem noch eine Konstituante einzuberufen sei, den Räten überlassen werden müsse. Kurz nach dieser Auseinandersetzung sprachen wir beide am Portal 2 des Reichstags zu den dort angestauten Volksmassen. Das vollzog sich ganz in parlamentarischer Form. Zuerst stieg Liebknecht auf einen Tisch und schloss mit einem Hoch auf die Diktatur der Arbeiter- und Soldatenräte. Unmittelbar nach ihm sprach ich von derselben Stelle aus für die Einberufung einer Nationalversammlung.«[169]

Ungleich härter ging es hingegen bei den Debatten zur Sache, die Scheidemann mit seinen linken Kontrahenten im Fraktionszimmer der USPD zu bestehen hatte.[170] Dort war der Streit um die politische Ausrichtung der Republik gleich mit voller Wucht entbrannt und die deutsche Monarchie schon längst Geschichte.

Der Kampf um die Vormacht wurde zuallererst im deutschen Parlamentsgebäude geführt, ohne Rücksicht auf Verluste. »Die Anhänger der Mehrheitssozialdemokratie«, schrieb später einer von ihnen, »schienen ganz an die Wand gedrückt zu sein, man sah und hörte nichts von ihnen. Auch von den bekannten Abgeordneten der alten Partei war bald niemand mehr zu sehen, sie hatten nach und nach das Parlament verlassen, um außerhalb des Reichstags zu wirken.«[171] Der Fortschrittspolitiker Haußmann setzte seinen Parteifreund Payer, den Vizekanzler der Regierung Max von Baden, kurz nach 17 Uhr telefonisch davon in Kenntnis, dass die Unabhängigen den Reichstag besetzt hätten und nur noch Kokarden-Träger hereinließen. Sozialdemokratische Abgeordnete seien »ganz erregt« zu ihm gekommen und hätten »erklärt, der Kriegsminister müsse vom Reichstag Besitz ergreifen«.[172] Jedenfalls war der mäßigende Einfluss der alten Sozialdemokratie auf Betriebstemperatur in diesem Hohen Haus spürbar gewichen. Militante Arbeiter- und Soldatenräte, Revolutionäre Obleute und andere Aktivisten des Umsturzes prägten jetzt das Szenario. Das Parlament war nun endgültig zum Forum der Revolution geworden. »Als am Abend eine große Anzahl schwerbewaffneter Soldaten wie auch Arbeiter in den Plenarsaal des Reichstags stürmten, zeigte es sich, dass es sich um eine gut vorbereitete Demonstration der radikalsten Unabhängigen handelte.«[173]

Das war die erste Zusammenkunft des Großberliner Arbeiter- und Soldatenrates, der die Revolution feierte und den richtungsweisenden Beschluss fasste, am kommenden Tag im Zirkus Busch eine Massenversammlung aller bis dato gewählten Räte einzuberufen, um von ihr einen sogenannten Vollzugsrat als neue Reichsregierung wählen zu lassen. Richtungs- und zukunftsweisend insofern, als dies die deutsche Revolution in ein ganz neues Stadium überführte. Inzwischen hatte sich die USPD nach Rückkehr ihres Vorsitzenden Hugo Haase auch dazu durchgerungen, bei einer – allerdings rein sozialdemokratischen und paritätisch zusammengesetzten – Regierung mitzumachen. Sein Mandat als Regierungschef, das Ebert ja von den alten Autoritäten erhalten hatte, sollte kurzerhand kassiert werden. Und der MSPD-Führung blieb nichts anderes übrig, als die Schöpfung eines »sechsköpfigen Reichskanzlers« zu akzeptieren.[174]

So endete der 9. November 1918 im Zentrum der Volksvertretung doch noch vergleichsweise friedlich, wenn auch durchaus bizarr, nahm man wie Harry Graf Kessler das ganze Umfeld in den Blick: »Vor dem Hauptportal steht in den Scheinwerferstrahlen von mehreren feldgrauen Autos eine Nachrichten abwartende Menge. Leute drängen die Stufen hinauf ins Portal. Soldaten mit umgehängten Karabinern und roten Abzeichen fragen Jeden, was er drinnen will. Innen herrscht ein buntes Treiben; treppauf, treppab Matrosen, bewaffnete Zivilisten, Frauen, Soldaten. [...] Unter den Säulen der Wandelhalle liegen und stehen auf den mächtigen roten Teppichen Gruppen von Soldaten und Matrosen; Gewehre sind zusammengestellt, hier und da schläft Einer auf einer Bank lang hingestreckt. Ein Film aus der russischen Revolution, Taurisches Palais unter Kerenski. Die Tür des Sitzungssaals fliegt auf. Während die Wandelhalle ziemlich dunkel ist, ist dieser grell beleuchtet, Bogenlicht. […] In ihm wogt, zwischen den Bänken eine Menschenmenge, eine Art Volksversammlung, Soldaten und Kokarden, Matrosen mit umgehängtem Karabiner, Frauen, alle mit roten Schleifen, dazwischen Abgeordnete, um die sich kleine Gruppen bilden: Dittmann, Oscar Cohn, Vogtherr, Däumig. Haase steht vorgebeugt über den Bundesratstisch.«[175]

Schlussendlich war das Reichstagsgebäude zum wohl authentischsten Ort des Berliner Volksaufstandes geworden. Hier war der Puls der neuen Epoche zu spüren, die jetzt angebrochen war. Noch tagelang glich das Gebäude einem revolutionären Feldlager: »Im Vestibül, in den Korridoren Feldgraue, um das große Marmorstandbild Wilhelms I. zertretene Stullen mit Kunsthonig. Herumliegende, schlafende Feldgraue, Mäntel auf Haufen geschichtet, Gewehre in Pyramiden aneinandergestellt. Es wurde geraucht und gesungen. Wir Zivilisten umarmten und verbrüderten uns mit den Soldaten.«[176]

Erstaunlich ist nur, dass die gesamte Emblematik dieser doch durch und durch wilhelminisch-monarchischen Einrichtung von den neuen Hausherrn unangetastet blieb. Nicht ein Symbol des gestürzten Regimes wurde angetastet. Die dominante Selbstdarstellung des Kaiserreichs blieb unversehrt. Mit anderen Worten: Die Revolutionäre verzichteten komplett auf die durchaus naheliegende revolutionäre Praktik, symbolische oder karthartische Gewalt anzuwenden, um den politischen Machtwechsel auch äußerlich sichtbar zu machen. Im Vergleich zur russischen Februarrevolution von 1917 war der antimonarchische Impetus der deutschen Volkserhebung wesentlich schwächer ausgeprägt, ja kaum vorhanden.[177] Die symbolische Zerstörung des gestürzten Regimes unterblieb. So wie die politisch Verantwortlichen für das erlittene Unheil von Krieg, Unterdrückung und Irreführung nicht zur Rechenschaft gezogen wurden, so ließen die Revolutionäre auch die repräsentativen Schaustellen der gestürzten Herrschaft unbehelligt. Fast. Denn sowohl auf dem Dach als auch über dem mächtigen Präsidentenstuhl im Plenarsaal des Reichstags prangten jetzt rote Fahnen.[178]

Werkstatt der Revolution? Im deutschen Reichstag

Kein Denkmalsturz! Die revolutionären Besatzer des Parlamentsgebäudes posieren vor dem Monument des ersten deutschen Kaisers.

Erst drei Wochen nach dem 9. November 1918 wurde der letzte kaiserliche Reichstag offiziell für aufgelöst erklärt. Da war sein letzter Präsident, Constantin Fehrenbach, schon längst in seine Heimatstadt Freiburg zurückgekehrt, glaubte sich aber immer noch im Amt. Deshalb protestierte er auch, die Auflösung sei »gesetzwidrig« – freilich vergeblich, denn »die revolutionäre Regierung« erklärte nun explizit auch ihm gegenüber »das öffentliche Recht durch die Revolution für unmittelbar und de facto gestürzt«.[179] Und doch blieb es eine zutiefst deutsche Revolution, nachgerade peinlichst darum bemüht, als ausdrücklicher Gegenentwurf zur russischen wahrgenommen zu werden. Und letztlich auch nicht als – Kaisersturz.

Epilog

Hier wurde die Geschichte einer deutschen Zäsur erzählt, einer politischen Zeitenwende von großer Nachhaltigkeit. Sie hat uns eine zentrale Erkenntnis vermittelt, und die lautet: Dass es überhaupt zu diesem »Kaisersturz« und damit zur Novemberrevolution kam, war kein ›Zwangsgesetz‹ der Geschichte – es hätte auch anders kommen können, heilsamer womöglich. Doch vorzugsweise Unzulänglichkeiten der damaligen Entscheidungsträger bewirkten, dass das historisch mögliche Andere nicht geschah. Sie haben die ›Chaotisierung‹ einer Regierungspolitik verursacht, die erst zu schleichendem Staatsversagen führte und dann am 9. November 1918 die Sturzgeburt einer republikanischen Volksdemokratie einleitete – einer politischen Kreatur, die vielen Deutschen wie ein untergeschobenes Kind vorkam; manchen sogar wie eine Missgeburt. Jedenfalls hat die Mehrheit der Staatsbürger damals nicht auf die Republik gewartet.

Dennoch ist und bleibt der »Kaisersturz« ein Schwellendatum der deutschen Geschichte; vor allem deshalb, weil der mutige Berliner Volksaufstand an jenem Tag eine anachronistisch gewordene Welt der Politik endgültig aus den Angeln hob, die Welt des preußisch-deutschen Machtstaats. Fortan war in der Schaltzentrale des Deutschen Reiches nichts mehr wie bislang, und alles war – erst einmal – offen und formbar. Aus großer Nähe betrachtet, haben wir es hier freilich mehr mit einem Exodus zu tun als mit einem grandiosen Neubeginn. Weshalb diesem auch kein rechter Zauber innewohnen konnte. Das alte Regime – die deutsche Militärmonarchie – war epochal gescheitert. Soviel stand Anfang November 1918 unverrückbar fest. Jedoch gescheitert vorzugsweise an sich selbst, durch anhaltende Aversion gegen innere Reformen. Dieses Versagen führte schließlich zum politischen Bankrott des Systems, und der riss zugleich ein Machtvakuum auf, das sich so schnell nicht wieder auffüllen ließ.

Weder radikale Revolutionäre haben das vermocht noch die sozialdemokratischen Konkursverwalter; das zutiefst verunsicherte bürgerliche Lager schon gar nicht. Die politische Zukunft des über Nacht zur Republik mutierten Kaiserreichs stand in den Sternen. Die neue Staatsform musste erst noch definiert und – geschaffen werden.

Erschwerend trat hinzu, dass sich dieser Umschwung gleichsam im politischen Niemandsland abgespielt hatte und wie ein kalter Staatsstreich daherkam: Weder gab es eine staatsrechtlich bindende authentische Abdankungserklärung Wilhelms II. noch eine vorzeigbare Legitimation für den Regierungsanspruch der sogenannten Volksbeauftragten, die am 10. November – verlegen und untereinander zerstritten – in die Wilhelmstraße einzogen. Weder hatten die neuen Machthaber ihren Herrschaftsanspruch durch einen spektakulären Akt von »Gründungsgewalt« exekutiert – wie etwa in Russland durch die Besetzung des Winterpalais – noch durch eine sonstige Manifestation von identitätsstiftender Qualität. Und einen förmlichen Staatsakt, der das souveräne Volk als neuen Willensträger inthronisiert hätte, den sucht man in Deutschland bis zur Verabschiedung der Weimarer Verfassung im August 1919 ebenfalls vergeblich. In politisch-kultureller Hinsicht war die deutsche Zeitenwende eher herbstlich grau geblieben. Auch reichlich symbolarm, wenn man einmal von den roten Fahnen absieht, die für wenige Wochen auf einigen wilhelminischen Staatsgebäuden wehten. Als Anbruch eines neuen Geistes, der nun auch der Kultur der Macht ein ganz neues Gepräge gab, war diese Novemberrevolution jedenfalls in der Reichshauptstadt weder sichtbar noch erfahrbar. Eine kulturelle Rebellion blieb aus.

Legt das nicht den Schluss nahe, dass der radikale Sturz des deutschen Kaiserreichs in den Drehbüchern der deutschen Revolutions-Regisseure vielleicht gar nicht vorgesehen war? Dass die republikanische Staatsform auch für die Sozialdemokraten eine politische Überforderung darstellte? Und dass die Macht der politischen Veränderungen im November 1918 aller Militanz zum Trotz doch weitaus geringer war, als wir das heute wahrhaben wollen?

Die Leerstelle, die der Einsturz der deutschen Monarchie hinterließ, bot jedenfalls reichlich Raum für eine nachträgliche Mythisierung der historischen Vorgänge. Diese Legendenbildung setzte auch tatsächlich unmittelbar nach Ausbruch der Novemberrevolution ein.

Epilog

Schon am 10. November 1918 wurde ein völlig neues Kapitel deutscher Politikgeschichte aufgeschlagen: Die Revolution stockte nicht nur, sie geriet zusehends sogar zur Farce. Der in Konkurs geratene Staat wurde nicht konsequent abgewickelt, sondern – *mutatis mutandis* – erhalten; vor allem deshalb, weil die Exekutive vor immer neuen Zerreißproben stand, mit Auswüchsen mörderischer Gewalt. Ein Austausch der politischen und militärischen Eliten unterblieb weitgehend, und auch die an und für sich fortschrittliche Weimarer Verfassung offenbarte in der praktischen Umsetzung von Beginn an ganz erhebliche Funktionsstörungen. Der Übergang zur Demokratie musste so in vieler Hinsicht unzureichend bleiben, und die Veränderungsimpulse der deutschen Revolution erwirkten keinen irreversiblen Aufbruch zur Freiheit. Dies weiter zu verfolgen und auszudeuten, erfordert eine eigene Untersuchung zu anderen Betrachtungsfeldern und Persönlichkeiten, als ich sie hier im Blick hatte. Deshalb bricht die Erzählung ganz bewusst genau in dem Moment ab, da der Leser die politische Ungewissheit vor Augen hat, die jener »Kaisersturz« heraufbeschwor, den genauer besehen keiner so recht gewollt hat. *À la longue* war diese Abdankung der deutschen Monarchie gleichwohl definitiv. Nur: Der Kaiser ging, aber die Probleme, gut zu regieren, blieben – und zwar ungelöst.

Welchen aktuellen Gehalt birgt das Wissen, das wir durch diese neue Darstellung jener Zeitenwende gewonnen haben? Was an den politischen Vorgängen, die zum 9. November führten, ist mit Blick auf den politischen Diskurs von heute besonders erinnerungswürdig? Sicher, man könnte unsere Gegenwart durch die hier erzählte Politikgeschichte ›analogiesüchtig‹ kommentieren. Stehen wir doch gerade wieder in einer öffentlichen Debatte über die Fragilität des Bestehenden, nämlich: des politischen Systems der liberalen Demokratie. Manche befürchten gar, jetzt komme die Ära der Demokratie an ihr Ende.[1] Rettung der Demokratie scheint angesagt, doch hilft da ein solcher Blick auf das Untergangs-Szenario der deutschen Monarchie vor gerade mal hundert Jahren?

Einige Parallelen schieben sich in den Blick: Auch heute sind die Protagonisten des etablierten Politikbetriebs verunsichert. Sie spüren, dass die Politik ganz neue Antworten braucht auf die Fragen, die die rasanten Veränderungen unserer Welt aufwerfen. Zumal niemand behaupten kann, dass die operative Politik, wie wir sie in den letzten zehn Jahren in Europa erlebt haben, konzeptionell gut durchdacht gewesen sei. Und immer noch wird viel zu viel Zeit mit Passivität und Ankündigungs-Rhetorik vertan, statt konkrete Lösungsmodelle durchzuspielen und große öffentliche Debatten zu initiieren. Dafür müssten ja innere Blockaden aufgebrochen, dazu müsste etwas riskiert, neue Formen der politischen Kommunikation müssten erfunden werden. Unsere politische Klasse – so tönt es – kenne ihr Volk kaum noch; Teile unserer politischen Gesellschaft halten sich für unzureichend repräsentiert und artikulieren das lautstark. War das nicht auch vor hundert Jahren schon einmal der Fall?

Ja! Aber doch unter ganz anderen Bedingungen. Die Realität hinter diesen Ähnlichkeiten war beziehungsweise ist eine jeweils ganz andere – und das *tertium comparationis* fehlt. Es sind zwar beide Male Bruchstellen zwischen zwei Epochen, aber doch gänzlich unterschiedliche. Blicken wir nur auf die enorme »Wandlungsbeschleunigung« (Odo Marquard) unserer Gegenwart. Die etablierte Welt stürzt voran, doch wahrscheinlich nicht in den Abgrund; denn schließlich werden wir durch das, was jetzt (ver)schwindet, eher reicher als ärmer.[2] So richtig schlecht ist es um die Substanz jedenfalls der westeuropäischen Demokratie wohl nicht bestellt. Denn ob sich unsere Gesellschaft in ihrer großen Freiheit, die sie heute besitzt, noch einmal beschneiden lässt, ist unwahrscheinlich. Steht doch die demokratische Lebensform als zivilisatorische Errungenschaft für die übergroße Mehrheit unserer Gesellschaft außer Frage. Wir sind deshalb gut beraten, der sich unter unseren Augen vollziehenden Umbruchphase einen anderen historischen Sinn abzugewinnen als den einer auffälligen Übereinstimmung mit der Signatur jener Zeit, die dem Epochenwechsel von 1918 eingeschrieben war. Digitaler Kapitalismus und Neonationalismus beschwören wesentlich andere Gefahren herauf, als dies der autoritäre Monarchismus des deutschen Kaiserreichs mit seiner Bereitschaft zum Weltkrieg getan hat. Als Projektionsfläche zeitgenössischer politischer Sinnsuche ist dieser ›deutsche Herbst‹

Epilog

denkbar ungeeignet. Insofern sollten wir der damaligen Zeitenwende ihre Einzigartigkeit lassen.

Doch auch wenn mein Panorama vom deutschen Herbst 1918 davon absieht, die Demokratie von heute zum Fluchtpunkt zu nehmen, so versteht sich diese Darstellung keineswegs als Historienmalerei. Sie ist vielmehr auch ein geschichtspolitisches Statement; vor allem dort, wo sie die gravierenden, ja fatalen Auswirkungen fixiert, die das Scheitern einer historisch möglichen Versöhnung von Monarchie und Demokratie auf die innere Stabilität der Weimarer Republik hatte. Mein Buch will zum Verständnis beitragen, warum diese Neuschöpfung von Anfang bis Ende so fundamental umkämpft blieb. Und was der *Kaisersturz* namentlich mit Blick auf die nationalsozialistische Machtergreifung bedeutet. Folgt man der begründeten Vermutung, dass Hitler gegen eine glaubwürdig modernisierte monarchische Ordnung mit einem volksnahen Throninhaber kaum eine Chance gehabt hätte, so beginnt 1933 vielleicht doch 1918. Richtig ist, die erste deutsche Demokratie *nicht* von ihrem Ende her zu denken. Aber ebenso angezeigt dürfte es sein, in der Verunsicherung und Leere, die das aprupte Ende des deutschen Kaiserreichs mentalitätsgeschichtlich erzeugt hat, einen neuen, weiteren Erklärungsschlüssel für die Aporien der deutschen Politik im 20. Jahrhundert zu sehen.

Schließlich gilt es, auf eine gleichsam anthropologische Konstante hinzuweisen, und das ist die herausragende Rolle des subjektiven Faktors. Hängt doch die Zukunft eines Staatswesens immer noch weit weniger von den Inhalten politischer Programme ab als von dem Führungspersonal, das es zu exekutieren hat. Gefragt ist die personalisierte Entscheidungskompetenz des Politikers, und deshalb ist auch der Wunsch nach politischer Führungsstärke heute lebendiger denn je – und *per se* auch nicht gefährlich.[3]

Wenn unsere Darstellung eine verallgemeinerbare Einsicht vermitteln kann, dann ist es die: sehr genau hinzuschauen, wem politische Führung anvertraut worden ist und wird. Deshalb hat sich dieses Buch auch nicht allein mit den politisch abstrakten Problemen von Machterhalt und Systemerneuerung auseinandergesetzt, sondern mehr noch mit den Personen, den Charakterköpfen, die damals verantwortlich dafür waren, diese zu lösen. Deshalb habe ich so ausführlich über die ›zwischenmenschlichen‹ Probleme gesprochen, die das Politikmachen im deutschen Herbst von 1918 so unsäglich beschwerten. Und über die Gründe, warum es hier kein Miteinander, sondern im Gegenteil Sprachlosigkeit, ja ein zunehmend eskalierendes Gegeneinander gab, das vernünftiges, staatskluges, konsequentes Handeln zu einem Ding der Unmöglichkeit machte. Die Welt der Politik, in die die Öffentlichkeit unmittelbar keinen Einblick hat, war und ist doch gerade menschlich höchst kompliziert.

Hier kommt der Erfahrungsgehalt vom deutschen Herbst 1918 unserer Zeit am nächsten – freilich *ex negativo*. Denn ganz besonders frappiert uns ja die kategorische Blindheit aller damaligen Hauptakteure für das tatsächliche Problem, mit dem sie konfrontiert waren, nämlich der Notwendigkeit, der deutschen Reichsleitung öffentliches Vertrauen einzuwerben und Akzeptanz zu sichern; durch eine erfahrbare Öffnung ihrer Agenda hin zu mehr Demokratie. Stattdessen erleben wir einen deutschen Kaiser, der bis zum Schluss unerschütterlich und autoritär an seiner Weltwichtigkeit festhält, obwohl die längst zur blättrigen Fassade geworden ist und der Monarch im breiten Volk ohne Sympathie und Rückhalt dasteht. Wir erleben einen Endzeitkanzler, der zum Totengräber des Kaiserreichs wird, obwohl sein politisches Engagement gerade das Gegenteil bezweckte – und das nur, weil es ihm an innerer Kraft und Freiheit gebricht, eigenmächtig und zum Wohl der Nation zu handeln. Schließlich erleben wir einen sozialdemokratischen Parteiführer, dem im Herbst 1918 durchaus nicht der Instinkt fehlt für die politische Wut, die sich im deutschen Volk gegen das Herrschaftssystem aufgebaut hat. Der aber aus lauter Angst vor Eskalationen davor zurückschreckt, seine Volkspartei zum Sprachrohr dieser Wut zu machen. Der nicht den Mut aufbringt, die Straße als neuen politischen Akteur zu akzeptieren.

Ein Panorama von politischer Kaltblütigkeit und Intelligenz spannt sich da nicht gerade auf, aber es öffnet sich ein Kosmos des Erratischen und Borniertheit, von dem man sich eine anschauliche Vorstellung machen muss, wenn man begreifen will, was diesem Deutschland vor hundert Jahren widerfahren ist – und was es hoffentlich nie wieder erfahren muss.

Anhang

Anmerkungen

Zu: Letzter Akt – Der Kaiser betritt die Bühne

1. Vgl. Obst, Michael A.: »Einer nur ist Herr im Reiche«. Kaiser Wilhelm II. als politischer Redner (Wissenschaftliche Reihe der Otto-von-Bismarck Stiftung, 14), Paderborn 2010, S. 386–396. Dort finden sich weitere Verweise auf die historische Überlieferung des hier neu fokussierten Ereignisses. Vgl. darüber hinaus die lesenswerte dichterische Rekonstruktion des kaiserlichen Besuchs in Essen von Reger, Erik: Union der festen Hand. Roman einer Entwicklung, Kronberg 1976, S. 75–103.
2. Die Angaben der Zeitzeugen schwanken zwischen 500 und 1800 Menschen.
3. Es handelt sich um die Kaiser-Büste, die der Bildhauer Max Bezner 1913 für den deutschen Pavillon auf der Pariser Weltausstellung angefertigt hatte.
4. Zitiert nach dem Abdruck: Besuch des Kaisers, in: Kruppsche Mitteilungen, Nr. 36 (14.09.1918), S. 217–219, hier S. 217. Um die Lektüre zu erleichtern, wurde in allen Zitaten die Verwendung von »ß« und »ss« gemäß der reformierten Rechtschreibung angepasst; ebenso wurde mit der uneinheitlichen Interpunktion in den Quellentexten verfahren. Ergänzungen und Erläuterungen in Zitaten stehen in eckigen Klammern und stammen grundsätzlich von Lothar Machtan.
5. Das Folgende nach dem Stenogramm des gesprochenen Worts, in: GStA PK, I. HA, Rep. 89, Nr. 683.
6. Durch das Arrangement der Sitz- bzw. Stehordnung in der Friedrichshalle war es tatsächlich so, dass der Redner die weit entfernt von ihm platzierten Arbeiter kaum im Blick haben konnte, sondern nur die »schwarze Wand« seiner bestellten Helfer und Befürworter.
7. Zu diesem kaiserlichen Feindbild und ihrer ideologischen Grundierung vgl. die trefflichen Ausführungen von Röhl, John C. G.: Wilhelm II. Band 3: Der Weg in den Abgrund 1900–1941, München 2008, S. 1198 ff.
8. Thomas Mann spricht in seinem Tagebucheintrag vom 12. September 1918, in der er die Kaiserrede glossierte, von »Schiller-Pathetik«. Mann, Thomas: Tagebücher 1918–1921, hg. v. Mendelssohn, Peter, Frankfurt am Main 2003, S. 4.
9. Vgl. GStA PK, I. HA, Rep. 89, Nr. 213.
10. Zitiert nach Ilsemann, Sigurd von: Der Kaiser in Holland. Aufzeichnungen des letzten Flügeladjutanten Kaiser Wilhelms II. Band 1: Amerongen und Doorn 1918–1923, hg. v. Königswald, Harald von, München 1967, S. 17; ebd. auch das folgende Zitat.
11. So seine Tagebuch-Aufzeichnungen vom 10. bzw. 12.9.1918, in: BAF, N 159/7.

Anmerkungen

12 Er selbst hatte an der Versammlung nicht teilnehmen können. Haux, Ernst: Bei Krupp 1890–1935. Bilder der Erinnerung aus 45 Jahren, Manuskript, Duplikat, 1953, in: HA Krupp, FAH 4E 16, hier S. 117.
13 Erschienen 1968 unter dem Titel »The Arms of Krupp«; deutsche Übersetzung: Manchester, William: Krupp. Zwölf Generationen, München 1968, hier S. 298 ff.
14 Vgl. auch die (dichterische) Rekonstruktion der Arbeiterreaktionen bei Ludwig, Emil: Wilhelm der Zweite (Fischer Bücherei, 919), ungekürzte Lizenzausgabe des erstmals 1925 veröffentlichten Buches, Frankfurt am Main 1968, S. 288 f.
15 Vgl. hierzu auch den Stimmungsbericht aus der lokalen Essener Volkszeitung (11.09.1918).
16 Zu den Einzelheiten dieser propagandistischen Aufladung vgl. die Schriftstücke in: GStA PK, I. HA Rep. 89 Nr. 683.
17 Münchener Post (12.09.1918); Münchener Post (13.09.1918).
18 LA Eine Kaiserrede, in: Leipziger Volkszeitung (14.09.1918).
19 Zitiert nach Müller, Georg Alexander von: Regierte der Kaiser? Kriegstagebücher, Aufzeichnungen und Briefe des Chefs des Marine-Kabinetts Admiral Georg Alexander von Müller 1914–1918, hg. v. Görlitz, Walter, Göttingen 1959, S. 413, 415 und 417.
20 Münchener Post (13.09.1918).

Zu: 1 Wer rettet das Kaiserreich?

1 Seine Vita darf als erschöpfend erforscht und als detailliert beschrieben gelten. – Alles Wichtige über ihn enthält die (allerdings nicht ganz unumstrittene) dreibändige Biografie von John C. G. Röhl. Röhl, John C. G.: Wilhelm II. Band 1: Die Jugend des Kaisers 1859–1888, München 1993; ders.: Wilhelm II. Band 2: Der Aufbau der Persönlichen Monarchie 1888–1900, München 2001; ders.: Wilhelm II. 1900–1941. Ergänzend hierzu speziell für unser Thema auch: Afflerbach, Holger (Hg.): Kaiser Wilhelm II. als Oberster Kriegsherr im Ersten Weltkrieg. Quellen aus der militärischen Umgebung des Kaisers 1914–1918 (Deutsche Geschichtsquellen des 19. und 20. Jahrhunderts, 64), München 2005.
2 Vgl. hierzu im Einzelnen Philippi, Hans: Der Hof Kaiser Wilhelms II, in: Möckl, Karl (Hg.): Hof und Hofgesellschaft in den deutschen Staaten im 19. und beginnenden 20. Jahrhundert (Deutsche Führungsschichten in der Neuzeit, 18), Boppard am Rhein 1990, S. 361–394 sowie Röhl, John C. G.: Hof und Hofgesellschaft unter Kaiser Wilhelm II., in: Werner, Karl-Ferdinand (Hg.): Hof, Kultur und Politik im 19. Jahrhundert. Akten des 18. Deutsch-französischen Historikerkolloquiums Darmstadt vom 27.–30. September 1982, Bonn 1985, S. 237–289.
3 Mann, Thomas: Von deutscher Republik, Frankfurt am Main 1984, S. 133.
4 Rathenau, Walther: Der Kaiser. Eine Betrachtung, Berlin 1919, S. 27.
5 Jacobsohn, Siegfried, in: Die Weltbühne, Nr. 46 (14.11.1918), S. 466.
6 Zu den Einzelheiten Röhl: Wilhelm II. 1900–1941, S. 588 ff.
7 Die deutschen Dokumente zum Kriegsausbruch 1914. Hg. im Auftrag des Auswärtigen Amtes, Band 1, Berlin 1922², S. 11.
8 Zit. nach Afflerbach: Oberster Kriegsherr, S. 40.

Anhang

9   Müller: Regierte der Kaiser?, S. 68.
10 Briefwechsel Hertling-Lerchenfeld 1912–1917. Dienstliche Privatkorrespondenz zwischen dem bayerischen Ministerpräsidenten Georg Graf von Hertling und dem bayerischen Gesandten in Berlin, Hugo Graf von und zu Lerchenfeld, hg. v. Deuerlein, Ernst, Band 1, Boppard am Rein 1973, Nr. 171. – Vgl. auch Afflerbach: Oberster Kriegsherr, S. 46.
11 Röhl: Wilhelm II. 1900–1941 S. 1200 f. – Vgl. auch Strenge, Irene: Spa im Ersten Weltkrieg (1914–1918). Lazarett und Großes Hauptquartier, deutsche Besatzungspolitik in Belgien, Würzburg 2007, S. 127 ff.
12 Privatbrief von Moriz Freiherr von Lyncker an seine Frau vom 28.5.1917, zit. nach Afflerbach, Oberster Kriegsherr, S. 500 f.
13 Zechlin, Egmont: Krieg und Kriegsrisiko. Zur deutschen Politik im Ersten Weltkrieg. Aufsätze, Düsseldorf 1979, S. 196.
14 Janßen, Karl-Heinz: Der Kanzler und der General. Die Führungskrise um Bethmann Hollweg und Falkenhayn (1914–1916), Göttingen u. a. 1967, S. 74 ff.
15 Erzberger, Matthias: Erlebnisse im Weltkrieg, Stuttgart u. a. 1920, S. 53 f.; dort auch das nachfolgende Zitat.
16 Schulenburg, Werner von der: Jesuiten des Königs, Stuttgart u. a. 1927, S. 231.
17 Eine vollgültige Biografie dieser bemerkenswerten Figur der jüngeren deutschen Geschichte existiert bis heute nicht. Eine erste (etwas unkritische) Orientierung bietet: Erbstößer, Elizza: Auguste Victoria. Die letzte deutsche Kaiserin, Erfurt 2008; erwähnenswert auch Parent, Thomas: Auguste Victoria – Frau und Mutter, Landesmutter, Kaiserin, in: Märkisches Jahrbuch für Geschichte, Bd. 117 (2017), S. 103–154.
18 Hierzu ausführlich: Röhl: Wilhelm II. 1859–1888, S. 339 ff. – Zur Biografie der deutschen Kaiserin außerdem: Erbstößer, Elizza: Kaiserin Auguste Viktoria (1858–1921). Versuch einer Biographie, Diss. Frankfurt am Main 2008.
19 Vgl. hierzu die Aufzeichnung von Walter Nicolai: Kaiser Wilhelm II., persönliche Erinnerungen, in: GStA PK, Rep. 94, Nr. 975. – Als hoher Stabsoffizier in der Obersten Heeresleitung und Vertrauter von Ludendorff war Nicolai ein naher Beobachter des kaiserlichen Lebens im Großen Hauptquartier.
20 Der wohl bedeutendste deutsche Außenminister in der Zeit des Ersten Weltkriegs: Kühlmann, Richard von: Erinnerungen, Heidelberg 1948, S. 548.
21 Vgl. hierzu auch die verblüffend ähnliche Grundeinstellung der letzten Zarin, der geborenen Prinzessin Alix von Hessen-Darmstadt – zuletzt wieder sehr anschaulich herausgearbeitet von Dalos, György: Der letzte Zar. Der Untergang des Hauses Romanow, München 2017, hier vor allem S. 155 ff. und S. 173 ff.
22 Hierzu ausführlich Machtan, Lothar: Der Endzeitkanzler. Prinz Max von Baden und der Untergang des Kaiserreichs, Darmstadt 2018.
23 Obwohl er seinem militärischen Rang nach ein Divisionskommandeur mit langjähriger Berufserfahrung war, hatte sich der General Max von Baden bei Kriegsausbruch geweigert, einen Kommandoposten im Feld zu übernehmen. Fataler noch für sein Image: Er zog sich bereits im September 1914 gänzlich vom Kriegsschauplatz zurück, weil er meinte, dort »auf die Dauer kaputt (zu) gehen«. Stattdessen engagierte er sich beim Roten Kreuz, was an sich aller Ehren wert war, aber von der öffentlichen Meinung nicht goutiert wurde.

Anmerkungen

24 Die bis heute gültige wissenschaftliche Biografie stammt von Mühlhausen, Walter: Friedrich Ebert 1871–1925. Reichspräsident der Weimarer Republik, Bonn 2007².
25 Corinth, Lovis: Selbstbiographie, Leipzig 1993, S. 208.
26 Zit. nach Eipper, Paul: Ateliergespräche mit Liebermann und Corinth, München 1986, S. 7.
27 Döblin, Alfred: November 1918. Eine deutsche Revolution, 3. Teil, Frankfurt am Main 2013, S. 122.
28 Brecht, Arnold: Lebenserinnerungen. Aus nächster Nähe 1884–1927, Stuttgart 1966, S. 198.
29 Mann: Von deutscher Republik, S. 133.
30 Gustav Radbruch zit. nach Ebert, Friedrich: Kämpfe und Ziele. Mit einem Anhang: Erinnerungen von seinen Freunden, Dresden 1927, S. 399.
31 David, Eduard: Das Kriegstagebuch des Reichstagsabgeordneten Eduard David 1914 bis 1918, bearb. v. Matthias, Erich; Miller, Susanne, Düsseldorf 1966, S. 288; bzw. Adler, Victor: Briefwechsel mit August Bebel und Karl Kautsky, Wien 1954.
32 Anton Fendrich an Max von Baden vom 13.09.1918, in: GLA Karlsruhe, FA N 6003.
33 Hierzu sehr aufschlussreich Buse, Dieter K: Friedrich Eberts Aufstieg in der Sozialdemokratie des Deutschen Kaiserreichs, in: König, Rudolf u. a. (Hg.): Friedrich Ebert und seine Zeit, München 1991, S. 35–53.
34 Privatgeschichtliches beschreibt detailliert: Ebert, Rosel; Ebert, Georg: Friedrich Ebert, Lebensräume – Dezember 1905 bis Oktober 1919. Eine biografische Skizze, Berlin 2010; ergänzend vgl. auch Mühlhausen, Walter (Hg.): Friedrich Ebert und seine Familie. Private Briefe 1909–1924, München 1992.
35 Konrad Haenisch, Friedrich Ebert, in: Ebert: Kämpfe und Ziele, S. 36.
36 Vgl. Seils, Ernst-Albert: Hugo Haase. Ein jüdischer Sozialdemokrat im deutschen Kaiserreich, Frankfurt am Main 2016.
37 Otto Landsberg, zit. nach Ebert: Kämpfe und Ziele, S. 389.
38 Aufzeichnung Warburgs über Ebert, in: Stiftung Warburg-Archiv Hamburg-Blankenese, Nachlass Max Warburg (unverzeichnet).
39 Zit. nach Ernst Feder, Heute sprach ich mit … Tagebücher eines Berliner Publizisten 1926–1932, Herausgegeben von Cecile Lowenthal-Hensel und Arnold Paukker, Stuttgart 1971, S. 202 (Tagebuch-Eintrag vom 20.11.1928 nach einem Privatbesuch Scheidemanns bei Feder).
40 Hiller, Kurt: Ein Leben gegen die Zeit, Hamburg 1969, S. 121.
41 Vorwärts (03.04.1917).
42 Eine fundierte Darstellung der Geschichte der Unabhängigen Sozialdemokratischen Partei steht bis heute aus.
43 So am 1.10.1918 gegenüber seinem Parteifreund Otto Wels, zit. nach Ebert: Kämpfe und Ziele, S. 365.
44 Vgl. hierzu die aufschlussreiche Studie von Altenhöner, Florian: Kommunikation und Kontrolle. Gerüchte und städtische Öffentlichkeiten in Berlin und London 1914/18, München 2008, hier vor allem S. 239 ff. sowie S. 291 ff.

Anhang

Zu: 2 Das Ende naht

1. Alle Zitate aus der kaiserlichen Kundgebung vom 15.6.1918 nach dem Abdruck im Berliner Tageblatt (17.06.1918).
2. Frankfurter Zeitung (17.06.1918).
3. Zit. nach dem Original in: PAA Berlin, R 3843.
4. Zu den Einzelheiten vgl. Afflerbach: Oberster Kriegsherr, S. 562 ff. und 920 ff.; Müller: Regierte der Kaiser?, S. 389 ff. sowie Hertling, Karl Graf von: Ein Jahr in der Reichskanzlei. Erinnerungen an die Kanzlerschaft meines Vaters, Freiburg 1919, S. 135 ff.
5. Plessen an Gräfin Brockdorff vom 22.6.1918, zit. nach Afflerbach: Oberster Kriegsherr, S. 920.
6. Lyncker an seine Frau Anna Marie vom 6.7.1918, zit. nach Afflerbach: Oberster Kriegsherr, S. 569.
7. So Generaladjutant Plessen in einem Brief an Gräfin Brockdorff vom 1.7.1918, zit. nach Afflerbach: Oberster Kriegsherr, S. 921.
8. So Schönburg-Waldenburg, Heinrich Prinz von: Erinnerungen aus kaiserlicher Zeit, Leipzig 1929, S. 269. Seine Bemerkung bezieht auf sich seine Teilnahme an der kaiserlichen Hoftafel in Spa am 11. Juli 1918. – Vgl. auch Afflerbach: Oberster Kriegsherr, S. 570.
9. Über die vertrauensvoll-freundschaftlichen Beziehungen zwischen dem früheren Marine-Offizier und Flügeladjutanten des Kaisers, der erst 1911 in den auswärtigen Dienst gewechselt war, geben Hintzes Personalakten interessanten Aufschluss: Vgl. PAA Berlin, Personalakten Nr. 6068 bis 6071. – Außenpolitische Verdienste hatte der zuletzt in Norwegen als Gesandter attachierte Hintze nicht aufzuweisen; wohl aber durfte er sich fortgesetzt der besonderen Gunst des deutschen Kaisers erfreuen, die auf Hintzes Tätigkeit als Bevollmächtigter am russischen Zarenhof in der Vorkriegszeit zurückgeht. Hintzes Ansehen im politischen Berlin war hingegen eher niedrig.
10. Zum militärischen Geschehen an der Westfront im August/September 1918 detailliert Stevenson, David: With Our Backs to the Wall. Victory and Defeat in 1918, Cambridge Mass. 2011, S. 123.
11. Zu den Einzelheiten dieses unaufhaltsamen Weges in die militärische Niederlage vgl. Nebelin, Manfred: Ludendorff. Diktator im Ersten Weltkrieg, München 2010, S. 401 ff.
12. Zu den unmittelbaren Reaktionen Afflerbach: Oberster Kriegsherr, S. 574 ff. und Müller: Regierte der Kaiser?, S. 394 ff.
13. Eintrag vom 22.7.1918, in: Müller, Regierte der Kaiser?, S. 396.
14. Hierzu jetzt detailliert: Holger Afflerbach, Auf Messers Schneide. Wie das Deutsche Reich den ersten Weltkrieg verlor, München 2018, S. 458 ff.
15. Kronprinz Rupprecht von Bayern an König Ludwig III. vom 25.7.1918, in: BayHStA München, GHA, Nachlass Kronprinz Rupprecht Nr. 428.
16. So der Vertreter des Auswärtigen Amtes im kaiserlichen Hauptquartier Lersner in einem Schreiben an die Berliner Zentrale vom 10.8.1918, in: PAA Berlin, R 20211; außerdem Niemann, Alfred: Kaiser und Revolution. Die entscheidenden Ereignisse im Großen Hauptquartier, Berlin 1922, S. 42.

Anmerkungen

17 So Ludendorff auf der Konferenz in Spa am 13.8.1918, zit. nach Nebelin: Ludendorff, S. 447.
18 Zit. nach Auswärtiges Amt; Reichsministerium des Innern (Hg.): Amtliche Urkunden zur Vorgeschichte des Waffenstillstandes 1918. Auf Grund der Akten der Reichskanzlei, des Auswärtigen Amtes und des Reichsarchivs, 2. verm. Aufl. Berlin 1924, S. 4 f.
19 Näheres hierzu bei Keller, Mathilde Gräfin von: Vierzig Jahre im Dienste der Kaiserin, Leipzig 1935, S. 328 ff.
20 Müller: Regierte der Kaiser?, S. 404.
21 Es handelt sich bei diesen sehr lebens- und zeitnahen Notizen um das Tagebuch des Marinekabinettschefs Alexander von Müller, die hier im Original herangezogen wurden: BAF, N 159/7. – Selbst die überaus kaisertreue und erzloyale Palastdame Keller tut sich in ihrer Darstellung der Kasseler Krankentage schwer, Wilhelm II. als treusorgenden Beistand seiner Gemahlin erscheinen zu lassen. Die eigentliche Krankenpflege blieb dem Hofpersonal überlassen sowie drei Ärzten, darunter Professor Friedrich Kraus, einem ausgewiesenen Kardiologen der Berliner Charité, der zu diesem Zweck eigens nach Kassel befohlen wurde.
22 Zu diesem bundesfürstlichen Machtkartell vgl. ausführlich meine kollektivbiografische Studie: Machtan, Lothar: Die Abdankung. Wie Deutschlands gekrönte Häupter aus der Geschichte fielen, München 2016.
23 Müller: Regierte der Kaiser?, S. 402.
24 Hierauf wird im nächsten Kapitel noch ausführlicher zurückzukommen sein.
25 Vgl. das Schreiben Müllers an Bergs Vorgänger im Zivilkabinett Valentini vom 2.9.1918, wo es heißt: »Beim Kaiser gilt er (Hintze) als Prophet«, GStA PK, Rep. 92 Valentini Nr. 15.
26 Adresse des Kaisers an den Berliner Magistrat, zit. nach dem Abdruck im Berliner Tageblatt (02.09.1918).
27 Zit. nach Nebelin: Ludendorff, S. 452.
28 Zit. nach Ilsemann: Der Kaiser in Holland, Bd. 1, S. 16. – Ilsemann war am 2. September 1918 auf Schloss Wilhelmshöhe der Überbringer der schlechten Nachricht gewesen.
29 Hierzu im Einzelnen die etwas pathetisch gefärbte Darstellung bei Niemann: Kaiser und Revolution, S. 69 ff.
30 Zu den Hintergründen dieser Mission vgl. Huldermann, Bernhard: Albert Ballin, Oldenburg, Berlin 1922, S. 373 ff. – Außerdem: Tagebucheintrag von Admiral Müller vom 4.9.1918, BAF, N 159/7 sowie die Aufzeichnungen von Staatssekretär Schiffer, BAK, N 1191/1.
31 Zu den Hintergründen dieser Mission vgl. Huldermann, Bernhard: Albert Ballin, Oldenburg, Berlin 1922, S. 373 ff. – Außerdem: Tagebucheintrag von Admiral Müller vom 4.9.1918, BAF, N 159/7 sowie die Aufzeichnungen von Staatssekretär Schiffer, BAK, N 1191/1.
32 Das sollte erst mit einer durch nichts zu rechtfertigenden Verzögerung von gut drei Wochen geschehen.
33 So Ballins Aufzeichnung über seinen Kassel-Besuch, zit. nach Huldermann: Ballin, S. 375.

Anhang

34 Zitiert nach dem von Ballin selbst ausgearbeiteten Konzept für seinen Vortrag beim Kaiser, das sich an das Tagebuch Müller eingeheftet findet: BAF, N 159/7.
35 Ballin an Maximilian Harden vom 7.9.1918, in: BAK, N 1062/7.
36 Zit. nach dem Abdruck des Telegrammwortlauts bei Baden, Prinz Max von: Erinnerungen und Dokumente, neu hg. v. Mann, Golo; Burckhardt, Andreas, Stuttgart 1968, S. 307.
37 Quelle für das Nachfolgende sind die Originaltagebücher in: BAF, N 159/7.
38 Diese beiden Sätze stehen in dem Privatbrief, den Müller am gleichen Tag an den ihm befreundeten früheren Kabinettschef Valentini aus Spa geschrieben hat. Versehen mit der dringenden Bitte, den Brief sofort zu vernichten, »sonst komme ich, wie es geschmackvoll in einem nicht veröffentlichten, aber natürlich durch die Zuhörer der [Essener] Kaiserrede weitbekannten Satz heißt, als Miesmacher an den Galgen«, BAK, Kleine Erwerbungen 342, Valentini Nr. 2.
39 Telegramm des Kaisers an die Tagung des Vereins rheinisch-westfälischer Landgemeinden vom 28.9.1918, in: Berliner Tageblatt (28.09.1918).
40 BAF, N 159/7.
41 Zu diesen Vorgängen vgl. die detaillierte und quellengesättigte Rekonstruktion der Ereignisse bei Mühleisen, Horst: Kurt Freiherr v. Lersner. Diplomat im Umbruch der Zeiten 1918–1920, Marburg 1984, S. 40 ff.
42 Dem Staatssekretär Rödern soll Ludendorff wörtlich gesagt haben: »Das Heer kann nicht mehr halten, und es wird nicht bloß zerbrochen, sondern sich in aufgelöster Ordnung regel- und zuchtlos über das Land ergießen.« Erinnerungen Schiffer, BAK, N 1191/1 I – Zum militärgeschichtlichen Hintergrund vgl. Stevenson: Victory and Defeat in 1918, S. 133 ff.
43 Bericht über eine amtsinterne Besprechung von Hintze mit seinen Beratern am 28.8.1918, zit. nach Hürter, Johannes (Hg.): Paul von Hintze. Marineoffizier, Diplomat, Staatssekretär. Dokumente einer Karriere zwischen Militär und Politik 1903–1918 (Deutsche Geschichtsquellen des 19. und 20. Jahrhunderts, 60), München 1998, S. 639 f. – Zu den Einzelheiten dieser Initiative vgl. auch Rosenberg, Frederic von: Korrespondenz und Akten des deutschen Diplomaten und Außenministers 1913–1937, hg. v. Becker, Winfried, München 2011, S. 42 ff.
44 Vgl. den Brief von Hintzes Mitarbeiter Rosen an Lersner vom 27.9.1918, in: Rosenberg: Korrespondenz und Akten, S. 69 ff.
45 Vgl. Nebelin: Ludendorff, S. 462 ff.
46 Grünau an Max von Baden vom 27.11.1921, in: GLA Karlsruhe, FA N 5754.
47 Hierzu die ausführlich annotierten Dokumente bei Hürter: Hintze, S. 640 ff.
48 So Hertling in seinem Schreiben an den bayerischen Ministerpräsidenten Dandl aus Spa vom 1.10.1918, in: BAK, N 1036/48. – Vgl. auch das Schreiben seines Sohnes Karl an seine Mutter aus Spa vom 30.9.1918, in: BAK, N 1036/27.
49 So gegenüber Kronprinz Rupprecht von Bayern am 4.10.1918, zit. nach dem Originaltagebuch des Letzteren, in: BayHStA München, GHA, Nachlass Kronprinz Rupprecht N. 708.
50 Grünau an Max von Baden vom 27.11.1921, in: GLA Karlsruhe, FA N 5754.
51 Potthoff: Berg, S. 178 ff.; Ilsemann: Der Kaiser in Holland, Bd. 1, S. 18.
52 Zit. nach dem Tagebuch Müller vom 30.9.1918, in: BAF, N 159/7.
53 Zit. nach Keller: Im Dienste der Kaiserin, S. 333.

54 Potthoff: Berg, S. 179.
55 Zit. nach dem Tagebuch Müller vom 29.9.1918, in: BAF, N 159/7.
56 Vgl. Hertling: Reichskanzlei, S. 183; Potthoff: Berg, S. 179; Niemann: Kaiser und Revolution, S. 74 f. sowie Roedern, Graf Siegfried von: Der deutsche Zusammenbruch von 1918, Band 1, hg. v. Wilke, Claudia; Thomsen, Manfred, Frankfurt am Main u. a. 2015, S. 461.
57 Zu den Einzelheiten vgl. Thaer, Albrecht von: Generalstabsdienst an der Front und in der O.H.L. Aus Briefen und Tagebuchaufzeichnungen 1915–1919, hg. v. Kaehler, Siegfried A. u. Mitarb. v. Rönnefahrt, Helmuth K.G., Göttingen 1958, S. 234 ff.; Baden: Erinnerungen und Dokumente, S. 327; Niemann: Kaiser und Revolution, S. 74 f.; Tagebuch Müller vom 2.10.1918, in: BAF, N 159/7, dort auch das Folgende.
58 Vgl. hierzu die Erinnerungen des Vertreters des Auswärtigen Amtes im Großen Hauptquartier Kurt von Lerners, in: BAF, N 468/19, Bd. 1, S. 380 ff.
59 Vgl. im Einzelnen Machtan: Der Endzeitkanzler, S. 382 f.
60 Vgl. die Aufzeichnung von Vizekanzler Payer vom 3.10.1918, in: BAK, N 1020/46.
61 Vgl. die Aufzeichnung des Prinzen Max von Baden über seinen Besuch dort am 7.10.1918, in: GLA Karlsruhe, FA N 5861; außerdem die Tagebuch-Aufzeichnung von Wilhelms Bruder Heinrich vom 3.10.1918, in: Internationales Maritimes Museum Hamburg, Nachlass Prinz Heinrich von Preußen; Tagebuch Müller vom 5., 7. und 8.10.1918, in: BAF, N 159/7; Aufzeichnung des Fürsten Wilhelm von Hohenzollern-Sigmaringen über seine Sondierungen in Berlin am 10.10.1918, in: STA Sigmaringen, FAS HS 1–80, T 10 Nr. 21.
62 Aufzeichnung von Vizekanzler Payer vom 5.10.1918, in: BAK, N 1020/46.
63 Zit. nach Alter, Junius (Hg.): Ein Armeeführer erlebt den Weltkrieg. Persönliche Aufzeichnungen des Generalobersten von Einem. Leipzig 1938, S. 447.
64 Fränkische Tagespost (10.10.1918).
65 Prinz August Wilhelm von Preußen an August von Mackensen aus Berlin vom 11.10.1918, in: BAF, N 39/46.
66 »Die Stimmung in Berlin ist sehr schlecht«, berichtete Max von Baden damals seinem Standesgenossen Wilhelm von Hohenzollern-Sigmaringen. »Das Volk macht den Kaiser für den Niederbruch verantwortlich«, zit. nach der Aufzeichnung des Fürsten Wilhelm von Hohenzollern-Sigmaringen über seine Sondierungen in Berlin am 10.10.1918, in: STA Sigmaringen, FAS HS 1–80, T 10 Nr. 21.
67 Aufzeichnung Max von Baden, in: GLA Karlsruhe, FA N 5861; ders.: Erinnerungen und Dokumente, S. 359 ff.; Tagebuch Müller vom 8.10.1918, in: BAF, N 159/7.
68 So der Vertreter des Auswärtigen Amtes bei Kaiser Wilhelm II. Grünau an den Prinzen Friedrich Karl von Hessen am 14.10.1918 aus dem Neuen Palais, in: Archiv der Hessischen Hausstiftung Eichenzell, Nachlass Landgraf Friedrich Karl von Hessen.
69 Tagebuch Ilsemann vom 9.10.1918, zit. nach ders.: Der Kaiser in Holland, Bd. 1, S. 21.
70 Auguste Viktoria an Max von Baden vom 7.10.1918 (eigenhändig!), in: GLA Karlsruhe, FA N 5778.

Anhang

71 Zit. nach einem undatierten Diktat Max von Badens aus den 1920er-Jahren, in: GLA Karlsruhe, FA N 6741.
72 Grünau an den Prinzen Friedrich Karl von Hessen am 14.10.1918 aus dem Neuen Palais, in: Archiv der Hessischen Hausstiftung Eichenzell, Nachlass Landgraf Friedrich Karl von Hessen. – Da »sträuben sich einem die Haare«, hat er ergänzt.
73 Zit. nach der Aussage, die Grünau 1923 bei einer Befragung durch Kurt Hahn in Salem zu Protokoll gab, in: GLA Karlsruhe, FA N 5754.
74 Aufzeichnung, in: GLA Karlsruhe, FA N 5861; vgl. auch Tagebuch Müller vom 12.10.1918, in: BAF, N 159/7.
75 Vgl. Dryander, Ernst von: Erinnerungen aus meinem Leben, Bielefeld 1922, S. 294.
76 So die Kaiserin wörtlich in ihrem Schreiben an Oberhofprediger Dryander vom 10.10.1918, zit. nach dem Abdruck: Auguste Viktoria: Aus den Briefen der verstorbenen Kaiserin und Königin an D. Ernst von Dryander, in: Neue Christoterpe, 46 (1925), S. 1–13, S. 11.
77 Tagebuch Müller vom 15.10.1918, in: BAF, N 159/7.
78 Niemann: Kaiser und Revolution, S. 100.
79 Bericht des bayerischen Gesandten in Berlin Lerchenfeld über seine Unterredung mit Wilhelm II. am 20.10.1918, in: BayHStA München, Bayerische Gesandtschaft Berlin 1918: Nr. 1095.
80 Über diese veränderte Stimmungslage hat der deutsche Gesandte in den Niederlanden in seinen Memoiren aufschlussreich berichtet, der um diese Zeit in Berlin weilte: Rosen, Friedrich: Aus einem diplomatischen Wanderleben. Aus dem Nachlaß, Band 3, hg. v. Müller-Werth, Herbert, Wiesbaden 1959, S. 209 ff.
81 Vgl. Delbrück, Clemens von: Die wirtschaftliche Mobilmachung in Deutschland 1914. Aus dem Nachlass, hg. v. Delbrück, Joachim von, München 1924, S. 279 ff.
82 Vgl. als Zeitzeugen dieses Ereignisses Haußmann, Conrad: Schlaglichter. Reichstagsbriefe und Aufzeichnungen, hg. v. Zeller, Ulrich, Frankfurt am Main 1924, S. 258 f. sowie Scheidemann, Philipp: Der Zusammenbruch, Berlin 1921, S. 188 f.
83 Redetext bei Obst, Michael A. (Hg.): Die politischen Reden Kaiser Wilhelms II. Eine Auswahl (Wissenschaftliche Reihe der Otto-von-Bismarck Stiftung, 15), Paderborn 2011, S. 413 f.
84 Baden: Erinnerungen und Dokumente, S. 447.
85 Das wurde einem nationalliberalen Reichstagsabgeordneten von einem der Teilnehmer nach dem Empfang erzählt: Gugelmeier, Erwin: Das schwarze Jahr 1917–18. Erlebtes aus dem letzten Kriegsjahr, im Reichstag und im Baltenland, in Hauptquartier und Heimat, Freiburg 1926, S. 98.
86 So Krupp-Direktor Haux in seinen ungedruckten Erinnerungen, in: HA Krupp, FAH 4E 16, S. 117.
87 Keller: Im Dienste der Kaiserin, S. 333 f.
88 Telegramm an Max von Baden, das der Kaiser unmittelbar nach seiner Rückkehr ins Neue Palais aufgab, in: BAB, R 43/812.
89 Haußmann: Schlaglichter, S. 259.
90 Zum Folgenden vgl. PAA Berlin, R 22193 sowie Niemann: Kaiser und Revolution, S. 107 und Ilsemann: Der Kaiser in Holland, Bd. 1, S. 25.

91 Zit. nach Ilsemann: Der Kaiser in Holland, Bd. 1, S. 25 f.; ebd. S. 28 auch das nachfolgende Zitat.
92 Zum historisch-politischen Kontext vgl. Nebelin: Ludendorff, S. 494 ff., dessen Ausdeutung dieses Ereignisses mir allerdings zu oberflächlich erscheint.
93 Das hat Altkanzler Bülow in den Aufzeichnungen überliefert, die er sich in diesen Tagen als naher und bestens informierter Beobachter des politischen Geschehens im Hotel Adlon gemacht hat: BAK, N 1016/155. – Ähnlich Ludendorff, Erich: Meine Lebenserinnerungen, Band 1, München 1941, S. 22 f.; ebd. auch das nachfolgende Zitat.
94 Vgl. die Korrespondenz in: GStA PK, I. HA Rep. 89 Nr. 683.
95 Zit. nach Vietsch, Eberhart von: Wilhelm Solf. Botschafter zwischen den Zeiten, Bremen 1961, S. 379 f.
96 Michaelis, Georg: Für Staat und Volk. Lebensgeschichte, Berlin 1922, S. 397 f.
97 Aufzeichnung Bülow aus Berlin vom 30.10.1918, in: BAK, N 1016 Nr. 155/1.
98 Vgl. die Tagebuch-Aufzeichnungen des Prinzen Heinrich vom 27., 29. und 31.10.1918, in: Internationales Maritimes Museum Hamburg, Nachlass Prinz Heinrich von Preußen; Großherzog Friedrich Franz IV. von Mecklenburg-Schwerin an den deutschen Kronprinzen Wilhelm aus Ludwigslust vom 28. Oktober 1918, in: LHA Schwerin, 2.26–1, Großherzogliches Kabinett II, Nr. 1073.
99 Das hat Fürst Bülow, der den spanischen Botschafter gut kannte, in seinen Tagesaufzeichnungen vom 25.10.1918 überliefert, und hinzugefügt: »Andere Höflinge denken an Schweden; falls Bleiben in Deutschland möglich an Burg Hohenzollern, später an Wilhelmshöhe«, BAK, N 1016/155.
100 Vgl. Groener, Wilhelm: Lebenserinnerungen. Jugend, Generalstab, Weltkrieg, hg. v. Hiller von Gaertringen, Friedrich Freiherr, Göttingen 1957, S. 451.
101 Wie der damalige preußische Kriegsminister Scheuch später in Erfahrung brachte, hat man der OHL damals weisgemacht, »dass der Kriegsminister wegen der in Potsdam nicht zu verbürgenden Sicherheit des Kaisers sich für dessen Abreise ausgesprochen habe und dass dem Kriegsminister gesagt worden ist, die OHL wünsche die Anwesenheit des Kaisers in Spa«. Beides Täuschungsmanöver: Vgl. die einschlägigen Unterlagen von Scheuch aus dem Jahr 1922 in: GLA Karlsruhe, FA N 6172.
102 Das berichtet Holtzendorff, der politische Repräsentant Albert Ballins in Berlin am 31.10.1918 seinem Chef, STA Hamburg, 621–1/95, 1580 Bd. 20.
103 Bei seiner Unterredung mit dem preußischen Innenminister Wilhelm Drews am 1.11.1918 zit. nach Drews Aufzeichnung mit der Überschrift »Nachträge aus der Unterredung am 1.11.1918«, in: GStA PK, VI, NL Drews Nr. 159. – Zu seiner Selbstwahrnehmung bei dieser Unterredung vgl. Machtan: Abdankung, S. 214 ff.; dort auch das nachfolgende Zitat.
104 Zit. nach dem Tagebucheintrag des katholischen Feldgeistlichen im Großen Hauptquartier Ludwig Berg vom 3./4.11.1918: Ders.: »Pro Fide et Patria!« Die Kriegstagebücher von Ludwig Berg 1914/18, hg. v. Betker, Frank; Kriele, Almut, Köln 1998, S. 776.
105 Prinz August Wilhelm von Preußen an Max von Baden vom 2.11.1918, in: GLA Karlsruhe, FA N 5875. – Vgl. auch das Tagebuch des Kronprinzen Rupprecht von Bayern vom 4.11.1918, der über eine ähnliche Intervention des deutschen Kron-

311

prinzen (August Wilhelms älteren Bruder) berichtet, BayHStA München, GHA, NL Kronprinz Rupprecht Nr. 708.
106 Tagebuch Ilsemann aus Spa vom 5.11.1918, zit. nach ders.: Der Kaiser in Holland, Bd. 1, S. 33 f.
107 So gegenüber dem bayerischen Kronprinzen Rupprecht am 4.11.1918, zit. nach dessen Tagebuch, in: BayHStA München, GHA, NL Kronprinz Rupprecht Nr. 708.
108 Diese sowie andere wenig schmeichelhafte Zuschreiben äußerte Wilhelm II. am 3.11.1918 gegenüber seinem Feldgeistlichen Johannes Vogel, zit. nach Machtan: Abdankung, S. 215 f.
109 Grünau an Max von Baden am 6.11.1918 aus Spa, zit. nach der Abschrift in: AHH Eichenzell, Nachlass Landgraf Friedrich Karl von Hessen.
110 Vgl. RDK, 3 (1953), Sp. 881–981.
111 Zum langen und mühevollen Weg Max von Badens in die Reichspolitik sowie zu seinen Widersachern vgl. Machtan: Der Endzeitkanzler, S. 290 ff.
112 Kurt Hahn an Max von Baden aus Berlin vom 9.7.1918, in: GLA Karlsruhe, FA N 5859; dort auch das nachfolgende Zitat.
113 Max von Baden an Kurt Hahn vom 21.7.1918, in: SLA Bern, Nachlass Golo Mann D-2-a-1/2. »Die Empfindung der Notwendigkeit des Opfers wird deutlicher.«
114 Max von Baden an Kronprinz Rupprecht von Bayern vom 12.7.1918, in: BayHStA München, GHA, Nachlass Kronprinz Rupprecht Nr. 650.
115 Max von Baden an Kurt Hahn vom 2.8.1918, in: SLA Bern, Nachlass Golo Mann D-2-a-1/2.
116 Zur tatsächlichen Verwendung dieser Metapher vgl. Roedern: Zusammenbruch, S. 455 sowie Max von Baden an Kurt Hahn vom 27.9.1918, in: Baden: Erinnerungen und Dokumente, S. 641.
117 Zit. nach seinem Brief an Kronprinz Rupprecht von Bayern vom 12.7.1918, in: BayHStA München, GHA, Nachlass Kronprinz Rupprecht Nr. 650.
118 Max von Baden an Kurt Hahn vom 2.8.1918, in: SLA Bern, Nachlass Golo Mann D-2-a-1/2.
119 Vgl. Max von Baden an Kronprinz Rupprecht von Bayern vom 7.8.1918, in: BayHSt München, GHA, Nachlass Kronprinz Rupprecht Nr. 650.
120 So der handschriftliche Vermerk auf der Denkschrift, vgl. BayHStA München, GHA, Nachlass Kronprinz Rupprecht, Nr. 650. Hahn an Max von Baden vom 11.8.1918, in: GLA Karlsruhe, FA N 5859.
121 Hahn an Max von Baden vom 11.8.1918, in: GLA Karlsruhe, FA N 5859.
122 Max von Baden an Wilhelm II. aus Salem vom 15.8.1918, in: PAA Berlin, R 22328.
123 Max von Baden an Johannes Müller vom 18.8.1918, in: Familienarchiv Müller, Schloss Elmau, Nachlass Johannes Müller (Abschrift).
124 Zit. nach seinem Brief an Kronprinz Rupprecht von Bayern vom 24.8.1918, in: BayHStA München, GHA, Nachlass Kronprinz Rupprecht Nr. 650.
125 Max von Baden an Johannes Müller vom 30.8.1918, in: Familienarchiv Müller, Schloss Elmau, Nachlass Johannes Müller (Abschrift).

126 Zit. nach seinem Brief an Kronprinz Rupprecht von Bayern vom 27.8.1918, in: BayHStA München, GHA, Nachlass Kronprinz Rupprecht Nr. 650.
127 Max von Baden an Kurt Hahn vom 28.8.1918, in: SLA Bern, Nachlass Golo Mann D-2-a-1/2.
128 Hierzu jetzt überaus scharfsinnig Tooze, Adam: Sintflut. Die Neuordnung der Welt 1916–1931, Berlin 2015, hier vor allem S. 278 ff.; außerdem Berg, Manfred: Woodrow Wilson. Amerika und die Neuordnung der Welt. Eine Biografie, München 2017, S. 147 ff.
129 Zit. nach seinem Brief an Kronprinz Rupprecht von Bayern vom 27.8.1918, in: BayHStA München, GHA, Nachlass Kronprinz Rupprecht Nr. 650.
130 Zit. nach dem Briefkonzept vom 28.8.1918, in: GLA Karlsruhe, FA N 6042.
131 Dieser vom 8.9.1918 datierte Brief ist im Original nicht überliefert; eine Rekonstruktion des Inhalts bei Machtan: Der Endzeitkanzler, S. 367 ff.
132 Max von Baden an Johannes Müller vom 30.8.1918, in: Familienarchiv Müller, Schloss Elmau, Nachlass Johannes Müller (Abschrift).
133 Zum Folgenden vgl. Haußmanns Aufzeichnung über dieses Treffen am 8.9.1918, in: ders.: Schlaglichter, S. 211 ff. sowie den Brief von Kurt Hahn an Haußmann vom 7.9.1918, in: HStA Stuttgart, Nachlass Haußmann Nr. 29.
134 Max von Baden an Johannes Müller vom 11.9.1918, in: Familienarchiv Müller, Schloss Elmau, Nachlass Johannes Müller (Abschrift); ebd. auch das nachfolgende Zitat.
135 Zum Arrangement dieser Begegnung durch Kurt Hahn vgl. dessen Schreiben an Max von Baden vom 9. bzw. 11.9.1918, in: GLA Karlsruhe, FA N 5612.
136 Conrad Haußmann an Hans von Haeften aus Berlin vom 26.9.1918, in: HStA Stuttgart, Q 1/2 (I 47) Nr. 20 (Briefkonzept).
137 Vgl. hierzu seinen nachgerade entlarvenden Brief an Kurt Hahn vom 27.9.1918, in: Baden: Erinnerungen und Dokumente, S. 640 f.
138 So Kaiser Wilhelm II. gegenüber den Spitzen der Regierung Hertling in Spa am 29.9.1918, zit. nach Roedern: Zusammenbruch, S. 461.
139 Zit. nach dem Typoskript »Der Zusammenbruch«, in: Stiftung Warburg-Archiv Hamburg-Blankenese, Nachlass Max Warburg (unverzeichnet).
140 Kronprinz Rupprecht von Bayern an Max von Baden aus München vom 15.8.1918, in: BayHStA, GHA, NL Kronprinz Rupprecht, Nr. 650; Fotokopie eines eigenhändigen Schreibens.
141 Schreiben vom 24.9.1918, in: ebd. – Zwei Tage später hat er dazu in seinem Tagebuch notiert, dass »die Einführung des parlamentarischen Systems unter den gegebenen Verhältnissen das einzige Mittel ist, um aus den inneren wie äußeren Schwierigkeiten heraus und zum Frieden zu gelangen«, ebd., Nr. 708.
142 Prinz Alexander Hohenlohe an Dr. Muehlon aus Ragaz vom 4.10.1918, in: IfZ München, ED 142/11.
143 Brief des Herzogs Bernhard von Sachsen-Meiningen aus Meiningen an Margot Geyer vom 9.10.1918, in: Thüringisches Staatsarchiv Meiningen, 497219, NL Margot Geyer Nr.4.
144 Großherzogin Luise von Baden an Max von Baden aus Baden-Baden vom 2.10.1918, in: GLA Karlsruhe, FA N 5803.

Anhang

145 Zu den Einzelheiten (auch des nachfolgenden Absatzes) vgl. Machtan: Der Endzeitkanzler, S. 374 ff.
146 Max von Baden an Großherzog Friedrich II. von Baden aus Berlin vom 15.10.1918, in: GLA Karlsruhe, FA N 5801.
147 Undatiertes Diktat (ca. 1924), in: GLA Karlsruhe, FA N 6741.
148 Sämtliche Zitate aus seinem mehrfach zitierten Brief an Friedrich II. von Baden, in: GLA Karlsruhe, FA N 5801.
149 Max von Baden an Großherzog Friedrich II. von Baden vom 15.10.1918, in: GLA Karlsruhe, FA N 5801.
150 Tagebuch Riezler vom 13.10.1918, zit. nach ders.: Tagebücher, Aufsätze, Dokumente, hg. v. Erdmann, Karl-Dietrich, Göttingen 1972, S. 484. – Die Klagen der hohen Regierungsbeamten waren zahllos, hier nur ein paar ausgesuchte Beispiele: Aufzeichnung von Vizekanzler Payer vom 4., 5. und 6.10.1918, in: BAK, N 10120/46; Unterstaatssekretär von Braun an Kronprinz Ruppecht von Bayern vom 9.10.1918, in: BayHStA München, GHA, Nachlass Kronprinz Ruppecht Nr. 432; Tagebuch Alexander v. Müller vom 13.10.1918, zit. nach ders.: Regierte der Kaiser?, S. 430.
151 Zit. nach dem Brief Max Warburgs an seinen Bruder Fritz vom 7.10.1918, in: Stiftung Warburg-Archiv Hamburg-Blankenese, Nachlass Max Warburg (Durchschlag).
152 Tagebuch Riezler vom 19.10.1918, zit. nach ders.: Tagebücher, S. 484.
153 So der Botschafter Graf Wolff-Metternich gegenüber Holtzendorff am 20.10.1918, zit. nach dem Schreiben Holtzendorffs an Ballin vom 20.10.1918, in: STA Hamburg, 621-1/95, 1580 Bd. 20.
154 Ballin an Wolff Metternich vom 25.10.1918, zit. nach Vietsch, Eberhard (Hg.): Gegen die Unvernunft 1915–18. Der Briefwechsel zwischen Paul Graf Wolff-Metternich und Wilhelm Solf, Bremen 1964, S. 139.
155 Brief vom 15.10.1918, in: GLA Karlsruhe, FA N 5801; dort auch die weiteren Zitate dieses Absatzes.
156 Entsprechendes hat der, in solchen Dingen stets bestens informierte, Ex-Kanzler Bernhard Fürst von Bülow in seinen Memoiren überliefert: vgl. ders.: Denkwürdigkeiten. Band 3: Weltkrieg und Zusammenbruch, Berlin 1931, S. 297. Eine Bestätigung liefert der Brief Hahns an Max von Baden vom 3.11.1918, in dem er dem Prinzen dringend rät, endlich »mit Adalin aufzuhören«, GLA Karlsruhe, FA N 5859 – ADALIN war ein Arzneistoff, den Bayer 1909 als Beruhigungsmittel auf den Markt gebracht hatte und das sich auch als Hypnotikum verwenden ließ.
157 Max Weber an Schulze-Gävernitz vom 11.10.1918, in: Weber, Max: Gesammelte Politische Schriften, München 1921, S. 507; weitere Zeugnisse dieses Tenors ebd. ff. – Ähnlich auch der prominente Historiker Friedrich Meinecke, wie man im Tagebuch seines Kollegen Hampe vom 29.9.1918 nachlesen kann: Hampe, Karl: Kriegstagebuch 1914–1919, hg. v. Reichert, Folker; Wolgast, Eike, München 2004, S. 748; vgl. auch Mayer, Gustav: Als deutsch-jüdischer Historiker in Krieg und Revolution 1914–1920. Tagebücher, Aufzeichnungen, Briefe, hg. v. Niedhart, Gottfried, München 2009, S. 162 und ff.
158 Vgl. Hugo Stinnes an seinen Sohn vom 12.10.1918, zit. nach Feldman, Gerald D.: Hugo Stinnes. Biographie eines Industriellen 1870–1924, München 1998,

S. 511; vgl. auch Tagebuch Haußmann vom 13.10.1918, zit. nach ders.: Schlaglichter, S. 250.
159 Zit. nach Warburgs »Geschäftsbericht für 1918« (Typoskript), in: Stiftung Warburg-Archiv Hamburg-Blankenese, Nachlass Max Warburg.
160 Zu diesem Problemfeld vgl. im Einzelnen Machtan, Lothar: Liberaler Ersatzkaiser? Zu den politischen Möglichkeiten des Prinzen und Reichskanzlers Max von Baden im Herbst 1918, in: Jahrbuch zur Liberalismusforschung, 28 (2016), S. 229–262.
161 So in den kryptischen Aufzeichnungen von Vizekanzler Payer unter dem Datum 6.10.1918, in: BAK, 1020/46.
162 Aufzeichnung über seinen Besuch beim Kaiser in Potsdam am Nachmittag des 7.10.1918, in: GLA Karlsruhe, FA N 5861.
163 Zit. nach Aufzeichnung des Fürsten, in: STA Sigmaringen, FAS HS 1-80, T 10 Nr. 21; dort auch das nachfolgende Zitat.
164 Baden: Erinnerungen und Dokumente, S. 386.
165 Max von Baden an Friedrich II. von Baden vom 15.10.1918, in: GLA Karlsruhe, FA N 5801.
166 Riezler: Tagebücher, S. 484.
167 Vgl. hierzu den protokollarischen Bericht Lerchenfelds über diese Besprechung am 20.10.1918 im Reichskanzlerpalais, in: BayHStA München, Bayerische Gesandtschaft Berlin 1918, Nr. 1095.
168 Vgl. Baden: Erinnerungen und Dokumente, S. 440.
169 Zit. nach Ilsemann: Der Kaiser in Holland, Bd. 1, S. 24.
170 Zit. nach den Original-Telegrammen, in: BAB, R 43/806.
171 Hierzu im Einzelnen Matthias, Erich; Morsey, Rudolf (Bearb.): Die Regierung des Prinzen Max von Baden (Quellen zur Geschichte des Parlamentarismus und der politischen Parteien, Reihe 1, 2), Düsseldorf 1962, S. 397 ff. sowie Machtan: Ersatzkaiser, S. 242 ff.; zusätzliche Belege: Tagebuch Müller vom 24. und 27.10.1918, BAF, N 159/7; Aufzeichnung Bülow vom 26. und 27.10.1918, BAK, 1016/155; Vietsch: Briefwechsel, S. 138 f.
172 Scheidemann hat gegenüber Max von Baden am 31. Oktober wörtlich erklärt: »Seit einer Woche beschäftige ich mich Tag und Nacht mit der Frage«, zit. nach Scheidemann: Zusammenbruch, S. 203.
173 Dafür gab es bereits einen cleveren Gesetzentwurf, der den Reichsverweser aus der Wahl des Reichstags hervorgehen lassen wollte, aber regierungsintern umstritten war: Vgl. das Privatschreiben von Geheimrat Dryander aus dem Zivilkabinett an seinen neuen Chef Clemens Delbrück vom 31.10.1918, NL Delbrück, 74–77 f. Der Nachlass abrufbar unter: http://projekte.thulb.uni-jena.de/delbrueck/nachlass.html (Stand: 09.01.2018).
174 Schreiben vom 25.10.1918, in: BayHStA, GHA, Nachlass Rupprecht Nr. 650 (Abschrift).
175 Aufzeichnung Simons für Reichskanzler Max von Baden vom 25.10.1918, in: BAK, N 10504 (unverzeichneter Nachlass).
176 Zit. nach dem Original, in: GStA PK, Rep. 89 Nr. 3578; vgl. auch Simons schärfer gefassten Briefentwurf, in: BAB, R 43 I Nr. 2777.

Anhang

177 Zit. nach der deutschen Note an US-Präsident Wilson vom 27.10.1918, in: Auswärtiges Amt; Reichsministerium des Innern (Hg.): Urkunden zur Vorgeschichte des Waffenstillstandes, S. 208.
178 Lerchenfeld an den bayerischen Ministerpräsidenten Dandl vom 28.10.1918, in: BayHStA München, MA 973.
179 Vgl. die Aufzeichnung von Ex-Kanzler Bülow vom 29.10.1918, in: BAK, N 1016/155.
180 Zit. nach Niemann, Alfred: Revolution von oben – Umsturz von unten. Entwicklung und Verlauf der Staatsumwälzung in Deutschland 1914–1918, Berlin 1927, S. 366; dort auch das nachfolgende Zitat. – Vgl. auch Lerchenfeld an Dandl vom 30.10.1918, in: BayHStA München, MA 973.
181 Hierzu im Einzelnen Machtan: Der Endzeitkanzler, S. 430 ff.
182 Vgl. seinen Leserbrief-Artikel für das Berliner Tageblatt (07.11.1918).
183 Scheidemann: Zusammenbruch, S. 203.
184 Max von Baden an Cosima Wagner vom 19.2.1919, in: Hohenlohe-Zentralarchiv Neuenstein, La 142, Bü 891.
185 Hierzu das Nähere bei Machtan: Der Endzeitkanzler, S. 440 ff.
186 Sitzung vom 13.07.1918, in: Verhandlungen des Reichstags, Band 313, Berlin 1918, S. 6145 f.
187 Aufzeichnung Ebert o.D., zit. nach: Ebert, Friedrich: Schriften, Aufzeichnungen, Reden. Mit unveröffentlichten Erinnerungen aus dem Nachlaß, Band 2, Dresden 1926, S. 68 f.
188 Ebert an Victor Adler aus Steingaden vom 7.8.1918, zit. nach Adler: Briefwechsel mit Bebel und Kautsky, S. 662 f.
189 Aufzeichnung Eberts über die Besprechung mit den Fraktionsvorsitzenden am 21.8.1918 in Berlin, in: Ebert: Schriften, Bd. 2, S. 71.
190 Rede vom 12.9.1918 zit. nach der Edition Matthias, Erich; Morsey, Rudolf (Bearb.): Der Interfraktionelle Ausschuß 1917/18, Band 2 (Quellen zur Geschichte des Parlamentarismus und der politischen Parteien, Reihe 1, 1), Düsseldorf 1959, S. 431; ebd. S. 474 auch das nachfolgende Zitat von Stresemann.
191 Stresemann an Gugelmeier aus Berlin vom 26.8.1918, ebd., S. 473 f. – Ein Informant ließ Vizekanzler Payer schon am 24.8.1918 wissen: »Er habe Ebert gesprochen, der mehr als Scheidemann gelte und gewissermaßen die Sozialdemokratie sei«, BAK, N 1020/34.
192 Hahn an Max von Baden aus Berlin vom 11.9.1918, in: GLA Karlsruhe, FA N 5859.
193 Telegramm Max von Baden an Hans Delbrück vom 13.9.1918, in: Staatsbibliothek Preußischer Kulturbesitz Berlin, Nachlass Hans Delbrück Nr. 117.
194 Zit. nach Matthias; Morsey: Der Interfraktionelle Ausschuß, Bd. 2, S. 636 ff.
195 Zit. nach dem Protokoll der gemeinsamen Sitzung von MSPD-Fraktion und Parteivorstand am 23.9.1918 im Berliner Reichstag, in: Matthias, Erich; Pikart, Eberhard (Bearb.): Die Reichstagsfraktion der deutschen Sozialdemokratie 1898 bis 1918, Band 2 (Quellen zur Geschichte des Parlamentarismus und der politischen Parteien, Reihe 1, 3) Düsseldorf 1966, S. 417 ff.; dort auch die beiden nachfolgenden Zitate.

Anmerkungen

196 So die Formulierung von Eberts parlamentarischem Mitstreiter Matthias Erzberger, dem Zentrumspolitiker in seinem Schreiben an den bayerischen Ministerpräsidenten Dandl vom 29.9.1918, zit. nach Matthias, Erich; Morsey, Rudolf (Bearb.): Der Interfraktionelle Ausschuß 1917/18, Band 1 (Quellen zur Geschichte des Parlamentarismus und der politischen Parteien, Reihe 1, 1), Düsseldorf 1959, S. 728.
197 Zit. nach dem Protokoll der Sitzung des Interfraktionellen Ausschusses am Abend des 1.10.1918, in: Matthias; Morsey: Der Interfraktionelle Ausschuß, Bd. 2, S. 31 f.
198 David: Kriegstagebuch, S. 286 f.; Matthias; Pikart: Reichstagsfraktion der SPD, Bd. 2, S. 464 ff.; Scheidemann: Zusammenbruch, S. 174 f.; Stampfer, Friedrich: Die ersten 14 Jahre der Deutschen Republik, Offenbach 1947, S. 38 f.; Müller, Hermann: Die November-Revolution. Erinnerungen, Berlin 1931², S. 10 ff.
199 Matthias; Pikart: Reichstagsfraktion der SPD, Bd. 2, S. 465.
200 Max von Baden an Großherzog Friedrich II. von Baden vom 15.10.1918, in: GLA Karlsruhe, FA N 5801.
201 Vgl. die Erinnerungen des späteren Reichskanzlers Müller, Hermann: November-Revolution, S. 13 f.
202 Zit. nach einer Tagebucheintragung des Historikers Gustav Mayer vom 6.10.1918, ders.: Historiker in Krieg und Revolution, S. 155.
203 Konrad Haenisch, zit. nach Friedrich Ebert: Kämpfe und Ziele, S. 38.
204 Blochs Artikel »Die letzte Täuschung« erschien am 16.10.1918 in der Freien Zeitung; hier zit. nach dem Wiederabdruck in: Bloch, Ernst: Kampf, nicht Krieg. Politische Schriften 1917–1919, Frankfurt am Main 1985, S. 366.
205 Aufzeichnung des Fürsten Wilhelm von Hohenzollern-Sigmaringen über seine vertrauliche Unterredung mit Max von Baden am 10.10.1918 in Berlin, in: STA Sigmaringen, FAS HS 1-80 T 10 Nr. 21.
206 Zit. nach Nebelthau, Friedrich: Aus meinem Leben, Stuttgart 1938, S. 171.
207 Vorwärts, Nr. 274 (05.10.1918).
208 Verhandlungen des Reichstags, Band 314, Berlin 1919, S. 6153 f.
209 Zit. nach seinem Telegramm an Kaiser Wilhelm II. vom 30.10.1918, in: PAA Berlin, R 22328.
210 Vgl. die nichtssagenden Leitartikel im sozialdemokratischen Zentralorgan Vorwärts (15.10.1918); Vorwärts (16.10.1918).
211 Zit. nach dem auf der Titelseite des Vorwärts (18.10.1918) veröffentlichten Aufruf »An Deutschlands Männer und Frauen!« Dort auch alle nachfolgenden Zitate.
212 Zit. nach dem Leitartikel des Vorwärts (23.10.1918).
213 Zit. nach Verhandlungen des Reichstags, Bd. 314, S. 6161.
214 So Ebert am 24.10.1918 vor dem Interfraktionellen Ausschuss, zit. nach Matthias; Morsey: Regierung Max von Baden, S. 324 bzw. 331.
215 Zit. nach dem Sitzungsprotokoll vom 24.10.1918, in: Matthias; Morsey: Regierung Max von Baden, S. 338.
216 So noch der Vorwärts in seinem Leitartikel, Vorwärts (27.10.1918).
217 So Ebert am 25.10.1918 im Reichstag, zit. nach Verhandlungen des Reichstags, Bd. 314, S. 6252.

Anhang

[218] So Scheidemann ganz offen am 24.10.1918 im Kriegskabinett, zit. nach Matthias; Morsey: Regierung Max von Baden, S. 323; vgl. auch Baden: Erinnerungen und Dokumente, S. 518.
[219] Zit. nach Matthias; Pikart: Reichstagsfraktion der SPD, Bd. 2, S. 507.
[220] Am 31.10.1918 gegenüber dem Lobbyisten Holtzendorff, zit. nach dessen Schreiben an Albert Ballin vom gleichen Tag, in: STA Hamburg, 621-1/95, 1580, Bd. 20. – Vgl. auch die am Tag darauf erfolgte Versicherung des Reichskanzlers im deutschen Bundesrat, dass Ebert bemüht sei, »einen Beschluss der sozialdemokratischen Fraktion, durch den die Abdankung verlangt würde, zu verhindern«. Zit. nach dem Sitzungsprotokoll, in: HStA Stuttgart, Q 1/18 Bü 79.
[221] Auch der Titel dieses Leitartikels war eine rhetorische Frage: Was wird der Kaiser tun?, Vorwärts (31.10.1918).
[222] Zit. nach den Erinnerungen eines Journalisten, der an der Runde teilgenommen hat: Jäckh, Ernst: Der goldene Pflug, Stuttgart 1954, S. 448 f. – Vgl. auch die Erinnerungssplitter, die der Historiker Friedrich Meinecke darüber (aus eigener Anschauung gewonnen) überliefert hat: ders.: Das Ende der Monarchie, in: Kölnische Zeitung (09.11.1928).
[223] Zit. nach den Erinnerungen des damaligen Staatssekretärs Schiffer, Eugen: Ein Leben für den Liberalismus, Berlin 1951, S. 74. – Vgl. im Übrigen die Wiedergabe der Ebert'schen Ausführungen durch Holtzendorff in seinem Bericht an Albert Ballin vom 31.10.1918, in: STA Hamburg, 621-1/95, 1580, Bd. 20; dort auch das nachfolgende Zitat.
[224] Vgl. den LA von Stamper, Friedrich: Ebert und die Republik, in: Vorwärts (09.11.1928).
[225] Dies hat Scheidemann erst später auf die Nachwelt gebracht: Vgl. ders.: Das historische Versagen der SPD. Schriften aus dem Exil, hg. v. Reitzle, Frank R., Lüneburg 2002, S. 93 f. Im Übrigen ders.: Zusammenbruch, S. 200 ff.
[226] Zit. nach dem Protokoll der Kabinettssitzung vom 2.11.1918, abgedruckt bei Brecht: Lebenserinnerungen, S. 181. Zur Haltung der Sozialdemokratie in der Kaiserfrage am Vorabend der deutschen Revolution vgl. auch die Aufzeichnungen des preußischen Innenministers Drews, in: GStA PK, Nachlass Drews Nr. 159; Erinnerungen des Diplomaten Lersner, in: BAF, N 468/19, Bl. 423 ff.; Schreiben des Unterstaatssekretärs in der Reichskanzlei Wahnschaffe an Grünau vom 2.11.1918, in: PAA Berlin, R 22328.
[227] Vorwärts, Nr. 303 (03.11.1918); dort auch alle weiteren Zitate dieses Absatzes.
[228] Erinnerungen Schiffer, in: BAK, N 1191/1.
[229] Zit. nach dem Aufruf des Vorwärts (04.11.1918).
[230] Vossische Zeitung (04.11.1918).
[231] Berliner Tageblatt (05.11.1918).

Zu: 3 Die Revolution bricht los

[1] Vgl. an Neuerscheinungen jetzt vor allem: Niess, Wolfgang: Die Revolution von 1918/19. Der wahre Beginn unserer Demokratie, Berlin u. a. 2017; Käppner, Joachim: 1918. Aufstand für die Freiheit. Die Revolution der Besonnenen, Mün-

chen 2017; Lehnert, Detlef (Hg.): Revolution 1918/19 in Norddeutschland, Berlin 2018 sowie Gietinger, Klaus: November 1918. Der verpasste Frühling des 20. Jahrhunderts, Hamburg 2018.
2 Zur Geschichte der USPD zuletzt mit der einschlägigen Literatur Fricke, Ingrid: Franz Künstler (1888–1942). Eine politische Biographie, Berlin 2016, S. 83 ff.
3 Vgl. den informativen Überblick bei Boebel, Chaja; Wentzel, Lothar (Hg.): Streiken gegen den Krieg! Die Bedeutung der Massenstreiks in der Metallindustrie vom Januar 1918, Hamburg 2008 sowie Seils, Ernst-Albert: Weltmachtstreben und Kampf für den Frieden. Der deutsche Reichstag im Ersten Weltkrieg, Frankfurt am Main 2011, S. 485 ff.
4 Hierzu Seils: Hugo Haase, S. 611 ff.
5 Brief an Elly von Reventlow vom 4.2.1918, in: Gutsarchiv Altenhof, Nachlass Elly von Reventlow.
6 Vgl. zum Beispiel Demm, Eberhard: Ein Liberaler in Kaiserreich und Republik: der politische Weg Alfred Webers bis 1920, Boppard am Rhein 1990, hier S. 240 ff.
7 Bethmann Hollweg an Großherzogin Luise von Baden vom 4.2.1918, in: BAK, N 1549/1.
8 Stimmungsbericht des Berliner Polizeipräsidenten vom 22.5.1918, zit. nach Materna, Ingo (Bearb.): Berichte des Berliner Polizeipräsidenten zur Stimmung und Lage der Bevölkerung in Berlin 1914–1918 (Dokumente aus geheimen Archiven, 4), Weimar 1987, S. 277.
9 Stimmungsbericht vom 22.7.1918, zit. nach Materna: Berichte, S. 283 f.
10 Aufzeichnung o.D., in: Ebert: Schriften, Bd. 2, S. 68 f.; vgl. auch den ganz ähnlichen Bericht des Beraters der königlich-bayerischen Regierung Viktor Neumann für den bayerischen Ministerpräsidenten Dandl vom 26.7.1918, in: BaySB, Nachlass Naumann B. II. sowie die Einschätzung des 1917 als Kanzlerkandidaten gehandelten Diplomaten Graf Montes gegenüber dem früheren Chef des Auswärtigen Amtes Jagow in seinem Schreiben vom 10.8.1918, in: PAA Berlin, Nachlass Jagow, Bd. 16.
11 Hierzu eindringlich Stephenson, Scott: The Final Battle. Soldiers of the Western Front and the German Revolution of 1918 (Studies in the social and cultural history of modern warfare, 30), Cambridge 2009, S. 19 ff. sowie Stevenson: Victory and Defeat in 1918, S. 112 ff.
12 Tagebucheintrag des Admirals Müller vom 17.8.1918, in: Müller: Regierte der Kaiser?, S. 402.
13 Zitiert nach dem Protokoll, in: Auswärtiges Amt; Reichsministerium des Innern (Hg.): Urkunden zur Vorgeschichte des Waffenstillstandes, S. 4 f.
14 Aufzeichnung vom 21.8.1918, zit. nach Ebert: Schriften, Bd. 2, S. 71.
15 Paul Rohrbach an Hans Delbrück vom 27.8.1918, in: Staatsbibliothek Berlin, Nachlass Delbrück.
16 Stimmungsbericht vom 19.8.1918, zit. nach Materna: Berichte, S. 284 f.
17 Zit. nach dem streng geheimen Stimmungsbericht vom 3.9.1918, in: Deist, Wilhelm (Bearb.): Militär und Innenpolitik im Weltkrieg 1914–1918, Band 2 (Quellen zur Geschichte des Parlamentarismus und der politischen Parteien, Reihe 2, 1), Düsseldorf 1970, S. 1267 f.

Anhang

18 Zit. nach dem vollständigen Abdruck im Vorwärts (05.09.1918); dort auch das nachfolgende Zitat aus einem Kommentar des Blattes.
19 Zit. nach der Denkschrift des stellvertretenden Generalkommandos des 7. Armeekorps, gez. Egon von Gayl an Zivilkabinettschef v. Berg vom 17.9.1918 über die Stimmung im Ruhrgebiet, in; GStA PK, Rep. 89 H. Gen. VI 1 f.
20 Der mit Kriegsausbruch im August 1914 verhängte Belagerungszustand hatte die Oberhoheit über die Exekutive der Militärgewalt überantwortet und den Staatsapparat zugleich zum massiven Eingriff in Freiheitsrechte sowie zu einer Verschärfung des Strafrechts ermächtigt. Die Folgen: Pressezensur, Versammlungs- und Demonstrationsverbot, drakonische Bestrafung von »staatsfeindlichen« Vergehen etc.
21 Vgl. Hohe Politik im Berliner Rathause, in: Berliner Tageblatt (17.09.1918).
22 Vgl. hierzu die Berichterstattung im Berliner Tageblatt (20.09.1918); Berliner Tageblatt (21.09.1918).
23 Vgl. die einschlägigen Artikel in der Berliner Volkszeitung (20.09.1918) sowie im Vorwärts (20.09.1918 und 21.09.1918), wo man sich gegen solche kopflosen Maßregelungen des Obrigkeitsstaates verwehrte.
24 Zit. nach dem Stimmungsbericht des Berliner Polizeipräsidenten vom 24.9.1918, in: Materna: Berichte, S. 289 f.
25 So Albert Südekum auf der Sitzung des Interfraktionellen Ausschusses des Deutschen Reichstags am 21.9.1918, in: Matthias; Morsey: Der Interfraktionelle Ausschuß, Bd. 2, S. 639.
26 So Gustav Noske am 23.9.1918 auf der gemeinsamen Sitzung von MSPD-Fraktion und Parteivorstand, zit. nach Matthias; Pikart: Reichstagsfraktion der SPD, Bd. 2, S. 434.
27 Kessler, Harry Graf: Das Tagebuch 1880–1937. Band 6: 1916–1918, hg. v. Riederer, Günter; Kamzelak, Roland, Stuttgart 2006, S. 562 f.
28 Brief an den früheren Außenamtschef Jagow vom 9.10.1918, in: PAA Berlin, Nachlass Jagow Bd. 16.
29 Leipziger Volkszeitung (01.10.1918). Dieses Blatt war damals wohl das wichtigste Presseorgan der unabhängigen Sozialisten.
30 Leipziger Volkszeitung (02.10.1918).
31 Leipziger Volkszeitung (03.10.1918).
32 Leipziger Volkszeitung (07.10.1918).
33 Leipziger Volkszeitung (05.10.1918).
34 Verhandlungen des Reichstags, Bd. 314, S. 6154.
35 Leipziger Volkszeitung (07.10.1918).
36 So der Schlussakkord eines am 3.10.1918 erschienenen Flugblatts, zit. nach dem faksimilierten Abdruck in: Institut für Marxismus-Leninismus (Hg.): Illustrierte Geschichte der Novemberrevolution 1918/1919, Berlin 1978, S. 56. Vgl. auch den kurz darauf mehr analytisch ausgerichteten Artikel, Die kleine Lafayette, in: SPARTACUS, Nr. 12.
37 Zit. nach dem Bericht des Schweriner BR-Bevollmächtigten Langfeld aus Berlin vom 12.10.1918, LHA Schwerin, 2.26–1, Großherzogliches Kabinett II Nr. 1064, der hier wiederum den württembergischen Ministerpräsidenten v. Weizsäcker zitierte.

Anmerkungen

38 Aufzeichnung des Fürsten Wilhelm von Hohenzollern-Sigmaringen über seine Besprechungen mit Max von Baden in Berlin am 10. Oktober 1918, in: STA Sigmaringen, FAS HS 1–80 T 10 Nr. 21.
39 LA Der Zusammenbruch, in: Leipziger Volkszeitung (12.10.1918).
40 So der Text eines überall in Berlin verteilten Flugblatts, hier zitiert nach dem Exemplar in: STA Potsdam, Pr. Br. Rep. 30 Berlin C Polizeipräsidium Nr. 15842.
41 Das Folgende in kritischer Auswertung der einschlägigen Überlieferung: Polizeibericht vom 17.10.1918, in: STA Potsdam, Pr. Br. Rep. 30 Berlin C Polizeipräsidium Nr. 15842; Augenzeugenbericht des Reporters der Leipziger Volkszeitung (17.10.1918); Vorwärts (17.10.1918); Berliner Tageblatt (17.10.1918).
42 Veröffentlicht auf der Titelseite des sozialdemokratischen Zentralorgans Vorwärts (17.10.1918).
43 Stimmungsbericht des Berliner Polizeipräsidenten vom 19.10.1918, zit. nach Materna: Berichte, S. 294 f.
44 Mitteilungs-Blatt des Verbandes der sozialdemokratischen Wahlvereine Berlins und Umgegend, Nr. 28 (13.10.1918).
45 Er erschien 1932 unter dem unglücklich-polemischen Titel »Der Kaiser ging, die Generäle blieben« (Nachdruck Frankfurt am Main 1981). Im Nachwort betont der Autor zurecht, dass er die geschilderten Ereignisse so wahrheitsgetreu wie möglich dargestellt habe – auf der Basis eines sorgfältig recherchierten umfänglichen Quellenmaterials einschließlich 92 Zeitzeugen-Interviews. Das kann man als Historiker nur bestätigen – und von Plieviers atmosphärisch dichten und lebensnahen Schilderungen profitieren.
46 Kundgebung des Bund Neues Vaterland auf einer Versammlung in Berlin am 19.10.1918, in: Mitteilungen des BNV, Neue Folge 1 (11.1918); dort auch das folgende Zitat.
47 Zit. nach dem Regest des Protokolls, in: Zilch, Reinhold (Bearb.): Die Protokolle des Preußischen Staatsministeriums 1817–1934. Band 10: 14. Juli 1909 bis 11. November 1918 (Acta Borussica, neue Folge, Reihe 1), Hildesheim 1999, S. 240.
48 Friedberg an Max von Baden vom 22.10.1918, in: BAB, R 43/2440.
49 Vgl. Jones, Mark: Am Anfang war Gewalt. Die deutsche Revolution 1918/19 und der Beginn der Weimarer Republik, Berlin 2017, S. 76 ff.
50 So der renommierte linksbürgerliche Berliner Journalist Ernst Feder in seinem Artikel: ders.: Der 9. November, in: Berliner Tageblatt (09.11.1919).
51 Es handelt sich um die Bankiersfrau Gertrud Simons, deren launigen Kommentar der Historiker Gustav Mayer in seinem Tagebuch vom 23.10.1918 festgehalten hat, in: ders.: Historiker in Krieg und Revolution, S. 171; dort auch das nachfolgende Zitat.
52 Berliner Tageblatt (09.11.1919).
53 Vgl. Verhandlungen des Reichstags, Bd. 314, S. 6185 ff. – Zur positiven Rezeption vor allem im linksbürgerlichen Lager vgl. auch die Kommentare des Berliner Tageblatts (24.10.1918) sowie der Frankfurter Zeitung (25.10.1918).
54 Das Folgende nach dem Sitzungsprotokoll, in: Matthias; Morsey: Regierung Max von Baden, S. 321.
55 Hierzu jetzt die wegweisenden verallgemeinernden Überlegungen von Rojek, Sebastian: Versunkene Hoffnung. Die Deutsche Marine im Umgang mit Erwartun-

321

Anhang

gen und Enttäuschungen 1871–1930 (Quellen und Darstellungen zur Zeitgeschichte, 116), Berlin, Boston 2017, S. 200–204.
56 Frankfurter Zeitung (24.10.1918); dort auch das nachfolgende Zitat.
57 Verhandlungen des Reichstags, Bd. 314, S. 6226 ff.
58 Leipziger Volkszeitung (22.10.1918).
59 Verhandlungen des Reichstags, Bd. 314, S. 6187.
60 Verhandlungen des Reichstags, Bd. 314, S. 6226 ff.
61 Leipziger Volkszeitung (19.10.1918).
62 So Max Cohen auf der Fraktionssitzung der MSPD am 25.10.1918, zit. nach Matthias; Pikart: Reichstagsfraktion der SPD, Bd. 2, S. 507.
63 Verhandlungen des Reichstags, Bd. 314, S. 6268 ff.
64 Rede vom 25.10.1918, in: Verhandlungen des Reichstags, Bd. 314, S. 6270 f.
65 Zit. nach einem Diktat Max von Badens aus dem Jahr 1924, in: GLA Karlsruhe, FA N 6741.
66 Zit. nach dem Protokoll der Fraktionssitzung vom 25.10.1918, in: Matthias; Pikart: Reichstagsfraktion der SPD, Bd. 2, S. 507.
67 Dieses wie auch das Nachfolgende nach der Presseberichterstattung im Berliner Tageblatt bzw. in der Berliner Volkszeitung (28.10.1918).
68 Zit. nach dem Rede-Stenogramm der Berliner Volkszeitung.
69 Das berichtet Gustav Mayer in seinem Tagebuch vom 27.10.1918, in: ders.: Historiker in Krieg und Revolution, S. 174.
70 Vgl. Seils: Hugo Haase, S. 652 f.
71 Hierzu wie auch zum nachfolgenden Abschnitt vgl. die ausführliche Darstellung von Barth, Emil: Aus der Werkstatt der deutschen Revolution, Berlin 1919, S. 43 ff. sowie Tagebuch Karl Liebknecht, in: ders.: Gesammelte Reden und Schriften. Band 9: Mai 1916 bis 15. Januar 1919, hg. v. Institut für Marxismus-Leninismus, zweite erg. Aufl., Berlin 1971, S. 581 f.
72 Es handelt sich hierbei um Vertrauensleute aus den Berliner Industriebetrieben, die unabhängig von den Gewerkschaften und der MSPD Politik gegen den Krieg und für die radikale Demokratisierung von Staat und Gesellschaft machten. An späterer Stelle soll eingehender darauf eingegangen werden. Vgl. auch Müller, Richard: Eine Geschichte der Novemberrevolution, Band 1: Vom Kaiserreich zur Republik, Band 2: Die Novemberrevolution, Band 3: Der Bürgerkrieg in Deutschland, Nachdruck der Ausgaben von 1924/25, Berlin 2012, S. 134 ff.
73 GStA PK, NL Drews Nr. 159.
74 Aufzeichnung von Drews von Mitte November 1918, in: GStA PK, NL Drews Nr. 159.
75 Vorwärts (03.11.1918).
76 Stampfer, Friedrich: Ebert und die Republik, in: Vorwärts (09.11.1928).
77 Im Brief an seine Ehefrau Thea vom 1. November 1918, in: Haase, Ernst (Hg.): Hugo Haase. Sein Leben und Wirken. Mit einer Auswahl von Briefen, Reden und Aufsätzen, Berlin 1929, S. 169.
78 So die Leipziger Volkszeitung in ihrem LA: Wilhelm – und was dann?, in: Leipziger Volkszeitung (02.11.1918).
79 Zit. nach dem Flugblatt, das die Parteileitung der USPD am 4. November 1918 in Berlin veröffentlichte, später abgedruckt in: Mitteilungs-Blatt, Nr. 32 (10.11.

1918). – Zum größeren Bezugsrahmen dieser Konstellation vgl. auch Luban, Ottokar: Die Novemberrevolution 1918 in Berlin. Eine notwendige Revision des bisherigen Geschichtsbildes, in: JahrBuch für Forschungen zur Geschichte der Arbeiterbewegung, 8 (2009), S. 53–78, hier vor allem S. 62 ff.
80 Vgl. hierzu im Einzelnen Detlef Lehnert (Hg.): Revolution 1918/19 in Norddeutschland, Berlin 2018.
81 Zu den Einzelheiten vgl. Habeck, Robert; Paluch, Andrea; Trende, Frank: 1918. Revolution in Kiel (Sonderveröffentlichungen der Gesellschaft für Kieler Stadtgeschichte, 61), Heide 2008; Fischer, Rolf (Hg.): Revolution und Revolutionsforschung. Beiträge aus dem Kieler Initiativkreis 1918/19, Kiel 2011 sowie Jones: Gewalt, S. 37 ff.
82 Vgl. den Aufruf des MSPD-Vorstandes vom 4.11.1918, jetzt »ruhig Blut und Disziplin zu wahren und sich von keinerlei Verwirrungsparolen einfangen zu lassen«, Vorwärts (04.11.1918).
83 Zit. nach seinem Votum auf der Fraktionssitzung seiner Partei am 6.11.1918, in: Matthias; Pikart: Reichstagsfraktion der SPD, Bd. 2, S. 513.
84 Zit. nach dem Protokoll der Kabinettsitzung, in: Matthias; Morsey: Regierung Max von Baden, S. 578.
85 Eine entsprechende Warnung erging auf Beschluss von Partei- und Fraktionsvorstand unter Zuziehung der Berliner Ortsleitung am Abend des 7. November 1918, in: Matthias; Pikart: Reichstagsfraktion der SPD, Bd. 2, S. 514.
86 Hierzu im Einzelnen Schmidt, Ernst-Heinrich: Heimatheer und Revolution 1918. Die militärischen Gewalten im Heimatgebiet zwischen Oktoberreform und Novemberrevolution (Beiträge zur Militär- und Kriegsgeschichte, 23), Stuttgart 1981.
87 Als Quellen unentbehrlich hierzu nach wie vor: Barth: Werkstatt der Revolution; Ledebour, Georg: Der Ledebour-Prozess. Gesamtdarstellung des Prozesses gegen Ledebour wegen Aufruhr etc. vor dem Geschworenengericht Berlin-Mitte vom 19. Mai bis 23. Juni 1919 auf Grund des amtlichen Stenogramms, Berlin 1919, S. 28 ff. sowie Müller, Richard: Novemberrevolution. – An neuerer Literatur vgl. vor allem: Hoffrogge, Ralf: Richard Müller. Der Mann hinter der Novemberrevolution (Geschichte des Kommunismus und Linkssozialismus, 7), Berlin 2008, S. 65 ff. – Luban: Novemberrevolution 1918 in Berlin, S. 70 ff. – Die Wahrnehmung und politische Perzeption dieser Revolutionsvorbereitung beleuchtet Schmidt: Heimatheer und Revolution 1918, S. 212.
88 Vgl. hierzu den Bericht des Berliner Korrespondenten der Leipziger Volkszeitung über die »fieberhafte Spannung« am Freitag, den 8. November in Berlin, Leipziger Volkszeitung (09.11.1918).
89 Zur Entschlossenheit des Oberkommandierenden in den Marken Linsingen, gegen alle Meutereien mit militärischer Gewalt vorzugehen vgl. seine spätere Aufzeichnung über seine Anordnungen in den letzten Tagen vor der Revolution, abgedruckt in: Matthias; Morsey: Regierung Max von Baden, S. 620 ff.
90 Mit Blick auf die Lage am 6. November 1918 hatte die Berliner Tagespresse übereinstimmend noch von vollkommener Ruhe berichtet: Vgl. Berliner Tageblatt (07.11.1918), Vossische Zeitung (07.11.1918) sowie Vorwärts (07.11.1918). – Es war die buchstäbliche Ruhe vor dem Sturm.

Anhang

91 Zu diesem Aspekt vgl. auch Altenhöner: Kommunikation, S. 295 ff. sowie Jones: Gewalt, S. 51 ff.
92 Zit. nach Hürten, Heinz; Meyer, Georg (Bearb.): Adjutant im preußischen Kriegsministerium Juni 1918 bis Oktober 1919. Aufzeichnungen des Hauptmanns Gustav Böhm (Beiträge zur Militär- und Kriegsgeschichte, 19), Stuttgart 1977, S. 56 bzw. 58.
93 Zit. nach seinem Redebeitrag auf der Sitzung des Interfraktionellen Ausschusses am 8.11.1918, in: Matthias; Morsey: Der Interfraktionelle Ausschuß, Bd. 2, S. 297.
94 Zit. nach seiner Darlegung auf der Fraktionssitzung der MSPD am 8.11.1918, in: Matthias; Pikart: Reichstagsfraktion der SPD, Bd. 2, S. 516.
95 Vgl. den Lagebericht im Berliner Tageblatt (08.11.1918). Auch im sozialdemokratischen Vorwärts (08.11.1918) war zu lesen, dass das Auftreten der Berliner Polizei am 7. November »keineswegs zur Beruhigung der Gemüter beiträgt«.
96 Vgl. den Lagebericht der Berliner Volkszeitung (09.11.1918), Morgenausgabe.
97 So der Korrespondent der Leipziger Volkszeitung in seinem letzten Lagebericht vor Ausbruch der Revolution, Leipziger Volkszeitung (09.11.1918).
98 Wermuth, Adolf: Ein Beamtenleben. Erinnerungen, Berlin 1922, S. 412; ähnliche Unruhen im Berliner Stadtzentrum beschreibt der Reichstagsabgeordnete Hanssen in seinem Tagebuch vom 8.11.1918: Hanssen, Hans Peter: Diary of a Dying Empire, hg. v. Lutz, Ralph H. u. a., London 1973, S. 347. – Die englische Ausgabe geht zurück auf die 2-bändige dänische Erstveröffentlichung von 1924: Hanssen, Hans Peter: Fra Krigstiden. Dagbogsoptegnelser, Kopenhagen 1924.
99 Abdruck in: Dokumente und Materialien zur Geschichte der Arbeiterbewegung, Band 6/1, hg. v. Institut für Marxismus-Leninismus, Berlin 1957, S. 324 ff.
100 Scheidemann: Zusammenbruch, S. 207. Vgl. auch Gerlach, Hellmut von: Von rechts nach links, Zürich 1937, S. 241. – Zum Anschluss der MSPD an die revolutionäre Bewegung des 9. November vgl. auch die Protokolle von der Sitzung der MSPD-Fraktion mit Berliner Arbeitervertretern am Morgen des 9.11.1918, in: Matthias; Pikart: Reichstagsfraktion der SPD, Bd. 2, S. 518 ff. sowie Ledebour: Prozess, S. 33.
101 Siehe erste Extraausgabe des Vorwärts (09.11.1918) sowie den aufschlussreichen Bericht des Berliner Korrespondenten der Wiener Arbeiter-Zeitung (10.11. 1918). – Vgl. auch Materna, Ingo: Der Vollzugsrat der Berliner Arbeiter- und Soldatenräte 1918/19, Berlin 1978, S. 20 f.
102 Sehr inspirierend für die nachfolgende Analyse war das Werk von Figes, Orlando; Kolonitskii, Boris: Interpreting the Russian Revolution. The Language of Symbols of 1917, New Haven u. a. 1999.
103 Eintrag vom 11.11.1918, in: Mayer: Historiker in Krieg und Revolution, S. 185.
104 Wo nicht eigens vermerkt, basiert diese Rekonstruktion auf einer systematischen Auswertung örtlicher Zeitungsberichte.
105 Ross, Colin: Die ersten Tage der Revolution, in: Das Tage-Buch, Nr. 1 (1920), S. 210.
106 Zit. nach dem Armee-Befehl vom 22.3.1897, in: Extra-Nummer des Armee-Verordnungs-Blatt, Nr. 31 (22.03.1897).

107 Eine lebensnahe und durchaus ›realhistorische‹ Schilderung dieses Vorgangs findet sich bei Nowak, Karl Friedrich: Chaos, München 1923, S. 211 ff.
108 So die Erinnerung seines damaligen Parteikollegen August Müller, der als Staatssekretär schon seit 1916 in der Berliner Regierungsbürokratie arbeitete, zit. nach Berliner Tageblatt (09.11.1928).
109 Kollwitz, Käthe: Die Tagebücher, hg. v. Bohnke-Kollwitz, Jutta, Berlin 1989, S. 378 f.
110 In seiner am 16.11.1918 gehaltenen Rede vor großem Publikum in Berlin, abgedruckt in: Die Zukunft (23.11.1918), S. 185.
111 Tagebuch Harry Graf Kessler vom 10.11.1918, in: ders.: Tagebuch, Bd. 6, S. 628.
112 Vgl. hierzu den überaus aufschlussreichen Ausstellungskatalog: Hallen, Andreas; Kerbs, Diethart (Hg.): Revolution und Fotografie. Berlin 1918/19, Berlin 1989.
113 Vgl. Figes, Orlando: Russland. Die Tragödie eines Volkes. Die Epoche der russischen Revolution 1891 bis 1924, Berlin 2014, S. 333ff; dort das wohl anschaulichste kulturgeschichtliche Panorama der Geschehnisse, die zum Sturz des Zarenregimes geführt hatten. – Auch die deutsche Öffentlichkeit war damals recht lebensnah über die Revolution in Russland informiert: Vgl. zum Beispiel den Artikel: Bilder aus den Revolutionstagen in St. Petersburg, in: Berliner Illustrierte Zeitung, Nr. 18 (1917).
114 Das Folgende nach der Berliner Volkszeitung (10.11.1918); inzwischen als USPD-Organ erscheinend. Vgl. auch die ähnlich lautende Schilderung: Der Sturm auf das Polizeipräsidium, in: Die rote Fahne. Ehemaliger Berliner Lokal-Anzeiger, (09.11.1918), 2. Abendausgabe.
115 Zit. nach Ledebour: Prozess, 1919, S. 594 ff.
116 Vgl. Figes: Russland, S. 342 ff.
117 Wermuth: Beamtenleben, S. 415.
118 Vgl. die schmerzliche Wahrnehmung dieser feindlichen Übernahme durch die betroffenen Zeitungsverlage bei Osborn, Max; Bernhard, Georg (Hg.): 50 Jahre Ullstein 1877–1927, Berlin 1927, S. 93 ff.
119 Vgl. Kuttner, Erich: Von Kiel bis Berlin. Der Siegeszug der deutschen Revolution, Berlin 1918, S. 29; außerdem den feuilletonistischen Artikel von Eck-Troll, Max: W.T.B., Vorwärts (05.12.1918).
120 Zit. nach Ledebour: Prozess, S. 129. – Bei den Versuchen der Revolutionäre, auch wichtige Berliner Zeitungsunternehmen in ihre Gewalt zu bekommen, scheint es dagegen weniger glimpflich zugegangen sein: vgl. das Protestschreiben der Berliner Vereinigung Großstädtischer Zeitungsverleger vom 15.11.1918, abgedruckt in: Dokumente und Materialien, Bd. 6/1, S. 389 ff.
121 Eck-Troll: W.T.B.
122 Zit. nach dem Tagebuch-Eintrag vom 9.11.1918, in: Wolff, Theodor: Tagebücher 1914–1919. Der Erste Weltkrieg und die Entstehung der Weimarer Republik in Tagebüchern, Leitartikeln und Briefen des Chefredakteurs am »Berliner Tageblatt« und Mitbegründers der »Deutschen Demokratischen Partei«, Band 2, hg. v. Sösemann, Bernd, Boppard am Rhein 1984, S. 647 f.
123 Zit. nach dem Tagebuch-Eintrag vom 9.11.1918, in: Mayer: Historiker in Krieg und Revolution, S. 184.
124 Wahlstatt, Evelyn Blücher von: Tagebuch, München 1924, S. 305 f.

Anhang

125 Zit. nach dem Tagebuch-Eintrag vom 10.11.1918, in: Kessler: Tagebuch, Bd. 6, S. 629. – Fast wortgleich resümierte der sozialdemokratische Vorwärts am gleichen Tag: »Das Volk hat sich seiner jungen Freiheit durch eine ernste und ehrenhafte Haltung würdig gezeigt«, Vorwärts (10.11.1918).
126 LA Der Götterfunke, in: Die Zukunft (23.11.1918), S. 204.
127 Holitscher, Arthur: Mein Leben in dieser Zeit. Lebensgeschichte eines Rebellen, Band 2, Potsdam 1928, S. 159 f.
128 So einer der Protagonisten der Revolutionären Obleute Richard Müller in seiner rückblickenden Darstellung (von 1925) dieser Veranstaltung, hier zitiert nach Müller, Richard: Novemberrevolution, S. 261; ebd. ff. auch zum Folgenden. Weitere Quellen: Müller, Hermann: November-Revolution, S. 58 f. sowie Ross: Die ersten Tage der Revolution, S. 208 f.
129 Alles Nähere darüber bei Hoffrogge: Richard Müller.
130 Tagebuch-Eintrag vom 9.11.1918, in: Kessler, Tagebuch, Bd. 6, S. 626.
131 Vgl. Engel, Gerhard u. a. (Hg.): Groß-Berliner Arbeiter- und Soldatenräte in der Revolution 1918/19. Dokumente der Vollversammlung und des Vollzugrates. Vom Ausbruch der Revolution bis zum 1. Reichsrätekongress, Berlin 1993, S. 12 f.
132 Zit. nach dem Abdruck bei Marx, Heinrich: Handbuch der Revolution in Deutschland 1918–19, Berlin 1919, S. 165 f.
133 Alle Zitate aus dem Leitartikel, Die rote Fahne (10.11.1918) – auch als Flugblatt verteilt, vgl. Engel u. a.: Arbeiter- und Soldatenräte, S. 24 ff.
134 Nach dem auch als Flugblatt gedruckten Aufruf »Arbeiter und Soldaten von Berlin!« (Ebd., S. 3).
135 Alles nach dem Leitartikel in der Berliner Volkszeitung (10.11.1918) – inzwischen Organ der USPD.
136 Alles nach einem Aufruf des MSPD-Vorstandes, den der Vorwärts als dritte Extraausgabe unter das Volk brachte.
137 Zit. nach dem LA, Vorwärts (10.11.1918).
138 Zit. nach dem Abdruck bei Runkel, Ferdinand: Die deutsche Revolution. Ein Beitrag zur Zeitgeschichte, Berlin 1919, S. 116 f. – Zur Entstehungsgeschichte vgl. drüber hinaus Müller, Richard: Novemberrevolution, S. 265 ff. sowie Müller, Hermann: November-Revolution, S. 72.
139 Vgl. Grau, Bernhard: Kurt Eisner 1867–1919. Eine Biographie, München 2001, S. 343 ff. – Zum kulturgeschichtlichen Kontext jetzt auch (angemessen romanhaft) Weidermann, Volker: Träumer. Als die Dichter die Macht übernahmen, Köln 2017 und Höller, Ralf: Das Wintermärchen. Schriftsteller erzählen die bayerische Revolution und die Münchner Räterepublik, Berlin 2017.
140 So wollte der sozialdemokratische Vorwärts den 9. November ein Jahr später historisch-politisch gewürdigt wissen: Vorwärts (04.11.1919).
141 Vossische Zeitung (09.11.1918), Abendausgabe.

Anmerkungen

Zu: 4 Auf den Hauptschauplätzen des Machtwechsels

1   Viele Anregungen für eine solche topografische Politikgeschichte verdanke ich dem Sammelband von Hemecker, Wilhelm; Heumann, Konrad (Hg.): Hoffmannsthal. Orte. 20 biographische Erkundungen, Wien 2014. Vgl. aber auch schon Jaworski, Rudolf; Stachel, Peter (Hg.): Die Besetzung des öffentlichen Raumes. Politische Plätze, Denkmäler und Straßennamen im europäischen Vergleich, Berlin 2007. – Mit speziellem Blick auf die deutsche Revolution jetzt Aulke, Julian: Räume der Revolution. Kulturelle Verräumlichung in Politisierungsprozessen während der Revolution 1918–1920 (Studien zur Geschichte des Alltags, 31), Diss. Göttingen, Stuttgart 2015.
2   Vgl. Rees, Anke: Das Gebäude als Akteur. Architekturen und ihre Atmosphären (Kulturwissenschaftliche Technikforschung, 5), Diss. Zürich 2016.
3   Im Oktober/November 1918 waren dies: Werner Freiherr von Grünau sowie der frühere Chef des Auswärtigen Amtes Paul von Hintze.
4   Sehr informativ zur Rolle des Schauplatzes Strenge: Spa im Ersten Weltkrieg; außerdem Afflerbach: Oberster Kriegsherr (Einführung).
5   Eingehende Schilderungen über das Hofleben des Kaisers dort finden sich in den Aufzeichnungen des katholischen Hofgeistlichen Berg, Ludwig: Pro Fide et Patria: vgl. vor allem seine detaillierten Beschreibungen der kaiserlichen Tafeln in der Villa Fraineuse auf S. 610 ff., S. 664.ff. und S. 689 ff.
6   Vgl. mit weiteren Verweisen Malinowski, Stephan: Vom König zum Führer. Sozialer Niedergang und politische Radikalisierung im deutschen Adel zwischen Kaiserreich und NS-Staat (Elitenwandel in der Moderne, 4), Berlin 2003², S. 228 ff. sowie Kohlrausch, Martin: Der Monarch im Skandal. Die Logik der Massenmedien und die Transformation der wilhelminischen Monarchie (Elitenwandel in der Moderne, 7), Diss. Florenz, Berlin 2005, S. 321 ff.
7   Vgl. Huber, Ernst Rudolf: Deutsche Verfassungsgeschichte seit 1789. Band 5: Weltkrieg, Revolution, Reichserneuerung, Stuttgart 1978, S. 658 ff.; Cecil, Lamar: Wilhelm II. Band 2: Emperor and exile 1900–1941, Chapel Hill 1996, S. 274 ff.; Kohlrausch: Der Monarch im Skandal, S. 325 ff.; Strenge: Spa im Ersten Weltkrieg, S. 139 ff.; Pyta, Wolfram: Hindenburg. Herrschaft zwischen Hohenzollern und Hitler, München 2007, S. 361 ff.; Stephenson: Final Battle, S. 67 ff.
8   So der damalige Vertreter des Auswärtigen Amtes beim Kaiser Grünau, der die letzten Herrschertage Wilhelms II. aus großer Nähe beobachten konnte und darüber einen Monat später einen detaillierten Bericht verfasst hat, hier zit. nach dem Exemplar in: PAA Berlin, R 21888. Vgl. auch Potthoff: Berg, S. 196.
9   Vgl. den anonymen Bericht über diese Reise, die der sozialdemokratische Vorwärts veröffentlichte: Aus den Papieren eines Hofbeamten, in: Vorwärts (05.12.1918).
10 Vgl. zu seiner politischen und militärischen Stellung damals die freilich in vielem überholte Studie von Rakenius, Gerhard W.: Wilhelm Groener als Erster Generalquartiermeister: die Politik der Obersten Heeresleitung 1918/19 (Wehrwissenschaftliche Forschungen, 23), Diss. Freiburg, Boppard am Rhein 1977, S. 15 ff.
11 Hierzu die Unterlagen in: GLA Karlsruhe, FA N 6172; insbesondere den Briefwechsel Groener/Scheuch von 1922.

Anhang

12 Tagebuch Ilsemann aus Spa vom 31.10.1918, zit. nach ders.: Der Kaiser in Holland, Bd. 1, S. 30.
13 Zit. nach dem Abdruck seiner Rede vom 5.6.1918, in: Berliner Tageblatt (17.06.1918).
14 Nach dem Tagebuch des Rittmeisters, zit. nach Hubatsch, Walther: Hindenburg und der Staat. Aus den Papieren des Generalfeldmarschalls und Reichspräsidenten von 1878 bis 1934, Göttingen 1966, S. 36.
15 Darüber hat sich Wilhelm II. noch Jahre später in seinen Erinnerungen anerkennend geäußert: Vgl. Kaiser Wilhelm II.: Ereignisse und Gestalten aus den Jahren 1878–1918, Leipzig 1922, S. 239 f. – Zu der Drew'schen Mission selber vgl. die oben in Kapitel III gemachten Ausführungen.
16 Nach dem Original im Fürstlich Fürstenbergischen Archiv, Donaueschingen.
17 Zit. nach Groeners Rede auf der Sitzung des Gesamtkabinetts am 5.11.1918, in: Matthias; Morsey: Regierung Max von Baden, S. 532. – Vgl. auch Groeners Zeugenaussage im sog. Dolchstoß-Prozess in München am 28.10.1925: »Der Feldmarschall hatte mir den Auftrag gegeben, den Kaiser zu schützen«, zit. nach dem Gerichtsprotokoll, in: Vossische Zeitung (29.10.1925).
18 Georg von Plessen war 76 Jahre alt, Generaloberst im Rang eines Feldmarschalls und 1. Kommandant des kaiserlichen Hauptquartiers; Ulrich von Marschall war 55 Jahre alt, Generalmajor und Chef des kaiserlichen Militärkabinetts; Hans von Gontard 57 Jahre alt, Generalmajor und eine Mischung aus Hofmarschall und Hausminister.
19 Georg von Hirschfeld, Major; Leopold Freiherr von Münchhausen, 46 Jahre, Major und 2. Kommandant des GHQ; Sigurd von Ilsemann, 38 Jahre, Hauptmann; Alfred Niemann, 42 Jahre, Major und ständiger Vertreter der OHL beim Kaiser.
20 Ich folge hier Kohlrausch: Der Monarch im Skandal, S. 326 f.
21 Zit. nach Berg, Ludwig: Pro Fide et Patria, S. 786 f.; vgl. auch ebd., S. 809 f.
22 Zit. nach den Lebenserinnerungen des Chefs der Operationsabteilung der OHL Wilhelm Heye, in: BAF, N 18/4.
23 Tagebucheintrag vom 7.11.1918, nach dem Original im Fürstlich Fürstenbergischen Archiv, Donaueschingen.
24 Vgl. hierzu vor allem die Dokumente bei Niemann: Revolution von oben, S. 369 ff. – Außerdem Ilsemann: Der Kaiser in Holland, Bd. 1, S. 35 ff. sowie Niemann: Kaiser und Revolution, S. 137 f. – und in kritischer Zusammenschau des Szenarios Afflerbach: Oberster Kriegsherr, S. 623 ff.
25 Vgl. hierzu im Einzelnen: Machtan: Der Endzeitkanzler, S. 447 ff.
26 Tagebuch Ilsemann aus Spa vom 8.11.1918, zit. nach ders.: Der Kaiser in Holland, Bd. 1, S. 35.
27 Beckmann, Ewald: Der Dolchstoßprozeß in München vom 19. Oktober bis 20. November 1925. Verhandlungsberichte und Stimmungsbilder, München 1925, S. 107.
28 So Groener wörtlich in seinem vom 12.4.1919 datierten Kommentar über den neunten November in Spa, in: BAF, N 46/190.
29 Hierzu ausführlich Kohlrausch: Der Monarch im Skandal, S. 362 ff. sowie Groener: Lebenserinnerungen, S. 444 f.

30 Zit. nach dem Tagebucheintrag Plessens vom 7.11.1918, in: Afflerbach: Oberster Kriegsherr, S. 932.
31 So Plessen gegenüber Haeften nach dessen Erinnerungen, zit. nach Matthias; Morsey: Regierung Max von Baden, S. 619.
32 Zit. nach dem Tagebucheintrag Plessens vom 8.11.1918, in: Afflerbach: Oberster Kriegsherr, S. 932 f. – Vgl. außerdem Groener: Lebenserinnerungen, S. 454.
33 Zum Folgenden auch Pyta: Hindenburg, S. 364 ff.
34 Zur Rekonstruktion dieser Vorgänge vgl. vor allem Groener: Lebenserinnerungen, S. 459; Niemann, Alfred: Prinz Max von Baden. Erinnerungen und Dokumente. Eine Besprechung, Berlin 1927, S. 19; Bericht Grünaus vom 15.12.1918, in: PAA Berlin, R 21888; Diktat des Prinzen Max von Baden (undatiert), in: GLA Karlsruhe, FA N 6741.
35 Über Vorgänge am Samstagmorgen in der Reichskanzlei wird im Detail im folgenden Kapitel zu berichten sein.
36 Bericht Grünaus vom 15.12.1918, in: PAA Berlin, R 21888.
37 So Groener am 4. Juli 1919 in Berlin gegenüber dem Generalstabsoffizier Kurt Anker und von diesem veröffentlicht zum 10. Jahrestag der deutschen Revolution: ders.: Im Hauptquartier am 9. November, in: Berliner Tageblatt (09.11.1928); ebd. auch das nachfolgende Zitat.
38 Niemann: Kaiser und Revolution, S. 139.
39 Beide Zitate nach seinem vom 12.4.1919 datierten Kommentar über den 9. November in Spa, in: BAF, N 46/190.
40 Bericht Grünaus vom 15.12.1918, in: PAA Berlin, R 21888.
41 Vgl. die spätere Leserzuschrift des damaligen Vertreters der OHL in der Berliner Reichskanzlei Haeften an die Neue Preußische Zeitung, dem bei seinem Eintreffen in die Wilhelmstraße gegen halb elf mitgeteilt wurde, in Spa sei die Abdankung des Kaisers jetzt »so gut wie beschlossen«. Neue Preußische Zeitung (17.08.1928).
42 Zit. nach seiner Einlassung vom 12.4.1919, in: BAF, N 46/190.
43 Groener: Lebenserinnerungen, S. 460.
44 Überliefert in Gestalt eines undatierten siebenseitigen Schreibmaschinen-Skriptes mit dem Titel »Max von Baden«, in: IfZ München, ED 60 – 9 – 171.
45 Das haben sowohl der damalige Chef der Reichskanzlei Wahnschaffe als auch der Chefberater der Prinzen Max Simons später bezeugt: Vgl. Wahnschaffes Aufsatz: ders.: Zur Geschichte des 9. November, erstmals veröffentlicht in: Deutsche Allgemeine Zeitung (16.08.1919) sowie das Schreiben von Walter Simons an Max von Baden vom 31.7.1919, in: GLA Karlsruhe, FA N 6100.
46 Hierzu das Nähere mit Belegen im nachfolgenden Kapitel.
47 Lebenserinnerungen Heye, in: BAF, N 18/4. Vgl. auch Groeners Einlassung vom 12.4.1919, in: BAF, N 46/190.
48 So hat es Heye in seinen Lebenserinnerungen als wörtliches Zitat auf die Nachwelt gebracht: BAF, N 18/4. – Vgl. auch Ilsemann: Der Kaiser in Holland, Bd. 1, S. 37.
49 So die erste Reaktion des abgesetzten Monarchen nach Niemann: Kaiser und Revolution, S. 142.
50 Zit. nach dem Tagebuch Plessens vom 9.11.1918, in: Afflerbach: Oberster Kriegsherr, S. 933.

Anhang

51 So Ilsemann in seinem Tagebuch vom 9. November 1918, zit. nach ders.: Der Kaiser in Holland, Bd. 1, S. 38.
52 Wagener: Max von Baden, in: IfZ München, ED 60 – 9 – 171.
53 Zit. nach dem Brief von Simons an Max von Baden vom 31.7.1919, in: GLA Karlsruhe, FA N 6100. – Vgl. hierzu auch den Bericht Grünaus vom 15.12.1918, in: PAA Berlin, R 21888.
54 Heye: Lebenserinnerungen, in: BAF, N 18/4.
55 Wie dies im Einzelnen vonstattenging, ist in der einschlägigen Literatur eingehend erörtert worden und braucht deshalb an dieser Stelle nicht noch einmal erzählt zu werden. Vgl. vor allem Westarp, Kuno von: Das Ende der Monarchie am 9. November 1918: abschließender Bericht nach den Aussagen der Beteiligten, hg. v. Conze, Werner, Stollhamm 1952, S. 94 ff.; Pyta: Hindenburg, S. 370 ff.
56 Wilhelm an Auguste Viktoria vom 9.11.1918, nach der Abschrift in: PAA Berlin, Nachlass Kriege Bd. 5.
57 Merton, Richard: Erinnernswertes aus meinem Leben, das über das Persönliche hinausgeht, Frankfurt am Main, 1955, S. 49.
58 Hierzu zuletzt Käppner: Aufstand für die Freiheit, S. 217 ff.
59 Zit. nach dem Original in: PAA Berlin, R 3472.
60 Zu den entsprechenden Vorgängen vgl. im Einzelnen die einschlägigen Dokumente in: PAA Berlin, R 3472.
61 Zu kulturgeschichtlichen Würdigung dieser Machtmeile immer noch grundlegend Wilderotter, Hans: Alltag der Macht. Berlin Wilhelmstrasße, Berlin 1998; außerdem Demps, Laurenz: Berlin-Wilhelmstraße: eine Topographie preußischdeutscher Macht, 4. stark veränd. Aufl., Berlin 2010.
62 Zum Folgenden vgl. über die Abhandlungen von Wilderotter und Demps hinaus die informative Studie von Sandkühler, Thomas: Die Reichskanzlei in der Wilhelmstraße 1871–1945, in: Der Bär von Berlin, 65 (2016), hier vor allem S. 105 ff.; außerdem das Bildmaterial in der vom Staatssekretär der Reichskanzlei herausgegebenen Publikation: Pünder, Hermann (Hg.): Zur Geschichte des Reichskanzlerpalais und der Reichskanzlei, Berlin 1928.
63 Aus einem Zeitungsartikel von 1924, zit. nach Wilderotter: Alltag der Macht, S. 122.
64 Brecht: Lebenserinnerungen, S. 151 f.
65 Siehe hierzu den überaus anschaulichen Bildbericht: Im Reichskanzlerpalais, in: Über Land und Meer, Nr. 28 (1909), S. 645–648.
66 Max von Baden an Großherzog Friedrich II. von Baden aus Berlin vom 15.10.1918, in: GLA Karlsruhe, FA N 5801.
67 Bernstorff, Johann Heinrich von: Erinnerungen und Briefe, Zürich 1936, S. 176 f.
68 Zur Behördengeschichte vgl. Schöne, Siegfried: Von der Reichskanzlei zum Bundeskanzleramt. Eine Untersuchung zum Problem der Führung und Koordination in der jüngeren deutschen Geschichte (Beiträge zur politischen Wissenschaft, 5), Berlin 1968, S. 70 ff.
69 Details in: BAB, R 43I, Nr. 1507 und 1508.
70 Brecht: Lebenserinnerungen, S. 201 ff.; vgl. auch Gründer, Horst: Walter Simons als Staatsmann, Jurist und Kirchenpolitiker, Neustadt/Aisch 1975, S. 30 ff.
71 Heute Ebertstraße.

72 So Ebert am 7.11.1918 wörtlich im Interfraktionellen Ausschuss des deutschen Reichstags, zit. nach Matthias; Morsey: Regierung Max von Baden, S. 572.
73 Undatiertes Diktat Max von Badens, in GLA Karlsruhe, FA N 6741; eine deutlich frisierte Version dieser Unterredung in: ders.: Erinnerungen und Dokumente, S. 567.
74 Kuttner an seine Mutter aus Berlin vom 7.11.1918, in: IISG Amsterdam, NL Kuttner Nr. 67. Vgl. außerdem Matthias; Pikart: Reichstagsfraktion der SPD, Bd. 2, S. 508 sowie Scheidemann: Zusammenbruch, S. 204 f.
75 Baden: Erinnerungen und Dokumente, S. 567 bzw. 579.
76 Tagebuch Gustav Mayer vom 8.11.1918, ders.: Historiker in Krieg und Revolution, S. 182.
77 Zitiert nach der Aufzeichnung Hintzes über die Vorgänge am 7.11.1918 in Spa, abgedruckt bei Niemann: Revolution von oben, S. 368 f.
78 Vgl. hierzu wie auch zum Folgenden die Aufzeichnung Haußmanns vom 7.11.1918, in: ders.: Schlaglichter, S. 266; Aufzeichnung Payer vom 7.11.1918, in: BAK, 1020/46; Matthias; Morsey: Regierung Max von Baden, S. 574 ff.
79 Zit. nach dem Protokoll der Sitzung vom 8.11.1918, in: Matthias; Morsey: Regierung Max von Baden, S. 597.
80 Die Wiedergabe im Folgenden erfolgt nach der Erstveröffentlichung in der Deutschen Allgemeinen Zeitung (16.08.1919); leicht redigiert auch bei Baden: Erinnerungen und Dokumente, S. 582.
81 Zitiert nach dem Tagebuch Ilsemann vom 8.11.1918, in: ders.: Der Kaiser in Holland, Bd. 1, S. 35.
82 Das berichtet Harry Graf Kessler im Anschluss an eine »lange« Unterredung mit Scheidemann über diese Vorgänge in seinem Tagebuch vom 11.8.1929, Kessler, Harry Graf: Das Tagebuch 1880–1937. Band 9: 1926–1937, hg. v. Riederer, Günter; Kamzelak, Roland, Stuttgart 2010, S. 256. Schon im Jahr davor hatte sich Scheidemann gegenüber einem bekannten Berliner Journalisten ganz ähnlich über Eberts »geheime Verhandlungen mit dem Prinzen Max« am 9. November 1918 beklagt: Vgl. Feder, Tagebücher, S. 202. Außerdem: Scheidemann, Phillip: Memoiren eines Sozialdemokraten, Band 2, Hamburg 2010, S. 302 f. sowie Felden, Emil: Eines Menschen Weg. Friedrich Eberts Leben, Bremen 1927, S. 300.
83 Telefonische Nachricht aus der Reichskanzlei zur Weitergabe an OHL und Kaiser um 9 Uhr, aufgezeichnet durch Adjutant Alfred Niemann, zit. nach ders.: Revolution von oben, S. 380.
84 Vgl. oben, S. 216 ff.
85 Hierzu jetzt aufschlussreich der Brief des Prinzen Max von Baden an Graf Roedern aus Salem vom 15.2.1922, in: GLA Karlsruhe, FA N 6068.
86 Staatssekretär Schiffer sagte dem dänischen Reichstagsabgeordneten Hanssen am 9.11.1918 um 10 Uhr: Die Wilhelmstraße sei im Begriff, die Abdankung des Kaisers zu verkünden. Man warte noch bis spätestens 12 Uhr damit. Hanssen: Diary of a Dying Empire, S. 349.
87 Prittwitz an Kurt Hahn vom 17.10.1921, in: GLA Karlsruhe, FA N 5607.
88 Zit. nach den undatierten Aufzeichnungen des persönlichen Adjutanten des Prinzen Eduard von Racknitz, im Archiv der Familie von Racknitz, Bad Rappenau.

Anhang

89 Aufzeichnungen Haeftens über den 9. November, in: Neue Preußischen Zeitung (17.08.1927).
90 Vgl. über die in Anm. 84–86 genannten Quellen hinaus noch die undatierten Diktate Max von Badens zu den Ereignissen des 9. November 1918, in: GLA Karlsruhe, FA N 5607; Brief Walter Simons an Max von Baden vom 31.7.1919, in: ebd., FA N 6100 sowie Matthias; Morsey: Regierung Max von Baden, S. 614 ff.
91 Hier zitiert nach dem Abdruck im Sonderband des Deutschen Geschichtskalenders mit dem Titel: Die deutsche Revolution, Band 1, Leipzig 1920, S. 26.
92 Berliner Lokalanzeiger (09.11.1918).
93 Vgl. die Denkschrift Colin Ross von 1920, in: PAA Berlin, R 121300, wo der damalige Mitarbeiter von Kurt Hahn berichtet, er persönlich habe die Information an Ebert übermittelt. Vgl. auch die Erinnerungen des Berliner Korrespondenten von Associated Press in Berlin Bouton, S. Miles: And the Kaiser abdicates. The Story of the Death of the German Empire and the Birth of the Republic told by an Eyewitness, New Haven 1920, S. 156 f.
94 Interessanterweise ist vor allem die Vernebelung zweier Hauptzeugen dieser Vorgänge kaum zu überbieten: Scheidemann: Memoiren, Bd. 2, S. 304 ff. sowie Baden: Erinnerungen und Dokumente, S. 600 ff.
95 Sie beruhen im Wesentlichen auf den Forschungen zu meinem Buch »Endzeitkanzler«, ergänzt um einige dort noch nicht berücksichtigte Details.
96 Scheidemann schreibt in seinen späteren Ergänzungen zu seinen Memoiren wörtlich: »Es steht leider jetzt fest, daß Ebert diese Begegnung und ihren Verlauf mit dem Prinzen in vertraulicher Besprechung vorher vereinbart hatte«, zit. nach Gellinek, Christian (Hg): Philipp-Scheidemann-Sammlung. Band 3: Erinnerungen eines ausgewiesenen Staatsmannes a.D., Münster 2010, S. 32. – Vgl. auch seine am 20.11.1928 gegenüber dem liberalen Journalisten Ernst Feder gemachten Ausführungen hierzu, zit. nach: ders.: Heute sprach ich mit ... Tagebücher eines Berliner Publizisten 1926–1932, herausgegeben von Cecilie Lowenthal-Hensel und Arnold Paucker, Stuttgart 1971, S. 202.
97 Payer, Friedrich von: Von Bethmann-Hollweg bis Ebert. Erinnerungen und Bilder, Frankfurt am Main 1923, S. 163 f.
98 Spätere Ergänzungen Max von Badens zum sog. Haußmann-Protokoll über den 9. November 1918, in: GLA Karlsruhe, FA N 6741.
99 Vgl. auch die Erinnerungen, die Konrad Haußmann im Berliner Tageblatt (21.11.1920) veröffentlicht hat, der ausdrücklich bestätigt, dass es keinerlei Einwendungen »gegen die Geschäftsführung durch Ebert« gegeben habe.
100 So der damalige Finanzstaatssekretär Graf Roedern in einem vertraulichen Brief an Max von Baden vom 25.3.1922, in: GLA Karlsruhe, FA N 6086. Vgl. auch seine später verfassten Memoiren: Roedern: Der deutsche Zusammenbruch, S. 523 f.
101 Hierzu mit weiteren Verweisen Keller, Peter: »Die Wehrmacht der deutschen Republik ist die Reichswehr«. Die deutsche Armee 1918–1921 (Krieg in der Geschichte, 82), Paderborn 2014, S. 33 ff.
102 Hauptquellen für die vorstehende Rekonstruktion dieses Staatsaktes sind: Payer: Erinnerungen, S. 164; Bemerkungen von Solf zum 9. November, in: BAK, N 1058/58; Eberts Bemerkungen gegenüber Scheuch am 2.3.1923, in: GLA Karls-

ruhe, FA N 6741; Erinnerungen Haußmann, in: Berliner Tageblatt (21.11.1920); Gellinek: Scheidemann-Sammlung, S. 32.
103 Das hat Haeften in seinen Aufzeichnungen eindeutig bezeugt: vgl. Miller, Susanne; Potthoff, Heinrich (Bearb.): Die Regierung der Volksbeauftragten 1918/19 (Quellen zur Geschichte des Parlamentarismus und der politischen Parteien, Reihe 1, 6), Düsseldorf 1969.
104 Zum Folgenden Baden: Erinnerungen und Dokumente, S. 607.
105 Müller, Hermann: November-Revolution, S. 52.
106 Ilsemann: Der Kaiser in Holland, Bd. 1, S. 97 f.
107 Aufzeichnung Wagener, in: IfZ München, ED 60-9-17.1; Aufzeichnung Racknitz, in: Familienarchiv von Racknitz.
108 Vgl. Konrad Haenisch, Friedrich Ebert, in: Ebert: Kämpfe und Ziele, S. 40 f. sowie Felden: Eberts Leben, S. 301 f.
109 Dritte Extraausgabe des Vorwärts (09.11.1918), hier zitiert nach dem Original, in: GStA PK, XII. HA Drucksachen, IV Flugblätter und Plakate.
110 Berliner Tageblatt (09.11.1918), Abendausgabe.
111 So Payers Aufzeichnung eines Telefonats mit seinem Freund Haußmann vom 9.11.1918, der am Nachmittag in der Reichskanzlei Ebert half, die Geschäftsführung zu übernehmen, in: BAK, N 1020/46.
112 Vgl. das Schreiben von Simons an Payer vom 9.11.1918, in: BAK, N 1020/11; Solf zum 9. November, in: BAK, N 1058/58; außerdem Haußmann: Schlaglichter, S. 271 f.
113 Payer: Erinnerungen, S. 164.
114 So Cohn in seiner Rede vor der Weimarer Nationalversammlung am 9.10.1919, zit. nach: Verhandlungen der Verfassunggebenden Deutschen Nationalversammlung, Stenographische Berichte, Band 330, Berlin 1920, S. 2946.
115 So Wilhelm Dittmann, ein weiteres Delegationsmitglied, in seinen späteren Erinnerungen, zit. nach ders.: Erinnerungen, Band 2, hg. v. Rojahn, Jürgen, Fankfurt am Main 1995, S. 557 f. – Ähnlich die diesbezüglichen Aufzeichnungen Solfs, in: Miller; Potthoff: Regierung der Volksbeauftragten, Bd. 1, S. 17 f.
116 Vgl. ebd. sowie Bernstorff: Erinnerungen, S. 178.
117 Undatiertes Diktat Max von Badens über die Vorgänge am 9. November 1918, in: GLA Karlsruhe, FA N 6741. Daraus auch die nachfolgenden Zitate dieses Absatzes.
118 Prittwitz und Gaffron, Friedrich von: Zwischen Petersburg und Washington. Ein Diplomatenleben, München 1952, S. 100.
119 Vgl. BAB, R 43 I/2777 sowie die Aufzeichnungen Haeftens über den 9.11.1918 in der Reichskanzlei, in: Miller; Potthoff: Regierung der Volksbeauftragten, S. 19. Vgl. auch die spätere Mitteilung Scheidemanns, es sei am Nachmittag des 9.11. 1918 »der Prinz noch in Begleitung des Unterstaatssekretärs Wahnschaffe bei mir gewesen, um einen Geleitbrief für seine Reise nach Baden zu erbitten. Selbstverständlich schrieb ich einen ›Schutzbrief‹ sofort«, Vorwärts (14.04.1927).
120 Stampfer, Friedrich: Erfahrungen und Erkenntnisse. Aufzeichnungen aus meinem Leben, Köln 1957, S. 226.

Anhang

121 Vgl. die Aufzeichnungen des Adjutanten des preußischen Kriegsministers Gustav Böhm über den 9.11.1918, in: Hürten; Meyer: Adjutant im preußischen Kriegsministerium, S. 62 f.
122 Aufzeichnung Racknitz, Familienarchiv v. Racknitz; Erinnerungen van den Bergh, in: BAF, N 23/5; Haußmann: Schlaglichter, S. 271.
123 So der Zeitungsbericht eines Reporters vor Ort für: Die rote Fahne (alias Berliner Lokal-Anzeiger) (09.11.1918), 2. Abendausgabe.
124 Zitiert nach dem undatierten Diktat Max von Badens über die Vorgänge am 9. November 1918, in: GLA Karlsruhe, FA N 6741.
125 Aufzeichnungen Haeftens über den 9.11.1918 in der Reichskanzlei, zit. nach Miller; Potthoff: Regierung der Volksbeauftragten, S. 18 f.
126 Hürten; Meyer: Adjutant im preußischen Kriegsministerium, S. 62 f.; dort auch das nachfolgende Zitat.
127 Aufzeichnungen des Generals Walther Reinhardt, in: Die Welt als Geschichte, 18 (1958), S. 45 f.
128 Aufzeichnung Racknitz, in: Privatarchiv Racknitz.
129 Undatiertes Diktat Max von Badens über die Vorgänge am 9. November 1918, in: GLA Karlsruhe, FA N 6741. Vgl. außerdem Prittwitz und Gaffron: Diplomatenleben, S. 100.
130 Hierzu sehr einleuchtend Keller: Deutsche Armee, S. 35 ff.
131 Der vollständige Artikel des niederländischen Journalisten in deutscher Übersetzung brachte das Neue Wiener Journal (11.11.1918); die Richtigkeit des Ebert'schen Statements bestätigte der sozialdemokratische Vorwärts in seinem LA: Eine Erklärung Eberts, in: Vorwärts (11.11.1918).
132 Eine ebenso packende wie scharfe Analyse kann man bei Käppner, 1918, S. 207 ff. nachlesen.
133 Aufzeichnungen Reinhardt, in: Die Welt als Geschichte, 18 (1958), S. 46.
134 Vgl. den Pressespiegel, in: Geschichtskalender: Die deutsche Revolution, S. 44 ff.
135 Zu den Einzelheiten vgl. Miller; Potthoff: Regierung der Volksbeauftragten, S. 24 ff.; Haußmann: Schlaglichter, S. 272 ff.; Roedern: Der deutsche Zusammenbruch, S. 465 ff.
136 Vgl. die entsprechenden Dokumente in dem Quellenwerk: Marhefka, Edmund (Hg.): Der Waffenstillstand 1918–1919. Das Dokumenten-Material der Waffenstillstands-Verhandlungen von Compiègne, Spa, Trier und Brüssel; Notenwechsel, Verhandlungsprotokolle, Verträge, Gesamttätigkeitsbericht, Band 1, Berlin 1928, S. 58 ff.
137 Miller; Potthoff: Regierung der Volksbeauftragten, S. 28.
138 Scheidemann: Zusammenbruch, S. 206.
139 Hierzu im Einzelnen Dittmann: Erinnerungen, Bd. 2, S. 561 f.; dort auch das nachfolgende Zitat. – Vgl. außerdem Hürten, Heinz; Schmidt, Ernst-Heinrich: Die Entstehung des Kabinetts der Volksbeauftragten, in: Historisches Jahrbuch, 99 (1979), S. 255–267.
140 Hier – stellvertretend für viele andere Stimmen – Graf Roedern in seinem Schreiben an Max von Baden vom 25.3.1922, in: GLA Karlsruhe, FA N 6086.
141 Zu den Einzelheiten vgl. die ausführliche Darstellung von Seils: Weltmachtstreben und Kampf für den Frieden, S. 301 ff.

142 Die folgenden Angaben nach der 18. Auflage von Baedeker, Karl: Reisehandbuch: Berlin und Umgebung, Leipzig 1914, S. 137 ff.
143 Wie es im Dezember 1916 zur klammheimlichen Anbringung dieses Schriftzuges kam, ist nachzulesen bei der auch sonst sehr informativen Monografie von Cullen, Michael S.: Der Reichstag: Parlament, Denkmal, Symbol, Berlin 1999, hier S. 183 ff. – Vgl. im Übrigen die anregende Studie von Hoffmann, Godehard: Architektur für die Nation? Der Reichstag und die Staatsbauten des Deutschen Kaiserreichs 1871–1918, Köln 2000.
144 Vgl. dazu die interessante Studie von Fritzsche, Peter: Wie aus Deutschen Nazis wurden, München 2002², hier S. 23 ff.
145 Leipziger Volkszeitung (23.10.1918).
146 Vgl. Hanssen: Diary of a Dying Empire, S. 335 ff.
147 Die nachfolgenden Zitate nach dem Protokoll der Sitzung vom 8.11.1918, in: Matthias; Morsey: Regierung Max von Baden, S. 589 ff.
148 Vgl. Ledebour: Prozess, S. 31.
149 Vgl. Hanssen: Diary of a Dying Empire, S. 347 ff. sowie die Erinnerungen des Zentrumsabgeordneten Müller-Fulda, zit. nach Matthias; Morsey: Regierung Max von Baden.
150 So der USPD-Führer Dittmann, der im Reichstag übernachtet hatte, in seinen Erinnerungen, in: Vorwärts (09.11.1928). Vgl. auch die Darstellung der Wahrnehmung dieser Vorgänge von Ledebour: Prozess, S. 331 ff.
151 Konrad Haenisch, Friedrich Ebert, in: Ebert: Kämpfe und Ziele, S. 40 f.; vgl. auch die Notiz im Fraktionsprotokoll, in: Matthias; Pikart: Reichstagsfraktion der SPD, Bd. 2, S. 521.
152 Diese Scheidemann-Ansprache in den Mittagsstunden des 9. November 1918 ist im Gespinst der Legendenbildung um seinen zweiten Auftritt völlig untergegangen, der dann als »Ausrufung der Republik« Eingang in die deutschen Geschichtsbücher gefunden hat. Vgl. meinen Aufsatz: Die Scheidemann-Legende (im Druck); als gekürzter Vorabdruck in: DIE ZEIT Nr. 15 vom 5.4.2018.
153 Vgl. vor allem Hanssen: Diary of a Dying Empire, S. 350, der nicht hören konnte, was Scheidemann sagte, weil vor dem Reichstag ein ohrenbetörender Lärm herrschte und von überall her nach der Republik gerufen wurde. Vgl. auch Dittmann: Erinnerungen, Bd. 2, S. 557, dem von seinem Fraktionsgenossen Breitscheid mitgeteilt wurde, »dass Scheidemann von einem Fenster des Reichstags eine Rede an die Massen auf dem Königsplatz halte. Er meinte, ich als Mitglied des Partei- und Fraktionsvorstandes müsse dort gleichfalls reden. Ich entgegnete ihm, es sei jetzt völlig gleichgültig, ob und was jemand rede, die Geschehnisse würden davon nicht mehr beeinflusst.« – Selbst Scheidemanns eigene Erinnerungen legen unausgesprochen einen solchen ersten Auftritt nahe: Vgl. König: Ebert und seine Zeit, S. 180 f. – Vgl. schließlich auch das Schreiben von Conrad Haußmann an Max von Baden aus Berlin vom 21.10.1919, in: HStA Stuttgart, Q 1/2 Nr. 115: »Ich versprach Ihnen, die Zeit zu erheben oder vielmehr die Tagesstunde, zu der am 9. November 1918 Scheidemann am Reichstag und Königsplatz gesprochen und die Republik ausgerufen hat. Ich frug ihn selbst soeben und er sagte: ›Zwischen 1 und 2 Uhr, nachdem wir vom Reichskanzleramt weggegangen waren, um im Reichstag zu essen. Ich teilte in der Rede mit, dass Prinz Max dem Ebert

Anhang

die Geschäfte übergeben und selber zurückgetreten sei; auch dass der Kaiser zurückgetreten sei, teilte ich hier mit.«
154 Erinnerungen Müller-Fulda, in: Matthias; Morsey: Regierung Max von Baden, S. 630. – In der Forschungsliteratur diente der Text von Müller bisher nur als abwertendes Zeugnis für Scheidemanns »legendären« Republik-Ausrufungs-Auftritt.
155 Undatierte Aufzeichnung von Franz O. Büchel (aus dem Jahr 1965), in: LA Berlin, B Rep. 002 Nr. 7680.
156 Vossische Zeitung (09.11.1918), Abendausgabe. Einen ganz ähnlichen Text brachte der Berliner Lokalanzeiger (09.11.1918), Abendausgabe sowie der Berliner Korrespondent der Wiener Freie Neuen Presse (10.11.1918).
157 Zitiert nach einer Schallplatten-Aufnahme, in der Scheidemann Mitte 1928 über die letzten Tage des deutschen Kaiserreichs erzählt, in: Deutsches Rundfunkarchiv Frankfurt am Main, K000661605.
158 So der Berliner Korrespondent der Wiener Freie Neuen Presse (10.11.1918); weitere Details zum Szenario im Bericht der Berliner Volkszeitung (10.11.1918), zum Zeitpunkt der Veröffentlichung Organ der USPD sowie Hanssen: Diary of a Dying Empire, S. 349 ff.
159 Müller, Richard: Novemberrevolution, S. 246. – Vgl. auch die lebendige Ausschmückung dieses Vorgangs der revolutionären Besetzung des deutschen Reichstags bei Plievier: Der Kaiser ging, S. 341 ff., der sich dabei auf zahlreiche Augenzeugen stützen konnte.
160 Hanssen: Diary of a Dying Empire, S. 351 f.; die nachfolgende Textwiedergabe ist meine Übersetzung des in englischer Sprache veröffentlichten (ursprünglich dänischen) Textes. – Sie deckt sich weitestgehend mit dem Text, der abgedruckt ist bei Bernstein, Eduard: Die deutsche Revolution. Geschichte der Entstehung und ersten Arbeitsperiode der deutschen Republik, Berlin 1921, S. 31. – Bereits erste Konjekturen enthält der Bericht von Ernst Friedegg, einem weiteren Zeitzeugen, den dieser für eine feuilletonistische Sammlung verfasst hat: Drahn, Ernest; Friedegg, Ernst (Hg.): Deutscher Revolutions-Almanach für das Jahr 1919 über die Ereignisse des Jahres 1918, Berlin 1919, S. 69 ff.
161 Zit. nach dem Abdruck in der Berliner Volkszeitung (10.11.1918), Morgenausgabe, die an diesem Tag mit dem Untertitel »Publikations-Organ des Arbeiter- und Soldatenrates sowie der Unabhängigen Sozialdemokraten von Berlin und Umgebung« erschien. Dort auch das nachfolgende Zitat.
162 Vgl. auch Hanssen: Diary of a Dying Empire, S. 351.
163 Vgl. Vossische Zeitung (09.11.1918), Abendausgabe sowie Drahn; Friedegg: Revolutions-Almanach, S. 70, Erinnerungen Friedegg.
164 So die Eilmeldung der »Politisch-Parlamentarischen Nachrichten« vom Nachmittag, zit. nach Vossische Zeitung (10.11.1918); dort auch das nachfolgende Zitat. – Vgl. auch Matthias; Pikart: Reichstagsfraktion der SPD, Bd. 2, S. 521 sowie Tagebuch Mayer vom 9.11.1918, ders.: Historiker in Krieg und Revolution, S. 183.
165 Das ganze Misstrauen der USPD-Genossen gegenüber den »abhängigen Sozialdemokraten« kommt überdeutlich in einem Leitartikel ihres Publikationsorgans Berliner Volkszeitung (10.11.1918) zum Ausdruck, wo die Arbeiter und Soldaten nachdrücklich davor gewarnt wurden, »denen, die bis zuletzt der Revolution widerstrebten, die der Arbeiterschaft mit Beschwichtigungsreden zu Leibe gingen,

die sich dem Bürgertum als Schützer der Ordnung empfahlen, die Verwaltung der Errungenschaften des November anvertrauen zu wollen«.
166 Erinnerungen Luise Kautsky, zit. nach Vorwärts (09.11.1928).
167 Vgl. Berliner Morgenpost (10.11.1918).
168 Hanssen: Diary of a Dying Empire, S. 353 f.
169 Zit. nach Vossische Zeitung (18.12.1928). Die relativ gemäßigte Haltung Liebknechts an diesem Nachmittag bestätigt übrigens auch Gerlach in seinen Erinnerungen, Gerlach: Von rechts nach links, S. 245.
170 Vgl. Dittmann: Erinnerungen, Bd. 2, S. 558 f.
171 Erinnerungen Cohen, zit. nach Vossische Zeitung (28.12.1928).
172 Aufzeichnung Payer über den 9.11.1918, in: BAK, N 1020/46.
173 Erinnerungen Max Cohen, zit. nach Vossische Zeitung (18.12.1928).
174 Perfekt wurde dieser Deal aber erst am kommenden Tag. Zu den Einzelheiten vgl. die Einleitung von Jürgen Rojahn zu seiner Edition: Dittmann, Wilhelm: Erinnerungen, Band 1, hg. v. Rojahn, Jürgen, Frankfurt am Main 1995, S. 213 ff.; außerdem Seils: Hugo Haase, S. 667 ff.
175 Zit. nach Kessler, Tagebuch, Bd. 6, S. 625 f. – Vgl. auch den sehr anschaulichen Lagebericht: Der Revolutionssonntag in Berlin, in: Berliner Tageblatt (11.11.1918).
176 Holitscher: Mein Leben in dieser Zeit, Bd. 2, S. 157 f.
177 Zum dezidiert antikaiserlichen Grundzug der Februarrevolution in Russland vgl. vor allem Figes: Russland, S. 372 ff.; außerdem Dalos: Der letzte Zar, S. 188 ff.
178 So Hanssen: Diary of a Dying Empire, S. 357 f.
179 Zit. nach der ausführlichen Wiedergabe dieser Kontroverse im Vorwärts (3., 4. und 5.12.1918).

Zu: Epilog

1 Programmatisch gleichsam Steven Levitsky und Daniel Ziblatt: How democracies die, New York 2018.
2 Hier bin ich ganz bei der Zeitdiagnose von Martin Meyer: Gerade gestern. Vom allmählichen Verschwinden des Gewohnten, München 2018.
3 Das sehe ich anders als mein britischer Historikerkollege Archie Brown: Der Mythos vom starken Führer. Politische Führung im 20. und 21. Jahrhundert, Berlin 2018.

Anhang

Chronik zum Kaisersturz 1918

15. Juni:	Feiern zum 30. Jahrestag der Thronbesteigung Wilhelms II. Der Kaiser fühlt sich noch im Vollbesitz seiner Macht.
Anfang Juli:	Max von Baden versucht erfolglos, sich als Außenminister in Position zu bringen.
15.–17. Juli:	Die letzte deutsche Offensive an der Westfront scheitert.
18. Juli:	Englische und französische Verbände beginnen eine Gegenoffensive. Die deutschen Truppen befinden sich seither in der Defensive. Disziplin und Kampfbereitschaft der Soldaten sinken dramatisch.
8. August:	Die deutsche Westfront wird von alliierten Truppen in der Schlacht bei Amiens durchbrochen. Auftakt der Hunderttageoffensive der Alliierten.
10. August:	Wilhelm II. erkennt erstmals, dass der Krieg beendet werden muss. Kurz darauf unterstützt er wieder die Politik der Kriegsverlängerung der Obersten Heeresleitung (OHL).
28. August:	Auf breiter Front werden die deutschen Truppen auf die »Siegfriedlinie« von Arras über St. Quentin bis Soissons zurückgezogen.
Ende August:	Max von Baden empfiehlt sich brieflich bei Wilhelm II. und Erich Ludendorff als zukünftiger Reichskanzler.
2. September:	Wilhelm II. erkennt, dass der Krieg verloren ist und verfällt für zwei Tage in Apathie.
10. September:	Letzter öffentlicher Auftritt Wilhelms II. vor großem Publikum in der Friedrichshalle der Krupp'schen Werke in Essen.

14. September: Geheimtreffen von Friedrich Ebert (MSPD) und Max von Baden im Schwarzwald. Die beiden Politiker werden Bündnispartner.

20. September: Friedrich Ebert fordert im Interfraktionellen Ausschuss einen neuen Reichskanzler und reflektiert dabei unverkennbar auf Max von Baden.

Ende Sept.: Berliner Polizei rechnet mit möglichen Unruhen in der Reichshauptstadt.

27. September: Britische Divisionen durchbrechen die Siegfriedlinie.

29. September: Paul von Hintze schlägt dem Kaiser gemeinsam mit Paul von Hindenburg und Erich Ludendorff eine Art »Revolution von oben« vor: Einbeziehung der Sozialdemokraten in eine neue Regierung und die sofortige Einleitung von Waffenstillstandsverhandlungen über Washington.

30. September: Wilhelm II. befiehlt die Ausarbeitung einer Friedensnote an den US-Präsidenten Woodrow Wilson und gibt einen Erlass zur Parlamentarisierung der Monarchie heraus. Rücktritt des Reichskanzlers Georg von Hertling.

1. Oktober: Wilhelm II. reist vom Großen Hauptquartier in Spa (Belgien) nach Berlin. Kaiserin Auguste Viktoria trifft im neuen Palais in Potsdam ein. Max von Baden wird zum neuen Reichskanzler designiert.

3. Oktober: Wilhelm II. ernennt Max von Baden zum Reichskanzler. Die neue Regierung unter Max von Baden wird auf parlamentarischer Grundlage gebildet. Philipp Scheidemann (MSPD) und Gustav Bauer (MSPD, 2. Vorsitzender der Generalkommission der Gewerkschaften Deutschlands) werden Staatssekretäre.

4. Oktober: Max von Baden sendet die vorbereitete Note an den amerikanischen Präsidenten Wilson und bittet um

Anhang

	Vermittlung bei der Einleitung von Waffenstillstandsverhandlungen.
5. Oktober:	Regierungserklärung des neuen Reichskanzlers Max von Baden.
8. Oktober:	Wilson verlangt in einer Antwortnote die Räumung der besetzten Gebiete.
12. Oktober:	Die deutsche Regierung akzeptiert die geforderte Räumung.
14. Oktober:	Die zweite Antwortnote Wilsons stellt klar, dass mit den alten Gewalten keine Verhandlungen geführt werden. Er fordert eine demokratisch legitimierte Regierung in Deutschland und nicht länger eine autokratische.
16. Oktober:	Großdemonstrationen der USPD gegen den Krieg in Berlin.
17. Oktober:	Die MSPD warnt ihre Anhänger vor »Unbesonnenheiten«.
22. Oktober:	Das Flottenkommando in Wilhelmshaven erhält den Befehl zum Angriff auf die englische Flotte am 29. Oktober. Beginn der letzten Sitzung des Reichstages, erste Lesung des Gesetzentwurfs über die Abänderung der Verfassung zur Parlamentarisierung.
23. Oktober:	In einer dritten Note fordert Wilson indirekt die Abdankung Wilhelms II. Er wird nur einen Waffenstillstand vermitteln, der Deutschland außerstande setzt, den Krieg wieder aufzunehmen. Dafür ist die Parlamentarisierung nicht ausreichend. Wilhelm II. steht damit vor der Alternative: Abdankung oder offener Kampf um seinen Thron.
	Karl Liebknecht kommt frei und wird in Berlin von seinen Anhängern begeistert empfangen.
24. Oktober:	Die OHL lehnt die amerikanischen Forderungen ab und verlangt, bis zum Äußersten zu kämpfen.

26. Oktober:	Erich Ludendorff wird von Wilhelm II. entlassen. Der Kaiser hofft, damit seine Krone retten zu können.
	Wilhelm Groener wird neuer Erster Generalquartiermeister und damit faktisch Chef der OHL.
	Der Reichstag nimmt die Verfassungsänderung an.
27. Oktober:	Eine deutsche Note an Wilson erklärt das Einverständnis zu Waffenstillstandsverhandlungen auf Grundlage der amerikanischen Forderungen.
	Auf einer USPD-Demonstration in Berlin wird die Abdankung des Kaisers gefordert.
28. Oktober:	Der Bundesrat stimmt der Verfassungsänderung zu, die am gleichen Tag nach kaiserlicher Ausfertigung in Kraft tritt. Das Deutsche Reich wird zur parlamentarisch-konstitutionellen Monarchie.
	Max von Baden bittet um einen persönlichen Termin beim Kaiser, um ihn zum freiwilligen Thronverzicht zu bewegen.
28.–31. Okt.:	Matrosen verweigern den Gehorsam und verhindern das Auslaufen der Kriegsflotte aus Wilhelmshaven zur »Entscheidungsschlacht«. Matrosenräte werden gegründet und auf den Schiffen rote Flaggen gehisst. Verhaftung von mehr als tausend Aufständischen.
29. Oktober:	Wilhelm II. entzieht sich den Abdankungsforderungen und flieht nach Belgien ins Große Hauptquartier.
31. Oktober	Friedrich Ebert und Philipp Scheidemann versuchen, eine breite öffentliche Diskussion der Abdankungsfrage zu verhindern.
1. November:	In Berliner Regierungskreisen wird bekannt, dass Wilhelm II. im Fall einer Revolution mit Truppen nach Berlin marschieren will.
	Max von Baden erleidet einen Nervenzusammenbruch und ist für drei Tage nicht regierungsfähig.

2. November: Der Vollzugsausschuss der Revolutionären Obleute in Berlin beschließt den Aufstand für den 4. November. Der Termin wird jedoch wieder verworfen.

3. November: Arbeiter, Matrosen und Soldaten demonstrieren in Kiel. Ein Leutnant lässt in die Menge schießen (acht Tote, neunundzwanzig Verletzte). Diese Eskalation löst den Aufstand aus.

Die MSPD ermahnt ihre Anhänger über den *Vorwärts*, nicht »auf eigene Faust loszulegen«. Der Ausbruch einer Revolution soll mit allen Mitteln verhindert werden.

4. November: Die zivile und militärische Gewalt über Kiel befindet sich in den Händen der Aufständischen, die unter anderem die sofortige Beendigung des Krieges und die Abdankung der Hohenzollern fordern.

Die Berliner Regierung entsendet Gustav Noske (MSPD) und Staatssekretär Conrad Haußmann (Fortschrittliche Volkspartei) nach Kiel, um die Lage zu beruhigen. Sie können die Ausbreitung des Aufstandes nicht aufhalten.

Die MSPD versucht, ihre Anhänger davon abzuhalten, sich den Streiks und Demonstrationen anzuschließen.

Ab 5. November: Die Aufstände breiten sich von Norddeutschland aus. Gründung von Arbeiter- und Soldatenräten in zahlreichen Städten des Reiches.

6. November: Die Revolutionären Obleute in Berlin beschließen den Aufstand für den 11. November.

7. November: MSPD-Parteivorstand fordert die Abdankung des Kaisers bis zum Mittag des 8. Novembers und stärkeren Einfluss in der Regierung. Sollten ihre Forderungen nicht erfüllt werden, droht die MSPD mit Rückzug aus der Regierung.

8. November: In München wird durch den Arbeiter- und Bauernrat die Republik Bayern ausgerufen. König Ludwig III. war in der vorherigen Nacht aus München geflohen.

Der Herzog von Braunschweig dankt als erster deutscher Monarch ab.

In Compiègne bei Paris beginnen Waffenstillstandsverhandlungen mit Marschall Foch. Vertreter der Entente überreichen der deutschen Delegation die Bedingungen für einen Waffenstillstand.

Max von Baden schlägt dem Kaiser vor, das Ultimatum der MSPD nicht anzunehmen, sondern einen Stellvertreter zu benennen und die geplante Abdankung lediglich anzukündigen. Wilhelm II. weigert sich.

Abends Demonstration Unter den Linden in Berlin, die Teilnehmer verlangen die Abdankung des Kaisers.

Nach der Verhaftung von Ernst Däumig (USPD) auf dem Weg zur Sitzung des Vollzugsausschusses der Revolutionären Obleute im USPD-Fraktionszimmer im Reichstag wird die Revolution in Berlin auf den 9. November vorverlegt.

9. November: Ab 8 Uhr morgens Generalstreik und Großdemonstrationen in Berlin. Ein Arbeiter- und Soldatenrat wird gegründet.

Aus dem Großen Hauptquartier in Spa meldet Paul von Hintze gegen 9:30 Uhr, dass die Armee keinen Bürgerkrieg führen könne und auch in einem solchen Fall nicht hinter dem Kaiser stehe.

Hindenburg und Groener legen dem Kaiser den Rücktritt nahe.

Obwohl die MSPD-Spitze am Morgen versucht hatte, den Generalstreik zu verhindern, unterstützt sie ihn am späten Vormittag und versucht gleichzeitig, für »Ruhe und Ordnung« zu sorgen.

Wilhelm Groener kündigt telefonisch die unmittelbar bevorstehende Abdankung des Kaisers an. Max von Baden unterzeichnet daraufhin kurz nach 11 Uhr die Mitteilung der Abdankung Wilhelms II.

Kurz darauf überträgt Max von Baden die Reichskanzlerschaft auf Friedrich Ebert und verlässt Berlin.

Die Demonstranten sammeln sich ab 11:30 Uhr um den Reichstag. Massenproklamation der sozialen / sozialistischen / deutschen Republik.

Wilhelm II. macht sich am Abend auf den Weg in die neutralen Niederlande.

10. November: Der Rat der Volksbeauftragten übernimmt die Regierungsgeschäfte in Deutschland. Er besteht aus Vertretern der beiden sozialdemokratischen Parteien. Unter dem Vorsitz von Friedrich Ebert (MSPD) und Hugo Haase (USPD) gehören ihm an: Philipp Scheidemann und Otto Landsberg (MSPD) sowie Wilhelm Dittmann und Emil Barth (USPD).

Die Versammlung der Berliner Arbeiter- und Soldatenräte im Zirkus Busch bestätigt den Rat der Volksbeauftragen.

Friedrich Ebert und Wilhelm Groener sichern sich gegenseitige Unterstützung zu.

Am Grenzübergang Eijsden übertritt Wilhelm II. die niederländische Grenze, begibt sich nach Amerongen bei Maarn und damit ins Exil. Am 28. November folgt ihm die Kaiserin.

11. November: Mit Inkrafttreten des Waffenstillstandsabkommens von Compiègne endet der Erste Weltkrieg.

Abbildungsnachweis

Akg-images: S. 11; 45, 51, 104, 192, 193 (unten), 238 (unten), 273, 277, 287 (oben), 295; Archiv der Stiftung Reichspräsident-Friedrich-Ebert-Gedenkstätte: S. 59, 63; Berliner Illustrirte Zeitung: S. 194; Bpk Berlin: S. 226, 238 (oben), 287 (mitte); Bundesarchiv Koblenz: S. 164 (Bild 183-R00012); DHM Berlin: S. 24, 36, 287 (unten); Historisches Archiv Krupp: S. 14 (WA 16 k 6.26), 15 (WA 16 k 6.16), 44; Huis Doorn – fotocollectie: S. 33 links (HuDF-EW21-024), 89 (HuDF-EW21-048); Münchener Stadtmuseum: S. 204; SZ Photo: S. 193 (oben); Ullstein Bild: S. 218 (unten); WBG-Archiv: S. 33 rechts, 46, 56, 75, 82, 116, 122, 125, 184, 218 (oben), 233, 239, 241, 243, 269, 276; Berlinische Galerie, Landesmuseum für Moderne Kunst, Fotografie und Architektur (© Repro: Kai-Annett Becker): S. 2

Personenregister

Auguste Viktoria, Kaiserin 17, 42–45, 47 ff., 74 ff., 79 f., 83, 88, 92, 96 ff., 100 f., 103 f., 126, 128, 217, 222, 339, 344

Baake, Kurt 265
Baden, Großherzog Friedrich II. von 123, 142
Baden, Großherzogin Louise von 119
Baden, Prinz Max von 30, 49–58, 70, 81, 85, 93 f., 96 f., 99, 103, 105 ff., 108 ff., 111–121, 123 f., 126–134, 136–147, 149–153, 155–157, 167, 169, 173, 175 f., 179, 185, 187, 224 f., 232, 234–236, 244–250, 252–267, 270 f., 273–276, 283 f., 286, 292, 338–344
Ballin, Albert 83 ff., 90, 121
Barth, Emil 209, 344
Bayern, Kronprinz Rupprecht von 77, 107, 112, 129
Berg, Friedrich von 16, 20 f., 25, 47, 81, 83 f., 92, 96, 99, 126
Bernstorff, Albrecht von 160, 246
Bernstorff, Graf Johann von 245, 263
Bethmann Hollweg, Theodor von 37, 39, 275
Bismarck, Otto von 35, 43, 79, 236, 240, 261

Bloch, Ernst 145
Brecht, Arnold 241
Büchel, Franz O. 284
Bülow, Fürst Bernhard von 103, 240, 242

Carlé, Wilhelm 205
Cecilie, Kronprinzessin 104
Cohn, Oskar 178, 262, 294
Corinth, Lovis 58
Curtius, Marcus 106 ff., 118

Däumig, Ernst 190, 282, 294, 343
David, Eduard 60, 136
Delbrück, Clemens von 99, 102, 137
Delbrück, Hans 107, 137
Dittmann, Wilhelm 266, 294, 344
Döblin, Alfred 58
Dorrenbach, Heinrich 286
Drews, Wilhelm 181 f., 221
Dryander, Ernst von 97

Ebert, Friedrich 8, 30, 58–71, 117, 120, 134–157, 161, 163, 176, 183, 185, 189, 191, 195, 199, 210 f., 213, 226, 234, 236, 246 ff., 251 ff., 255–262, 264–274, 280, 283–286, 289, 292 f., 339, 341, 344
Ebert, Louise 61 f., 135
Eichhorn, Emil 203
Einem, Karl von 95
Eisner, Kurt 214
Erzberger, Matthias 97, 100

Falkenhausen, Ludwig Alexander Freiherr von 87
Falkenhayn, Erich von 37–39
Fehrenbach, Constantin 295
Fürstenberg, Max Egon II. Fürst zu 221, 224

Göhre, Paul 285, 288
Gontard, Hans von 92, 222
Groener, Wilhelm 220 f., 226–232, 234 ff., 254, 273, 341, 343 f.
Grünau, Freiherr Werner von 92, 97, 228, 230, 234, 236
Gundolf, Friedrich 237

Haase, Hugo 64, 143, 146, 168, 175, 177, 180, 183, 283, 293 f., 344
Haeften, Hans von 107, 254, 266
Haenisch, Konrad 260
Hahn, Kurt 55–57, 107, 109, 111, 117, 129, 136 f., 246, 249, 253, 267
Hannsen, Hans Peter 281
Harden, Maximilian 46, 200, 207
Haußmann, Conrad 107, 115 f., 175, 263, 292, 342
Haux, Ernst 22
Heine, Wolfgang 184
Hertling, Graf Georg von 22, 87, 91, 93, 135 f., 139, 142, 163, 270, 275, 339
Heye, Wilhelm 232, 235
Hiller, Kurt 67
Hindenburg, Paul von 39 f., 54, 72, 74, 76, 78, 81, 85, 88, 90 f., 106, 115, 130, 141, 163, 175, 216, 220–223, 228 f., 234 f., 339 f.
Hintze, Paul von 76, 81, 85, 87 f., 90 f., 93, 108, 228 f., 234 f., 339, 343
Hirschfeld, Georg von 222, 231
Hohenlohe-Schillingsfürst, Prinz Alexander zu 119
Hohenzollern-Sigmaringen, Fürst Wilhelm von 126
Holitscher, Arthur 207

Ilsemann, Sigurd von 222, 260

Kautsky, Karl 60
Kautsky, Louise 290
Kessler, Graf Harry 207 f., 293
Kollwitz, Käthe 199
Krupp, Alfred 16

Krupp von Bohlen und Halbach, Gustav 16
Kühlmann, Richard von 74, 76
Kuttner, Erich 205, 247

Landsberg, Otto 211, 249, 262, 344
Ledebour, Georg 176 f., 282, 286
Legien, Carl 248
Leid, Carl 203
Lerchenfeld, Graf Hugo von 128
Liebermann, Max 58
Liebknecht, Karl 160, 170, 173 ff., 180 f., 187, 190, 286, 292, 340
Livius, Titus 107
Ludendorff, Erich 39 f., 54, 72, 74, 77 f., 81 ff., 88, 90 f., 93 f., 102, 107 f., 112–115, 117, 119 f., 130, 141, 161, 175, 216, 220, 226 f., 273, 338 f., 341
Lyncker, Freiherr Moritz von 38 f., 75

Mann, Thomas 33, 59
Manchester, William 22
Marquard, Odo 299
Marschall, Ulrich von 92, 222, 227
Mayer, Gustav 206, 248
Merton, Richard 236
Meyer, Ernst 190
Michaelis, Georg 40, 103
Moltke, Helmuth von 37
Monts, Graf Anton von 166
Müller, Admiral Georg Alexander von 21, 86, 88
Müller, Hermann 259
Müller, Johannes 50
Müller, Richard 208, 284, 286
Münchhausen, Freiherr Leopold von 222
Munthe, Axel 50

Niemann, Alfred 21, 222
Nietzsche, Friedrich 33, 225

Oppen, Heinrich von   161, 202 f.

Payer, Friedrich von   177, 182, 256, 262, 292
Pentz, Christian von   221
Plessen, Hans Georg von   74, 105, 128, 222, 225, 227 f., 230 f., 236
Plievier, Theodor   172
Preuss, Hugo   275
Preußen, Prinz August Wilhelm von   95, 127
Preußen, Charlotte von   87
Preußen, Prinz Heinrich von   87, 89, 103, 218
Prittwitz, Friedrich von   244, 263, 267

Racknitz, Eduard von   244, 267
Reger, Erik   18
Reinhardt, Walther   267
Ross, Colin   197, 208
Rühle, Otto   178

Sachsen, König Friedrich August von   28
Sachsen-Meiningen, Herzog Bernhard von   119
Scheidemann, Philipp   66, 97, 100, 133, 136, 144, 149 f., 152 f., 175, 179, 182, 184, 189, 200, 211, 236, 248 f., 252, 256, 270, 272, 280, 283–286, 288–290, 292, 339, 341, 344
Scheuch, Heinrich   265 ff., 272
Schulenburg, Graf Friedrich von der   228, 230 f., 234
Schwarz, Alfred   44
Simons, Walter   129 f., 235, 245 f., 249, 253, 261, 263, 267
Solf, Wilhelm   102 f., 131, 151, 256 f., 262 f., 272
Stampfer, Friedrich   264 f.
Stresemann, Gustav   136

Troelstra, Pieter Jelles   137

Vogtherr, Ewald   288, 294

Wagener, Otto 231 f., 235
Wagner, Cosima 50
Wahnschaffe, Arthur von 246, 259, 265, 267
Wahlstatt, Fürstin Evelyn Blücher von 207
Warburg, Max 60, 66, 107, 118, 121, 124, 129
Weber, Max 124
Wermuth, Adolf 190, 205
Wels, Otto 198
Wilhelm I., Kaiser 294 f.
Wilhelm II., Kaiser 7, 11 f., 13 ff., 16–35, 37–45, 47–49, 57 f., 72–103, 105 f., 108, 111–121, 124–134, 139, 141, 143–147, 149–154, 156 f., 162, 166, 169, 175–178, 180–183, 186, 198 f., 216–237, 244–260, 270, 281, 283, 295, 297 f., 301, 338–344
Wilson, Woodrow 83, 87, 90 f., 94, 98, 100 f., 113, 120, 124, 127 f., 129 f., 143, 147, 149 f., 156, 169, 173, 176 ff., 339 ff.
Wolff, Theodor 206

Wissen verbindet uns

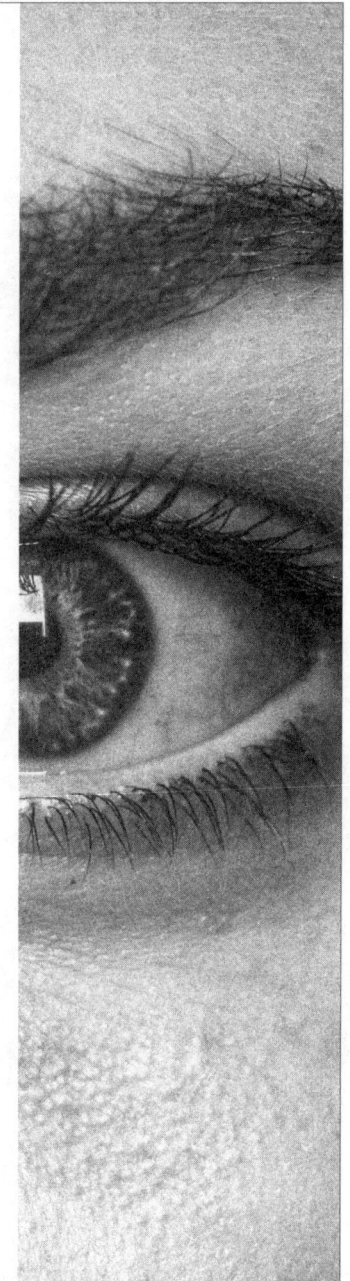

Die wbg ist eine Gemeinschaft für Entdeckungsreisen in die Welt des Wissens.
Wir fördern und publizieren Wissenschaft und Bildung im Bereich der Geisteswissenschaften. So bringen wir Gleichgesinnte zusammen und bieten unseren Mitgliedern ein Forum, um sich an wissenschaftlichen und öffentlichen Debatten zu beteiligen. Als Verein erlaubt uns unser gemeinnütziger Fokus, Themen sichtbar zu machen, die Wissenschaft und Gesellschaft bereichern.

In unseren Verlagen erscheinen jährlich über 150 Bücher aus den Bereichen Geschichte, Archäologie, Kunst, Literatur, Philosophie und Theologie. Als Vereinsmitglied fördern Sie wichtige wissenschaftliche Publikationen sowie den Austausch unter Akademikern, Journalisten, Professoren, Wissenschaftlern und Künstlern.

Mehr Informationen unter www.wbg-wissenverbindet.de oder rufen Sie uns an unter 06151/3308-330.

wbg Wissen Bildung Gemeinschaft